STEPHANIE DIECKMANN

Peter D'Epiro
Mary Desmond Pinkowish

7 Weltwunder, 3 Furien

und 64 andere Fragen, auf die Sie keine Antwort wissen

Peter D'Epiro
Mary Desmond Pinkowish

7 Weltwunder, 3 Furien

und 64 andere Fragen, auf die Sie keine Antwort wissen

Aus dem Amerikanischen
von Thorsten Schmidt

Mit 8 Abbildungen

Piper
München Zürich

Die Originalausgabe erschien unter dem Titel
»What are the seven wonders of the world?«
1998 als Anchor Book bei Doubleday
(a division of Bantam Doubleday
Dell Publishing Group Inc.), New York

Die deutsche Ausgabe wurde um eine Reihe von Fragen (vor allem zu spezifisch amerikanischen Themen) gekürzt.

Für unsere Väter
Anthony D'Epiro
und
John F. Desmond

ISBN 3-492-04318-6
Sonderausgabe 2001

Satz: Ziegler + Müller, Kirchentellinsfurt
Druck und Bindung: Ebner Ulm
Printed in Germany

INHALT

8

9

10

12

VORWORT

> Eine Herde Schafe, die gemächlich vorbeizieht,
> Eines nach dem anderen ...
> Ich habe nacheinander an sie gedacht
> und liege doch noch immer wach!
>
> William Wordsworth

Hätte Wordsworth dieses Buch lesen können, dann hätte er neben Schafen noch andere Dinge gezählt. Sein Kopf wäre mit bedeutenden Bildungsgütern so wohl versehen gewesen, daß er sich durch Vergegenwärtigung der Sieben Weltwunder der Antike (Frage 28) oder der Namen und Künste der Neun Musen (Frage 46) zumindest hätte amüsieren und erbauen können, selbst wenn er die ganze Nacht kein Auge zugetan hätte. Und am nächsten Tag hätte er sich einen Spaß daraus machen können, Samuel Coleridge und seine anderen Dichterkollegen aus dem Lake District mit diesen Listen zu prüfen.

Sieben Weltwunder ... enthalten einen Fundus an Informationen, den selbst Menschen, die keine berühmten Dichter sind, gern kennenlernen bzw. nach langer Zeit der Entfremdung wiederentdecken werden. Das Buch enthält 66 der wichtigsten Elemente der Allgemeinbildung, die wir im Verlauf mehrerer nachdenklicher Jahre zusammentrugen – unser persönliches Sammelsurium der Hochkultur, wie sie in zahlreichen kanonischen Auflistungen und numerischen Zusammenstellungen festgehalten ist.

Auf jede Frage und die zugehörige Liste der Antworten folgt ein Text, der sämtliche Elemente der Antwort erklärt und diese in ihren umfassenderen historischen bzw. kulturellen Kontext einordnet. Viele Leser werden mit unseren Einfügungen und Auslassungen nicht einverstanden sein, aber unser Leitprinzip war es, solche Themen auszuwählen, die wir als fundamentale Bestandteile des abendländischen Bildungskanons erachten. Wir haben die Popkultur, Sport und Klatsch über Berühmtheiten ausgeklammert, weil es an Informationen auf diesen Gebieten andernorts nicht mangelt und diese unsere Fähigkeit, ein geistig erfülltes Leben zu führen, kaum verbessern.

Auch wenn der Schwerpunkt auf der abendländischen Kultur liegt, haben wir einige Stichworte aus anderen Kulturen einbezogen, die in das abendländische Bildungsgut eingegangen sind. Da wir nur Listen einbeziehen wollten, die man sich relativ leicht merken kann, haben wir Luthers 95 Thesen, die Liste aller Päpste und die 900 theologischen und philosophischen Behauptungen, die der dreiundzwanzigjährige Pico della Mirandola 1486 in öffentlichen Disputationen gegen jedermann verteidigen wollte, widerstrebend weggelassen. Vielleicht das nächste Mal.

Die Zuschreibung mystischer und heiliger Eigenschaften zu Zahlen und Zahlenlisten hat eine lange Tradition. Im frühen Christentum wurden die Zahlen 3, 7, 10 und 12 ganz besonders verehrt, weil sie mit den Personen der Dreifaltigkeit, den Schöpfungstagen, den Geboten und den Aposteln in Verbindung standen (Fragen 6, 29, 51 und 58).

Die *gematria* der jüdischen Überlieferung ist die zahlenmystische Auslegung von Worten und Sätzen in der Bibel. Und die Pythagoreer im antiken Griechenland behaupteten, der gesamte Kosmos bestehe aus Zahlen. Sie beteten die *Tetraktys* an, ein Dreieck mit einem Punkt an der Spitze, zwei Punkten darunter, drei unter diesen und vier an der Basis, so daß es die Einheit, die Zweiheit, die mystische Zahl 3 und die Zahl 4, die Zahl der Gerechtigkeit und der Elemente in sich enthielt (Frage 13) – die sich zu 10 addieren, der vollkommenen und heiligen Zahl.

Obgleich keiner von uns beiden Pythagoreer ist, dachten wir, es wäre unterhaltsam und lehrreich, ein anspruchsvolles Frage-und-Antwort-Buch zu verfassen, das nach Zahlenlisten geordnet ist, die zu »stehenden Größen« des Bildungskanons geworden sind (die 12 Stämme Israels, die 12 Arbeiten des Herakles) oder die anderweitig wichtige kulturelle Informationen anhand von numerischen Gruppierungen vermitteln. Gleich, ob Sie dieses Buch ganz lesen, nur darin schmökern, sich selbst prüfen oder Verwandten und Freunde auf die Probe stellen, hoffen wir, daß wir Ihnen etwas von der uralten Faszination des Abendlandes für Hierarchien und begriffliche Unterscheidungen nahebringen konnten, die noch immer in unseren Top-10-, Top-40- und anderen Ranglisten – ganz zu schweigen von der Flut der Listen der 100 Spitzenfilme, der besten Romane und so weiter – spürbar ist.

Peter D'Epiro, Mary Desmond Pinkowish

DANKSAGUNG

Welchen 17 Personen möchten die Autoren für ihre freundliche Hilfe danken?

Dante D'Epiro, der den Text zur Frage 23 schrieb.
Nancy Walsh D'Epiro, die die Texte zu den Fragen 19 und 25 beisteuerte und immer wieder wertvolle Kritik einbrachte.
Edward W. Desmond, der den Text zur Frage 59 schrieb.
Joan Frawley Desmond, die bei den Texten zu den Fragen 6, 29 und 41 mit uns zusammenarbeitete.
Tom Matrullo, *bos amic,* der den Text zu Frage 28 schrieb und eine Vielzahl von anderen seiner gelehrten Prüfung unterzog.
William A. Walsh, Ph. D., dem Verfasser des Textes zu Frage 17.

All denjenigen, die große Teile des Manuskripts fachkundig durchsahen: **Vladimir Babadzhan, Ph. D., Vivian Dudro, Richard Jackson, Ph. D., George Johnson-Orban, Bobby Kuruvilla** und **Morgan Ryan.**

Michael Pinkowish, der seiner Mutter zu vorgerückter Stunde (als er eigentlich schon im Bett liegen sollte) unschätzbare Anregungen zum Text der Frage 49 gab; und **Peter Pinkowish** für Chili-Sauce, schwarzen Kaffee und eine Menge Geduld.

Unserem Agenten, **Raphael Sagalyn,** der immer an uns glaubte, und **Neil Howe,** der uns mit Rafe bekannt machte.

Und unserer Lektorin, **Tina Pohlman,** die immer auf unserer Seite war.

3

FRAGE 1

Wer waren die 3 Söhne von Adam und Eva?

- **Kain**
- **Abel**
- **Set**

Natürlich haben Sie Kain und Abel erraten, doch wie steht es mit Set? Falls Sie den nicht erraten haben, bedenken Sie, daß aus der Bibel* eindeutig hervorgeht, daß Set und nicht seine berühmteren Brüder der Stammvater von uns allen war.

Beginnen wir mit **Kain** und **Abel**. Im Buch Genesis ist Kain ein Ackerbauer, dessen Opfer, bestehend aus den Früchten des Feldes, von Gott nicht angeschaut wird. Sein Bruder Abel, ein Schafhirt, bringt einen der besten Erstlinge seiner Herde als Opfer dar, auf das Gott wohlgefällig blickt. Von Mißgunst erfüllt, lockt Kain seinen Bruder aufs Feld hinaus und erschlägt ihn. Als Gott ihn fragt, wo Abel sei, entgegnet Kain mit der berühmten rhetorischen Frage: »Bin ich der Hüter meines Bruders?«

Da Kain den Boden mit Abels Blut entweiht hat, das zu Gott nach Rache schreit, wird der Ackerboden ihm keinen Ertrag mehr bringen. Als Gott ihn zu ruhelosem Umherwandern verdammt, fürchtet Kain, daß dieses unstete Leben ihn zu einem leichten Opfer von Fremdenhassern werden lasse: »Und wer mich findet, wird mich erschlagen.« Darum machte Gott dem Kain ein Zeichen, ein Mal – vermutlich eine Tätowierung –, um mögliche Angreifer abzuschrecken. Dann ging Kain fort und ließ sich östlich von Eden im Lande Nod nieder, was nichts anderes heißt als »das Land der Ruhelosen«, aber Anlaß zu zahllosen Witzen über langweilige Predigten und deren einschläfernde Wirkung auf Kirchgänger gegeben hat.

Man beachte, daß das »Kainsmal« den Kain ursprünglich nicht als Mörder brandmarken (der Sinn, in dem wir den Ausdruck

* Alle nachfolgenden Bibelzitate sind der bei Herder (1980) erschienenen Einheitsübersetzung der Heiligen Schrift entnommen. (A. d. Ü.)

heute verwenden), sondern ihn vor anderen Mördern *schützen* sollte. Folglich drängen sich mehrere Fragen auf. Wenn Adam, Eva und Kain die einzigen Menschen waren, die damals die Erde bewohnten, vor wem hat sich dann Kain so sehr gefürchtet? Und wenn Kain der Vater des Henoch werden sollte (nicht zu verwechseln mit dem gleichnamigen Vater des Metuschelach, den Gott lebendig zu sich in den Himmel aufnahm), wo hat er dann eine Ehefrau gefunden? Es muß sich um eine der nicht namentlich genannten Töchter von Adam und Eva gehandelt haben, die, zusammen mit weiteren namenlosen Söhnen, in Genesis 5,4 erwähnt werden. Aber was tat sie im Lande Nod? Jedenfalls begegnen wir unter Kains Nachfahren dem ersten Bigamisten der Welt, Lamech, dem ersten Musiker, Jubal, und dem ersten Eisenhandwerker, Tubal-Kajin.

Weshalb weist Gott Kains Opfer zurück? In dem uns überlieferten Bibeltext muß etwas fehlen: Kain scheint sein Opfer in einer Weise dargebracht zu haben, die den Bräuchen der alten Hebräer zuwiderlief. Im Neuen Testament heißt es hierzu einmal: »Aufgrund des Glaubens brachte Abel Gott ein besseres Opfer dar als Kain« (Hebräer 11,4). Im ersten Brief des Johannes (3,12) lesen wir, Kain habe Abel erschlagen, »weil seine Taten böse, die Taten seines Bruders aber gerecht waren«. Oder handelte es sich einfach um einen Fall von Gottes »Erwählung« des Abel – das heißt ein Beispiel für die calvinistische Prädestinationslehre, wonach Gott bestimmte Menschen zum Heil und andere zur Verwerfung erwählt, einfach weil dies sein unerforschlicher Ratschluß ist?

Aber wie steht es mit Set (oder Schet)? Adam zeugte ihn im Alter von 130 Jahren, als Ersatz für Abel. Und obgleich Abel später als eine Art Vorläufer (bzw. »Typus«) von Christus angesehen wurde (weil beide gute Hirten waren, deren Blut grundlos vergossen wurde), wird die Abstammung Christi dennoch über **Set** auf Adam und Gott zurückgeführt (Lukas 3,38). Vermutlich wurde Abel getötet, bevor er sich fortpflanzen konnte – in der Bibel werden jedenfalls keine Nachkommen von ihm erwähnt –, und den Brudermörder Kain (oder einen von dessen anonymen Brüdern) zu den Vorfahren Christi zu zählen wäre unvorstellbar gewesen. Tatsächlich wird in einem erzählerischen Strang der Genesis, der sogenannten priesterlichen Überlieferung, Set als der Erstgeborene von Adam und Eva bezeichnet, und die Geschlechter nach Adam werden über Set bis zu Noach und der Sintflut (und vermutlich zu uns allen) weiterverfolgt (Genesis 5).

Es entbehrt nicht einer gewissen Ironie, daß Set, anders als der Brudermörder Kain oder als Abel, das erste Opfer eines Gewaltverbrechens, eine farblose Gestalt bleibt, ohne eigene Geschichte, geradezu ein belangloser Mensch. Sein Name dürfte »gewährt« bedeuten, weil Gott ihn nach Abels Tod Adam und Eva gewährte. Wie alle Urväter scheint auch Set mit dem allerbesten Erbgut gesegnet gewesen zu sein: Er war hundertfünf Jahre alt, als er seinen Sohn Enosch (oder Enos) zeugte, und seine gesamte Lebenszeit betrug 912 Jahre (nur 18 Jahre weniger als Adam). Mehr erfahren wir über ihn nicht. Wir wissen nicht einmal, welchen Job der alte Set hatte. Vermutlich genügt es, daß das ganze Menschengeschlecht ihn als seinen Ahnherrn anerkennt.

FRAGE 2

Wie heißen die 3 Götter der hinduistischen Trinität (Trimurti)?

- **Brahma**
- **Vischnu**
- **Schiva**

Die drei Götter der Trimurti (Sanskrit, »drei Gestalten«) sind eher eine Art oberste Triade hinduistischer Gottheiten (in einem Pantheon von etwa dreißig Millionen Göttern) als eine Trinität im christlichen Sinne (vgl. Frage 6). Sie verkörpern den höchsten, unpersönlichen, ewigen und universellen Geist, die Weltseele, Brahman, in ihrer dreifaltigen Gestalt als Schöpfer, Erhalter und Zerstörer.

Der Schöpfergott **Brahma** sollte allerdings nicht mit Brahman (dem gerade erwähnten höchsten Weltgeist) oder mit den Brahmanen (bzw. Brahminen), den Angehörigen der obersten hinduistischen Kaste, verwechselt werden. Aus dem Lotos in Vischnus Nabel entsprungen, wird Brahma häufig als viergesichtiger Gott dargestellt, der in einer Lotosblüte sitzt. Er soll eigenhändig den *Rigveda*, eine Sammlung von 1028 altsanskritischen Götterhymnen, auf Blätter aus Gold geschrieben haben.

Die Verehrung des Brahma ging allmählich zu Ende, weil, nachdem er seine wichtigste Aufgabe, die Erschaffung der Welt, vollendet hatte, nun Vischnu und Schiva an der Reihe waren. Vielleicht sollten wir eher vom Ei sprechen, denn in einigen hinduistischen Schriften wird erzählt, daß Brahma das Weltei gelegt und ausgebrütet hat. Nach der hinduistischen Überlieferung dauert ein Tag im Leben des Brahma ein *kalpa*, das sind 4 320 000 000 Jahre. Nach jedem »Tag des Brahma« wird alles, was existiert, vernichtet, um dann im ewigen Kreislauf von Tod und Schöpfung wiedergeboren zu werden.

Vischnu, der welterhaltende Gott, hat neun Avatara (Verkörperungen). Die zehnte und letzte wird Kalki sein, der Reiter auf einem Schimmel, der mit flammendem Schwert alle Sünden und alle Sünder vernichten wird. Unter den Avatara Vischnus war Ramachandra oder Rama die siebte, Krischna die achte und Buddha die neunte (vgl. Frage 16). Rama ist die Hauptfigur des sanskritischen Epos *Ramayana*, in dem der junge Held sein Königreich und seine Braut in »nur« fünfzigtausend Verszeilen zurückgewinnt. Später, als ein tyrannischer Dämonenkönig Indien verwüstete, stieg Krischna auf die Erde hinab, nachdem sich Vischnu ein schwarzes Haar ausgerissen hatte – aus dem Krischna (»schwarz«) hervorging, der auf Bildern häufig mit schwarzer oder dunkelblauer Hautfarbe dargestellt ist. Krischna tritt in dem anderen großen sanskritischen Epos, dem *Mahabharata*, als mächtiger Krieger auf (mit über zweihunderttausend Versen ist das Mahabharata das Nonplusultra in der poetischen Welt).

Vischnu ist vermutlich der beliebteste hinduistische Gott, der gern leibliche Gestalt annimmt, um die Welt und die Menschen vor Riesen, Dämonen, Tyrannen und anderen Katastrophen jeder

Art zu bewahren. »Wenn Ordnung, Gerechtigkeit und die Sterblichen in Gefahr sind«, sagt Vischnu, »steige ich auf die Erde hinab.« Viele Hindus verehren ihn als höchste Gottheit. Zu Beginn des 20. Jahrhunderts befürchteten indische Christen, daß auch Christus in der Gestalt Vischnus aufgehen könnte, indem man ihn kurzerhand zu einer weiteren seiner Avatara machte. Vischnu ist durch und durch ein Gott der Liebe, und sein höchster Avatar, Krischna, spielt in vielen Darstellungen eine Flöte, um die *gopis* (einfache Mädchen vom Lande, die er verführt hat) anzulocken, auf daß sie mit ihm im Mondschein tanzen.

Der Gott der Weltzerstörung, **Schiva**, ist eine vielschichtige Gestalt. Seine Wildheit wird von liebenswürdigen, ja sanftmütigen Eigenschaften ausgeglichen, die ihn zum Lieblingsgott der Asketen und zum Schutzpatron der bildenden Kunst, der Literatur, der Musik und des Tanzes machen. Die berühmtesten Darstellungen zeigen ihn als eine weiße, vierarmige Gestalt, die ihren kosmischen Tanz auf dem Körper eines bösen kleinen Dämons vollführt, dem er das Rückgrat gebrochen hat. Der Tanz Schivas versinnbildlicht den ewigen Wechsel zwischen Zerstörung und Schöpfung im Weltall, denn nach hinduistischem Glauben folgt auf jede Zerstörung immer wieder ein neuer Aufbau.

Diese Vorstellung liegt einem anderen wichtigen Aspekt von Schiva zugrunde: seiner Herrschaft über die Kräfte der Fruchtbarkeit und Zeugung. In dieser Eigenschaft ist das Lingam, der Phallus, sein Sinnbild (so wie das Yoni, die Vulva, dasjenige seiner Gefährtin ist). Schivas Phallus war angeblich so lang, daß weder Brahma, der so weit in Richtung seines Anfangs wanderte, wie er konnte, noch Vischnu, der so weit zu seinem (des Phallus) Ende hin wanderte, wie *er* nur konnte, herausfanden, wo dieser enorme Phallus begann bzw. aufhörte. Schiva ist zweifellos ein Gott der Widersprüche: Er trinkt einen Schlaftrank aus Hanf (einige seiner Statuen zeigen ihn mit »berauschtem« Blick), aber er praktiziert auch Joga. Er schützt das Vieh, aber er ist auch der Urheber des Feuers, das die Welt am festgesetzten Ende des Äons vernichten wird. Und er hat ein böses drittes Auge auf seiner Stirn, das er gewöhnlich geschlossen hält, weil es sonst wie eine Art Flammenwerfer wirkt.

Anders als Vischnu genießt Schiva größere Wertschätzung wegen seiner Gemahlinnen als wegen seiner Avatara. Seine wichtigste Frau, Kali (»die Schwarze«), ist wahrlich eine blutrünstige Göttin. Das englische Wort *thugs* (das sich vom Hindi-Wort *thag*, Schwindler, herleitet) bezeichnete ursprünglich ihre Anbeter in Nordindien, die bei Riten zu ihren Ehren Menschen erdrosselten, um die Göttin zu besänftigen. Kali wird meist nackt mit vier Armen, herausgestreckter Zunge, von der Blut herabtropft, mit Zähnen wie Raubtierfängen und roten Augen dargestellt. Sie trägt Ohrringe aus Leichen und eine Halskette aus Schädeln sowie einen Gürtel aus Schlangen. Ihr Gesicht und ihre Brüste sind mit Blut beschmiert. Doch Kali ist auch die Göttin der Mutterschaft.

Die Trimurti, die in der indischen Kunst als eine männliche Figur mit drei Köpfen dargestellt wird, ist nach wie vor ein – zumindest theoretisch – wichtiges Merkmal des zeitgenössischen Hinduismus, wenn auch die Verehrung der zweiten und dritten Gottheit der Triade, zusammen mit ihren Avatara und Gemahlinnen, den Kult des Brahma weitgehend verdrängt hat.

FRAGE 3

Wie lauten die 3 Keplerschen Gesetze der Planetenbewegung?

- **Jeder Planet im Sonnensystem beschreibt eine Ellipse, in deren einem Brennpunkt die Sonne steht.**
- **Die Verbindungslinie vom Mittelpunkt der Sonne zum Mittelpunkt eines Planeten überstreicht in gleichen Zeiten gleiche Flächen. Dies bedeutet, daß sich ein Planet um so schneller bewegt, je näher er der Sonne ist.**
- **Der Kubus (dritte Potenz) der mittleren Entfernung eines Planeten von der Sonne ist gleich dem Quadrat der Zeit, die der Planet benötigt, um die Sonne zu umlaufen.**

Der deutsche Astronom Johannes Kepler (1571–1630) war der Mensch, der es gewagt hat, die Ellipse in das Sonnensystem einzuführen. Es gibt Leute, die ihn und nicht etwa Kopernikus, Galilei oder Newton als den Vater der modernen Astronomie betrachten. Kopernikus, ein polnischer Domherr, hatte 1543 in seinem Werk *De revolutionibus orbium coelestium libri VI* eine heliozentrische Theorie der Welt aufgestellt (mit der Sonne als Mittelpunkt). Doch es war Kepler, der daraus folgerte, die Umlaufbahnen der Planeten um die Sonne müßten elliptisch sein, womit er den uralten Glauben erschütterte, die Umlaufbahnen seien kreisförmig und also vollkommen (wie es Gottes Schöpfung gezieme).

Kepler leitete seine Gesetze aus den akribischen Planetenbeobachtungen seines Mentors ab, des dänischen Astronomen Tycho Brahe (1546–1601), eines brillanten, aber auch streitsüchtigen Herrn, der bei einem Duell einen Teil seiner Nase verloren und sich selbst eine Prothese aus Gold und Silber angefertigt hatte. In Brahes recht simplem Weltbild wurde die im Mittelpunkt des Weltalls ruhende Erde von der Sonne umkreist, um die sich wiederum alle anderen Planeten bewegten. Kepler dagegen begriff wie Kopernikus, daß man alle Modelle, die die Erde in den Mittelpunkt des Weltalls setzten, aufgeben müßte.

Kepler wurde Mathematiker und später Astronom, weil er nicht die nötigen Mittel hatte, um eine theologische Laufbahn einzuschlagen. Gelegentlich mußte er Horoskope erstellen, um sich über Wasser zu halten. Da ist es nicht weiter verwunderlich, daß er ein starkes mystisches Element in seine astronomischen Studien einbrachte, die seiner Auffassung nach dem höheren Lobpreis Gottes dienten. Entsprechend zog er Analogien zwischen verschiedenen Himmelskörpern und den Personen der Dreifaltigkeit (vgl. Frage 6). Seine bedeutende Erkenntnis, daß die **Umlaufbahnen der Planeten elliptisch** sind – der Inhalt des ersten Gesetzes der Planetenbewegung –, machte ihn eher traurig, weil Ellipsen nur als arme Verwandte der theologisch hochgeachteten Kreise galten (vgl. Abb. S. 24).

Die ersten beiden Keplerschen Gesetze

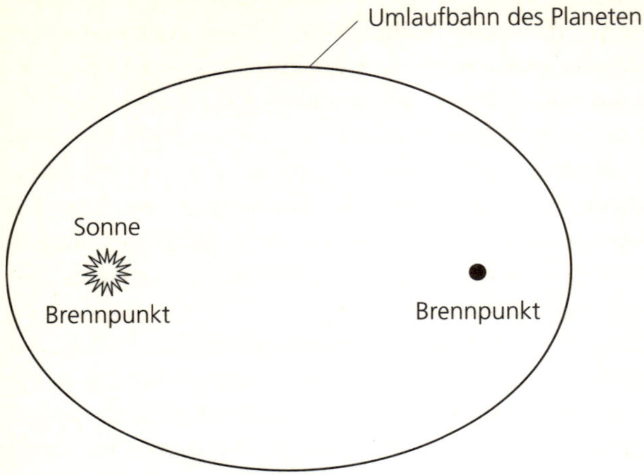

Die Sonne steht in einem der beiden Brennpunkte der Ellipse.

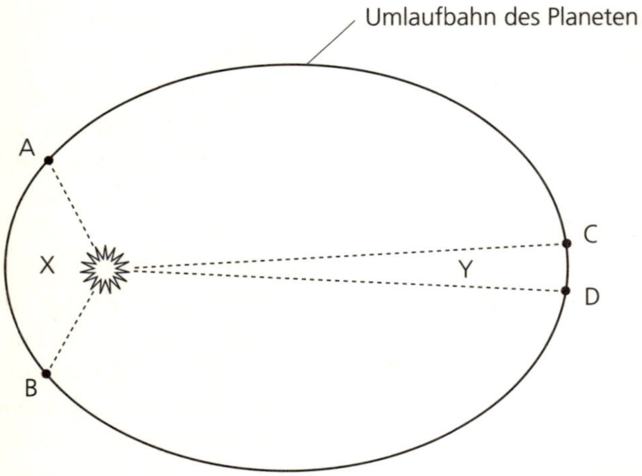

Wenn ein Planet für die Strecke von A nach B genauso lange braucht wie für die Strecke von C nach D, dann ist die Fläche X gleich der Fläche Y. Außerdem läuft der Planet zwischen A und B schneller als zwischen C und D.

Das zweite Keplersche Gesetz, wonach **die Geschwindigkeit eines Planeten in Sonnennähe höher ist als in Sonnenferne,** ist ebenfalls in der Abbildung veranschaulicht. Sein drittes Gesetz bedeutet, daß man die **Umlaufzeit (T) eines Planeten um die Sonne berechnen kann, wenn man die Entfernung des Planeten von der Sonne kennt (A), und umgekehrt.** Zu diesem Zweck wird A gewöhnlich in astronomischen Einheiten ausgedrückt und T in Jahren (eine astronomische Einheit ist gleich 149,6 Millionen Kilometer, was annähernd der Entfernung zwischen dem Mittelpunkt der Erde und dem Mittelpunkt der Sonne entspricht).

Hier ein Beispiel für das dritte Keplersche Gesetz, wonach $A^3 = T^2$ ist:

Merkur ist 58 Millionen Kilometer oder 0,388 astronomische Einheiten von der Sonne entfernt. Wenn wir die dritte Potenz von 0,388 berechnen, erhalten wir 0,058. Der flinke Merkur benötigt nur knapp 88 Tage, um die Sonne einmal zu umlaufen, so daß seine Umlaufzeit 0,241 Jahre beträgt. Wenn wir 0,241 quadrieren, erhalten wir wieder 0,058 – nicht schlecht für einen Mann, der nie ein Fernrohr zur Verfügung hatte.

Gilt dieses Gesetz auch für Planeten, von denen Kepler nichts wußte? Nachfolgend dieselben Berechnungen für Uranus, der 1781 entdeckt worden ist, über 150 Jahre nach Keplers Tod.

Uranus ist 2870 Millionen Kilometer bzw. 19,2 astronomische Einheiten von der Sonne entfernt. Die dritte Potenz von 19,2 ist 7078. Uranus benötigt für einen Umlauf um die Sonne ein hohes Menschenalter – etwas über 84 Jahre –, und das Quadrat von 84,01 ist 7058. Ziemlich nahe, nicht wahr?

Zu einer Zeit, als das geozentrische Weltbild der Antike noch immer vorherrschend war – demzufolge die Erde den ruhenden Mittelpunkt des Weltalls bildet –, verteidigte Kepler das radikal heliozentrische Weltsystem des Kopernikus. Sein Ziel sei es gewesen, »zu zeigen, daß die Himmelsmaschine nicht mit einem göttlichen Organismus, sondern mit einem Uhrwerk zu vergleichen ist«. Fünfzig Jahre später stützte sich Isaac Newton (1642–1727) auf die Keplerschen Gesetze der Planetenbewegung, um sein allgemeines Gravitationsgesetz aufzustellen (vgl. Frage 11).

FRAGE 4

Wie heißen die 3 Stufen der Hegelschen Dialektik?

- **These**
- **Antithese**
- **Synthese**

Der vorsokratische griechische Philosoph Heraklit (um 540–620 v. Chr.) behauptete: »Alles fließt« *(panta rhei)*, womit er sagen wollte, daß das Werden und nicht das Sein das Gesetz des sich entfaltenden Kosmos sei. Seine dynamische Vorstellung, daß Fortschritt und Bewegung durch den Kampf gegensätzlicher Kräfte zustande kommen, ist die Urwurzel der Dialektik (wörtlich: die Kunst der vernunftgeleiteten Zwiesprache), wie sie von dem deutschen Philosophen Georg Wilhelm Friedrich Hegel (1770–1831) ausgearbeitet wurde.

Hegels monumentales und alles verschlingendes System der Philosophie einschließlich seines Meisterwerks, der *Phänomenologie des Geistes* (1807), ist durchsetzt von sogenannten Triaden. Nur einige dieser Triaden sind »dialektische«, das heißt Gruppen aus drei Begriffen, die auf folgende Weise miteinander verbunden sind: Eine **These,** A, ruft durch ihre bloße Existenz ihren Gegensatz oder Widerspruch hervor, die **Antithese,** B, (denn wenn A gedacht werden kann, dann auch die Negation von A). Wenn diese beiden Kräfte zusammenstoßen, bringen sie eine **Synthese,** C, hervor, die das Beste von A und B bewahrt, während sie zugleich einen Großteil von deren überflüssigem Ballast in einem versöhnenden Vorgang, der *Aufhebung* genannt wird, abwirft. Aber diese höhere Stufe, C, wird nun ihrerseits zur These A′ in einer neuen Serie von drei dialektischen Schritten, und die resultierende These A″ löst einen weiteren Schub in dem unerbittlichen Fortschreiten des Geistes aus, der den gesamten dialektischen Prozeß in Richtung größerer menschlicher Freiheit, Vernunft und Selbstverwirklichung und zu einer ständig wachsenden Entfaltung des Geistes Gottes in der Welt vorantreibt.

Für Hegel hat sich die Geschichte von der Idee, daß *einer* frei sein kann (im orientalischen Despotismus), über die Idee, daß *einige* frei sein können (in der aristokratischen griechisch-römischen Kultur), bis zur Idee, daß *alle* frei sein können (in der christlichen bzw. westlichen Kultur) weiterentwickelt. Außergewöhnliche Menschen, die den Weltgeist verkörpern, können dem historischen Prozeß manchmal einen Schub geben. Als Hegel 1806 Napoleon I. sah, der kurz vor dem Sieg über die Preußen durch Jena ritt, sagte der Philosoph in schwärmerischem Ton zu einem Freund: »Ich sah den Kaiser – den Weltgeist –, als er ausritt, die Stadt zu erkunden. Es ist in der Tat eine wunderbare Empfindung, ein solches Individuum zu sehen, das ..., auf einem Pferde sitzend, auf die Welt übergreift und sie beherrscht.« Der Weltgeist war also ein Moloch.

Nach Napoleons Sturz wechselte der Weltgeist offenkundig die Seiten, von den Franzosen zu den Deutschen. Dies bedeutete, daß nun ein deutscher Staat (Preußen vielleicht) vermutlich frei sein würde – sogar sittlich dazu verpflichtet –, die Ziele des Weltgeistes mit allen Mitteln einschließlich Krieg zu erreichen, »der das Volk vor der Verderbtheit bewahrt, die ein immerwährender Friede über es brächte«. Die höchste Regierungsform ist die konstitutionelle Monarchie, die die Synthese aus Despotismus und dessen Antithese, der Revolte gegen den Despotismus, ist. Schließlich erfahren wir in den *Grundlinien der Philosophie des Rechts* (1821), wie wir uns gegenüber der höchsten irdischen Verkörperung von Hegels absoluter Idee verhalten sollen: »Wir müssen daher den Staat als die Manifestation des Göttlichen auf Erden verehren.« Entsprechend Hegels Postulat »Was wirklich ist, ist vernünftig, und was vernünftig ist, ist wirklich« müssen wir offenbar die Dinge so nehmen, wie sie sind (oder werden durch die Dialektik), weil sie gar nicht anders sein können.

Hegel sagte angeblich: »Nur ein Mensch hat mich verstanden, und selbst der hat es nicht.« Mit dieser einen hellsichtigen Persönlichkeit meinte Hegel bestimmt nicht Arthur Schopenhauer (1788–1860). Abgesehen von theoretischen Unterschieden zwischen Hegels absolutem Idealismus und Schopenhauers subjektivem Idealismus – zugleich abgrundtiefem Pessimismus – verwand letzterer nie die Schmach, die ihm widerfahren war, als er 1822 seine Philosophie-Vorlesungen an der Universität Berlin absichtlich so ansetzte, daß sie zeitlich mit denen Hegels zusammenfielen, und er vor leeren Bänken reden mußte.

In seinem zwölfhundertseitigen Werk *Die Welt als Wille und Vorstellung* (1819, 1844, 1859) äußert sich Schopenhauer mehrfach sehr abfällig über Hegel. Er vergleicht Hegels philosophisches Werk mit dem Geplapper, das man in Irrenanstalten hört, und prophezeit, daß es als »ein bleibendes Monument deutscher Dummheit« überdauern werde.

Wenn Hegel die These ist und Schopenhauer seine Antithese, war dann Karl Marx vielleicht die Synthese? In seiner Philosophie des dialektischen Materialismus benutzt Marx (1818–1883) die Hegelsche Dialektik, um seine eigenen Vorstellungen eines deterministischen Fortschritts in der Geschichte zu beschreiben. So sollte der bürgerliche Kapitalismus, der als Antithese das Proletariat hervorbringt, notwendigerweise seine höhere Synthese im Kommunismus finden.

Marx und sein Mitstreiter Friedrich Engels (1820–1895) waren der Meinung, Hegels Philosophie habe die Wahrheit auf den Kopf gestellt; sie nahmen für sich in Anspruch, sie wieder auf die Füße zu stellen. Man vergesse alle Darlegungen über den ätherischen Weltgeist bei Hegel: Marx postulierte eine durch und durch materialistische Weltanschauung, in der die Produktionsverhältnisse die Triebkräfte der Geschichte seien. Alle übrigen Bereiche der Gesellschaft – Religion, Politik, Recht, Kunst, Philosophie, Sittenlehre – bilden nur den Überbau, der von der ökonomischen Basis erzeugt werde, um die Ausbeutung der Arbeiter durch die Kapitalistenklasse zu rechtfertigen und aufrechtzuerhalten. Die Geschichte bestehe im wesentlichen aus einer Abfolge blutiger Revolutionen und Klassenkämpfe, die zum Sturz der herrschenden Ausbeuterklasse führten – der Sklavenhalter in der Antike, der Feudalherren und der Bourgeoisie –, bis zuletzt die Arbeiter die Macht ergreifen und (nach einer leider unvermeidlichen Diktatur des Proletariats) eine klassenlose, vollendete und nicht-entfremdete Gesellschaft gründen würden, in der es keine Ausbeutung mehr gebe und in der jeder alles mit allen teile.

Familie, Staat und Religion würden dann verschwinden, weil es nicht mehr nötig wäre, die Ideologie einer dekadenten Bourgeoisie zu stützen.

Solche Visionen entstehen, wenn man zu viel Zeit mit Recherchen im British Museum verbringt und keinen Kontakt zu den Arbeitern in Fabriken, Bergwerken und anderen industriellen Arbeitsstätten hat. Dennoch wurde Marx' säkulare Religion für unzählige Millionen Menschen zu einem Ersatz für die herkömmliche Religion, die er als »Seufzer der unterdrückten Kreatur, ... [und] Opium für das Volk« betrachtete.

FRAGE 5

Wie lauten die 3 Hauptsätze der Thermodynamik?

- **In jedem Prozeß kann Energie von einer Form in die andere umgewandelt werden, aber die Gesamtenergie bleibt konstant, d. h. es wird weder Energie erzeugt, noch geht Energie verloren.**
- **Sämtliche Prozesse in der Natur laufen in Richtung zunehmender Entropie (das heißt zunehmender Unordnung) ab.**
- **Die Änderung der Entropie, die mit jedem beliebigen Prozeß verbunden ist, strebt gegen Null, wenn sich die Temperatur dem absoluten Nullpunkt nähert. (Oder: Alle idealen Kristalle haben am absoluten Nullpunkt dieselbe Entropie, die gleich Null ist.)**

Die Thermodynamik befaßt sich mit den komplexen Wechselbeziehungen zwischen Wärme, Arbeit und Energie. Wenn sich nicht wenigstens *einige* Menschen in der Thermodynamik auskennen würden, gäbe es keine Klimaanlagen, keine Kühlschränke, keine Heizöfen, keine Chemieproduktion, keine Erdölverarbeitung, keine Dampfkraftwerke und keine Gasturbinen.

Masse und Energie werden in der Physik als äquivalent betrachtet. Stellen wir uns die Masse als eine innere Eigenschaft vor, die nicht von der Umgebung eines Körpers oder den auf ihn wirkenden Kräften abhängig ist. Je größer die Masse eines Körpers ist, um so größer ist seine Trägheit. Ein Granitblock mit einem Durchmesser von 1 m besitzt mehr Masse als ein Heliumballon des gleichen Durchmessers, und er hat zweifellos auch mehr Trägheit. Masse sollte jedoch nicht mit Gewicht verwechselt werden. Das Gewicht ist eine Funktion der Schwerkraft und schwankt entsprechend. Die Masse dagegen ist unabhängig von solchen Variablen, so daß der Granitblock mit einem Durchmesser von 1 m überall dort, wo die Schwerkraft stärker ist als auf der Erde, etwa auf dem Jupiter, ein erheblich größeres Gewicht als auf der Erde hätte. Seine Masse dagegen ist überall gleich.

Je größer die Masse eines Körpers ist, um so größer ist auch seine Energie. Energie ist das Vermögen, Arbeit zu verrichten, und Arbeit ist die Kraft, die längs eines bestimmten Weges wirkt. Sämtliche Körper enthalten zwei Formen von Energie: potentielle und kinetische Energie. Stellen wir uns zwei Akrobaten vor: Der eine steht am Ende einer Wippe, der andere hockt auf einer Plattform hoch über dem Boden, bereit, auf das emporragende Ende der Wippe zu springen. Die potentielle Energie des zweiten Akrobaten, sein Arbeitsvermögen, ist gleich dem Produkt aus seiner Masse, seine Höhe über dem Boden und der Erdbeschleunigung. Wenn er springt, wandelt sich seine potentielle Energie in kinetische Energie um, und der Akrobat am anderen Ende der Wippe wird (falls er nicht kneift) in die Luft katapultiert und landet möglicherweise auf den Schultern eines dritten Akrobaten.

Der erste Hauptsatz der Thermodynamik wird auch Energieerhaltungssatz genannt (bzw. Massenerhaltungssatz, da Masse und Energie äquivalent sind). Energie kann nicht erzeugt werden bzw. verlorengehen, aber Energie kann in andere Formen umgewandelt werden. In einem abgeschlossenen System muß die Summe der Änderungen der Energie gleich Null sein. Nehmen wir wieder den Akrobaten: Theoretisch geht bei der ganzen Darbietung keine Energie verloren. Die meiste Energie wird auf den in die Luft katapultierten Mann übertragen, doch ein Teil wird auch, auf schmerzhafte Weise, von den Beinen und der unteren Wirbelsäule des Springers sowie vom Boden und der Wippe absorbiert. Die Gesamtenergie des Springers ist gleich der Summe seiner potentiellen und seiner kinetischen Energie, und diese Summe ist zu jedem Zeitpunkt des Prozesses konstant.

Der erste Hauptsatz der Thermodynamik wurde von mehreren Naturwissenschaftlern des 19. Jahrhunderts formuliert, darunter Julius Mayer, James Joule, Rudolf Clausius und Hermann von Helmholtz. Mayer und Joule kamen auf unterschiedlichen Wegen fast gleichzeitig zur selben Schlußfolgerung: Wärme und Arbeit sind verschiedene Erscheinungsformen von Energie. Joule zeigte in einem Experiment aus dem Jahr 1847, daß die Arbeit, die von Fallgewichten verrichtet wird, welche Schaufelräder in einem Wasserbecken drehten, das Wasser durch Reibung erwärmte. Außerdem wies Joule nach, daß die Temperatur des Wassers als Funktion der Fallhöhe der Gewichte zunahm. Die potentielle Energie, die die Gewichte beim Fallen verloren, wurde in erhöhte Wärme des Wassers umgewandelt.

Allerdings geht bei diesen Prozessen immer etwas Energie verloren. So fühlt sich beispielsweise die Außenseite eines Kühlschranks etwas warm an. Die Wärme, die man spürt, geht verloren; ein thermodynamisch vollkommener Kühlschrank würde seine gesamte Energie für die Kühlung des Innenraumes aufwenden. Zudem kann eine Maschine nicht mehr Energie erzeugen, als sie verbraucht, woraus die Unmöglichkeit eines Perpetuum mobile folgt. Die Wärme, die durch jegliche Form von Reibung erzeugt wird, ist ebenfalls vergeudete Energie.

Ist es vielleicht möglich, eine andere Art von Perpetuum mobile zu bauen: nicht eines, das mehr Energie erzeugt, als es verbraucht, sondern eines, das sich selbst antreibt, indem es die abgegebene Energie zurückgewinnt, um den Motor anzutreiben? Könnte man beispielsweise eine Dampfmaschine so konstruieren, daß der Dampf in Wärme zurückgewandelt wird, die die Maschine wieder antreibt? Hierzu müßte das kalte Wasser, das entsteht, wenn der Dampf kondensiert, in der Lage sein, den Dampfkessel erneut zu erhitzen und so weiteren Dampf für den Antrieb der Maschine zu erzeugen.

Der erstmals 1851 von Lord Kelvin (der sich dabei teilweise auf

Arbeiten von Sadi Carnot aus dem Jahr 1824 stützte) aufgestellte **zweite Hauptsatz der Thermodynamik** schließt eine solche Möglichkeit aus. Nach diesem Hauptsatz entwickeln sich alle physikalischen Ereignisse in einem abgeschlossenen System in Richtung zunehmender Unordnung bzw. Entropie. Das klassische Beispiel für den zweiten Hauptsatz ist die Beobachtung, daß Wärme (Energie) immer von einem Stoff bzw. Körper hoher Temperatur auf einen Stoff bzw. Körper niedriger Temperatur übergeht. Eiswürfel, die in einem Glas Gin schwimmen, schmelzen – der Drink gefriert nicht, zumindest nicht in einer gewöhnlichen Bar. Und kaltes Wasser erwärmt keinen Dampfkessel. Zwar kann man es fertigbringen, daß Flüssigkeiten gefrieren bzw. sich erwärmen, aber hierzu muß in jedem System Arbeit verrichtet werden. Eiswürfel entstehen, wenn Energie (Arbeit) eingesetzt wird, um die Temperatur des Gefrierapparates bis zu dem Punkt zu senken, an dem Wasser erstarrt. Zur Erhitzung des Kessels in einer Dampfmaschine wird Kohle verbrannt.

Gemäß dem zweiten Hauptsatz sind diese Prozesse in abgeschlossenen Systemen unumkehrbar – das bedeutet, daß sich die Wärme, die eine Dampfmaschine während ihres Betriebs verliert, nicht zurückgewinnen läßt. Sie ist verbraucht, und die Entropie des Systems hat zugenommen. Ein Perpetuum mobile, das sich selbst dauernd mit der erforderlichen Antriebsenergie versorgt, wird niemals gebaut werden. Tatsächlich deutet der zweite Hauptsatz darauf hin, daß die *Zukunft* als die Richtung der Zeit, in der die Entropie zunimmt, definiert werden kann. Er sagt daher das allmähliche »Erlahmen« des Weltalls voraus, ähnlich einem Kreisel, der langsam zum Stillstand kommt, oder einer aufgezogenen Uhr, die sich abspult. Nach dem schlimmsten Szenario wird alle Materie im Universum innerhalb einiger hundert Milliarden Jahre schließlich in verbrauchte Wärmeenergie umgewandelt werden. Dies setzt allerdings voraus, daß die Gesetze der Thermodynamik im gesamten Universum gelten.

Der dritte Hauptsatz der Thermodynamik, wie er von dem deutschen Physiker Max Planck 1911 formuliert wurde (auf der Grundlage älterer Arbeiten von Walter H. Nernst), besagt, daß die Entropie eines reinen, kristallinen Elements bzw. eines

Gemischs am absoluten Nullpunkt der Temperatur gleich Null ist. Dies ist die tiefste theoretische Temperatur, – 273,15 °C bzw. – 459,67 °F. In dem Maße, wie sich ein Stoff dem absoluten Nullpunkt nähert, kommt die Eigenbewegung seiner Atome fast völlig zum Stillstand.

Der dritte Hauptsatz hat ein breites Anwendungsfeld in der Chemie und ermöglicht es, die Entropie bestimmter Verbindungen zu berechnen. Die Chemiker haben mit seiner Hilfe Tabellen aufgestellt, in denen diese Daten für eine Standardtemperatur, beispielsweise 25 °C, aufgeführt sind. Mit diesen Informationen und der Kenntnis weiterer Parameter, etwa des Drucks, läßt sich berechnen, ob eine bestimmte chemische Reaktion ablaufen wird oder nicht.

FRAGE 6

Wer sind die 3 Personen der christlichen Dreifaltigkeit?

- **Der Vater**
- **Der Sohn (Jesus Christus)**
- **Der Heilige Geist**

Im Zentrum des christlichen Glaubens steht das Mysterium der Heiligen Dreifaltigkeit (Trinität). Nach dieser Auffassung besteht Gott aus drei gesonderten, ebenbürtigen und ewigen Personen: Vater, Sohn und Heiliger Geist. Obgleich Thomas von Aquin in seinem Satz »Die gesamte Vollkommenheit der göttlichen Natur ist in jeder Person enthalten« die gültige Sicht der Dreifaltigkeit prägnant auf den Punkt gebracht hat, haben die Schwierigkeiten, die mit der Lehre von der Trinität verbunden sind, einige der scharfsinnigsten Denker der christlichen Welt in den letzten beiden Jahrtausenden auf eine harte Probe gestellt.

Das Judentum, aus dem das Christentum hervorging, verwarf entschieden den Polytheismus der antiken Welt. Die zehn Gebote, die Gott dem Mose verkündete, beginnen mit der Ermahnung: »Ich bin Jahwe, dein Gott ... Du sollst keine anderen Götter neben mir haben« (vgl. Frage 51). Wie konnte der streng monotheistische Glaube des Abraham und Mose zur christlichen Lehre von den drei Personen in einem Gott führen?

Der Gott der Juden, der von den Christen auch **Gott Vater** genannt wird, ist keine weltferne Gestalt, sondern ein Wesen, das den Garten Eden aufsucht, mit Mose spricht und das von ihm erwählte Volk gegen Feinde verteidigt. Trotzdem bleibt Jahwe, der Schöpfer der Welt, ein unerforschlicher Gott – »Ich bin der ›Ich-bin-da‹« (Exodus 3, 14) –, dessen flammender Zorn jeden trifft, der seine Gesetze übertritt. Kurz nachdem Gott die Sendung des Mose, Israel aus der Knechtschaft Ägyptens zu befreien, bestätigt hatte, »trat der Herr dem Mose entgegen und wollte ihn töten« (Exodus 4, 24–26). Wegen einer Verfehlung gestattet er Mose nicht, das Heilige Land zu betreten (Deuteronomium 32, 50–52). Unter den Gesetzen, die er dem Mose verkündet, ist das sogenannte *lex talionis*, das Vergeltungsgesetz: »Bruch um Bruch, Auge um Auge, Zahn um Zahn« (Levitikus 24, 20). Als die Bundeslade auf einem Ochsenkarren transportiert wird, erschlägt Gott Usa, weil der es gewagt hatte, seine Hand nach der Lade auszustrecken, um sie festzuhalten (2 Samuel 6, 1–10).

Nach christlicher Auffassung wird das Gottesverständnis des Menschen im Neuen Testament durch die Sendung von **Gott dem Sohn, Jesus Christus,** dem göttlichen und ewigen Logos (Wort) des Vaters, durch den alles erschaffen wurde, vertieft: »Im Anfang war das Wort, und das Wort war bei Gott, und das Wort war Gott ... Alles ist durch das Wort geworden, und ohne das Wort wurde nichts, was geworden ist« (Johannes 1, 1–13). Um Gott und Mensch zu versöhnen, »ist das Fleisch Wort geworden und hat unter uns gewohnt«.

So gesehen, ist Jesus, der Messias und Sohn Gottes, sowohl wahrer Gott als auch wahrer Mensch, die zweite Person der Dreifaltigkeit, die in die Welt kam und die menschliche Natur annahm. Seine Lehren und Taten – die in der Hingabe seines Lebens für das ewige Heil der sündigen Menschheit gipfeln – unterstreichen Gottes Barmherzigkeit, im Gegensatz zur Betonung seiner Macht im Alten Testament. Die Bergpredigt Christi

(Matthäus 5–7) läßt sich als Offenbarung der christlichen Ethik betrachten, die Tugenden wie die Nächstenliebe, Freundlichkeit, Sanftmut, Rücksichtnahme, Selbstlosigkeit und den völligen Verzicht auf Rache betont: »Ihr habt gehört, daß gesagt worden ist: ›Auge für Auge und Zahn für Zahn‹. Ich aber sage euch: Leistet dem, der euch etwas Böses antut, keinen Widerstand, sondern wenn dich einer auf die rechte Wange schlägt, dann halt ihm auch die andere hin« (Matthäus 5, 38–39).

Obgleich Christus sagt, er sei nicht gekommen, um das Gesetz aufzuheben und die Propheten, sondern um sie zu erfüllen, stellten seine Taten den Glauben seiner ersten Anhänger, die fromme Juden waren, in Frage. Wie ihre Vorfahren glaubten sie an einen einzigen, transzendenten Gott, der dennoch in die Geschichte des jüdischen Volkes eingetreten war. Dann sahen sie, daß Jesus mit gottgleicher Macht die Kranken heilte, die Toten wiedererweckte und Sünden vergab. Auch wenn Jesus gelegentlich davon sprach, er habe nicht so viel Macht und Wissen wie Gottvater – etwa wenn er sagte, daß den Zeitpunkt des Weltendes »niemand kennt, auch nicht die Engel im Himmel, nicht einmal der Sohn, sondern nur der Vater« (Matthäus 24, 36) und daß »der Vater größer ist als ich« (Johannes 14, 28) –, hat er andererseits doch die enge Verbindung mit dem Vater betont: »Ich und der Vater sind eins« (Johannes 10, 30) und »Wer mich gesehen hat, hat den Vater gesehen« (Johannes 14, 9). So ist Jesus nach den Evangelien zwar nicht Gott der Vater, aber auch Gott.

Die dritte Person der Dreifaltigkeit ist der **Heilige Geist,** der nach christlicher Auffassung die Propheten des Alten Testaments inspiriert und durch sie gesprochen hat. In der Kunst wird der Heilige Geist als Taube dargestellt, die z. B. bei der Taufe Christi vom Himmel herabkommt (Matthäus 3, 13–17). Tatsächlich vereint dieses Ereignis alle drei Personen der Dreifaltigkeit: den Heiligen Geist, der auf Christus herabkommt, der gerade im Wasser des Jordan steht und von dem Gottvater sagt: »Das ist mein geliebter Sohn, an dem ich Gefallen gefunden habe.« Der Heilige Geist bewirkt auf wunderbare Weise, daß Maria während der Verkündigung des Engels Gabriel Jesus empfängt (Lukas 1, 26–38). Beim Abendmahl verspricht Jesus seinen Jüngern, ihnen den Heiligen Geist – den *Paraklet* (Beistand, Fürbitter, Tröster) – zu senden, auf daß dieser die neue Kirche leite und sie mit göttlicher Gnade erfülle (Johannes 14, 15–31).

Nach der Himmelfahrt Christi kam der Heilige Geist an Pfingsten mit dem Brausen eines heftigen Windes und in Gestalt von Feuerzungen auf die Jünger hinab, erfüllte sie mit seiner Macht und gab ihnen den Mut und Eifer, in einer feindseligen Welt die frohe Botschaft Christi zu verkünden (Apostelgeschichte 2, 1–13). Dieser geheimnisvolle Geist muß göttlicher Natur sein. Den ersten Christengemeinden stellte sich ein weiteres Mal das verwickelte Problem: Wie können Gottvater, Sohn und Heiliger Geist *Gott* sein, wenn dieser gleichzeitig *einer* bleibt?

Christliche Theologen führen oftmals zwei Stellen aus der Heiligen Schrift an, die das Dogma der Trinität erhärten sollen. Nach der Auferstehung beauftragt Jesus seine Jünger mit folgenden Worten, die frohe Botschaft zu verkünden: »Darum geht zu allen Völkern, und macht alle Menschen zu meinen Jüngern; tauft sie auf den Namen des Vaters und des Sohnes und des Heiligen Geistes« (Matthäus 28, 19). Und Paulus, am Ende des zweiten Briefes an die Korinther, erfleht den Segen Gottes mit den Worten: »Die Gnade Jesu Christi, des Herrn, die Liebe Gottes und die Gemeinschaft des Heiligen Geistes sei mit euch allen!«

Bis zum Ende des 4. Jahrhunderts sind die Grundzüge der Trinitätslehre auf den großen Konzilen herausgearbeitet worden. Der unerschöpfliche spekulative Geist der frühen christlichen Denker, vor allem wenn sie in den Spitzfindigkeiten der griechischen Philosophie geschult waren, hatte eine Irrlehre nach der anderen über das reichlich unklare »innere Verhältnis« der drei Personen der Dreifaltigkeit und über die Natur Christi hervorgebracht. So schrieb Augustinus: »Kein Irrtum ist gefährlicher als der, welcher die Trinität betrifft.« Hier eine kleine Auswahl: Gab es lediglich eine Person in Gott, mit drei aufeinanderfolgenden Erscheinungsformen, wie Sabellius glaubte? War Christus in Wirklichkeit ausschließlich Gott und nicht Mensch, wie die Doketisten und gewisse Monophysiten glaubten, so daß lediglich ein »Phantasma« von ihm am Kreuz gestorben war? War Jesus in Wirklichkeit nur das höchste Geschöpf und nicht Gott, wie die

Arianer behaupteten? Anders gesagt, war Jesus mit dem Vater wesensgleich (konsubstantiell, griechisch *homoousios*), wie das Konzil von Nicäa 325 n. Chr. verkündete, oder war er nur wesensähnlich (*homoiousios*), wie Arius behauptete? War Maria nur die Mutter der menschlichen Natur Christi, wie die Nestorianer glaubten, oder wurde sie als Mutter seiner göttlichen *und* menschlichen Natur zu Recht »Gottesgebärerin« (*theotokos*) genannt? Ging der Heilige Geist nur aus dem Vater hervor – wie es in Johannes 15, 26 heißt und wie die Nestorianer lehrten –, oder aus dem Vater *und* dem Sohn, wie Athanasius im 4. Jahrhundert lehrte und Thomas von Aquin im 13. Jahrhundert bekräftigte?

Augustinus und Thomas von Aquin lehrten beide, im Abstand von mehr als achthundert Jahren, der Sohn gehe aus dem Vater hervor – in alle Ewigkeit und nicht zu einem bestimmten Zeitpunkt – als eine Emanation des Vaters, seines Wortes bzw. seiner Weisheit. In ähnlicher Weise gehe der Heilige Geist von Ewigkeit her aus einem Willensakt Gottes hervor – der unendlichen Liebe zwischen Gott dem Vater und Gott dem Sohn. Obgleich diese verzwickten Spekulationen weit entfernt sind etwa von dem einfachen Vergleich des heiligen Patrick in Irland zwischen den drei Personen der Trinität und einem dreiblättrigen Kleeblatt, bringen sie uns dem Kern dieses tiefsten und offenbar paradoxen christlichen Mysteriums nicht näher.

FRAGE 7

Wie heißen die 3 Musketiere?

- **Athos**
- **Porthos**
- **Aramis**

»Alle für einen, einer für alle!« Man kennt sie, auch wenn man das Buch nicht gelesen hat, die Parole der Drei Musketiere und ihres Schützlings, d'Artagnan, die sich mit dem Degen in der Hand den Weg durch das Frankreich des 17. Jahrhunderts unter Ludwig XIII. bahnen.

Die Handlung des Romans *Die drei Musketiere* von Alexandre Dumas ist in groben Zügen folgende: Im Jahre 1625 trifft ein armer junger Mann aus der Provinz, d'Artagnan, in Paris ein, nachdem er unterwegs mehrere Abenteuer bestanden hat, beispielsweise ein kurzes Gefecht mit einem Mann mit narbigem Gesicht, der sich über d'Artagnans gelbes Pferd lustig gemacht hatte. Entschlossen, sich den Musketieren anzuschließen (die dem König von Frankreich als Leibwächter dienten), duelliert sich d'Artagnan wenig später mit Athos, Porthos und Aramis, den obersten Musketieren, verschafft sich jedoch ihren Respekt, als er ihnen dabei hilft, die Garde von Kardinal Richelieu, dem ränkeschmiedenden Feind des Königs, zu verjagen. Wenig später wird er als Rekrut bei den Musketieren aufgenommen und erfährt, daß **Athos** ein galanter Kavalier ist, der sich jedoch hinsichtlich seiner Vergangenheit und seiner Liebschaften in Schweigen hüllt. Nicht so **Porthos,** der große Körperkraft mit praktischem Lebenssinn vereint und gern mit seinen amourösen Eroberungen prahlt. **Aramis** hält seinen Dienst in der Garde lediglich für eine Zwischenstation – er will ins Kloster.

Den Musketieren, die alle Goldstücke, die der König ihnen für ihre Hilfe gegen den Kardinal gegeben hat, durchgebracht haben, droht die blanke Not. Da eröffnet sich ein Ausweg, als d'Artagnans Hauswirt, Bonacieux, sagt, er erlasse ihm die ausstehende

Miete, wenn d'Artagnan und seine Freunde Constance fänden, die Frau von Bonacieux – sie sei von einem Mann entführt worden, dessen Beschreibung d'Artagnan an den Mann mit dem narbigen Gesicht erinnert.

Als Vertraute der Königin weiß Constance von deren Liebesaffäre mit dem englischen Herzog von Buckingham. Dieses Wissen ist für den Kardinal, der danach trachtet, das Königshaus zu destabilisieren und seine eigene Macht auszubauen, von unschätzbarem Wert. Constance kann sich aus der Gewalt ihrer Entführer befreien und begegnet bei der anschließenden Verfolgungsjagd d'Artagnan, der sich auf der Stelle in sie verliebt. Doch Constance hat keine Zeit für ihn, weil sie den verkleideten Buckingham zu einem Rendezvous mit der Königin bringen muß, die ihm als Unterpfand ihrer Liebe zwölf Diamanten schenkt. Der allgegenwärtige Kardinal erfährt von diesem Geschenk, und da er weiß, daß die Königin die Diamanten vom König erhalten hatte, beschließt er, den Monarchen über ihren Verbleib aufzuklären. Das Glück ist dem Kardinal hold. Seine gute Freundin, die schöne und kluge Lady de Winter, kurz Milady genannt, ist zufällig zur gleichen Zeit in London wie Buckingham. Auf seine Bitte entfernt sie zwei Diamanten von Buckinghams Gewand, und der Kardinal könnte diese jetzt dem König vorlegen als Beweis für die Untreue der Königin. D'Artagnan wird jedoch von Constance über den Plan informiert und vereitelt ihn.

Bald darauf trifft d'Artagnan die Dame, die den Mann mit dem narbigen Gesicht begleitet hatte. Wie klein ist doch die Welt! Sie plaudert mit ihrem Freund, Lord de Winter, dessen Leben d'Artagnan in einem Duell geschont hatte. Die Dame ist die Schwägerin von Lord de Winter, und der aufs höchste entflammte d'Artagnan (vermutlich ein Selbstporträt von Dumas) verliebt sich augenblicklich in Lady de Winter. Sie erwidert jedoch seine Zuneigung nicht, da sie in Monsieur de Wardes verliebt ist, von dessen kürzlichem Ableben sie allerdings noch nichts weiß. Als sich d'Artagnan eines Abends als de Wardes verkleidet, schenkt Milady ihm einen stattlichen Saphir. D'Artagnan zeigt ihn Athos, der darin jenen Edelstein erkennt, den er einst seiner eigenen Gemahlin geschenkt hatte, einer schönen, aber verruchten Person, auf deren Schulter ihm erst nach ihren Flitterwochen eine eingebrannte Lilie, mit der Verbrecher gezeichnet wurden, aufgefallen war – und die er aufgehängt zu haben glaubte.

D'Artagnan erfährt, daß er, als er Lord de Winters Leben in dem Duell schonte, unabsichtlich einen Plan von Milady durchkreuzte, die de Winter umbringen lassen wollte, um dessen Geld zu erben. Er findet auch heraus, daß sie Richelieus Agentin und die Drahtzieherin von Constances zweiter Entführung und Einkerkerung ist. In einer dramatischen Auseinandersetzung wird Milady das Kleid von der Schulter gerissen, wobei die verräterische Lilie zum Vorschein kommt. Sie ist die Gemahlin von Athos!

Inzwischen spitzt sich der Krieg zwischen England und Frankreich mit der Belagerung von La Rochelle, einer französischen Stadt, die mit den Engländern verbündet ist, krisenhaft zu. Der Kardinal bemüht sich vergeblich, d'Artagnan auf seine Seite zu ziehen. Lady de Winters Versuch, d'Artagnan in La Rochelle umbringen zu lassen, scheitert, aber es gelingt ihr, den unglücklichen Buckingham erdolchen zu lassen und Constance zu vergiften. Schließlich wird sie gefangengenommen und hingerichtet. Mit ihrem Tod und der Eroberung von La Rochelle durch die Franzosen werden die Hauptstränge der Handlung wieder zusammengeführt. Der Kardinal, beeindruckt von d'Artagnans überlegener Klugheit, bietet ihm eine Stelle bei den Musketieren an. Athos kehrt auf sein Gut zurück, Porthos macht eine gute Partie, und Aramis geht ins Kloster. D'Artagnan versöhnt sich zu guter Letzt sogar mit dem alten Narbengesicht, einem Edelmann.

Die drei Musketiere erfreuen sich seit ihrer Erstveröffentlichung im Jahre 1844 größter Beliebtheit. Der Roman wurde in zahllose Sprachen übersetzt und mindestens fünfmal verfilmt. Der Schöpfer dieses Melodrams wurde der französische Walter Scott genannt – und mit noch weniger schmeichelhaften Namen belegt.

Alexandre Dumas der Ältere (Dumas père, 1802–1870) war der Enkel eines französischen Adligen, der sich auf Haiti niedergelassen hatte, und einer Negerin von dieser Insel. Sein Vater hatte als General in der Armee Napoleons gedient, und Alexandre selbst durchlief eine blendende militärische Laufbahn, unter anderem hatte er an Garibaldis Sizilien-Feldzug im Jahre 1860 teilgenommen. Dumas nannte die wirkliche Historie »den Nagel, an dem ich meine Romane aufhänge«, und er und sein Mitarbeiter, Auguste Maquet, schufen viele ihrer Figuren und Erzählungen nach geschichtlichen Vorbildern. Charles de Baatz d'Artagnan war eine historische Gestalt. Dumas schreibt im Vorwort zu den *Musketieren,* in d'Artagnans Memoiren (die in Wirklichkeit Jahre später von einem anderen Verfasser geschrieben worden waren) kämen drei Figuren mit den Namen Athos, Porthos und Aramis vor. Und offenbar hatte die Gemahlin von Ludwig XIII. tatsächlich eine Liebesaffäre mit dem Herzog von Buckingham.

Zu den 300 Büchern, die der äußerst produktive Dumas geschrieben haben soll, gehören *Der Graf von Monte Christo* und *Der Vicomte von Bragelonne.*

FRAGE 8

Wie hießen die 3 Weisen, die das neugeborene Jesuskind in Betlehem besuchten, und welche Geschenke brachten sie ihm mit?

- **Kaspar (Gold)**
- **Melchior (Weihrauch)**
- **Balthasar (Myrrhe)**

Obgleich die heiligen drei Weisen fest im weihnachtlichen Brauchtum verwurzelt sind, tauchen sie nur im Matthäus-Evangelium auf. Im Lukas-Evangelium, dem einzigen anderen, in dem die Geburt Jesu geschildert wird, werden sie nicht erwähnt. Zudem nennt Matthäus keine genaue Zahl und sagt lediglich, »einige Weise« seien aus dem Osten nach Jerusalem gekommen; sie seien einem neu aufgegangenen Stern gefolgt, was von Alters her als Zeichen für die Geburt eines Herrschers gedeutet wurde. Die Sterndeuter wenden sich hilfesuchend an König Herodes, den von den Römern eingesetzten König von Judäa (er herrschte 37–4 v. Chr.), von dem sie sich genaueren Aufschluß über den Aufenthaltsort des »neugeborenen Königs der Juden« erhoffen, um diesem dann zu huldigen. Herodes (mit dem Beinamen »der Große«) schickt sie nach Betlehem und befiehlt ihnen, zurückzukommen, sobald sie das Kind gefunden hätten, damit auch er ihm huldigen könne. Die Weisen setzen ihren Weg fort und finden schließlich das Neugeborene in einem Haus (keiner Krippe laut Matthäus), über dem der Stern stehengeblieben ist. Sie huldigen dem Kind und bringen ihm ihre Geschenke – Gold, Weihrauch und Myrrhe – dar. Als sie in einem Traum ermahnt werden, Herodes zu meiden, der das Kind als Rivalen fürchtet, ziehen sie auf einem anderen Weg in ihr Land zurück. In der Beschreibung von Herodes' Plan, das Neugeborene zu töten, stellte Matthäus vermutlich bewußt Parallelen zwischen Christus und dem neugeborenen Moses her, den der Pharao zu töten versucht hatte (zusammen mit allen anderen männlichen Neugeborenen der Hebräer) und der schließlich Israel von der Knute Ägyptens befreien sollte.

Sterndeuter waren in der Antike wohlbekannte Figuren. Das entsprechende lateinische Wort *magus,* »Weiser« (aus griechisch *magos,* persisch *magusch*), bezeichnet in mehreren Religionen, insbesondere im altpersischen Zoroastrismus, einen Angehörigen der Priesterkaste. Nach der Eroberung Babylons durch die Perser im 6. Jahrhundert v. Chr. färbten religiöse Bräuche der Babylonier auf den Zoroastrismus ab. Schließlich galten persische Sterndeuter als die authentischen Bewahrer der reinen, alten Weisheit, während die babylonischen Sterndeuter – überwiegend Zauberer, Magier und Astrologen – weithin als Schwindler und Scharlatane angesehen wurden, was in unserem Wort *Magie* noch immer anklingt. So ist Simon Magus in der Apostelgeschichte (8, 9–24) ein Zauberer in Samarien, der von Petrus die Gabe, durch Handauflegen den Heiligen Geist einzugießen, kaufen möchte. Seiner frevlerischen Bitte verdanken wir das Wort *Simonie,* das Kauf und Verkauf geistlicher Ämter bezeichnet.

Zurück zum Bericht des Matthäus. Seine scheinbar einfache Darstellung in zwölf Versen ist durchdrungen von jüdischer und christlicher Symbolik und ist so geschrieben, daß mehrere alttestamentarische Prophezeiungen in Erfüllung gehen, insbesondere Jesaja 60, 6: »Alle kommen von Saba [Scheba, vermutlich Jemen], bringen Weihrauch und Gold und verkünden die ruhmreichen Taten des Herrn« und Psalm 72, 10–11: »Die Könige von Tarschisch und von den Inseln bringen Geschenke, die Könige von Saba und Seba kommen mit Gaben. Alle Könige müssen ihm huldigen, alle Völker ihm dienen.« Vermutlich wegen dieser Passagen machten frühchristliche Schriftsteller aus den Sterndeutern Könige.

Im jüdischen Glauben wurden nur drei Kasten von Personen gesalbt: Könige, Priester und Propheten. Gold ist ein Geschenk für einen König, Weihrauch für einen Priester und stechend riechende Myrrhe für einen scharfzüngigen Propheten. (Myrrhe wurde bei der Einbalsamierung verwendet, und ihre Darbietung vor dem Jesuskind kündigt auch seinen Tod an.) Die Darbringung aller drei Geschenke vor dem Neugeborenen bedeutet, daß er dreifach gesalbt wird. Nun ist »der Gesalbte« (bzw. griechisch *christos*) die Übersetzung des hebräischen *maschiach,* und Matthäus, der etwa um 85 n. Chr. für Judenchristen schrieb, wollte beweisen, daß Jesus von Nazareth der jüdische Messias war. Die Sterndeuter waren natürlich Heiden, und ihre Huldigung vor dem Kinde stützt ebenfalls die These, er sei gekommen, alle Völker zu erlösen.

Im 8. Jahrhundert waren die drei Könige mit Namen und Reichen versehen: Melichior (**Melchior**), König von Persien; Gathaspa (Gaspar bzw. **Kaspar**), König von Indien, und Bithisarea (**Balthasar** oder Baltasar), König von Arabien. Melchior bedeutet soviel wie »König des Lichts«, Gaspar »der Weiße« und Balthasar »Herr der Schätze«. Der altenglische Historiker Beda (um 672–735) meinte, Balthasar, der jüngste, sei ein Schwarzer gewesen, und er betonte damit ein weiteres Mal die Vorstellung, Christus sei gekommen, um die ganze Menschheit zu erlösen.

Gemäß einer mittelalterlichen Überlieferung trafen sich die drei Sterndeuter später, über 50 Jahre nachdem sie dem Stern von Betlehem zum Schauplatz von Jesu Geburt gefolgt waren, um Weihnachten in Sewa zu feiern, einer Stadt in der heutigen Türkei; worauf sie alle Anfang Januar im Alter von weit über hundert Jahren gestorben seien. Der Legende nach gelangten ihre sterblichen Überreste von Sewa nach Mailand, wo sie Kaiser Friedrich Barbarossa im 12. Jahrhundert in seinen Besitz gebracht und nach Köln überführt haben soll. Die Sterndeuter wurden in die *»Heiligen Drei Könige von Köln«* umbenannt, sie ruhen angeblich noch immer im dortigen Dom.

Marco Polo (1254–1324) kam den Sterndeutern vermutlich eher auf die Spur. Bei seinem Aufenthalt in Saveh, südwestlich des heutigen Teheran, besuchte er nach eigenem Bericht ihre Grabmäler, die sich in getrennten, reichverzierten Gebäuden befanden. Dort sah er ihre Leichname, die offenbar kaum Spuren von Verwesung zeigten. Nach der Legende, die in der Region noch heute kursiert, stammten die drei aus Saveh, Hawah und Kaschan (die alle im Umkreis von etwa 160 Kilometern von Teheran liegen) und brachen gemeinsam nach Westen auf, um das geheimnisvolle Kind zu begrüßen. Eine der Legenden, die Marco Polo hörte, betonte die Botschaft von Christus als »dem Erlöser aller Menschen«: Als die Könige einzeln das Haus in Betlehem, in dem der neugeborene Jesus lag, betraten, sah jeder von ihnen einen Christus, der große Ähnlichkeit mit ihm selbst aufwies.

Vielleicht legt die mittelalterliche Legende den Tod der drei Sterndeuter deshalb auf Anfang Januar, weil die katholische Kirche am sechsten Tag dieses Monats den Besuch der Sterndeuter bei Jesus feiert. Das Fest *Epiphanias* (Erscheinung Christi), eines der ältesten liturgischen Feste der Kirche, hat seinen Ursprung in vorchristlichen Riten. In Lateinamerika und einigen mediterranen Ländern wird der 6. Januar, der »kleines Weihnachten« genannt wird, so opulent gefeiert wie Weihnachten selbst. In der Ostkirche erinnert Epiphanias nicht nur an den Besuch der Sterndeuter, sondern auch an die Taufe Jesu und die Hochzeit zu Kana, auf der Christus mit der Verwandlung von Wasser in Wein sein erstes Wunder wirkte. Dieses dreifache Gedenken steht in Einklang mit dem griechischen Wort *epipháneia,* das »Erscheinung« bedeutet – in diesem Fall der göttlichen Macht bzw. des göttlichen Wesens.

Die Geschichte der Sterndeuter, an deren Anfang lediglich ein Dutzend Verse im Matthäus-Evangelium stehen, entwickelte ein langes, mannigfaltiges Eigenleben. Die Huldigung (bzw. Reise) der Sterndeuter wurde zu einem beliebten Motiv der mittelalterlichen und Renaissance-Kunst, nicht zuletzt, weil sie irdische Potentaten daran gemahnte, daß auch sie sich Christus, dem König der Könige, unterwerfen müßten. Die italienischen Maler Giotto, Sassetta, Gentile da Fabriano, Fra Angelico, Benozzo Gozzoli, Ghirlandaio und Leonardo da Vinci sind nur einige der zahllosen Meister, die alle dieses Thema behandelt haben. Und selbst im skeptischen 20. Jahrhundert schrieb T. S. Eliot ein Gedicht mit dem Titel *Journey of the Magi* (Die Reise der Sterndeuter).

FRAGE 9

Welches sind die 3 Instanzen im Modell der Psyche von Sigmund Freud?

- **Es**
- **Ich**
- **Über-Ich**

Untergliederungen der menschlichen Psyche bzw. des menschlichen Geistes in drei Konstituenten gab es schon lange vor den Arbeiten von Sigmund Freud (1856–1939), dem österreichischen Psychiater, der die moderne Topographie der Seele entwarf, die Psychoanalyse begründete und zu einem der revolutionärsten und einflußreichsten Denker des 20. Jahrhunderts wurde. Platon (um 429–347 v. Chr.) hatte der Seele drei Vermögen zugeschrieben, die jeweils einem Stand von Bürgern in seinem *idealen Staat* entsprechen:

- Begierde, die den Genüssen der Ernährung und der Fortpflanzung zugrunde liegt, war das Kennzeichen der Gewerbetreibenden;

- Tapferkeit (bzw. Zorn und das Streben nach Ruhm) war das Kennzeichen der Krieger;
- Vernunft, die die Seelen der Herrschenden durchdringt, manifestierte sich in Weisheit, Gelehrsamkeit, philosophischer Gelassenheit und Gerechtigkeit.

Platons Schüler Aristoteles (384–322 v.Chr.) postulierte in *De Anima (Über die Seele)* die Dreiheit von nährender oder Pflanzenseele (Ernährung, Wachstum, Fortpflanzung), empfindender oder Tierseele (Sinneswahrnehmungen, Empfindungen, Gedächtnis) und denkender oder Vernunftseele (Denken, Urteilen, Folgern, Kontemplation), die in jedem Menschen in unterschiedlichem Maße nebeneinander bestünden.

Einen direkteren Einfluß auf Freuds Drei-Instanzen-Modell übte vermutlich ein Schriftsteller des 19. Jahrhunderts aus. In *Die Gebrüder Karamasow*, den Freud den »großartigsten Roman, der je geschrieben wurde« nannte, schuf Fjodor M. Dostojewskij (1821–1888) drei Figuren – die im Titel erwähnten Brüder –, die annähernd das Freudsche Es, Ich und Über-Ich verkörpern: den zügellosen, trunksüchtigen Raufbold Dimitrij, den atheistischen Intellektuellen Iwan und den frommen Aljoscha.

Freud zufolge ist das **Es** der unbewußte Hort der Sexual- und Selbsterhaltungstriebe, primitiven Leidenschaften und irrationalen Strebungen. Das Es gleicht dem Säugling, der schreit, um gestillt zu werden – und nicht nur das. Nach Freuds stark angefeindeter Auffassung entwickeln Knaben einen sogenannten Ödipuskomplex und Mädchen einen Elektrakomplex – eine libidinöse Bindung des Es an den gegengeschlechtlichen Elternteil und eine Rivalitätsbeziehung zum gleichgeschlechtlichen Elternteil. Wenn das Kind merkt, daß es seine Wünsche nicht verwirklichen kann (beim Knaben aufgrund der allgegenwärtigen Kastrationsdrohung durch den Vater), zieht sich das Es aus strategischen Gründen zurück und hebt den Ödipuskomplex auf, indem es sich mit dem gleichgeschlechtlichen Elternteil identifiziert.

Würde sich das Es, dieses »große Reservoir der Libido«, frei entfalten, dann würden wir in den von Thomas Hobbes beschriebenen »Kampf aller gegen alle« und in das Leben im Naturzustand, wie Hobbes meinte, zurückfallen: »einsam, arm, schmutzig, roh und von kurzer Dauer« bzw. in die Natur im Darwinschen Sinne, einer Natur mit »blutrünstigem Schlunde« (so Tennysons Schlagwort). Dieses ungestüme, krakeelende Es versteht nur das Lustprinzip.

Das **Ich** dagegen folgt dem Realitätsprinzip. Aus der amorphen Masse der Triebe entwickelt sich durch zunehmenden Kontakt mit der Außenwelt ein primitives Ich. Dieses erkennt allmählich, daß die Anpassung an die Umwelt bessere Überlebenschancen eröffnet als der konfrontative Stil des Es. Das Ich, das Vernunft und gesunden Menschenverstand repräsentiert, setzt das Realitätsprinzip immer stärker gegen das unentwegte Verlangen des Es nach sofortiger Befriedigung durch und stützt sich auf die Verdrängung (das Entfernen unerwünschter Regungen aus dem Bewußtsein), um das Wehgeschrei des Es zu ersticken. Freud definierte die Psychoanalyse einmal prägnant als ein Instrument, welches das Ich in die Lage versetzen solle, das Es nach und nach zu erobern. Doch ein schwaches Ich wird ständig von Angst heimgesucht, die nicht nur von der Außenwelt und vom Es, sondern auch vom Über-Ich ausgeht.

Das **Über-Ich**, das Freud zusammen mit den beiden anderen psychischen Instanzen in seiner Schrift *Das Ich und das Es* (1923) in eine konsistente Theorie des seelischen Apparates einfügte, ist ein Produkt des Ich, das Werte der Eltern und der Gesellschaft verinnerlicht. Dieses »Über-Ich«, das die Rolle eines inneren »Polizisten« spielt, zieht das Ich für sämtliche Verstöße gegen zahlreiche Tabus und Normen des Elternhauses, der Schule, der Religion, der Gesellschaft und des Rechtssystems zur Verantwortung. Seine grausamen Strafen sind die Schuldgefühle, die es erzeugt, und die Macht des Gewissens, die es so selbstgerecht ausübt. Wie das Es funktioniert auch das Über-Ich weitgehend im Unbewußten, so daß sich Schuldgefühle häufig als neurotische bzw. körperliche Symptome manifestieren, deren tiefere Bedeutung die betreffende Person nicht erkennt. Freud war der Meinung, daß sich die Wirkungen des Über-Ich in der Entwicklung von Religionen zeigen, in denen zornige, rachsüchtige Gottheiten auftreten.

Freuds Modell der psychischen Instanzen verdeutlicht, daß unser Denken und Handeln durch das unbewußte Wechselspiel und den Antagonismus unserer biologischen Triebe (Es), die Anpassung dieser Triebe an die Außenwelt (Ich) und unsere Reaktionen auf die gesellschaftlich auferlegten Einschränkungen (Über-Ich) determiniert wird. Obgleich alle diese theoretischen Konstrukte Metaphern sind und mehr auf anekdotischen »Beweisen« aus der Praxis von Analytikern als auf nachprüfbaren naturwissenschaftlichen Experimenten beruhen, haben sie die Phantasie von Psychologen, bildenden Künstlern, Schriftstellern und Denkern im ganzen 20. Jahrhundert mit Konzepten wie frühkindliche Sexualität, Verdrängung, Sublimierung, dem Unbewußten und Dutzenden weiterer nachhaltig beeinflußt. Die italienische Redensart *»Se non è vero, è ben trovato«* dürfte ein nicht unpassender Kommentar zu Freuds Saga von der menschlichen Seele sein – wenn sie vielleicht auch nicht wahr ist, ist sie doch gut erfunden.

FRAGE 10

Wer waren die 3 Furien?

- **Alekto**
- **Megaira**
- **Teisiphone**

Im Neunten Gesang des *Inferno* in der *Göttlichen Komödie* nähert sich Dante den Wänden der unteren Hölle:

> Bluttriefend beieinander, hoch erhoben,
> An Wuchs und Haltung Weibern gleich, so standen
> Die höllischen drei Furien stracks dort oben.
> Giftgrüne Hydern ihre Gürtel banden,
> Als Haupthaar Nattern sich den Unholdinnen
> Und Vipern um die Schläfen dräuend wanden.*

Die literarischen Urbilder dieser wilden Gestalten, die bald darauf Dante in Angst und Schrecken versetzen, weil sie gellend schrien und sich die Brüste zerkrallten, waren die zweitausend Jahre früher von Homer geschaffenen Erinnyen, die bei diesem aber noch namenlos und von unbestimmter Anzahl sind. Bei Homer und in der späteren griechischen Mythologie waren die Erinnyen die Verkörperungen von Flüchen – furchtbare Werkzeuge der Rache, insbesondere wenn es zu Mord (vor allem an Blutsverwandten), zu Verbrechen an Eltern oder älteren Menschen, zu Meineid und Verletzungen geheiligter Bräuche gekommen war. Die Erinnyen, die aus dem Blut des Uranos entsprungen waren, als der von seinem Sohn Kronos mit einer Sichel entmannt wurde (vgl. Frage 55), wurden im Lauf der Zeit zu Symbolen der Gewissensqual. Die Furien bzw. *Dirae* sind ihre lateinischen Entsprechungen.

Als Rachegöttinnen aus der Unterwelt, die diejenigen verfolgen, die sich abscheulicher Verbrechen schuldig gemacht haben, spielen diese schlangenhaarigen alten Vetteln, aus deren Augen Blut rinnt, in *Die Eumeniden* des Aischylos (um 525–456 v. Chr.) eine wichtige Rolle. So heißt das abschließende Stück der *Orestie,* jener Tragödientrilogie, die bei den Theaterfestspielen in Athen im Jahre 458 v. Chr. den ersten Preis errang: Aischylos' größtes Werk – und die einzige griechische Trilogie, die vollständig auf uns gekommen ist (zur *Orestie* gehören außerdem *Agamemnon* und *Die Choëphoren*).

Im ersten Stück der *Orestie* erschlägt Klytaimnestra, die Frau Agamemnons, des Führers des griechischen Heeres im Trojanischen Krieg, ihren Gemahl nach seiner Rückkehr heimtückisch im Bade. Die einsame Königin, Schwester der Helena, hatte sich während der zehnjährigen Abwesenheit Agamemnons einen Geliebten genommen, dessen Vetter Aigisthos. Der Chor des Dramas liefert uns die Exposition: Wir erfahren, daß Agamemnons Vater Atreus von dessen Bruder Thyestes zum betrogenen Ehemann gemacht worden war und aus diesem Grund zwei Söhne

* Dante, *Die Göttliche Komödie.* Deutsch von Friedrich von Falkenhausen. Frankfurt/Main 1974, S. 46.

des Thyestes abschlachtete und sie ihrem Vater als Speise vorsetzen ließ, der, ohne es zu wissen, davon aß. Als Thyestes erfuhr, was er verzehrt hatte, verfluchte er den Atreus und seine Nachkommen. Doch Thyestes' Sohn Aigisthos kam mit dem Leben davon und schwor Rache. Abgesehen von diesem Verbrechen seines Vaters hatte Agamemnon die eigene Tochter, Iphigenie, als Opfer dargebracht, um von den Göttern günstigen Wind für die Fahrt nach Troja zu erhalten. Und um dem Ganzen die Krone aufzusetzen, kehrt der stolze Eroberer Trojas auch noch mit einer jungen Geliebten zurück, der trojanischen Königstochter und Seherin Kassandra (die ebenfalls von Klytaimnestra ermordet wird).

Auf Apollons Geheiß und mit Unterstützung seiner Schwester Elektra rächt Orestes, Agamemnons Sohn, den Mord an seinem Vater, indem er seiner Mutter mit einem Schwert die Kehle durchschneidet. Auch Aigisthos befördert er ins Jenseits. Wegen des frevelhaften Muttermordes wird Orestes unmittelbar nach der Tat von den Erinnyen verfolgt, die ihn am Ende der *Choëphoren* aus Argos hinausjagen und bis an den Rand des Wahnsinns bringen. Orestes sucht Zuflucht beim Orakel des Apollon in Delphi und wird für sein Verbrechen entsühnt – doch die erbarmungslosen Erinnyen weigern sich, die Verfolgung aufzugeben. Apollon gebietet Orest, nach Athen zu fliehen, wo Athene ihn beschützen wird.

Das dritte Stück, *Die Eumeniden,* schildert den Konflikt zwischen Apollon und Athene (und den zivilisierten, aufgeklärten Werten der olympischen Götter) einerseits und den Erinnyen andererseits, die das primitive, barbarische, vorrationale *lex talionis* verkörpern, das »Auge für Auge« und »grausame und ungewöhnliche Strafen« fordert. Die Erinnyen sind von einem drakonischen Legalismus durchdrungen, sie berücksichtigen in ihrem blinden Streben nach Rache weder das Motiv des Beschuldigten noch mildernde Umstände. Angeblich bot der Chor in diesem Stück, der aus wild tanzenden Erinnyen – vermutlich zwölf – mit langen schwarzen Kleidern und roten Zungen bestand, einen so furchterregenden Anblick, daß schwangere Frauen bei der Uraufführung Fehlgeburten hatten und Kinder in Krämpfe fielen.

Ein Mordprozeß beschließt das Stück. Athene ernennt zwölf

athenische Bürger zu Geschworenen, die den strittigen Fall des Orestes entscheiden sollen. Dieser bekennt sich zwar schuldig, führt aber als mildernden Umstand ins Feld, daß Apollon selbst ihm befohlen habe, Klytaimnestra zu töten, und daß er mittlerweile durch sein Leiden von seiner Schuld reingewaschen sei. Apollon, des Orestes wortgewandter Verteidiger, behauptet, nur der Vater sei der eigentliche Urheber seiner Kinder, da die Mutter lediglich den Keim des Gatten pflege. Daher, so seine Folgerung, sei Orestes bar jeder Blutschuld. Als die Verhandlung der Geschworenen mit sechs Stimmen für jede Seite in eine Sackgasse gerät, gibt Athene mit ihrer Stimme den Ausschlag für den Freispruch und setzt damit dem Fluch, der seit drei Generationen auf dem Geschlecht der Atriden lastet, ein Ende.

Die Erinnyen sind erzürnt, doch vermag Athene sie mit freundlichen Worten zu besänftigen. Sie nehmen das Angebot eines eigenen Heiligtums und eines Kultes zu ihren Ehren in Athen an; als die Eumeniden (»Die Wohlmeinenden«) werden sie fortan mit sanftmütigen chthonischen Fruchtbarkeitsgöttinnen gleichgesetzt. Aischylos liefert so eine mythische Erklärung sowohl für den Ursprung des Eumenidenkults als auch für die (göttliche) Einsetzung des Areopags, des höchsten Gerichts in Athen, das über Fälle von Mord, Brandstiftung, Landesverrat und religiöse Freveltaten zu verhandeln hatte. Die Versöhnung am Ende des Stückes steht für die Besänftigung der naturhaften Rechte, die in alten Volksbräuchen überliefert sind, durch die Tugenden der Vernunft und Mäßigung. Als solches feiern *Die Eumeniden* die Begründung der Herrschaft des Gesetzes und die Ablösung des barbarischen Rechts, das in Stammesfehden und Blutrache zum Ausdruck kam.

Euripides (um 484–406 v. Chr.) ist der erste Dramatiker, der in seinem Stück *Orestes* die Erinnyen als Dreiergruppe auftreten läßt. Spätere griechische Schriftsteller in Alexandria gaben ihnen Namen. Der römische Dichter Vergil (70–19 v. Chr.) benutzte diese Namen in seiner *Äneis*, wo die Furien als scheußliche Peinigerinnen aus der Unterwelt und als Schrecken, Zwietracht und Krieg auf der Erde verbreitende Weiber geschildert werden. **Alekto** bedeutet »die Unablässige« (bei ihrer Jagd), **Megaira** ist

»die Neiderin« und **Teisiphone** »die Rächerin von Bluttaten«. Auf griechischen Gefäßen sind sie oft mit Hundekopf und Fledermausschwingen dargestellt.

Als Paulus in Athen auf dem Areopag predigte, brachen einige Ratsmitglieder in ungläubiges Lachen aus, als er behauptete, Gott habe Christus von den Toten auferweckt (Apg 17, 19–34). John Milton gab seinem leidenschaftlichen Plädoyer für eine freie englische Presse den Titel *Areopagitica*, zu Ehren jenes alten Gerichtshofs, und die Erinnyen begegnen uns in seinem Epos *Paradise Lost* als »harpyienfüßige Furien« wieder.

FRAGE 11

Wie lauten die 3 Newtonschen Axiome?

- **Jeder Körper verharrt im Zustand der Ruhe oder der gleichförmig geradlinigen Bewegung, wenn er nicht durch einwirkende Kräfte gezwungen wird, seinen Zustand zu ändern (Trägheitsgesetz).**
- **Die Änderung der Bewegung ist proportional zu der einwirkenden Kraft und erfolgt in der Richtung der angreifenden Kraft (dynamisches Grundgesetz).**
- **Jede Wirkung erzeugt eine gleich große und entgegengesetzt gerichtete Gegenwirkung (Wechselwirkungsgesetz).**

Mit Bezug auf seine Vorgänger, darunter Galilei und Kepler, schrieb der englische Mathematiker und Physiker Isaac Newton (1642–1727) an seinen Kollegen Robert Hooke: »Wenn ich weiter gesehen habe, so nur deshalb, weil ich auf den Schultern von Giganten stand.« Allerdings erstreckte sich Newtons Wohlwollen nicht auf seine Zeitgenossen. Der Mann, der das Rätsel des Regenbogens löste, die Infinitesimalrechnung begründete, die Grundlagen der modernen Optik schuf, die drei Grundgesetze der klassischen Mechanik aufstellte und das Gesetz der allgemeinen Massenanziehung formulierte, war streitsüchtig, zerstreut, unsicher und mißtrauisch. Er war fast dauernd in erbitterte Kontroversen mit einigen der größten Geister seiner Zeit verwickelt, insbesondere mit Hooke und dem deutschen Philosophen und Mathematiker Gottfried Wilhelm Leibniz. Newton, vielleicht neben Einstein der bisher bedeutendste Physiker, schrieb mehr Werke zur Theologie als über Mathematik und Physik, und er legte die Bibel wörtlich aus, vor allem das Buch Daniel und die Offenbarung des Johannes. Außerdem beschäftigte er sich mit Astrologie.

Der kleine, kränkelnde Isaac Newton wurde am Heiligen Abend des Jahres 1642, einige Monate nach dem Tod seines Vaters und dem Tod Galileis, in Woolsthorpe (Lincolnshire) geboren. Seine Mutter heiratete zwei Jahre später einen wohlhabenden Geistlichen und zog in ein nahegelegenes Dorf; Isaac gab sie bei der Großmutter in Pflege. Er lebte fast zehn Jahre getrennt von seiner Mutter und schrieb später, er habe aus Schmerz über diese Trennung erwogen, das Haus in Brand zu stecken, in dem sie mit seinem Stiefvater wohnte.

Nach durchschnittlichen Leistungen auf der Lateinschule trat Newton 1661 ins Trinity College in Cambridge ein. Obgleich der Lehrplan noch immer aristotelisch war, vertiefte sich Newton schon bald in das Werk des französischen Mathematikers und Philosophen René Descartes und des englischen Chemikers Robert Boyle. In ein Notizbuch, das er damals führte, schrieb er: »Platon ist mein Freund, Aristoteles ist mein Freund, doch mein bester Freund ist die Wahrheit.« Er beteuerte später, daß er »keine Hypothesen aufstelle«. Damit wollte er sagen, daß er Beobachtungen und keine spekulativen Erklärungen liefern wollte und bestrebt wäre, seine Beobachtungen mathematisch zu beschreiben.

Kurz nachdem er 1665 den Bakkalaureus erworben hatte, wurde die Universität wegen einer Pestepidemie geschlossen, und Newton blieb die folgenden beiden Jahre zu Hause in Woolsthorpe – vielleicht die bedeutendsten Jahre in der Geschichte der Naturwissenschaft. In der häuslichen Zurückgezogenheit erfand er die Infinitesimalrechnung, revolutionierte die Optik, formulierte die nach ihm benannten Axiome und das allgemeine Gravitationsgesetz.

Newton kehrte 1667 nach Cambridge zurück, brachte sein Manuskript über »Fluxionen« (Infinitesimalrechnung) in Umlauf und wurde auf den Lucasischen Lehrstuhl für Mathematik berufen. In seiner ersten Vorlesungsreihe behandelte er einen Großteil des Stoffes, den er später in das erste Buch seiner *Opticks* aufnahm. Ein bedeutender Beitrag war die Beobachtung, daß weißes Licht durch ein Prisma in seine Komponenten, die Farben des Regenbogens – Rot, Orange, Gelb, Grün, Blau, Indigo und Violett – zerlegt und wieder zu weißem Licht gesammelt werden konnte, wenn es durch ein zweites Prisma geschickt wurde. Die Aufklärung der Zusammensetzung des Lichts hatte weitreichende Folgen für die Astronomie und die physikalische Optik.

Erst 1687 veröffentlichte Newton seine *Philosophiae Naturalis Principia Mathematica,* in der er seine Axiome und das allgemeine Gravitationsgesetz darlegte. Die *Principia,* vermutlich das bedeutendste naturwissenschaftliche Werk, das bisher geschrieben wurde, trugen ihrem Autor internationalen Ruhm ein.

Die Bewegungsgesetze sind Axiome, das heißt, sie lassen sich nicht beweisen. **Das erste Gesetz** ist recht plausibel, und Galilei hatte es bereits 50 Jahre früher aufgestellt. Ein Körper, der sich im Zustand der Ruhe befindet, verharrt darin, und ein Körper, der sich bewegt, bewegt sich so lange, bis eine äußere Kraft auf ihn einwirkt. Eine Kraft ist nichts anderes als ein Ruck oder Stoß in eine Richtung oder eine andere. Stubenhocker verstehen ohne weiteres, weshalb das erste Gesetz auch Trägheitsgesetz genannt wird.

Der Kniff beim ersten Gesetz besteht darin, daß es einen konstanten Geschwindigkeitsvektor festlegt. Der Geschwindigkeitsvektor ist nicht zu verwechseln mit dem Geschwindigkeitsbetrag, weil sich der Geschwindigkeitsvektor eines Körpers ändert, wenn sich die Richtung des Körpers ändert. So bewegt sich ein Rennwagen, der sich mit einem konstanten Geschwindigkeitsbetrag auf einer kreisförmigen Rennstrecke bewegt, mit einem sich ständig ändernden Geschwindigkeitsvektor fort.

Aus dem **zweiten Gesetz** folgt, daß die Kraft (F) eines Körpers das Produkt aus der Masse (M) des Körpers und seiner Beschleunigung (A) ist, kurz:

$$F = MA$$

Das Gesetz bestätigt unsere Intuition: Je größer die Masse eines Körpers, um so größer die Kraft, die erforderlich ist, um ihn über eine Rampe oder den Boden zu ziehen. Umgekehrt gilt: Je größer seine Masse und seine Beschleunigung ist, um so größer auch die Stoßkraft, wenn er mit einem anderen Körper zusammenprallt. Die Anwendung des zweiten Gesetzes wird schwieriger, wenn sich die Masse eines Körpers während der Beschleunigung ändert, eine ungewöhnliche Komplikation, die beim Start eines Raumfahrzeugs am augenfälligsten wird, wenn die Zusatzraketen und die Raketenstufen in dem Maße abgestoßen werden, wie das Raumfahrzeug Richtung Weltraum beschleunigt.

Das dritte Gesetz besagt, daß ein Körper auf die Kraftwirkung eines anderen Körpers mit einer gleich großen, aber entgegengesetzt gerichteten Kraft reagiert. Stellen Sie sich vor, Sie stehen in Lederschuhen auf einer Eisfläche und versuchen, Ihren Wagen aus einer Schneefurche herauszuschieben. Sie nehmen alle Kraft zusammen und versetzen dem Wagen einen Stoß – der Wagen bewegt sich nicht, aber Sie fliegen nach hinten.

Nachdem Newton einmal in Schwung gekommen war, wandte er die Axiome auf die Untersuchung der Kreisbewegung an, da er hoffte, die Eigenart und Stärke einer Kraft zu bestimmen, die einen Körper, etwa einen Planeten, der sich geradlinig bewegte, dazu bringen konnte, eine kreisförmige Bahn einzuschlagen. Er stieß dabei auf das nach ihm benannte allgemeine Gravitationsgesetz, das besagt, daß sich zwei Körper (etwa die Erde und die Sonne) gegenseitig mit einer Kraft anziehen, die proportional zu ihren Massen und umgekehrt proportional zum Quadrat ihres Abstands voneinander ist. Wird die Masse eines der Körper verdoppelt, verdoppelt sich auch die Anziehungskraft zwischen beiden. Andererseits nimmt die zwischen ihnen wirkende Kraft mit dem umgekehrten Quadrat ihres Abstands ab. Dies bedeutet beispielsweise, daß die Kraft zwischen den Körpern bei einer Vervierfachung ihres Abstands auf ein Sechzehntel des vorherigen Wertes sinkt. Dieses Gesetz läßt sich algebraisch wie folgt formulieren:

$$F = \frac{G \cdot m_1 \cdot m_2}{r^2}$$

Hier ist F die Kraft der Massenanziehung zwischen zwei beliebigen Körpern, die beiden m stehen für ihre jeweiligen Massen, r ist der Abstand zwischen ihnen, und G ist eine Konstante, die Newtonsche Gravitationskonstante genannt wird.

Als Newton sein Gravitationsgesetz vorlegte, wiesen Kritiker darauf hin, er habe es versäumt, die Natur der Gravitation zu beschreiben. Viel später stellte Albert Einstein die Hypothese auf, die Gravitation sei auf die Krümmung der Raumzeit in der Nähe massiver Körper zurückzuführen. Newton selbst begnügte sich weitgehend damit, die Wirkungen der Massenanziehung zu erklären. Und es stimmt, daß er behauptete, »der Fall eines Apfels« habe ihn auf die Idee der Gravitation gebracht.

Nach der Veröffentlichung der *Principia* wurde Newton zur allgemein anerkannten Eminenz der britischen Naturwissenschaft, und er hatte damit den Gipfel seiner Karriere erreicht. Während der nächsten Jahre erlitt er wenigstens einen schweren seelischen Zusammenbruch. In zunehmendem Maße widmete er sich theologischen und astrologischen Studien. Sein Hader mit zeitgenössischen Naturwissenschaftlern dauerte an. Er zog nach London, wo er zum Aufseher der Königlichen Münze ernannt wurde. Während er dieses Amt versah, wurde er zu einem unerbittlichen Verfolger von Falschmünzern und widmete sich diesem Problem mit dem gleichen Eifer, den er zuvor auf die Mathematik und die Physik verwendet hatte. So brachte er mehrere Männer an den Galgen, weil sie gegen das Münzmonopol der Krone verstoßen hatten.

1703 wurde Newton zum Präsidenten der Royal Society ernannt (ein Amt, das er bis zu seinem Tod bekleidete), und als Königin Anne ihn 1705 in Cambridge zum Ritter schlug, war er die erste Person, die für ihre naturwissenschaftlichen Leistungen geadelt wurde.

In späteren Lebensjahren überarbeitete Sir Isaac kontinuierlich seine Hauptwerke und veröffentlichte weiterhin lateinische und englische Ausgaben davon. Mit Leibniz führte er eine erbitterte Kontroverse darüber, wer als erster die Verfahren der Infinitesimalrechnung entdeckt hätte (es war Newton), und er setzte seine boshaften Angriffe sogar fort, als sein Kontrahent bereits das Zeitliche gesegnet hatte.

Es fällt schwer, diese Seite Newtons mit dem Mann in Einklang zu bringen, der in seinen Lebenserinnerungen schrieb: »Ich weiß nicht, was die Welt von mir halten mag; doch mich selbst dünkt, daß ich nur wie ein Junge am Meeresufer spielte und hie und da einen glatteren Kieselstein oder eine hübschere Muschelschale als gewöhnlich fand, während der weite Ozean der Wahrheit noch gänzlich unentdeckt vor mir lag.«

FRAGE 12

Welchen 3 Versuchungen war Jesus Christus ausgesetzt?

- **Steine in Brot zu verwandeln und davon zu essen.**
- **Sich vom Dach des Tempels in Jerusalem zu stürzen, um zu beweisen, daß er der Sohn Gottes sei.**
- **Den Satan anzubeten und dafür alle Reiche der Welt zu erhalten.**

Im Matthäus-Evangelium verkündet die Stimme Gottes, als Jesus von Johannes dem Täufer getauft wird, daß Jesus sein Sohn sei. Anschließend geht Jesus in die Wüste, um zu fasten und nach vierzig Tagen von Satan in Versuchung geführt zu werden (Matthäus 4, 1–11). Als der Teufel ihn mit der Aufforderung versucht, **Steine in Brot zu verwandeln**, antwortet der Ausgehungerte mit einem Zitat aus der Schrift: »Der Mensch lebt nicht nur von Brot, sondern von jedem Wort, das aus Gottes Mund kommt« (Deuteronomium 8, 3). Dies läßt sich als Weigerung deuten, an der göttlichen Vorsehung zu zweifeln, und als Ablehnung einer Sendung, die bloß in der Befriedigung körperlicher und materieller Bedürfnisse bestünde.

Da »der Teufel die Schrift zu seinen Zwecken anführen kann«, nimmt Satan Jesus mit sich und fordert ihn auf, **sich vom Dach des Tempels in Jerusalem hinabzustürzen, um zu beweisen, daß er der Sohn Gottes sei**, und erinnert ihn an die Worte in Psalm 91 (11–12): »Seinen Engeln befiehlt er, dich auf ihren Händen zu tragen, damit dein Fuß nicht an einen Stein stößt.« Doch Jesus weigert sich, einer jener Wundertäter zu sein, der mit »Zaubertricks« Proselyten macht, um ein ungläubiges Volk zu bekehren. Schriftworte gegen Schriftworte stellend, weist er das Ansinnen Satans mit einem Zitat aus Deuteronomium (6, 16) zurück: »Du sollst den Herrn, deinen Gott, nicht auf die Probe stellen.«

Bei der dritten Versuchung führt der Teufel Jesus auf einen sehr hohen Berg und fordert ihn auf, **sich vor ihm niederzuwerfen und ihn anzubeten als Gegengabe für alle Reiche der Welt**, die von dem Berg aus sichtbar sind. Da jagt Jesus den Versucher fort (»Weg mit dir, Satan!«) und zitiert dabei zum dritten Mal aus Deuteronomium: »Vor dem Herrn, deinem Gott, sollst du dich niederwerfen und ihm allein dienen« (6, 13). Damit weist er entschieden jeden Handel mit dem Teufel zurück. Nachdem Satan von Jesus abgelassen hat, kommen Engel und dienen diesem. Daraufhin verläßt Jesus die Wüste und zieht nach Galiläa, wo er die ersten vier Jünger beruft (vgl. Frage 58).

Matthäus, der sein Evangelium für Judenchristen schrieb, zieht Parallelen zwischen den Erfahrungen, die Jesus und Mose in der Wüste machten. Die vierzig Tage, die Jesus unter den Versuchungen des Satans in der Wüste verbringt, bevor er mit seinem öffentlichen Wirken beginnt, erinnern an die vierzigjährige Wanderschaft der Israeliten durch die Wüste vor ihrem Einzug ins Gelobte Land. Die Aufforderung, Steine in Brot zu verwandeln, entspricht der Sehnsucht der Israeliten nach »den Fleischtöpfen Ägyptens« und ihrer Versorgung mit brotartigem Manna (und Wachteln) in Exodus 16. Jesu Weigerung, als Beweis für seine Gottessohnschaft ein Wunder zu wirken, erinnert an das Verlangen der Israeliten an Mose, ihnen Wasser zu trinken zu geben, worauf er antwortet: »Warum stellt ihr den Herrn auf die Probe?« (Exodus 17). Und Jesu Weigerung, den Satan anzubeten, steht in scharfem Gegensatz zur götzendienerischen Anbetung des goldenen Kalbs durch die Israeliten (Exodus 32).

Mittelalterliche Exegeten sahen einen markanten Gegensatz zwischen dem Unvermögen des ersten Menschen, Adam, der Versuchung Satans zu widerstehen, und dem Triumph Jesu, des zweiten Adam, über den Widersacher. So wurde Adams Essen von der verbotenen Frucht im Garten Eden der Weigerung Jesu gegenübergestellt, Steine in Brot zu verwandeln und der Sünde der Gaumenlust zu verfallen. Der Appell des Teufels an die menschliche Eitelkeit äußerte sich in Genesis in dem »Ihr werdet sein wie Gott« und im Neuen Testament in dem »Wenn du Gottes Sohn bist, so stürze dich hinab«. Schließlich stellen Satans Verheißungen, Adam und Eva würden das Gute und das Böse erkennen und Christus würde sämtliche Reiche der Erde erhalten, Versuchungen der Habsucht dar. Vor Eitelkeit und Habsucht wird angeblich auch in 1 Johannes 2, 16 gewarnt.

Im Johannes-Evangelium werden die Versuchungen nicht erwähnt, im Markus-Evangelium nur flüchtig (1, 12–13), und Lukas schildert sie in ähnlichen Worten wie Matthäus, vertauscht jedoch die Reihenfolge der zweiten und dritten Versuchung (4, 1–13). Diese Reihenfolge übernimmt John Milton (1608–1674) in seinem kurzen Epos *Paradise Regained* (1671). Nach seinem großen Epos *Paradise Lost* (1667), das sich mit den Folgen von Adams Ungehorsam gegen Gott befaßt, wollte Milton den vollkommenen Gehorsam gegen Gott und das völlige Gottvertrauen des zweiten Adam zu Beginn seines Wirkens verherrlichen.

Auf dem Höhepunkt von *Paradise Regained* stellt Satan Jesum mit brutaler Gewalt und in zynischer Weise auf die nadelartige Spitze des Tempels in Jerusalem und fordert ihn auf, entweder dort stehen zu bleiben oder sich hinabzustürzen und sich auf die göttliche Vorsehung zu verlassen. Wie durch ein Wunder bleibt Jesus auf der Spitze stehen und wird sich so seiner göttlichen Natur bewußt, die er gleichzeitig gegenüber Satan offenbart, der, besiegt, vom Tempel hinabstürzt. Milton will damit sagen, daß jeder Mensch den Fallstricken Satans und der Welt widerstehen muß wie Christus, wenn er das von Adam verlorene Paradies wiedergewinnen will. Dabei handelt es sich nicht bloß um einen Ort (den Garten Eden), auch nicht nur um einen sittlichen Zustand, sondern um das ewige Heil im Himmel, dessen Pforten Christus durch seinen Opfertod am Kreuz und den endgültigen Sieg über Satan wieder geöffnet hat.

Im Jahre 1955 sorgte der griechische Schriftsteller Nikos

Kazantzakis (1883–1957), der Autor von *Alexis Zorbas*, mit seinem Roman *Die letzte Versuchung* für große Empörung, hauptsächlich wegen einer langen Traumsequenz (die im Bruchteil einer Sekunde abläuft), als Christus am Kreuz ohnmächtig wird. Diese letzte und mächtigste Versuchung Satans wiegt Christus in dem Glauben, er träume nur, daß er gekreuzigt worden sei. Die Vision verlockt ihn zu Fleischeslust und den Wonnen dieser Welt mit der Prostituierten Maria Magdalena in einem Garten Eden und, nach ihrem Tod, zu einer *ménage à trois* mit Martha und Maria von Bethanien, die seine Kinder gebären. Doch Christus erwacht schon nach kurzer Zeit aus dem Traum, und mit dem Tode ringend widersteht er der verführerischen Vision, die von Satan gesandt worden ist – er erfüllt seine Sendung als Erlöser, indem er für die Menschheit stirbt.

Martin Scorseses Verfilmung des Romans aus dem Jahr 1988 hält sich eng an die Vorlage. Die Folge war, daß an dem Tag, bevor der Film anlief, Tausende von Menschen vor den Studios von Universal Pictures in Los Angeles dagegen protestierten.

The Gospel According to the Son aus dem Jahr 1997 ist ein Roman von Norman Mailer über das Leben Christi in der Ich-Perspektive. Das Buch enthält eine erweiterte Version der Versuchungen Christi, in der Satan behauptet, er teile die Macht mit Gott – ein verlockender Gottesbeweis, der Gott von der Verantwortung für das Böse in der Welt freisprechen soll, welches einem verruchten Anderen zugeschrieben wird – wie es lange vor Mailer bereits die Albigenser, die Manichäer und die Zoroastrier getan haben.

4

FRAGE 13

Wie heißen die 4 Elemente, und welche Temperamente sind ihnen zugeordnet?

- **Erde: melancholisch**
- **Wasser: phlegmatisch**
- **Luft: sanguinisch**
- **Feuer: cholerisch**

Aus welchen Elementen (oder Urstoffen) setzen sich die Dinge zusammen? Mehrere vorsokratische Philosophen im antiken Griechenland spekulierten über die Frage, welcher Urstoff der fundamentale Baustein der Welt sei. Thales hielt das Wasser für den Ursprung aller Dinge. Anaximenes hielt die Luft dafür. Heraklit entschied sich für das Feuer. Pherecydes hielt die Erde für den Urstoff.

Der (im 5. Jh. v. Chr.) auf Sizilien geborene Empedokles behauptete, alle vier dieser Stoffe seien die »Urelemente« der Dinge. Obgleich er die Elemente als an sich dauerhaft und unwandelbar betrachtete, war er der Ansicht, daß sie durch die Wirkungen von Liebe und Haß, den schöpferischen bzw. zerstörerischen Kräften in der Welt, zerlegt, zusammengefügt und in unterschiedlichen Anteilen neu geordnet werden könnten. Diese fortwährende Vermischung erzeuge sämtliche Dinge in der Natur – einschließlich der Menschen.

Aristoteles (384–322 v. Chr.), der später die Theorie der vier Elemente zu einem einflußreichen philosophischen System erweiterte, glaubte sogar, daß die Elemente ineinander umgewandelt werden könnten. Seiner Auffassung nach entstand beispielsweise aus Kälte und Feuchte Wasser, das sich, wenn man es erhitzte, in Luft (Dampf) verwandele. Er lehrte auch, daß jedes der vier Elemente seine spezifische »Sphäre« bzw. Schicht habe: Erde und Wasser hier auf dem Erdenrund, die Luft über uns und das Feuer über der Sphäre der Luft, aber unterhalb der des Mondes. Die Sterne deutete er entsprechend als winzige Löcher in der Sphäre der Luft, die uns einen flüchtigen Blick auf das Feuer gewährten, das in der Sphäre darüber lodere.

Die Medizin und Psychologie im Mittelalter und in der Renaissance, die Vorstellungen des griechischen Arztes Galen (um 129 – um 200 n. Chr.) folgte, verknüpfte die vier Elemente häufig mit vier Körperflüssigkeiten und vier Temperamenten. Störungen des Gleichgewichts dieser Flüssigkeiten sollten die verschiedenen Temperamente (Gemütsarten), genannt *humores*, hervorbringen.

Die **Erde** entsprach demnach der schwarzen Galle, und zuviel von dieser Flüssigkeit, die angeblich von den Nieren und der Milz abgesondert würde, mache eine Person **melancholisch** (griechisch »schwarze Galle«). Hamlet, »der melancholische Däne«, ist Shakespeares berühmtestes Stück über dieses Temperament, das durch einen Hang zu Selbstbeobachtung, Weltschmerz, Trübsinn, Verstellung und sozialer Zurückgezogenheit gekennzeichnet sei. Der melancholische Intellektuelle wie Hamlet ist aber nur ein Typus unter mehreren. Der melancholische Liebhaber, der wie rasend Liebessonette schreibt, ist ein Grundtypus der elisabethanischen Komödie. Außerdem gibt es da den melancholischen Rebellen, wie den gehässigen und verleumderischen Thersites in *Troilus und Cressida* oder den schurkischen Don John in *Viel Lärm um nichts.* Und niemand weiß, weshalb Antonio, der Kaufmann von Venedig, melancholisch war; er selbst hatte keine Ahnung: »Fürwahr, ich weiß nicht, weshalb ich so traurig bin.« Der Engländer Robert Burton schrieb im 17. Jahrhundert die umfangreiche Abhandlung *The Anatomy of Melancholy* (1621) als einen therapeutischen Versuch, seine eigene melancholische Verstimmung zu lindern.

Das **Wasser** wurde mit Phlegma, dem zähflüssigen Körperschleim, in Verbindung gebracht. Ein Übermaß an diesem Schleim sollte zu einem **phlegmatischen** Charakter führen, der feige, träge, schwerfällig und teilnahmslos sei – kurz: ein kalter Fisch.

Der Miesmacher Malvolio in Shakespeares *Was ihr wollt* – der von Sir Toby Belch daran erinnert werden muß: »Glaubst du etwa, weil du tugendhaft bist, dürfte es keinen Kuchen und kein

Bier mehr geben?« – ist ein Beispiel für das phlegmatische Temperament.

Die **Luft** wurde mit Blut in Verbindung gebracht (lateinisch **sanguis**). Zuviel Blut brachte einen Menschen wie Falstaff hervor, der das sanguinische Temperament auf idealtypische Weise verkörpert – tatkräftig, fröhlich, gutmütig, optimistisch und unbeschwert.

Das **Feuer** entsprach der gelben Galle (griechisch **chole**), die von der Leber abgesondert wird. Ein Choleriker wie König Lear oder der junge Henry Percy im ersten Teil von Heinrich IV. ist leicht aufbrausend, starrsinnig, rachsüchtig und ungeduldig.

Shakespeares Freund Ben Jonson entwickelte in den »Komödien der Temperamente« seine eigene Typologie: Die Hauptfiguren in den Stücken *Every Man in His Humour, Every Man Out of His Humour* oder *Volpone* besitzen alle ein vorherrschendes »Temperament« – einen bestimmten Charakterzug, eine Laune oder eine verschrobene Obsession.

Die Psychologie und Physiologie der Körpersäfte war recht zählebig. Im 18. Jahrhundert stellte der schwedische Botaniker und Systematiker Carl von Linné (vgl. Frage 33) den heute absurd anmutenden Versuch an, die vier Temperamente mit den vier (damals bekannten) ethnischen Hauptgruppen in Verbindung zu bringen:

Afrikaner:	phlegmatisch
Indianer:	cholerisch
Asiaten:	melancholisch
Europäer:	sanguinisch

Und bis weit ins 19. Jahrhundert hinein versuchten einige Ärzte, das Gleichgewicht der Körpersäfte ihrer Patienten dadurch wiederherzustellen, daß sie sie zur Ader ließen, ihnen Schwitzkuren verordneten oder ihnen Brechmittel bzw. Klistiere verabreichten.

Schon Aristoteles aber hatte geglaubt, daß es neben den vier stofflichen (oder sublunarischen) Elementen eine geheimnisvolle Quintessenz (»fünftes Seiendes bzw. Element«) gebe – den reinen, immateriellen, unwandelbaren Stoff der Himmelskörper.

Papst Bonifaz VIII. setzte im Jahr 1300 einmal das fünfte Element mit den reichen und ehrgeizigen Florentinern gleich, die, wie die anderen vier Elemente, »die Welt zu beherrschen scheinen«. Und viel später behauptete Napoleon nach dem Fiasko seines Rußlandfeldzugs, das fünfte Element sei nichts anderes als Dreck und Schlamm.

FRAGE 14

Aus welchen 4 Instrumentengruppen besteht ein Symphonieorchester?

- **Streichinstrumente**
- **Holzblasinstrumente**
- **Blechblasinstrumente**
- **Schlagzeug**

Im altgriechischen Theater bezeichnete die *Orchestra* (»Tanzplatz«) eine runde Fläche vor der Bühne, wo der Chor, bestehend aus Männern mit Masken, tanzte und die Chorlieder sang. Ein modernes Symphonieorchester verzichtet auf Tanz, Gesang und Masken, während sich die Anzahl seiner Mitglieder, je nach der zu spielenden Komposition, auf bis zu einhundert erhöht hat.

Die **Streichinstrumente** bilden die größte Instrumentengruppe mit etwa 32 Violinen, 10 Bratschen, 12 Celli, 10 Kontrabässen und oft einer Harfe. Die Violinen werden weiter unterteilt in erste und zweite Violinen, mit 16 Violinen in jeder Untergruppe. Ein Spieler bei den ersten Violinen, gewöhnlich der beste, wird zum Konzertmeister bestimmt und fungiert als eine Art stellvertretender Dirigent. Der Konzertmeister, der, wenn nötig, auch als Solist spielen kann, sorgt dafür, daß alle ersten Violinen synchron musizieren. Er (oder sie) ist auch dafür zuständig, daß die Mitglieder des Orchesters ihre Instrumente stimmen, bevor der Dirigent das Podium betritt.

Erste und zweite Violinen sind gleichartige Instrumente. Die zweiten Violinen oder »zweiten Geigen« spielen meist eine Ge-

genmelodie oder eine die Harmonie stützende Stimme, gelegentlich aber auch dieselbe Stimme wie die ersten Violinen. Wenn die Violinen sozusagen die Soprane sind, dann sind die dunkleren, volleren Bratschen die Altstimmen. Die Celli erzeugen noch vollere, wärmere Klänge, und die Bässe übernehmen gewissermaßen die tragende Funktion ähnlich der mythischen Gestalt des Atlas.

Die **Holzblasinstrumente** umfassen in der Regel eine Pikkoloflöte, zwei große Flöten, zwei Klarinetten, zwei Oboen und zwei Fagotte. Je nach dem musikalischen Programm kann noch ein Saxophon hinzukommen. Diese Instrumente bestehen aus Holz, mit Ausnahme der Flöten, die heute überwiegend aus Metall gefertigt werden, und des Saxophons. Die Holzblasinstrumente können in Einzelrohrblatt- und Doppelrohrblattinstrumente unterteilt werden. Die Instrumente mit Einzelrohrblatt – Klarinetten und Saxophon – erzeugen Töne, wenn der Musiker Luft in den schmalen Spalt zwischen dem Mundstück und einem fest verankerten Rohrblatt bläst, so daß die Luft innerhalb des Instruments in Schwingungen versetzt wird. Die Tonhöhe läßt sich durch Öffnen und Schließen von Löchern seitlich am Instrument verändern. Die Instrumente mit Doppelrohrblatt – Oboen, Englischhorn und Fagotte – enthalten im Mundstück zwei kleinere, dünnere Rohrblätter, die im Vergleich zu den warmen, erdigen Tönen der Einzelrohrblattinstrumente einen nasalen Klang erzeugen. Flöte und Pikkoloflöte, die keine Rohrblattinstrumente sind, stammen von primitiven Pfeifen der Frühzeit ab. Der Musiker bläst Luft quer über die Öffnung im Mundstück – das ist ungefähr so, wie wenn man über das Loch einer leeren Flasche bläst und dadurch Töne hervorbringt.

Die **Blechblasinstrumente** bestehen in der Regel aus vier Hörnern, zwei Trompeten, drei Posaunen und einer Tuba. Statt über ein Loch oder in ein Rohrblatt blasen die Musiker in ein ausgehöhltes Mundstück, wobei ihre Lippen als Rohrblatt fungieren. Jede Tonlage wird durch einen anderen Lippendruck erzeugt, die einzelnen Töne entstehen durch das Drücken von Tasten oder Klappen und durch das Hin- und Herschieben von sogenannten Zügen. Die Trompete ist gleichsam der Sopran, die Posaune der Tenor bzw. Bariton, die Tuba der Baß, während das Waldhorn

(French Horn, so genannt, um es von dem Englischhorn zu unterscheiden, das eine Altoboe ist und auch Oboe da caccia genannt wird) mit seinem weiten Tonumfang nicht leicht einzuordnen ist.

Das **Schlagzeug** weist die größte Vielfalt auf und kann Pauken, kleine und große Trommeln, Xylophon, Vibraphon, Glockenspiel und eine Fülle diverser anderer Instrumente – Stahlspiel, Glocken, Triangeln, Becken, Holzblöcke, Maracas und Gongs – umfassen. Die Pauken lassen sich auf eine bestimmte Tonhöhe stimmen, und manchmal werden vier oder mehr Pauken verwendet.

Die Sitzordnung für die Orchestermusiker schwankt geringfügig. 1998 war es beim Boston Symphony Orchestra so: erste und zweite Violinen links vom Dirigenten, Bratschen rechts, Celli und Kontrabässe hinter den Bratschen, Flöten, Klarinetten, Oboen, Fagotte und Waldhörner hinter den Streichern in der Mitte vor dem Dirigenten, ganz hinten von links nach rechts Harfen, Schlagzeug, Trompeten, Posaunen und Tuba. (Dies ist auch in vielen europäischen Orchestern eine gängige Sitzordnung.)

Das moderne Orchester nahm erst zur Zeit Ludwig van Beethovens (1770–1827) die uns heute vertraute Gestalt an. Im 17. Jahrhundert wurden Streich- und Blasinstrumente erstmals in systematischer Weise miteinander kombiniert. Im allgemeinen wird Claudio Monteverdi (1567–1643) das Verdienst zugeschrieben, den orchestralen Effekt erfunden zu haben. Um Monteverdis Beitrag würdigen zu können, müssen wir uns vorstellen, wie »orchestrale« Musik bis dahin geklungen hat. Im 16. Jahrhundert dürfte ein Orchester aus Violen, Violinen, Flöten, Oboen, Zinken und Harfen bestanden haben. Der Generalbaß (*basso continuo*) war ein allgegenwärtiges Merkmal der Musik jener Zeit. Der Generalbaß, eine Art musikalischer Kurzschrift, erlaubte es den Komponisten (etwa um den Notendruck zu verbilligen), einen Akkord anzugeben, indem sie nur eine Note und darunter eine Ziffer schrieben; die Baßlinie wurde auf einem Baß oder Cello gespielt. Die Musiker, die ein Tasteninstrument oder eine Laute spielten, ergänzten dann die Harmonie während der Aufführung aus dem Stegreif. Die Instrumentenfamilien schienen eher nacheinander denn als ein harmonisches Ganzes zu spielen, d.h. die Streicher spielten eine Melodie, und wenn sie aufhörten, wurde diese Melodie z.B. von den Zinken und später den Trompeten wiederholt. Das technische Können der Musiker war nicht immer hoch, nicht einmal an italienischen und französischen Höfen, da Schauspieler und Tänzer häufig zugleich als Instrumentalisten auftraten.

Für seine Oper *Orfeo* (1607) gab Monteverdi die Anweisung, daß mannigfaltige Instrumente die Stimmen begleiten und sie verdoppeln (imitieren) sollten. Bei der Uraufführung von *Orfeo* in Mantua bestand das Orchester aus zwei Tasteninstrumenten, zwei Kontrabässen, zehn Violas da braccio, einer Harfe, zwei normalen Violinen, drei Violas da gamba, zwei Lauten, zwei Orgeln, einer tragbaren Orgel, vier Posaunen, zwei Zinken, einer Flöte und einer Trompete – einem für die damalige Zeit groß besetzten Instrumentenensemble. Am verblüffendsten aber war, daß die Partitur von *Orfeo* auch die Integration der Instrumentenfamilien verlangte, beispielsweise dadurch, daß die Posaunen gleichzeitig mit den Gamben und Kontrabässen spielen sollten.

Die Spannung und Intensität der Vokalmusik, die durch die instrumentale Klangfarbe, die das Orchester hinzufügte, noch verstärkt wurden, versetzte Monteverdis Zuhörer vermutlich in großes Staunen. Dies war genau die von Monteverdi beabsichtigte Wirkung, hatte er doch geschrieben: »Der Zweck aller guten Musik ist es, die Seele zu rühren.«

Monteverdi legte nicht nur das Fundament für die Entwicklung des modernen Orchesters, er hat auch die Anforderungen an die Musiker erhöht, indem er Stücke komponierte, die schwieriger waren als die meisten Musikstücke vorher. In der Tat beeinflußten das Vorhandensein und das Können von Musikern ganz wesentlich die Art und Weise, wie zeitgenössische Komponisten ihre Werke instrumentierten. Johann Sebastian Bach (1685–1750) verwandte offenbar deshalb vier Oboen (zwei Oboen d'amore und zwei Oboen da caccia) für sein *Weihnachtsoratorium,* weil die Musiker verfügbar und der Aufgabe gewachsen waren. Mozart war der erste Komponist, der die Klarinette (eine verbesserte Version des älteren *chalumeau*) herausstellte, sicher auch deshalb, weil das Instrument zu seinen Lebzeiten allgemein verfügbar wurde.

Im allgemeinen folgten die Komponisten Monteverdis Beispiel aber nur langsam. Erst in der zweiten Hälfte des 17. Jahrhunderts unterhielt Jean-Baptiste Lully (1632–1687), der aus Italien stammende Hofkomponist des französischen Königs, ein ständiges Orchester, das Holzbläser, Flöten und Hörner umfaßte. Im 18. Jahrhundert schrieben Komponisten wie John Wenzel Stamitz und Carl Philipp Emanuel Bach Orchesterwerke mit Solostimmen für Flöten, Oboen, Hörner, Fagotte und Streicher (unter anderen Instrumenten). Stamitz und die übrigen Komponisten der sogenannten Mannheimer Schule machten schließlich das Orchester mit den vier Instrumentengruppen, wie wir es heute kennen, zur Norm. Um 1760 wurde der Generalbaß endgültig abgeschafft, ebenso die Verwendung von Laute und Cembalo, und die Komponisten schränkten den improvisatorischen Freiraum der Musiker ein.

Obgleich die großen deutschen Orchester damals schon eine moderne Struktur besaßen, dominierten nach wie vor die Streicher. Instrumente aus anderen Familien wurden gegebenenfalls eingesetzt, um ein militärisches Thema (Trommeln oder Trompeten), eine feierliche Situation (Posaunen) oder einen exotischen Schauplatz (Triangel) zu signalisieren. Es waren Joseph Haydn (1732–1809) und Wolfgang Amadeus Mozart (1756–1791), die schließlich den Blasinstrumenten und dem Schlagzeug im Orchester eine je eigene musikalische Identität verliehen. In ihren Frühwerken benutzten beide Komponisten diese Gruppen als ein Ensemble, das die Streichinstrumente mit Farbe, Klangfülle und Harmonie unterlegen sollte. Haydn übertrug jedoch in seiner dritten Symphonie den Oboen eine zentrale Rolle im ersten Satz. In seiner sechsten Symphonie, *Le Matin* (1761), benutzte er eine Art Ensemble innerhalb des Orchesters – ein Fagott, zwei Oboen, zwei Hörner und eine Flöte –, das gleichrangig neben den Streichern steht. Außerdem verwendete Haydn die Streichinstrumente, insbesondere die Violinen und Bratschen, nicht mehr als geschlossene Einheit und gab den Bratschen eigenständige Parts, was die strukturelle Komplexität der Streichergruppe erhöhte.

Mozart besuchte 1777 Mannheim. Damals waren die dortigen großen Orchester berühmt für ihre technische Raffinesse, ihr musikalisches Können und vor allem die Verwendung von Crescendo und Diminuendo. Dieser Besuch übte einen nachhaltigen Einfluß auf Mozart aus; seine ein Jahr später geschriebene *Pariser Symphonie* (KV 297) war sehr viel reicher instrumentiert als seine früheren Werke. So schrieb er insbesondere bis zu fünf verschiedene Parts für die mannigfaltigen Streichinstrumente – eine Verfeinerung der Orchestrierung, die ihren Höhepunkt zu Beethovens Zeit erreichte.

Technische Verbesserungen bei der Konstruktion und Fertigung von Musikinstrumenten trugen im 18. und 19. Jahrhundert ebenfalls zur Vergrößerung des Orchesters bei. Die Trompeten wurden mit Ventilen versehen. Die Klangfülle und die Brillanz der Violinen wurde durch konstruktive Verbesserungen gesteigert, die eine höhere Saitenspannung erlaubten. Letztlich waren die Komponisten die Hauptnutznießer der kreativen Möglichkeiten, die sich dank der Weiterentwicklung des Orchesters, mannigfacher technischer Verbesserungen bei den Instrumenten und einer stetigen Perfektionierung des musikalischen Könnens eröffneten.

Am Ende des 19. Jahrhunderts und zu Anfang des 20. Jahrhunderts benutzten Komponisten wie Richard Wagner, Edward Elgar, Gustav Mahler, Richard Strauss, Maurice Ravel und Igor Strawinsky vergrößerte Orchester für ihre großen Werke. Einige erfordern drei- bis viermal so viele Bläser wie üblich. Insbesondere Wagner legte für seine Opern übergroße Streicher- und Holzbläsergruppen fest, um Klangfarbe und Klangfülle zu steigern. Manche Konzertsäle und Opernhäuser sind für diese Riesenorchester einfach zu klein.

Alles scheint irgendwann wieder zum Ausgangspunkt zurückzukehren – die Größe von Orchestern macht da keine Ausnahme. So haben etwa Paul Hindemith und Béla Bartók neben anderen Komponisten des 20. Jahrhunderts immer wieder eine Verkleinerung des Orchesters gefordert, teils aufgrund beschränkter Budgets, teils als Reaktion auf die vermeintlich exzessiven Orchestrierungen in der vorangegangenen Generation.

Auch bei den Orchesterleitern, später den Dirigenten, hat sich viel verändert. In den Tagen des Generalbasses fungierte der Musiker am Tasteninstrument oft gleichzeitig als eine Art Dirigent. Zugleich schlug ein Konzertmeister oder Taktführer (aus dem Kreis der Violinisten) den Takt, indem er mit dem Fuß auf den Boden klopfte bzw. mit dem Bogen irgendwie den Takt markierte. Das ging oft komisch aus, wenn die beiden Musiker ihre Bemühungen nicht richtig koordinierten.

In einer modernen Orchesteraufführung steht der Dirigent meist auf einem eigenen Podest und blickt (wenn er nicht auswendig dirigiert) beim Dirigieren immer wieder auf die vor ihm liegende Partitur, die die Noten für alle Instrumentengruppen enthält. Man verkennt die Rolle dieser Figur, wenn man in ihr nur so etwas wie einen musikalischen Verkehrspolizisten sieht. Tatsächlich ist das Orchester das »Instrument« des Dirigenten: Das, was man jeweils hört, ist vor allem *seine Interpretation* des Werkes des Komponisten.

Erfahrene Hörer können in der Regel ein Dirigat von – sagen wir – Carlos Kleiber, Wolfgang Sawallisch oder Kurt Masur von einem solchen Seiji Ozawas, Zubin Mehtas oder Daniel Barenboims unterscheiden. Da verwundert es nicht, daß Mozart schrieb, er wolle die Violine den Händen des Dirigenten »entreißen« und »selbst dirigieren«. Oder daß Beethoven einmal persönlich seine *Neunte* dirigierte, obgleich er keinen einzigen Ton mehr davon hören konnte. Der schon erwähnte Lully brachte sogar das höchste Opfer für die Kunst des Dirigierens, als er an den Folgen der Infektion einer Wunde starb, die er sich mit dem schweren Taktstab selbst am Fuß beigebracht hatte.

FRAGE 15

Welche Namen hatten die 4 Hauptwinde im alten Griechenland?

- **Boreas (Nordwind)**
- **Zephyros (Westwind)**
- **Notos (Südwind)**
- **Euros (Ostwind)**

Die alten Griechen sahen in allen möglichen Naturerscheinungen, selbst im Wind, Götter und Göttinnen. Obgleich die meisten ihrer zahlreichen Windgötter, darunter auch **Notos** und **Euros**, bloße Namen bzw. Abstraktionen blieben, trugen zwei von ihnen persönlichere Züge als die übrigen.

Boreas, der Nordwind, hatte zwei geflügelte Söhne, Kalais und Zetes, die Jason auf seiner Fahrt zum Goldenen Vlies begleiteten. Mit Schwertern bewaffnet, benutzten sie ihr fliegerisches Können, um die Harpyien, vogelgestaltige Frauen, zu vertreiben, die den blinden alten Seher Phineus darben ließen, indem sie ihm jedesmal, wenn er etwas essen wollte, entweder das Essen raubten oder sich darauf entleerten. In historischer Zeit errichteten die Athener dem Boreas ein Heiligtum, weil ein Nordostwind einen Teil der angreifenden persischen Flotte unter Xerxes versprengt hatte (480 v. Chr.).

Zephyros, der Westwind (davon abgeleitet unser Wort *Zephir* für einen milden Westwind), verliebte sich einst in einen schönen spartanischen Prinzen Namens Hyakinthos. Seine Eifersucht auf Apollon, der ebenfalls Hyakinthos umwarb, nahm jedoch solche Ausmaße an, daß Zephyros eines Tages, als sich der Gott und der Jüngling im Diskuswerfen maßen, die Scheibe Apollons so ablenkte, daß sie den Hyakinthos am Kopf traf und ihn tötete. Aus dem Blut des Prinzen entsprang die Hyazinthe.

Da Pferde »so schnell wie der Wind« von den Griechen oft als Abkömmlinge eines Windgottes angesehen wurden, stammten die beiden unsterblichen Pferde des Achilles in Homers *Ilias* angeblich von Zephyros ab. Eines von ihnen, Xanthos, konnte sprechen und sagte in einer ergreifenden Szene Achilles seinen Tod voraus. Und die zwölf Fohlen aus der Verpaarung des Boreas mit zwölf trojanischen Stuten konnten auf den Wellenkämmen über das Meer jagen und auf den Spitzen der Halme über Getreidefelder laufen.

Die Griechen glaubten auch, daß Stuten schon allein dadurch trächtig werden könnten, daß sie ihren Schweif aufrichteten und ihr Hinterteil den Liebkosungen lüsterner Winde darboten. In noch früheren Zeiten glaubte man, sogar Frauen könnten durch Windstöße geschwängert werden, in denen die Geister verstorbener Ahnen verkörpert wären. Und der römische Universalgelehrte Plinius der Ältere (23–79 nach Chr.), der so gut wie alles für wahr hielt, versichert uns in seiner enzyklopädischen Naturgeschichte, Hagelschauer, Wirbelwinde und Blitze würden auf der Stelle verjagt, sobald ihnen eine menstruierende Frau mit nacktem Bauch ausgesetzt würde.

In der griechischen und römischen Mythologie war Aiolos der Herr aller Winde. Als Odysseus und seine Gefährten auf ihrem Rückweg vom Trojanischen Krieg nach Ithaka in Aiolos' Inselreich an Land gehen, sperrt Aiolos alle Winde in einen Sack aus Rindsleder ein – mit Ausnahme des Westwindes, den die Rückkehrer brauchen, um nach Hause zu segeln. Doch die Männer des Odysseus glauben, der aufgeblähte Sack im Laderaum des Schiffes enthalte einen Gold- und Silberschatz, den ihr Anführer nicht mit ihnen teilen wolle. Als die heimatlichen Gestade bereits in Sicht kommen (und Odysseus in tiefen Schlaf gesunken ist), öffnen sie den Sack: Die heulenden Winde stürmen heraus und treiben sie zurück zur Insel des Aiolos. Dieser meint, die Götter müßten über einen Haufen derartiger Stümper erzürnt sein, und jagt sie fort, ohne ihnen einen neuen Ledersack mit auf den Weg zu geben. Die Irrfahrt des Odysseus verlängert sich dadurch um viele Jahre.

In Vergils *Äneis* beschließt die Göttin Juno, die dem Äneas von den Göttern bestimmte Gründung Roms hinauszuzögern, weil Rom eines Tages ihr geliebtes Griechenland erobern wird. Als er und seine Männer nach dem Trojanischen Krieg aus ihrer verwüsteten Heimat gen Italien segeln, verspricht die Göttin Aiolos eine reizende Nymphe für sein Lager, wenn er die Winde, die er gewöhnlich in einer Höhle eingeschlossen hält, losläßt. Aiolos willigt ein, und die rasenden Winde entfesseln einen Sturm, der die Schiffe des Äneas vom Kurs abbringt und nach Karthago verschlägt. Dort verliebt sich Äneas in die Königin Dido, bis die Götter ihm befehlen, sich wieder seiner heroischen Sendung in Italien zuzuwenden, woraufhin sich Dido in einem Anfall von Raserei das Leben nimmt.

Aiolos gab der Äolsharfe (Windharfe) ihren Namen, die musikalische Klänge erzeugt, wenn die bewegte Luft über ihre Saiten streicht. Die Äolsharfe wurde in der Romantik zu einer beliebten Metapher für die Einbildungskraft des Dichters, die empfänglich sei für Inspirationen und, von ihnen berührt, sich in wohlklingenden Versen verströme.

FRAGE 16

Wie lauten die 4 Grundwahrheiten des Buddhismus?

- **Alles Leben ist Leiden.**
- **Alles Leiden hat seine Ursache im Begehren, das zum Kreislauf der Wiedergeburten führt.**
- **Begehren – und somit Leiden – kann aufgehoben werden.**
- **Der Weg zur Befreiung von Begierde, Leiden und Wiedergeburt ist der achtfache Pfad.**

»Dies wird meine letzte Geburt sein«, verkündete Siddharta Gautama, kurz nachdem er aus der rechten Seite seiner Mutter entsprungen war. Das Kind, das zum Buddha – dem Erleuchteten – ausersehen war, bekundete also bereits sehr früh seine Entschlossenheit, dem Kreislauf der Wiedergeburten in das Leiden des Daseins zu entrinnen.

So heißt es freilich nur in der Legende. Der historische Siddharta (563–483 v. Chr.) war sich der ersten Wahrheit, die er später verkünden sollte – daß **alles Dasein Leiden ist** –, nicht von

Anfang an bewußt. Sein königlicher Vater hatte dafür gesorgt, daß der junge Prinz wohlbehütet hinter den Mauern seiner drei Paläste in Nordindien aufwuchs und in Vergnügungen und Luxus schwelgte. Doch nach mehreren Ausflügen in die Welt brannte sich ihm das Leid, das er gesehen hatte – Alter, Krankheit und Tod –, unauslöschlich in die Seele ein. Mit 29 Jahren verließ er seine Frau und seinen neugeborenen Sohn auf der Suche nach der Weisheit, die ihm und anderen helfen würde, das Leid des Daseins zu überwinden. Sein Ziel war um so bedeutsamer, als er mit vielen Indern damals den Glauben teilte, alle Lebewesen würden immer wieder in den endlosen Kreislauf des Leids hineingeboren und nur ein »gutes Karma« könne die Menschen davor bewahren, als Bettler, Parias oder sogar Tiere auf die Erde zurückzukehren.

Siddharta wanderte sechs Jahre lang umher und erprobt Yoga, religiöse Versenkung und Asketismus als verschiedene Mittel der Erlösung vom Schrecken des Lebens. Nach der Legende soll er sich in seiner asketischen Phase von Gras, Dung und zuletzt einem einzigen Reiskorn pro Tag ernährt haben.

Eines Abends setzte er sich unter einen großen Banyan-Baum (eine Feigenbaumart) und schwor sich, so lange zu meditieren, bis er die Antwort auf das Rätsel der Erlösung gefunden hätte. Nachdem er den Versuchungen von Dämonen widerstanden hatte, verfiel er in einen Trancezustand, in dem er die tiefsten Geheimnisse des Lebens ergründete. Beim Morgengrauen erhob er sich als Buddha, das heißt als »Erleuchteter«.

In seiner ersten Predigt lehrte er seine Jünger die Grundwahrheiten (die sogenannten »Vier Edlen Wahrheiten«), die das Fundament der buddhistischen Lehre bilden. Sie besagen im Kern, daß **das mit dem Leben und der Wiedergeburt (Samsara) verbundene Leid nur aufgehoben wird, wenn allem Begehren entsagt wird** – selbst dem Wunsch nach Nichtsein –, da das Begehren jedes Lebewesen an das Leben fesselt. Glücklicherweise **gibt es einen Weg, alles Begehren aufzuheben** und **diejenigen, die diesem achtfachen Weg folgen** (vgl. Frage 42), **erreichen das Nirwana** (die Erlösung, die Nichtbindung, den höchsten Frieden), indem sie dem Leid entgehen, das der endlosen Abfolge von Tod und Wiedergeburt durch alle Äonen hindurch innewohnt.

Nachdem Buddha fünfundvierzig Jahre lang gelehrt und gepredigt hatte, erreichte er sein höchstes Ziel, das *mahaparinirvana* (die »große völlige Auslöschung«). Die von seinen Jüngern weitergetragenen Lehren haben sich über große Teile Zentral- und Ostasiens ausgebreitet und zählen heute mehr als 350 Millionen Anhänger.

FRAGE 17

Wie heißen die 4 Elementarkräfte der Natur?

- **Gravitation (Schwerkraft)**
- **Elektromagnetische Kraft**
- **Schwache Kernkraft**
- **Starke Kernkraft**

Diese vier Grundkräfte scheinen sämtliche Wechselwirkungen der materiellen Welt zu steuern. Sie lassen sich nach den Typen von Körpern bzw. Teilchen, auf die sie wirken, den Entfernungen, über die sie wirken, den Energieniveaus ihrer Wechselwirkungen und nach verschiedenen anderen Eigenschaften voneinander abgrenzen.

Die **Gravitation** ist die Anziehungskraft, die alle Körper, etwa die Erde, auf alle anderen Körper, etwa uns Menschen, ausüben. Nach dem von Isaac Newton (1642–1727) aufgestellten allgemeinen Gravitationsgesetz ist die Massenanzieungskraft, die ein Körper auf einen anderen ausübt, direkt proportional zum Produkt ihrer Massen, aber umgekehrt proportional zum Quadrat ihres Abstandes (vgl. Frage 11). Phänomene wie die Gezeiten, das Gewicht oder der Fall von Körpern auf der Erde und die Planetenbahnen um die Sonne werden durch die Gravitation verursacht, die allerdings bei weitem die schwächste Elementarkraft ist. Wenn man der stärksten Kraft, der starken Kernkraft, eine Größe von 1 zuweisen würde, dann betrüge die Stärke der Schwerkraft etwa 10^{-39}. Diese äußerst schwache Kraft, die auf subatomarer Ebene vernachlässigbar klein ist, wirkt dennoch über riesige Entfernungen.

Obgleich die Schwerkraft bereits vor mehr als dreihundert Jahren quantitativ beschrieben wurde, ist ihre eigentliche Natur noch immer nicht endgültig aufgeklärt. Einer Hypothese zufolge ist die Gravitation das Ergebnis des Austauschs masseloser ungeladener Teilchen zwischen den sich anziehenden Körpern, doch diese postulierten Eichbosonen (wechselwirkungsvermittelnde Teilchen) der Gravitation, sogenannte Gravitonen, sind bislang noch nicht nachgewiesen worden.

Die **elektromagnetische Kraft**, die zweitstärkste Kraft, ist 137mal schwächer als die starke Kernkraft. Ihr unterliegen die Wechselwirkungen zwischen Elektronen und geladenen Teilchen sowie zahlreiche Formen von Strahlung einschließlich Radiowellen und Mikrowellen, Infrarot-, sichtbares und ultraviolettes Licht sowie Röntgen- und Gammastrahlen. Sie wirkt auf alle Teilchen mit elektrischer Ladung, wobei sich die Teilchen mit entgegengesetzter Ladung anziehen und die mit gleicher Ladung abstoßen. Die elektromagnetische Kraft entsteht durch den Austausch von Photonen, ungeladenen Teilchen mit einer Masse Null, die die Eichbosonen der elektromagnetischen Kraft sind. Im 18. Jahrhundert entdeckte der französische Physiker Charles Coulomb, daß sich die Kraft zwischen zwei geladenen Teilchen in ähnlicher Weise beschreiben läßt wie die Massenanziehungskraft, d. h. sie entspricht dem Produkt der Ladungen, dividiert durch das Quadrat des Abstandes zwischen ihnen.

Die Orbitalbewegung der negativ geladenen Elektronen um den Atomkern, der aufgrund der darin enthaltenen Protonen positiv geladen ist, ist nur ein Beispiel für die elektromagnetische Anziehung. Tatsächlich unterliegen sämtliche chemischen, biologischen und elektrischen Vorgänge der elektromagnetischen Kraft.

Die **schwache Kernkraft**, die etwa 100 000mal schwächer ist als die starke Kernkraft, manifestiert sich in radioaktiven Zerfallsprozessen, insbesondere im Betazerfall. In Substanzen mit instabilen Kernen erlaubt die schwache Kernkraft subatomare Wechselwirkungen, die durch spontane Emissionen von Energie (in

Form von Photonen) und Teilchen gekennzeichnet sind. Je nach dem betroffenen Element wird beim Betazerfall ein Elektron oder ein Positron (ein positiv geladenes Teilchen mit der gleichen Masse wie ein Elektron) emittiert, zusammen mit einem Antineutrino im ersten Fall oder einem Neutrino im zweiten Fall (beides sind ungeladene subatomare Teilchen). Die schwache Kernkraft wird durch drei außerordentlich kurzlebige, aber sehr massive Eichbosonen übertragen, die alle möglichen elektrischen Ladungen aufweisen: W^+(positiv), W^-(negativ) und Z^0 (ungeladen).

Die Aussendung eines W^--Teilchens (das sofort in ein Elektron und ein Antineutrino zerfällt) bedeutet, daß sich ein Neutron im Kern in ein Proton umgewandelt hat, so daß sich die Kernladungszahl um 1 erhöht. Dieser radioaktive Zerfall betrifft Elemente mit einer Kernladungszahl von über 83, deren Kerne so viele Neutronen enthalten, daß sie instabil sind. Dazu gehören etwa die radioaktiven Elemente Polonium, Radium, Uran und Plutonium. Die Emission eines W^+-Teilchens (das sogleich in ein Positron und ein Neutrino zerfällt) zeigt an, daß sich ein Proton im Kern in ein Neutron verwandelt hat, so daß sich die Kernladungszahl um 1 vermindert. Einige Isotope der Elemente, die in Zyklotronen erzeugt werden, etwa Kohlenstoff 11, Sauerstoff 15 und Jod 124, zerfallen unter Positronenemission. Bei Wechselwirkungen, bei denen keine Änderung in der Ladung auftritt, wird das Z^0-Teilchen emittiert.

Die **starke Kernkraft** verknüpft die Quarks zu Protonen und Neutronen und hält die Protonen und Neutronen zusammen, so daß die Stabilität des Kerns gewahrt wird (vgl. Frage 25). Diese Kraft, deren masselose Eichbosonen Gluonen genannt werden, hat eine sehr kurze Reichweite, jenseits von etwa 10^{-15} Metern ist sie praktisch gleich Null. In kürzeren Abständen dagegen ist sie über 100mal stärker als die elektromagnetische Kraft. Diese kolossale Kraft wird freigesetzt, wenn Atomkerne Kernspaltungs- bzw. Kernverschmelzungsreaktionen ausgesetzt werden. Die starke Kernkraft ist unabhängig von der Ladung und sorgt dafür, daß ein Proton sowohl von Neutronen als auch von anderen Protonen gleich stark angezogen wird.

Die Physiker messen der Vereinheitlichung der vier Elementarkräfte, die seit dem Zeitpunkt, als sich die Gravitation etwa 10^{-43} Sekunden nach dem Urknall von den übrigen drei Kräften trennte, divergierende Bahnen beschreiben, eine enorme Bedeutung bei. Die anderen Kräfte folgten in kurzem Abstand dem Beispiel der Gravitation. Die Vereinheitlichung würde den Nachweis erfordern, daß die einzelnen Kräfte, wie man sie heute versteht, lediglich verschiedene Formen oder Erscheinungsweisen einer einzigen Kraft sind – sofern sie nur in einen hinreichend hohen Energiezustand gehoben werden könnten.

Der bislang größte Erfolg war die Vereinigung der elektromagnetischen Kraft und der schwachen Kernkraft zur elektroschwachen Kraft. Als die Bosonen der schwachen Kernkraft, deren Existenz 1967 vorhergesagt worden war, 1983 nachgewiesen wurden, nachdem die erforderlichen Energieniveaus erreicht worden waren, bestätigte diese Entdeckung eine Theorie, die auch vorhergesagt hatte, daß sich die Photonen der elektromagnetischen Kraft und die Bosonen der schwachen Kernkraft bei noch höheren Energien ähnlich verhalten würden.

Gegenwärtig konzentrieren sich die Bemühungen auf die Vereinigung der elektroschwachen Kraft mit der starken Kernkraft im Rahmen einer Großen Unifizierten (vereinheitlichten) Theorie (GUT). Ein wesentliches Hindernis ist hierbei die Tatsache, daß das Energieniveau, auf dem eine Vereinigung zu erwarten ist, weit jenseits der in absehbarer Zukunft erreichbaren technischen Möglichkeiten liegt. So versuchen die Forscher Teilaspekte ihrer GUT-Modelle bzw. daraus ableitbare Vorhersagen zu verifizieren, in der Hoffnung, daß aus der Gültigkeit dieser Teilaspekte und Folgerungen die der gesamten Theorie folgt.

Letztlich wird eine Vereinigung der vier Elementarkräfte einschließlich der Gravitation in einer sogenannten Supersymmetrietheorie oder Allumfassenden Theorie (AUT) angestrebt. Sollten diese Bemühungen jemals erfolgreich sein, dann würden sie die erstaunlichste naturwissenschaftliche Leistung aller Zeit darstellen: ein System konsistenter, alles einschließender Erklärungen der physikalischen Prozesse im Universum vom unendlich Kleinen bis zum unendlich Großen.

FRAGE 18

Wer sind die 4 apokalyptischen Reiter?

- **Der Krieg (bzw. der Sieg oder Christus) auf einem weißen Pferd**
- **Das Gemetzel (bzw. der Krieg oder die Gewalt) auf einem feuerroten Pferd**
- **Die Hungersnot (bzw. die Pest oder Armut) auf einem schwarzen Pferd**
- **Der Tod auf einem fahlen Pferd**

Als das Lamm (Christus) im sechsten Kapitel der »Offenbarung des Johannes« (die mit ihrem aus dem Griechischen abgeleiteten Titel auch »Apokalypse« genannt wird) die ersten vier von sieben Siegeln der Buchrolle erbricht, erscheinen vier schreckliche Reiter, je einer pro Siegel, und beginnen mit ihrem Vernichtungswerk. Die Vision kündete den Römern, die zur Zeit der Entstehung dieser Schrift (um 95 n. Chr.) unter Kaiser Domitian (regierte 81–96 n. Chr.) die Christen grausam verfolgten, Unheil an.

Die Offenbarung, die von einem nicht näher bekannten »Ich, Johannes« verfaßt wurde, wird in der altkirchlichen Überlieferung dem Evangelisten Johannes zugeschrieben (vgl. Frage 20); er soll sie während seiner Verbannung auf der griechischen Insel Patmos verfaßt haben. Dieses letzte Buch des Neuen Testaments, das erst nach einigem Hin und Her in den anerkannten Kanon der Heiligen Schrift aufgenommen wurde, besteht aus einer Reihe von Visionen, die Christus dem Verfasser gewährte. Es sollte die Christen in ihrer Entschlossenheit, lieber zu sterben, als während der Verfolgung die römischen Götter und die vergöttlichten Kaiser anzubeten, bestärken.

Unmittelbar vor der Vision der Reiter wird Gott auf seinem Thron beschrieben, wie er eine Buchrolle mit sieben Siegeln in der Hand hält, die eine Prophezeiung dessen enthält, was geschehen muß (Offenbarung 4). Das Vorbild dieser Buchrolle ist Ezechiel 2, 9–10, wo »Klagen, Seufzer und Weherufe« an die Adresse

Jerusalems auf einer anderen Buchrolle niedergeschrieben waren, die Ezechiel, wie später der Verfasser der Offenbarung, verzehren soll. Gott kündet in Ezechiel 14, 21 an, er werde vier furchtbare Plagen – »Schwert, Hunger, wilde Tiere und Pest« – über Jerusalem bringen, was sich weitgehend mit denjenigen deckt, welche die vier Reiter über die Menschheit bringen. Jedenfalls stehen die Reiter für den Krieg und seine Folgen, die dem Weltende vorausgehen und die Könige und die Reichen vernichten werden, während sie die Diener und Märtyrer Gottes verschonen werden. Es heißt in Offenbarung 6, 1–8:

»Dann sah ich: Das Lamm öffnete das erste der sieben Siegel … **Da sah ich ein weißes Pferd, und der, der auf ihm saß, hatte einen Bogen.** Ein Kranz wurde ihm gegeben, und als Sieger zog er aus, um zu siegen.

Als das Lamm das zweite Siegel öffnete …, erschien **ein anderes Pferd; das war feuerrot. Und der, der auf ihm saß, wurde ermächtigt, der Erde den Frieden zu nehmen, damit die Menschen sich gegenseitig abschlachteten.** Und es wurde ihm ein großes Schwert gegeben.

Als das Lamm das dritte Siegel öffnete …, sah ich **ein schwarzes Pferd; und der, der auf ihm saß, hielt in der Hand eine Waage.** Inmitten der vier Lebewesen hörte ich etwas wie eine Stimme sagen: Ein Maß Weizen für einen Denar und drei Maß Gerste für einen Denar. Aber dem Öl und dem Wein füge keinen Schaden zu!

Als das Lamm das vierte Siegel öffnete …, sah ich **ein fahles Pferd; und der, der auf ihm saß, heißt ›Der Tod‹;** und die Unterwelt zog hinter ihm her. Und ihnen wurde die Macht gegeben über ein Viertel der Erde, Macht zu töten, durch Schwert, Hunger und Tod und durch die Tiere der Erde.«

Albrecht Dürer (1471–1528) fertigte fünfzehn Holzschnitte an, welche die Apokalypse illustrieren (1498). Seine Darstellung der vier Reiter ist zu Recht berühmt wegen ihrer schreckeneinflößenden, alptraumhaften Atmosphäre. Mehrere wohlgenährte Gestalten liegen hingestreckt zu Füßen der Pferde, und unter den Reitern befindet sich der grinsende, ausgemergelte Tod auf einem ausgezehrten, zähnefletschenden Pferd.

1916 veröffentlichte der spanische Schriftsteller Vicente Blasco Ibáñez (1867–1928) den Roman *Los cuatro jinetes del Apocalipsis (Die vier Reiter der Apokalypse)*, der die Standpunkte Frankreichs und Deutschlands zum Ersten Weltkrieg gegenüberstellt und für die Sache der Alliierten eintritt. Darin beschwört der Russe Tschernoff, ein sozialistischer Revolutionär und Säufer, der bei Ausbruch des Krieges in Paris lebt, für den jungen Protagonisten die vier apokalyptischen Reiter, die hier für Eroberung (bzw. Pest), Krieg, Hungersnot und Tod stehen. Die amerikanische Ausgabe des Buches erlebte 1918 in sechs Monaten 56 Auflagen. Verfilmt wurde es 1921 mit Rudolph Valentino in der Hauptrolle und wieder 1962 mit Glenn Ford.

Der Film *Das siebente Siegel* (1956) des schwedischen Regisseurs Ingmar Bergman vergegenwärtigt die düstere Atmosphäre des Jüngsten Gerichts in der »Offenbarung«, von der sich sein Titel herleitet. Die Hauptfigur ist ein Ritter, der von den Kreuzzügen heimgekehrt ist, und mit dem Tod (in Kutte und Kapuze) während einer Pestepidemie Schach spielt, wobei es um das Leben des Ritters geht. (Der Film, von manchen als frühes Meisterwerk Bergmans angesehen, begründete seinen internationalen Ruhm.)

Die zur Entstehungszeit der Apokalypse lebenden Christen erwarteten, daß die angekündigten Ereignisse in naher Zukunft eintreten würden – das Ende der Welt, der Sieg des Erzengels Michael über den siebenköpfigen Drachen Satan, die Herrschaft des Tieres (das den Antichrist versinnbildlicht), die Vernichtung der Hure Babylon (des Römischen Imperiums), die Tausendjährige Herrschaft Christi, der Endkampf in Harmaggedon, das Jüngste Gericht und die Gründung des neuen Jerusalem. Als diese Ereignisse ausblieben, begannen christliche Exegeten, den Offenbarungen unzählige gleichnishafte Bedeutungen zuzuschreiben, von denen einige gefährlich waren.

Der amerikanische Literaturhistoriker Harold Bloom hat über die Offenbarung selbst geschrieben: »Der Einfluß der ›Offenbarung‹ stand immer völlig außer Verhältnis zu ihrer literarischen Kraft und ihrem spirituellen Wert. Obgleich sie die größten Dichter, von Dante und Spenser über Milton bis hin zu Blake und Shelley, inspirierte, hat sie auch die Scharlatane und Spinner aller Epochen bis auf den heutigen Tag in Amerika in ihren Bann geschlagen. Ein schauerliches und unmenschliches Werk ... es *ist* ein Alptraum von einem Buch: bar jeder Weisheit, Güte, Freundlichkeit oder Herzlichkeit in irgendeiner Form. D.H. Lawrence hat ein bitterböses Urteil über sie gefällt: ›Die Apokalypse huldigt nicht der Macht, sie will die Mächtigen ermorden und selbst die Macht an sich reißen ...‹«*

Wann werden die apokalyptischen Reiter lospreschen? Der amerikanische Religionsführer William Miller (1782–1849) sagte voraus, das Ende der Welt würde »um das Jahr 1843« eintreten; später gab er ein genaues Datum an, den 22. Oktober 1844. Als nichts geschah, wurde die unerfüllt gebliebene Prophezeiung die »große Enttäuschung« genannt. Dennoch gingen aus der Bewegung Millers erfolgreiche chiliastische Sekten wie die Siebentagsadventisten und, indirekt, die Zeugen Jehovas hervor.

Es gibt eine Fülle von Weissagungen über das baldige Eintreffen der Apokalypse. Einige sahen sie im Ersten Weltkrieg, andere im Golfkrieg von 1991 erfüllt. Nach einer der kuriosesten Identifikationen des Tieres, das aus dem Meer auftauchen soll – und dem der Zahlenwert 666 beigelegt wurde –, stand es für Präsident Ronald Wilson Reagan, dessen drei Namen jeweils 6 Buchstaben enthalten. Bibelwissenschaftler haben die Zahl, wohl etwas passender, auf einen anderen Staatsmann bezogen, den römischen Kaiser und Christenschlächter Nero.

* Harold Bloom, *The American Religion: The Emergence of the Post-Christian Nation*, New York 1992, S. 162 f.

FRAGE 19

Wie hießen die 4 Geschwister Brontë?

- **Charlotte**
- **Emily**
- **Anne**
- **Branwell**

Die kleine Ortschaft Haworth im Distrikt West Riding in Yorkshire (England) war von 1820 bis in die 1850er Jahre die Heimat einer bemerkenswerten Familie, aus der drei weltberühmte Schriftstellerinnen (und ihr bei weitem nicht so berühmter Bruder) hervorgehen sollten. Die Geschichte der Brontës begann im September 1802, als ein junger Ire namens Patrick Brunty die wilden und unwirtlichen Mountains of Mourne in County Down verließ, mit einem Segelschiff nach England fuhr und seinen Familiennamen zu Ehren von Lord Nelson abänderte, der im Jahre 1800 vom König von Neapel zum Herzog von Bronte (einer Stadt auf Sizilien) erhoben worden war. Patrick studierte am St. John's College in Cambridge Theologie, trat sein geistliches Amt in Yorkshire an, heiratete und zeugte sechs Kinder. Im Jahr 1820 bezog die Familie das Pfarrhaus von Haworth. Obgleich Haworth keine völlig mittellose Gemeinde war, herrschten dort primitive Lebensbedingungen. Abwasserkanäle fehlten völlig, und das Trinkwasser war häufig verunreinigt. Die durchschnittliche Lebenserwartung lag bei 25 Jahren.

Bald nachdem die Familie Brontë das Pfarrhaus bezogen hatte, starb die gebrechliche Ehefrau Maria und ließ ihren strengen, gelehrten Mann mit den Kindern allein. Er gelangte zu der Überzeugung, daß ihrem Wohl am besten gedient wäre, wenn er sie in der Clergy Daughters' School in Cowan Bridge, Lancashire, unterbrächte. 1824 kamen die beiden ältesten Mädchen, Maria und Elizabeth, in das Internat, das später in Charlottes Roman *Jane Eyre* als die schreckliche Lowood School verewigt wurde, in der der Charakter junger Mädchen mit spärlicher Heizung und kärglicher Verpflegung sowie großer Strenge gebildet wurde. Während ihre Seelen mit endlosen Predigten gewissenhaft gehegt wurden, saßen die Schülerinnen in regennassen Kleidern zitternd in der Kapelle. Maria und Elizabeth zogen sich eine Tuberkulose zu und starben 1825 im Abstand von einem Monat im Alter von elf und zehn Jahren.

Auch Charlotte und Emily besuchten für kurze Zeit die Lehranstalt in Cowan Bridge, bis ihre älteren Schwestern tödlich erkrankten. Die überlebenden Kinder blieben in den nächsten fünf Jahren im Pfarrhaus in Haworth, wo sie von einer Tante erzogen wurden und sich gegenseitig unterrichteten. Dort erfanden sie auch die beiden imaginären Welten *Angria* und *Gondal.* Die hundert kleinen Notizbücher mit der Chronik Angrias (von der Hand Charlottes und Branwells) sind erhalten geblieben und berichten von den exotischen und oft erotischen Abenteuern der Männer und Frauen in einem riesigen afrikanischen Imperium. Im Königreich Gondal (das Produkt von Emily und Anne) kämpften und intrigierten Royalisten und Republikaner gegeneinander. Von Gondal ist nichts erhalten geblieben, außer den Gedichten, die Emily dafür geschrieben hat.

Ein Großteil dessen, was wir über die verschwiegenen Brontës wissen, stammt von **Charlotte** (1816–1855), der ältesten überlebenden Schwester. Sich bereitwilliger als die anderen über die Pforten des Pfarrhauses hinauswagend, besuchte Charlotte die Schule in Roe Head, Yorkshire, und anschließend die Schule von Constantin Héger in Brüssel (1842–1844), wo sie auch unterrichtete. Charlotte verarbeitete ihre Erlebnisse in der belgischen Hauptstadt – unter anderem ihre enttäuschte Liebe zu dem verheirateten Héger – in ihrem ersten Roman, *The Professor* (der 1857 posthum erschien), und in ihrem letzten, *Villette* (1853), in dem die imaginäre Stadt Villette, die Brüssel nachempfunden ist, den Hintergrund für die Einsamkeit und das Unglück von Lucy Snowe bildete. Charlottes umfangreiche Korrespondenz lieferte einen Großteil der Informationen für das Buch *Life of Charlotte Brontë* (1857) von Elizabeth Gaskell, einer eingehenden Schilderung der Welt der Brontës.

Charlottes Meisterwerk, *Jane Eyre,* wurde im Oktober 1847

veröffentlicht. Der Roman beschreibt zunächst die entbehrungsreichen Jahre, die die verwaiste Jane in der Lowood School verbringt, und den Schwindsuchttod ihrer dortigen Freundin. Später nimmt sie eine Stellung als Hauslehrerin in Thornfield Hall an, wo sie sich in den düsteren Hausherrn, Edward Rochester, verliebt. Nach intensiven Bemühungen gelingt es Rochester, sie dazu zu überreden, ihn zu heiraten, doch unmittelbar vor der Hochzeit stellt sich heraus, daß er bereits verheiratet ist – mit Bertha, einer verrückten Kreolin, die er seit langer Zeit im Dachgeschoß von Thornfield Hall verborgen hält. Jane verläßt Rochester Hals über Kopf und in größter Not. Viele Jahre leben die beiden getrennt. Erst gegen Ende des Romans werden sie wieder vereint. Rochester ist jetzt blind und verstümmelt, weil er vergeblich versucht hatte, seine Frau vor den Flammen zu retten, die Thornfield Hall verwüsteten. – *Jane Eyre* war auf Anhieb ein Erfolg beim Publikum und bei den Kritikern, und dies ist das Werk sowohl gedruckt als auch verfilmt bis heute geblieben.

Im Zentrum von Charlottes Roman *Shirley* (1849), der in der letzten Phase der Napoleonischen Kriege spielt, steht Shirley Keeldar (die Charlottes Schwester Emily nachempfunden ist). Damals litten die Hüttenstädte in Nordengland unter kriegsbedingten Nachteilen und der Agitation der Ludditen, die ihre Proteste gegen die Mechanisierung der Textilindustrie durch das Zerstören von Maschinen zum Ausdruck brachten. Das Buch, das auch ein Plädoyer für mehr Freiheit für die Frauen ist, sollte nach dem Willen der Verfasserin »so unromantisch sein wie ein Montagmorgen«.

Charlotte, die einzige der Brontës, die geheiratet hat, ehelichte 1854 Arthur Bell Nicholls, den Kurat ihres Vaters. Sie starb ein Jahr darauf, wenige Wochen vor ihrem 39. Geburtstag, an einer Schwangerschaftskomplikation.

Emily (1818–48) ist eine schwerer faßbare, rätselhafte Gestalt. Die obsessiven Leidenschaften, die düstere Atmosphäre und die Mißachtung gesellschaftlicher Konventionen in *Wuthering Heights* (1847) sind dafür verantwortlich, daß der Roman bei seiner Veröffentlichung in weiten Kreisen mit Unverständnis und Mißfallen aufgenommen wurde. Heute gilt er als das bedeutendste Werk der Brontë-Schwestern. Die Tragödie von Heathcliff und Catherine Earnshaw (Heathcliff wächst als adoptierter Sohn auf dem Hof der Earnshaws auf) – ihre gemeinsame wilde Kindheit, die im Gegensatz steht zu ihrem leidvollen »zivilisierten« Dasein als Erwachsene, das sie getrennt voneinander führen – ist die romantische Geschichte von zwei Menschen, die psychisch so innig miteinander verbunden sind (»Ich *bin* Heathcliff«, erkennt Cathy), daß ihre erzwungene Trennung sie zerstört. Ohne die elementare, dämonische Lebenskraft von Heathcliff ist Cathy so flach, dürftig und banal, wie die Gesellschaft es nach Emily Brontës Meinung war. Und ohne Cathys mäßigenden Einfluß verkommt der ungestüme Heathcliff zu einem Ungeheuer von kalter Grausamkeit und Brutalität. Beider tragische Verstrickung löst sich erst, als die Ordnung in der Welt ihrer sturmgepeitschten Yorkshire-Moore (*Wuthering Heights* heißt in der deutschen Übersetzung *Sturmhöhe*) durch die Ehe ihrer Kinder wiederhergestellt wird.

Als Emily 1848 im Alter von 30 Jahren an Tuberkulose starb, hinterließ sie auch eine eindrucksvolle Sammlung von Gedichten. Charlotte sagte über die Gedichte ihrer Schwester, sie seien »wild, melancholisch und erhebend«.

Anne (1820–1849) besuchte kurz mit Emily die Schule in Roe Head, wurde dann jedoch überwiegend zu Hause unterrichtet. Sie arbeitete in zwei Familien als Erzieherin verwöhnter, ungezogener Kinder und verarbeitete ihre Erfahrungen in dem ersten Roman, *Agnes Grey* (1847). Das bekanntere Werk ist *The Tenant of Wildfell Hall* (1848), die Geschichte einer geheimnisvollen Witwe, Helen Graham, die mit ihrem jungen Sohn ein großes, verfallenes Haus unweit des Herrenhauses von Gilbert Markham bezieht, dem Erzähler des Romans. Gilbert verliebt sich in Helen, er nimmt sie gegen den boshaften Klatsch von Nachbarn in Schutz, die ihr ein Verhältnis mit dem Eigentümer von Wildfell Hall unterstellen. Der ist in Wirklichkeit ihr Bruder, der ihr Zuflucht vor ihrem gewalttätigen, ausschweifenden Ehemann Arthur Huntington geboten hat. Als sie von dessen tödlicher Krankheit erfährt, die er durch fortlaufende Ausschweifungen noch verschlimmert, kehrt Helen jedoch zu ihm zurück. Nach seinem Tod heiraten Gilbert und Helen.

In einer biographischen Notiz über Anne (nach deren Tod an Tuberkulose im Alter von 29 Jahren) deutet Charlotte an, daß niemand anders als ihr Bruder **Branwell** (1817–48) das Vorbild für Huntington gewesen sei. Branwells vielversprechende künstlerische Begabung im Kindesalter ging später nicht in Erfüllung, er scheiterte als Porträtmaler und Privatlehrer (nach einer Affäre mit der Frau seines Arbeitgebers), und die Eisenbahngesellschaft, bei der er unterkam, entließ ihn bald wieder. Er verbrachte seine weiteren Lebensjahre in Haworth, wo er sich zum Kummer seiner Schwestern mit Alkohol und Opium tröstete und bereits mit 31 Jahren starb.

Biographen und Kritiker sind noch immer von den Brontës fasziniert. In regelmäßigen Abständen werden auch Versuche unternommen, den armen Branwell zu rehabilitieren. Diese von vornherein zum Scheitern verurteilten Bemühungen werden u. a. in dem 1932 erschienenen Roman *Cold Comfort Farm* von Stella Gibbons satirisch aufs Korn genommen. Dort arbeitet ein Mr. Mybug an einem Buch mit dem Titel »Life of Branwell Brontë«, in dem er die Hypothese aufstellt, daß in Wirklichkeit Branwell alle Bücher der Brontës geschrieben habe. (Schließlich hatten die Schwestern ihre Gedichte und Romane zuerst unter den männlichen Pseudonymen Currer Bell, Ellis Bell und Acton Bell veröffentlicht. Als das wahre Geschlecht der Autorinnen enthüllt wurde, rief dies ungläubiges Staunen hervor.) Nach Mybugs Überzeugung begannen die Schwestern, »voller Neid auf ihren brillanten Bruder«, mit dem Spiel, »seine Manuskripte als ihre eigenen auszugeben … Sie wollten ihn immer bei sich haben, damit sie seine Werke entwenden und verkaufen konnten, um weiter alkoholische Getränke … für sich zu kaufen. Sie waren Säuferinnen, doch Anne die schlimmste von allen.«

Die Meinung eines einzelnen, gewiß. Heute beruht das Ansehen der Brontës auf Charlotte, Emily und Anne und den erstaunlichen Romanen und Gedichten, die sie mit scheinbar grenzenloser Phantasie in einer abgeschiedenen Welt hervorbrachten. Branwells bekanntes Ölgemälde zeigt die Brontë-Schwestern, wie sie, jungen Nornen ähnlich, starr auf das unbegreifliche Rätsel des Daseins blicken.

FRAGE 20

Wer sind die 4 Evangelisten, und welche Symbole haben sie?

- **Matthäus: Engel (bzw. Mensch)**
- **Markus: Löwe**
- **Lukas: Stier**
- **Johannes: Adler**

Die Evangelisten sind nach altkirchlicher Überlieferung die Verfasser der vier kanonischen Evangelien (von lateinisch *evangelium* aus griechisch *euaggélion,* »gute Botschaft« – erstmals so von Markus verwendet). Diese Berichte über das Leben, die Worte und Lehren Jesu, welche die Botschaft verkünden, der Messias sei gekommen und das Reich Gottes sei nahe, wurden in *Koine*, der griechischen Gemeinsprache des östlichen Mittelmeerraumes zur Zeit Christi, geschrieben. In der gotischen und späteren Kunst wurden den Evangelisten jeweils bestimmte symbolische Figuren beigegeben: So schaut Matthäus beim Schreiben des Evangeliums oftmals über seine Schulter auf einen Engel; Markus wird in Gesellschaft eines liegenden geflügelten Löwen dargestellt, Lukas mit einem Stier, der friedlich wiederkäut, und Johannes als androgyner junger Mann mit einem Adler im Hintergrund. Manchmal, besonders in Kunstwerken der romanischen Epoche, werden ein Engel (bzw. Mensch), ein geflügelter Löwe, ein geflügelter Stier und ein Adler zur Kennzeichnung der Evangelisten selbst verwendet.

All diese Symbole leiten sich von den vier »Lebewesen« bzw. Engeln her, die in Offenbarung 4, 7 erwähnt werden, und letztlich von den viergesichtigen Cherubim in Ezechiel 1 und 10. Der Kirchenvater Irenäus, der im 2. Jahrhundert n. Chr. lebte, war der erste, der die Lebewesen der Offenbarung des Johannes als Symbole für die vier Evangelisten benutzte. Er behauptete, das Gesicht des Menschen stehe für die Fleischwerdung Christi, der Löwe für sein Königtum, der Stier (bzw. das Kalb) für sein Amt als Priester bzw. für sein Kreuzesopfer und der Adler für die

Gnade des heiligen Geistes. Andere Interpretationen, die auf die charakteristischen Merkmale der vier Evangelien abstellen, werden nachstehend erwähnt.

Matthäus war einer der zwölf Apostel (vgl. Frage 58). Ihm das erste Evangelium zuzuschreiben, das um 85 n. Chr., nach dem Untergang Jerusalems, entstanden ist, beruht auf der altkirchlichen Überlieferung und nicht auf historischen Fakten. Dieses Evangelium, das vermutlich in Antiochia in Syrien verfaßt wurde, richtet sich an die Judenchristen und führt zahlreiche Zitate aus dem Alten Testament an, um zu belegen, daß Jesus der Messias ist und daß er in seinem Leben zahlreiche Prophezeiungen des Alten Testaments erfüllte. Demgemäß beginnt Matthäus mit dem Stammbaum Jesu, eines Nachkommens von David und Abraham (allerdings nur über seinen Pflegevater Joseph). Die Betonung der menschlichen Natur Christi erklärt, weshalb das Symbol des Matthäus in der Kunst (auch) ein Mensch ist. Die Berichte über Herkunft und Kindheit Jesu im Matthäus-Evangelium wollen Parallelen ziehen zwischen ihm und Mose, so wie die Bergpredigt das »Neue Gesetz« ist, welches das mosaische Gesetz übersteigt und zugleich vollendet.

Das Evangelium nach **Markus** ist das kürzeste und am wenigsten ausgearbeitete der vier kanonischen Evangelien, außerdem ist es das älteste (um 65–70 n. Chr.), obgleich die orthodoxe Überlieferung es als zweitältestes ansetzt. Es wurde vermutlich in Rom geschrieben und richtet sich an Christen, die dort Verfolgungen ausgesetzt waren. Sein Verfasser war angeblich ein Mitarbeiter des Petrus bzw. jener Johannes Markus, der Paulus und Barnabas auf ihren Reisen begleitete.

Das Symbol des Markus, der Löwe, wird gelegentlich damit erklärt, daß Markus sein Evangelium mit Johannes dem Täufer und Jesus in der Wüste beginnen läßt. Da man glaubte, der Löwe schlafe mit offenen Augen und seine Jungen würden tot geboren, bis ihr Erzeuger drei Tage später brülle, symbolisierte er auch die Auferstehung Christi am dritten Tag nach der Beisetzung in einem Felsengrab.

Im 9. Jahrhundert schmuggelten venezianische Kaufleute die sterblichen Überreste des Markus aus der Hafenstadt Alexandria hinaus – wobei sie dem muslimischen Zöllner versicherten, der Sarg sei mit Schweinefleisch gefüllt – und brachten sie nach Venedig. So wurde Markus zum Schutzheiligen von Venedig, und der prächtige Dom und Platz, die ihm geweiht sind, sind seither der Stolz der Lagunenstadt.

Das dritte Evangelium, nach **Lukas**, das vermutlich zwischen 80 und 90 n. Chr. abgefaßt wurde, und seine Fortsetzung, die *Apostelgeschichte* (das fünfte Buch des Neuen Testaments), könnten das Werk eines nichtjüdischen Christen sein. Der Autor wird in der altkirchlichen Überlieferung mit jenem Lukas gleichgesetzt, der ein Gefährte des Paulus war – »dem geliebten Arzt« im Brief an die Kolosser 4, 14. In einigen Kunstwerken wird Lukas beim Malen eines Gemäldes dargestellt, weil er der Legende nach einmal ein Bild der Jungfrau Maria gemalt haben soll. Im Mittelalter gehörten sowohl die Maler als auch die Apotheker der Zunft des heiligen Lukas an.

Das Lukas-Evangelium beginnt mit dem jüdischen Priester Zacharias, der im Tempel von Jerusalem Opfer darbringt und kurz darauf der Vater von Johannes (dem Täufer) wird. Der Stier, als eines der Opfertiere, wurde so als passendes Symbol für Lukas und für das Leiden Christi angesehen. Das Lukas-Evangelium ist das einzige, das die Gleichnisse vom barmherzigen Samariter und vom verlorenen Sohn enthält. Wie im Matthäus-Evangelium wird auch bei Lukas die Geburt Jesu geschildert. Die Lobpreisungen, das »Magnificat« (der Maria) und das »Nunc Dimittis« (des Simeon), gehen ebenfalls auf Lukas zurück. Dieses Evangelium ist gekennzeichnet vor allem durch seine menschliche Anteilnahme am Los der Armen, der Unterdrückten und Ausgestoßenen. Ernest Renan, der französische Verfasser eines äußerst umstrittenen *Leben Jesu* (1863), hielt das Lukas-Evangelium für eines der schönsten Bücher, das je geschrieben wurde.

Sowohl Matthäus als auch Lukas benutzten das Markus-Evangelium als Quelle. Sie lehnten sich auch stark an ein mutmaßliches griechisches Dokument mit der Bezeichnung »Q« (für »Quelle«) an, das offenbar größtenteils Worte Christi wiedergab, wie das Vaterunser, die Bergpredigt und die acht Seligpreisungen (vgl. Frage 43), aber auch einige Erzählungen enthielt, wie die

Predigt Johannes des Täufers und die Versuchung Christi (vgl. Frage 12). Der Text von Q wurde von Bibelwissenschaftlern rekonstruiert.

Die ersten drei Evangelien werden »synoptisch« genannt (von griechisch *sýnopsis*, Zusammenschau), weil sie viele (bis in den Wortlaut hinein) übereinstimmende Passagen enthalten, die Punkt für Punkt verglichen werden können. Die Beziehungen zwischen ihnen dürften sich ungefähr wie folgt gestalten: Sowohl Matthäus als auch Lukas benutzten Markus und Q als Quellen; darüber hinaus zog Matthäus eine gesonderte hypothetische Quelle (mit der Bezeichnung »M«) heran, während Lukas eine weitere (»L«) verwendete – bei beiden dürfte es sich um mündliche Überlieferungen gehandelt haben. Von den 661 Versen des Markus-Evangeliums fehlen in Matthäus und in Lukas nur 31 völlig. Weil Matthäus über 600 Verse von Markus wiederholt, wurde sein Evangelium auch als »zweite, überarbeitete und erweiterte Ausgabe des Markus-Evangeliums« bezeichnet. Zudem haben das Matthäus- und das Lukas-Evangelium etwa 235 gleichlautende Verse, die aus der Quelle Q übernommen worden sein dürften. Kannten Matthäus und Lukas das Evangelium des jeweils anderen? Das ist schwer zu sagen.

Der fliegende Adler, das Symbol des **Johannes**, verweist auf die Erhabenheit des Evangeliums, das mit einem Prolog beginnt, in dem Jesus sowohl mit Gott als auch mit dem Logos (der göttlichen Vernunft bzw. Weisheit, dem göttlichen Wort) der griechischen Philosophie gleichgesetzt wird. Johannes, der Fischer aus Galiläa, der wie sein Bruder Jakobus einer der zwölf Apostel war, ist *nicht* der Verfasser des vierten Evangeliums, der drei Johannes-Briefe und der Apokalypse (vgl. Frage 18). Möglicherweise stammt es von einem Jünger des Johannes aus Ephesus, Johannes dem Älteren.

Das hochgeistige Evangelium des Johannes betont das Mysterium der Fleischwerdung – »das Wort ist Fleisch geworden und hat unter uns gewohnt« – und die Göttlichkeit Jesu sehr viel nachdrücklicher als die synoptischen Evangelien. Man hielt den Adler für das einzige Lebewesen, das direkt in die Sonne schauen könne, die das Symbol der Gottheit war. Der hochfliegende Adler des Johannes verweist metaphorisch auch auf die Himmelfahrt Christi.

Das Johannes-Evangelium, das jüngste der vier Evangelien, ist ungeachtet gewisser Übereinstimmungen mit den drei synoptischen Evangelien weitgehend ein eigenständiger Text, der vermutlich zwischen 95 und 100 n. Chr. in Kleinasien geschrieben wurde. Nach seiner Darstellung trat Jesu vor allem in Judäa öffentlich auf, und es erwähnt drei Passahfeste, während sich die synoptischen Evangelien auf Jesu Wirken in Galiläa und nur ein Passahfest konzentrieren. Wir können daher aus dem Johannes-Evangelium folgern, daß das öffentliche Wirken Jesu drei Jahre dauerte. Im Unterschied zu den synoptischen Evangelien zeichnet sich das Evangelium nach Johannes durch lange Gespräche, keine Gleichnisse und keine Teufelsaustreibungen aus. Sein Ton ist streng, erhaben und hoheitsvoll; die Erkenntnis Gottes und Christi wird höher bewertet als gute Werke.

Die Evangelien haben auf die abendländische Theologie, Philosophie, Literatur, bildende Kunst, Musik und das gesamte Leben der Christen einen unermeßlichen Einfluß ausgeübt. Als die autorisierten »Biographien« Jesu, die seine Worte und Lehren schildern, wurden sie mit grenzenloser Ehrfurcht betrachtet. Hier konnten die Leser aus vier verschiedenen Perspektiven das irdische Dasein und die kosmische Bedeutung des Sohnes Gottes und ihres Erlösers kennenlernen. Im 18. Jahrhundert begannen jedoch einige Gelehrte, auf die Widersprüche zwischen den vier Evangelien hinzuweisen und Zweifel an der Echtheit der darin erzählten Wunder zu äußern. Im 20. Jahrhundert ist Skepsis gegenüber den Evangelien für die meisten Menschen zur Norm geworden.

FRAGE 21

Was sind die 4 Letzten Dinge?

- **Tod**
- **Gericht**
- **Himmel**
- **Hölle**

In der christlichen Eschatologie (griechisch »Lehre von den letzten Dingen«) geht es um das letzte Schicksal der Menschheit. Die christliche Glaubenslehre, nach welcher der **Tod** keineswegs das Letzte ist, postuliert ein individuelles **Gericht** über die Seele unmittelbar nach dem Tod und ein universelles bzw. allgemeines Gericht, das am Weltende stattfinden wird. Nach dem Freispruch oder Schuldspruch wird die Einzelseele in alle Ewigkeit teilhaben an den Freuden des **Himmels** oder den Qualen der **Hölle**.

Gehen wir einen Schritt zurück. Ein Mensch stirbt. Nach christlicher Auffassung erscheint die Seele dieser Person, die ein rein geistiges Gebilde ist, vor Christus, dem Richter aller Geschöpfe. Er wägt die Verdienste und Verfehlungen der Seele gegeneinander ab und fällt dann einen Urteilsspruch. Dabei gibt es folgende Optionen:

– Himmel: Nur sehr wenige gelangen von der Erde direkt dorthin. Diese geborenen Heiligen haben ein Leben voller Hingebung, Askese, Dienst am Nächsten und Selbstaufopferung geführt – unerreichbar für den Normalsterblichen.
– Hölle: Diejenigen, die in einem Zustand der Todsünde (schweren Sünde) sterben, gelangen direkt in die Hölle. Ob die Hölle ein Zustand körperlicher Pein oder lediglich der Vorenthaltung der Vision Gottes ist, werden wir erst wissen, wenn wir dorthin kommen.
– Fegefeuer (Purgatorium): Dies ist ein Mischgebilde aus Himmel und Hölle. Die Menschen, die bei ihrem Tod nur läßliche Sünden auf ihrer Seele haben, werden ins Fegefeuer geschickt,

um sich dort vom Unrat ihres Lebens zu entsühnen – ein Zustand vorübergehender Qualen, im Gegensatz zur ewigen Pein der Hölle.

Unterdessen vergeht die Zeit auf der Erde. Schließlich bleibt sie stehen. Das Ende der Welt ist gekommen. Alle Menschen auf der Erde sterben. Am Jüngsten Tag, dem Tag der Parusie (Wiederkunft Christi am Ende der Zeit), die von Michelangelo und zahllosen anderen gemalt wurde und der im mittelalterlichen Hymnus »Dies Irae« (Tag des Zorns) mit Hangen und Bangen entgegengesehen wird, wird Christus im Tal Joschafat Gericht halten über alle Engel (gute wie böse) und alle Menschen.

Für die Menschen, die bis zum Weltende leben, erfolgt das persönliche und allgemeine Gericht in einem – allerdings gibt es dann kein Fegefeuer mehr: Die einzigen Möglichkeiten sind Himmel und Hölle. Diejenigen, die ihre Schuld im Fegefeuer gesühnt haben, werden jetzt freudig im Himmel aufgenommen. Jene, die bereits in der Hölle oder im Himmel waren, bleiben dort; das zweite, allgemeine Gericht ist lediglich eine Formsache, eine öffentliche Bestätigung von Christi früherem Urteilsspruch, wodurch die privaten Sünden und Tugenden jedes einzelnen allen enthüllt werden. Jetzt werden die irdischen Leiber aller Menschen, die je gelebt haben, wieder auferweckt und mit ihren Seelen vereint, um mit ihnen Qualen zu erdulden oder Wonnen zu erleben. Jetzt werden die guten Schafe von den verruchten Böcken getrennt, die ins immerwährende Feuer geschickt werden. (James Joyce' vergnüglich-furchtbare Behandlung der Vier Letzten Dinge kann man in Kapitel 3 seines Buches *Ein Porträt des Künstlers als junger Mann* nachlesen.)

Nach christlicher Auffassung werden Himmel und Hölle die zwei Letzten Dinge sein. Alles, was nicht Himmel ist, wird Hölle sein, wo Satan und die übrigen Teufel sowie alle Gottlosen der Erde – gleich, ob es drei oder drei Billionen sind – in alle Ewigkeit gepeinigt werden, und alles, was nicht Hölle ist, wird Himmel sein, wo die Engel und die Heiligen – alle Geretteten – in der unmittelbaren Gegenwart der Dreifaltigkeit ewig frohlocken werden (vgl. Frage 6).

5

FRAGE 22

Was sind die 5 Säulen des Islam?

- **Zeugnis ablegen, daß Gott einer ist und Muhammad sein Prophet.**
- **Fünfmal täglich beten.**
- **Jedes Jahr einen Teil seines Vermögens für milde Gaben spenden.**
- **Im heiligen Monat Ramadan täglich von Sonnenaufgang bis Sonnenuntergang fasten.**
- **Wenigstens einmal im Leben nach Mekka pilgern.**

Der Islam wurde zwischen 610 und 632 in Arabien von Muhammad, einem Bewohner Mekkas, gestiftet. Von dem arabischen Wort *salaama* (»Friede«, »Reinheit«) abgeleitet, bedeutet **Islam** soviel wie »Unterwerfung« unter den Willen Gottes; ein Mensch, der diese Unterwerfung vollzogen hat, wird mit dem verwandten Wort **Muslim** bezeichnet.

Der Überlieferung nach empfing Muhammad, als er in der Wüste meditierte, eine Reihe von Offenbarungen, in denen ihm aufgetragen wurde, die dem Götzendienst ergebenen Araber zur Erkenntnis des *einen* wahren Gottes, Allah, zu führen. Der Engel Gabriel überbrachte ihm den Koran *(Qur'an),* das ewige, ungeschaffene Wort Allahs. Die 114 Suren (Kapitel) dieses heiligen Buches des Islam und die *sunna,* die aus Sammlungen von Berichten *(hadith)* über die Taten und Aussprüche Muhammads besteht, sind die Quellen des islamischen Glaubens.

Muhammad sah sich selbst als den Propheten, der den krönenden Abschluß in einer Reihe von mindestens fünfundzwanzig Gestalten des Alten und Neuen Testaments bildet, darunter Adam, Noach, Abraham, Ismael, Isaak, Moses, David und Jesus. Er war das »Siegel der Propheten«, d.h. der letzte und bedeutendste. Muhammad mußte von Mekka nach Medina fliehen, wo seine prophetische Sendung allgemeine Anerkennung fand. Dieses Ereignis, das im September 622 n. Chr. stattfand, wird Hidschra genannt (von arabisch *hijrah,* »Auswanderung«) und markiert den Beginn der muslimischen Zeitrechnung – Anno Hidschra (oder AH) 1. Im Jahr 630 zog Muhammad als Eroberer in Mekka ein. Er starb zwei Jahre später in Medina, wo sein Grab zu einem Wallfahrtsort geworden ist. Von Arabien aus verbreiteten seine Anhänger ihren Glauben (oft mit dem Schwert) in einem breiten Gürtel über die Erde, von Marokko und Spanien im Westen bis nach Indonesien im Osten.

Der Islam wird von fünf Säulen getragen, welche die Grundpflichten derjenigen darstellen, die der islamischen Glaubensgemeinschaft angehören. Die erste ist das öffentliche Glaubensbekenntnis, die übrigen vier sind äußere Bekundungen dieses Glaubensbekenntnisses. Mindestens einmal im Leben muß der gläubige Muslim vor der Gemeinde Zeugnis ablegen *(shahada),* **daß Allah einer ist und Muhammad sein Prophet**. Dazu gehört das inbrünstige Aufsagen der folgenden Worte und die uneingeschränkte Anerkennung aller Hauptartikel des Islamischen Glaubens: *Ashhadu alla ilaha illa Allah wa ashadu anna Muhammad rasulu Allah* (»Ich bezeuge, daß es keinen Gott gibt außer Allah, und ich bezeuge, daß Muhammad sein Prophet ist«). Damit wird der entschiedene Monotheismus des Islam und seine Lehre, daß Muhammad die endgültige Erfüllung aller Prophezeiungen ist, bestätigt.

Fünfmal täglich zu beten *(salat)* obliegt jedem gesunden Muslim nach der Pubertät, auch den Frauen, sofern sie keine Menstruation haben und nicht im Kindbett liegen. Diese Gebete, denen die Waschung *(wudu)* von Gesicht, Händen (bis zu den Ellbogen) und Füßen vorausgeht, sind immer dieselben und enthalten Verse aus dem Koran, die in arabisch aufgesagt werden, während der Muslim das Gesicht Richtung Mekka wendet. Beim Aufsagen der Gebete verneigen sich die – barfüßigen – Muslime mit bedecktem Haupt auf einem Teppich, auf dem sie sich dann (vor Gott) niederwerfen. Zu den folgenden Zeiten ruft ein Muezzin (Ausrufer) jeden Tag vom Minarett einer Moschee die Muslime zu den fünf Pflichtgebeten:

– Früher Morgen: nach dem Morgengrauen,
 vor Sonnenaufgang;

– Mittag: nachdem die Sonne zu sinken beginnt, bis sie etwa die Hälfte ihrer Bahn zum Horizont beschrieben hat;
– Nachmittag: zwischen dem Ende der Zeit des Mittagsgebets und dem Sonnenuntergang;
– Sonnenuntergang: unmittelbar nach Sonnenuntergang, bis das Abendrot am westlichen Horizont aufhört;
– Abend: zwischen dem Ende des Gebets bei Sonnenuntergang und dem Morgengrauen.

Jedes versäumte Pflichtgebet muß nachgeholt werden. Während die täglichen Gebete fast überall aufgesagt werden können, ist es für den gläubigen Muslim Pflicht, das Freitagmittagsgebet in der Gemeinschaft der Gläubigen in einer Moschee darzubringen. Dieses Gebet, das unter der Leitung eines Imam steht, wird durch Lesungen aus dem Koran und eine Predigt ergänzt.

Die **Pflicht zum Almosenspenden** *(zakat)* verlangt von den Muslimen, daß sie jährlich 2,5 % ihres Nettovermögens in Form von Naturalien oder Geld stiften, sofern dieses Vermögen einen bestimmten Wert übersteigt. Die Empfänger sind hauptsächlich Arme, Bedürftige, Obdachlose und Verschuldete. Jede freiwillige Gabe, die zusätzlich zum *zakat* gespendet wird, heißt *sadaqat.*

Fasten *(sawm)* **zwischen Sonnenaufgang und Sonnenuntergang während des Ramadan**, dem neunten Monat des islamischen Jahres (der sich aufgrund des Mondkalenders der Muslime von Jahr zu Jahr verschiebt), bedeutet den völligen Verzicht auf Essen, Trinken, sexuelle Kontakte und Rauchen. Während dieses Monats wurde der Koran von Allah aus dem siebenten Himmel (vgl. Frage 36) an Gabriel im ersten Himmel gesandt, damit dieser ihn Muhammad offenbare. Alle volljährigen Muslime mit Ausnahme der psychisch bzw. körperlich Kranken, der Alten, Reisenden, Soldaten und Schwerarbeiter sowie der menstruierenden, schwangeren oder stillenden Frauen sind verpflichtet, das Fasten zu halten. Das Ende des Ramadan wird mit dem Fest *Id al-Fitr* gefeiert.

Die Wallfahrt *(hajj)* **in die heilige Stadt Mekka mindestens einmal im Leben** ist Pflicht aller Muslime, die geistig und körperlich gesund sind sowie über die erforderlichen Finanzmittel dazu verfügen. Jedes Jahr reisen mehrere Millionen Muslime aus allen Gegenden der Erde – heute vorwiegend per Flugzeug – im zwölften Monat des islamischen Jahres nach Mekka, um an der weltweit größten Versammlung von Gläubigen teilzunehmen.

Die Pilger, die einfache Gewänder tragen, gedenken der Rituale, die Abraham und sein Sohn Ismael, der Stammvater der Araber, vollzogen haben. Diese beiden haben nach islamischem Glauben die Kaaba (arabisch *ka'bah,* »Würfel«) errichtet, einen kleinen Steinbau im Hof der Großen Moschee *(al-Haram)* von Mekka. Die Kaaba wird als Wohnstätte Allahs auf Erden verehrt, obgleich sie früher die Götzenbilder der heidnischen Mekkaner enthielt. Sie dient als Schrein für einen heiligen schwarzen Stein, der offenbar vulkanischen oder meteoritischen Ursprungs ist und der nach muslimischem Glauben einer der Steine des Paradieses ist, die der Engel Gabriel Abraham überreichte. Die Wallfahrer umkreisen die Kaaba siebenmal (dreimal schnell, viermal langsam, im Gedenken an Adams Nachahmung des Kreisens der Engel um den Thron Allahs), küssen den heiligen Stein, eilen siebenmal zwischen den Hügeln von Safa und Marwa hin und her, so wie es Hagar tat, während ihrer verzweifelten Suche nach Wasser für ihren Sohn Ismael, und versammeln sich und beten in der Ebene vor dem Berg Arafat in Erwartung des Jüngsten Tages.

Eine wichtige Pflicht während der *hajj* ist die Opferung eines Schafbocks im Tal Mina am zehnten Tag des Pilgermonats. Ein Besuch am Grab Muhammads in Medina wird empfohlen, ist aber keine Pflicht. Das hohe Fest *Id al-Adha,* das in den muslimischen Gemeinden der ganzen Welt mit Gebeten und dem Austausch von Geschenken begangen wird, markiert das Ende der jährlichen Wallfahrtszeit.

Der Dschihad (aus arabisch *jihad,* »ringen«) wird gelegentlich als eine weitere Pflicht angesehen, die dem Muslim auferlegt sei, doch die Auslegungen dieses Begriffes reichen von »Heiligem Krieg« (gegen die Ungläubigen) bis zum persönlichen Ringen um die Befolgung der ethischen Gebote des Koran.

FRAGE 23

Wie hießen die 5 Disziplinen des ursprünglichen olympischen Fünfkampfes?

- **Wettlauf**
- **Diskuswerfen**
- **Speerwerfen**
- **Weitsprung**
- **Ringen**

Die ersten Olympischen Spiele, die nach ihrem Austragungsort, Olympia in Westgriechenland, benannt sind, fanden angeblich 776 v. Chr. statt, dem Jahr, in dem der erste Sieger in den Annalen der Spiele erwähnt wird. Sie wurden als ein religiöses Fest – einige behaupten, von Herakles – dem höchsten griechischen Gott, Zeus, geweiht. Doch die Spiele waren für die Griechen nicht nur eine religiöse Feier und sportliche Wettkämpfe, sondern auch eine Gelegenheit, die Schönheit, Anmut und Kraft des menschlichen Körpers im Rahmen eines freundschaftlichen Wettstreits voll zur Geltung zu bringen. Die Spiele hatten für die Griechen einen so hohen Stellenwert, daß der Zeitraum von vier Jahren zwischen den Spielen *Olympiade* genannt wurde. Nicht nur bedeutende Ereignisse wurden unter Bezug auf die Olympiaden datiert, sondern auch die griechische Zeitrechnung selbst begann 776 v. Chr.

Die Spiele wurden während des zweiten oder dritten Vollmondes nach der Sommersonnenwende abgehalten, also für gewöhnlich zwischen dem 6. August und dem 19. September. Nichtgriechen und Frauen durften an den Wettkämpfen nicht teilnehmen. (Junge, unverheiratete Mädchen hatten ihre eigenen Spiele, die sogenannten Hereia, zu Ehren von Zeus' Gemahlin Hera, die ebenfalls in Olympia stattfanden, vermutlich unmittelbar vor den Spielen der Männer, und nur aus einem Wettlauf bestanden.) An den Olympischen Spielen durfte jeder Mann teilnehmen, der hellenischen Blutes war, sich keiner Gesetzesverstöße schuldig gemacht hatte und nicht durch eine dem Zeus geschuldete Buße belastet war.

Obgleich dies die einzigen Zulassungsvoraussetzungen waren, erforderten die Vorbereitungen auf die Spiele in der Regel einige Geldmittel. Und wenngleich es in den Stadtstaaten des antiken Griechenland staatlich geförderte Gymnasien (d.h. Schulen zur Körperertüchtigung) gab, war ein angemessenes Training mitunter mit einem erheblichen Aufwand an Zeit, Geld und Unterricht verbunden. Im 6. Jahrhundert v. Chr. begannen sich die Athleten unter Anleitung fachkundiger Trainer an speziellen Orten auf die Spiele vorzubereiten. Viele unterwarfen sich einer streng geregelten Lebensweise in Bezug auf Ernährung, körperliche Ertüchtigung und Sexualität, auch wenn dies nach heutigen Maßstäben gelegentlich übertrieben anmutet. So soll Milo von Kroton (in Süditalien), der größte olympische Ringer (Ende des 6. Jahrhunderts v. Chr.), bei einem Mahl vierzig Pfund Fleisch und Brot verzehrt und es mit acht Litern Wein hinuntergespült haben. Die Familien trugen in der Regel den größten Teil der Kosten, auch wenn mindestens ein Trainer um 300 v. Chr. staatliche Zuschüsse verlangte. Zweihundert Jahre später kamen Berufssportler auf, die Mitglieder in Vereinen junger Männer waren.

Die Athleten bereiteten sich zehn Monate lang intensiv und konzentriert auf die Spiele vor. Den letzten, anstrengendsten Trainingsmonat verbrachten sie unter Aufsicht olympischer Kampfrichter, die Hellanodicae genannt wurden, die ihrerseits ein zehnmonatiges Training hinter sich gebracht hatten. Während dieses letzten Monats siebten diese Kampfrichter die schwächeren Athleten aus.

Die verbliebenen, die sich qualifiziert hatten, mußten vor den Hellanodicae einen Eid ablegen, der ihre Würdigkeit bezeugte: »Wenn ihr euch in einer Weise vorbereitet habt, die den Olympischen Spielen würdig ist, wenn ihr euch keiner Trägheit und keiner Unehrenhaftigkeit schuldig gemacht habt, dann macht guten Mutes weiter. Ihr, die ihr euch nicht in gleicher Weise bemüht habt, geht, wohin es euch beliebt.« Nachdem die Athleten diesen Eid abgelegt hatten, versammelten sie sich zu einer religiösen Prozession. Vor einer Statue des Zeus brachten sie einen Eber als

Opfer dar. Anschließend legten sie ihre Hände auf die Eingeweide des Tieres und schworen, daß sie zehn Monate lang gewissenhaft trainiert hätten und daß sie die anderen Wettstreiter fair und ehrlich behandeln würden. Die Kampfrichter schworen, daß sie faire und redliche Entscheidungen treffen und sich nicht bestechen lassen würden.

Da die alten Griechen der Ansicht waren, der menschliche Körper sei rein und schön, nahmen die Athleten nackt an den Wettkämpfen teil. (Tatsächlich leiten sich die Wörter Gymnastik und Gymnasium vom griechischen *gymnos*, »nackt«, her.) In seiner **Politeia** behauptet Platon, einer der Unterschiede zwischen den Barbaren und den Griechen bestehe darin, daß sich letztere nicht dafür schämten, nackt an den Wettkämpfen teilzunehmen.

Der Eintritt zu den Spielen war frei. Außer den Kampfrichtern und den Beamten saßen die meisten Zuschauer auf dem Boden. Das Stadion dürfte Platz für etwa zehntausend Personen geboten haben. Die einzige verheiratete Frau, die zugelassen war, war die Priesterin der Demeter; allen anderen Frauen war der Zutritt bei Todesstrafe verboten (sie sollten bei Zuwiderhandlung von einem nahegelegenen Berg hinabgestürzt werden). Den einzigen bekanntgewordenen Versuch einer Frau, die Regeln zu umgehen, unternahm Kallipatira, die, als Trainer ihres Sohnes verkleidet, am Boxkampf für Jungen teilnahm. Als ihr Sohn gewann, sprang sie vor Begeisterung über die Absperrung, um ihm zu gratulieren – wobei ihr Gewand aufging. Die Hellanodicae verziehen ihr, ordneten aber an, daß auch die Trainer in Zukunft nackt erscheinen müßten.

Anfangs gab es nur *eine* olympische Disziplin, einen **Wettlauf** über eine Stadionlänge, etwa zweihundert Meter. Nach und nach kamen weitere Disziplinen hinzu, darunter im Jahre 724 v. Chr. ein Zweistadienlauf und 720 v. Chr. der Langlauf (vermutlich 4,8 Kilometer). Im Jahre 708 v. Chr. war dann der Fünfkampf komplett.

Beim **Diskuswerfen** mußte eine flache Stein- oder Metallscheibe, die offenbar nicht genormt war, durch die Luft geschleudert werden. Die wenigen Diskusse, die gefunden wurden, variieren im Gewicht (drei bis zwölf Pfund), im Durchmesser (18 bis

33 cm) und im Material. Der moderne Diskus wiegt, im Vergleich dazu, etwas weniger als viereinhalb Pfund. Obgleich wir die antike Methode des Diskuswerfens nicht genau kennen, deuten römische Kopien des *Diskuswerfers* des griechischen Bildhauers Myron (5. Jahrhundert v. Chr.) darauf hin, daß sie sich nicht allzusehr von modernen Techniken unterschied. Nach der einzig erhaltenen Beschreibung der Weite eines Wurfes gelang dem großen Athleten Phayllus von Kroton ein Wurf von etwa 30 Metern.

Beim **Speerwerfen** kam es auf die Weite bzw., in späterer Zeit, auf die Zielgenauigkeit an. Der Speer selbst war ein leichter, 1,8 Meter langer Holzstab, der an beiden Enden stumpf war. Die Wurftechnik der alten Griechen stimmte weitgehend mit der heutiger Athleten überein: Man nahm Anlauf bis zur Wurflinie. Ende des 5. Jahrhunderts v. Chr. wurde die Weite des Wurfes als Maßstab der Disziplin durch die Treffgenauigkeit abgelöst. An die Stelle des Stabes trat ein Speer, den der Athlet sowohl zu Fuß als auch zu Pferd auf ein Ziel schleuderte.

Beim **Weitsprung** nahm der Wettkämpfer einen Anlauf, sprang so weit, wie er konnte, und mußte mit beiden Füßen zugleich landen. Die Griechen benutzten zwei Sprunggewichte (die heutigen Hanteln glichen), um sich beim Sprung einen größeren Schwung zu verschaffen. Auch der Dreisprung scheint üblich gewesen zu sein. Dies könnte den 16,5 Meter weiten Sprung, der für Phayllus von Kroton verzeichnet ist, erklären.

Die letzte Disziplin des Fünfkampfes war **Ringen,** bei dem die beiden besten Wettkämpfer aus den vorangegangenen Disziplinen gegeneinander antraten. Die altgriechischen Ringer nahmen sich einige Freiheiten heraus – Würgen, Stoßen und das Verdrehen der Finger –, die heute verboten sind. Gewinner war derjenige, der seinen Gegner mit drei einzelnen glatten Würfen zu Fall brachte.

Die Historiker diskutieren noch immer darüber, wie der Fünfkampf bewertet wurde. Zweifellos wurde irgendeine Form der Ausscheidung bis zum Finale, dem Ringkampf, angewandt. Obgleich die Sieger bei Olympischen Spielen lediglich einen Kranz aus Zweigen des Wilden Olivenbaums erhielten, war das erst der Anfang. Bei der Rückkehr in ihre Heimatstädte wurden sie oft mit Porträtstatuen und erheblichen Geldpreisen geehrt – wobei keiner großzügiger dotiert war als derjenige, den Athen zur Zeit Solons (frühes 6. Jahrhundert v. Chr.) seinen Olympiasiegern gewährte und der einen Gegenwert von fast 500 000 DM hatte. Einige wenige Sieger in der ersten Hälfte des 5. Jahrhunderts v. Chr. wurden von dem griechischen Lyriker Pindar mit epinikischen (»Sieges«-) Oden bedacht. Obgleich Pindar die meisten seiner Oden für die Gewinner von Wagenrennen schrieb, rühmte er etwa auch den Sieger eines Fünfkampfs bei den Olympischen Spielen des Jahres 464 v. Chr., Xenophon von Korinth.

Nachdem Rom die Eroberung Griechenlands im Jahre 146 v. Chr. abgeschlossen hatte, ging die Zahl der Teilnehmer an den Spielen in Olympia (und im übrigen Griechenland) in dem Maße zurück, wie die Stadt Rom zum Zentrum des sportlichen Wettkampfs im gesamten Imperium wurde. Dennoch wurden die Olympischen Spiele weitergeführt, bis der wachsende christliche Einfluß Kaiser Theodosius I. dazu veranlaßte, sie 393 n. Chr. als heidnisch zu verbieten. Erst 1896 wurden sie in Athen als Olympische Spiele wiederbelebt. Seither wurden sie alle vier Jahre – mit Ausnahme der Kriegsjahre 1916, 1940 und 1944, in denen sie ausgesetzt waren – an wechselnden Austragungsorten abgehalten (in der Antike war es häufig umgekehrt: Kriege wurden wegen der Spiele ausgesetzt).

Die Kluft zwischen den ursprünglichen fünf Disziplinen in Olympia und dem unaufhörlichen Wuchern der Disziplinen bei den Olympischen Sommer- und (seit 1924) Winterspielen ist ein Hinweis auf die enorme Erweiterung, die der Begriff »Sport« in den vergangenen 2800 Jahren erfahren hat.

FRAGE 24

Wie heißen die 5 klassischen Säulenordnungen?

- **Dorisch**
- **Ionisch**
- **Korinthisch**
- **Komposit (zusammengesetzt)**
- **Toskanisch**

Die monumentalen Leistungen der griechisch-römischen Baukunst werden auf exemplarische Weise von ihren Säulenordnungen verkörpert. Drei Säulenordnungen – die dorische, die ionische und die korinthische – waren griechische Schöpfungen; die zusammengesetzte und die toskanische waren römische Weiterentwicklungen. Die Säulenordnungen sind die vielleicht bekanntesten Elemente des »Wortschatzes« der abendländischen Baukunst – man denke nur an die Säulen des Parthenons und (um große mit kleinen Dingen zu vergleichen) an jene des Brandenburger Tores in Berlin oder an die mächtige Säule auf dem Trafalgar Square in London.

Die ältesten griechischen Tempel wurden aus Holz erbaut. Schließlich wurde Kalkstein verwendet und, wenn das nötige Geld vorhanden war, Marmor. Unabhängig von der Säulenordnung und der Größe des Tempels blieben der Grundplan und die Funktion immer gleich. In der Mitte dieser seitlich offenen, meist rechteckigen Gebäude befand sich der *naos* bzw. die *cella*. Dort war das Bildnis der Gottheit, welcher der Tempel geweiht war, aufgestellt. Bei den einfachsten Tempeln wurde nur ein Portal mit zwei Säulen hinzugefügt, während größere Tempel ein zweites Portal oder sogar einen Säulenumgang (Peristyl) hatten. Alle wurden mit Deckenbalken versehen und hatten schräge Dächer. Der Tempel sollte von außen bewunderndes Staunen auslösen, da der Zugang ins Innere nur den Priestern gestattet war. Öffentliche Kultfeierlichkeiten wurden unmittelbar vor dem Tempel abgehalten.

Die Säulenordnungen weisen mehrere gemeinsame Merkmale auf. Beginnen wir von unten: Auf dem Fundament liegt das sog. Stereobat, darauf das Stylobat. Außer bei dorischen Bauwerken ruht die Säule selbst jeweils auf einer Basis, die je nach Ordnung mehr oder weniger stark verziert ist. Der Säulenschaft setzt sich aus einer Anzahl von Säulentrommeln zusammen, die aufeinander gesetzt und inwendig (in der Mitte jeder Trommel) mit bronzenen oder hölzernen Zapfen fixiert werden. Bindemörtel wurde nicht verwendet, was das handwerkliche Können und die Präzision bezeugt, mit denen die Griechen den Stein bearbeiteten. Die Kannelierung, die in die Außenseite geschnitten wurde, nachdem die Säule zusammengesetzt worden war, verleiht dem Ganzen eine visuelle Dynamik und verbirgt gleichzeitig die Trommelfugen. Die Höhe einer Säule hängt ab von ihrem Durchmesser an der Basis; so wurden die Baumeister beispielsweise angewiesen, die Säulen acht bis neun Durchmesser hoch zu machen.

An der Spitze des Säulenschaftes markiert der Säulenhals den Übergang zum Kapitell, das aus Echinus und Abakus besteht. Am Kapitell treten die kennzeichnenden Merkmale jeder Säulenordnung am deutlichsten hervor. Der Abschnitt über dem Kapitell, das Gebälk, schließt, von unten nach oben, den Architrav (der das Gewicht der darüberliegenden Teile trägt und verteilt), den Fries, das Giebeldreieck und das Kranzgesims ein. Der Architrav, der meist nicht verziert ist, weist gelegentlich Paneele auf, die Gurtsims genannt werden. Der Fries darüber ist entweder schmucklos oder mit Triglyphen und Metopen, Reliefs oder anderen Elementen verziert. Die übrigen Teile sind das Kranzgesims und das Giebeldreieck (das manchmal ebenfalls mit Ornamenten versehen ist). Das Kranzgesims umschließt das ganze Giebeldreieck.

Die **dorische** Säulenordnung ist die älteste, sie entstand auf dem griechischen Festland. Was wir über eines der ältesten Beispiele eines dorischen Bauwerks, den Artemistempel in Korkyra (dem heutigen Korfu), wissen, deutet darauf hin, daß diese Säulenordnung um 600 v. Chr. voll entwickelt war. Obgleich wir von der Urform nichts wissen, wurde sie zweifellos von griechischen Holz- bzw. Lehmbauten der vorarchaischen Zeit, von mykeni-

Die Elemente der klassischen Baukunst

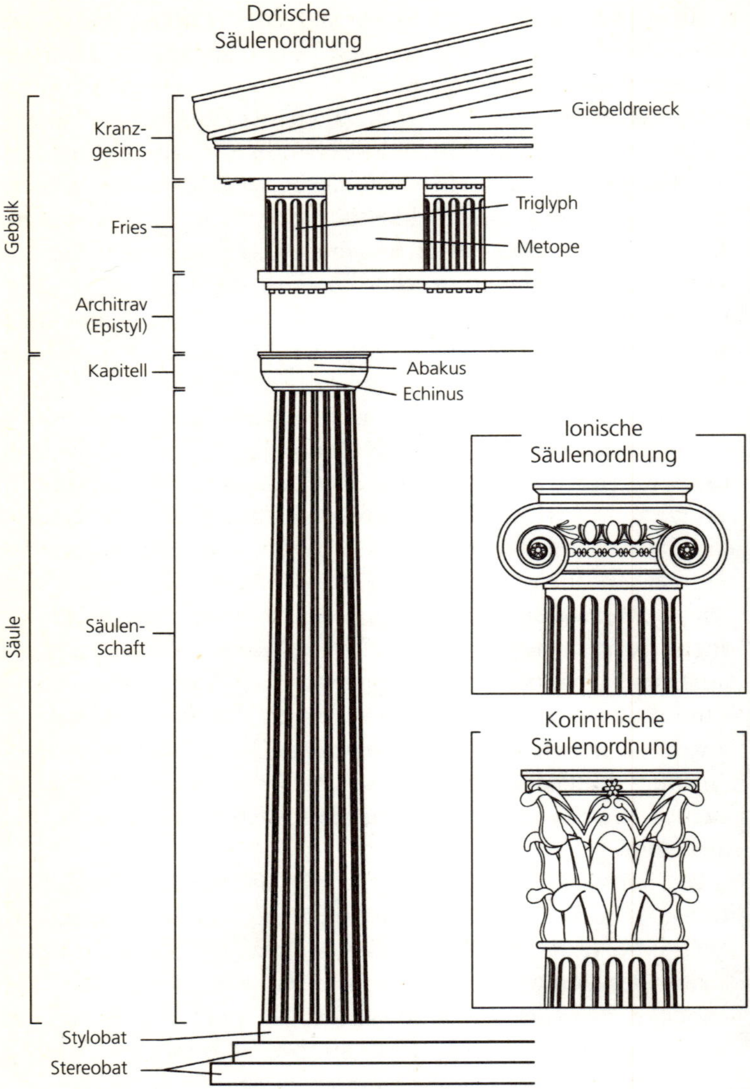

schen und von ägyptischen Vorbildern beeinflußt. Im Vergleich mit den anderen Säulenordnungen wirkt die dorische Säulenordnung schlicht und massig, ein Eindruck, der durch ihre antike Bezeichnung als »männliche Ordnung« bestätigt wird.

Dorische Säulen ruhten direkt auf dem Stylobat und hatten keine Basis. Sie verjüngten sich in sanften Kurven (*Entase* genannt) zur Spitze hin, dadurch erweckten sie den Eindruck der Leichtigkeit, der die massive Charakteristik der Ordnung auflokkern sollte. Herkömmliche dorische Säulen weisen genau zwanzig Hohlkehlen auf. Bei den ältesten Beispielen, wie dem »Basilika« genannten Tempel in Paestum (um 530 v. Chr.), gleicht der Echinus des dorischen Kapitells einem Kissen, der unter dem Gewicht des Abakus wulstartig hervortritt.

Bei diesen frühen Tempeln wurden die Säulen ziemlich dicht nebeneinander angeordnet, was den römischen Architekten Vitruv (1. Jahrhundert v. Chr.) zu dem bissigen Kommentar veranlaßte, daß ihre schmalen Zwischenräume dickleibigen Besuchern gewisse Probleme bereiten könnten. In der Tat scheinen diese klotzigen, dicht gesetzten Säulen darauf hinzudeuten, daß die frühen Baumeister etwas unsicher waren, ob die von ihnen geplanten Bauten stehenbleiben würden. Mit der Zeit wurden die Proportionen der dorischen Säulenordnung für das Auge gefälliger, weil die Baumeister die statischen Verhältnisse besser einzuschätzen wußten. Besonders die Kapitelle wurden kunstvoll ausgestaltet, und die schlankeren, graziöseren Säulen wurden in größeren Abständen angeordnet. Dieser Übergang vollzog sich auf dem griechischen Festland um 500 v. Chr. Ein herausragendes Beispiel für die dorische Ordnung ist der Parthenon-Tempel auf der Akropolis von Athen, einer der besterhaltenen griechischen Tempel.

Die **ionische** Säulenordnung entstand kurz nach der dorischen, vermutlich um 560 v. Chr., im griechischen Kleinasien und auf den Inseln der Ägäis. Von den Griechen als »weibliche Ordnung« bezeichnet, weist die ionische Ordnung eine Säule auf, die schlanker ist und nicht so kurvenartig zuläuft wie die dorische Säule, eine verzierte Basis und vierundzwanzig Hohlkehlen besitzt und acht Durchmesser hoch ist. Ihr markantestes Kennzeichen ist die Volute, die den Echinus auf jeder Seite einschließt und in der Regel mit einem Motiv geschmückt ist, das »Eierstab« genannt wird. Imposante Beispiele für die ionische Ordnung befinden sich ebenfalls auf der Akropolis in Athen: das Erechtheion und der (sehr kleine) Tempel der Athene Nike.

Die hochdekorative **korinthische** Säulenordnung entstand um etwa 425 v. Chr. Vitruv wiederholt eine phantasievolle Geschichte über den Ursprung dieser Säulen, die er mit der Figur junger Mädchen vergleicht, »denn die Konturen und Glieder von Jungfrauen, die aufgrund ihres zarten Alters noch schlank sind, gestatten hübschere Effekte bei der Verzierung«.

Nach der Überlieferung soll der athenische Bildhauer Kallimachos am Grabmal eines kurz zuvor gestorbenen Mädchens aus Korinth vorbeigekommen sein, dessen Amme einen Korb mit allerlei Habseligkeiten auf das Grab gestellt und ihn mit einem Ziegel abgedeckt hatte; in dem Korb habe sich eine Akanthuspflanze befunden, deren Triebe nach oben wuchsen und dabei die Seiten des Korbes durchbohrten. Vitruv zufolge wurde Kallimachos vom Anblick des Ganzen dazu inspiriert, das korinthische Kapitell zu entwerfen.

Anders als das ionische Kapitell, das nur für den Anblick von zwei Seiten ausgelegt war, kann das korinthische Kapitell, das meist auf einer Säule thronte, die das Zehnfache des Durchmessers hoch war, von allen vier Seiten bewundert werden. Zunächst wurden korinthische Kapitelle, die unterhalb des Abakus aus versetzt angeordneten Reihen kunstvoll gemeißelter Akanthusblätter bestehen, nur im Innern von Gebäuden verwendet. Nach etwa hundert Jahren begann man damit, sie an der Außenseite von Gebäuden zu errichten. Das älteste erhaltene Zeugnis ist das Denkmal des Lysikrates in Athen (334 v. Chr.). Später benutzten die Römer die elegante, prächtige korinthische Säule häufiger als jede andere Säulenordnung.

Den Römern, denen kunstvolle Verzierung wichtiger war als den Griechen, lag weniger an geometrischer Vollkommenheit. Sie ersetzten gern die Oberschwellen durch Bögen, und das Gebälk ihrer Bauten war oft reich geschmückt. Sie kombinierten auch die Voluten des ionischen Kapitells mit den Akanthusblättern des korinthischen Kapitells, die sogenannte zusammengesetzte (komposite) Säulenordnung. Die Höhe der Säulen betrug das Zehnfache des Durchmessers.

Außerdem erfanden die Römer die **toskanische** Säulenordnung, eine Vereinfachung der dorischen. Toskanische Säulen haben das charakteristische dorische Kapitell, ruhen aber anders als dorische Säulen auf einer Basis. Sie haben keine Hohlkehlen. Ihre Höhe beträgt nur das Siebenfache des Durchmessers.

Weitere Variationen sind die gestufte und die kolossale Säulenordnung. Die gestufte Ordnung, eine römische Erfindung, wurde benutzt, wenn Säulen in mehreren Stockwerken eines Gebäudes errichtet wurden: dorische Säulen im ersten Stock, ionische Säulen im zweiten und korinthische Säulen im dritten. Musterbeispiel dafür ist das Kolosseum in Rom. Während der Renaissance fügten die Baumeister manchmal zwei- oder dreistöckige Säulen (bzw. Pfeiler) einer Ordnung in ihre Gebäude ein, so entstand die als kolossal bezeichnete Säulenordnung.

6

FRAGE 25

Wie heißen die 6 »Flavors« der Quarks?

- **Up**
- **Down**
- **Strange**
- **Charmed**
- **Bottom (oder Beauty)**
- **Top (oder Truth)**

Atome setzen sich aus Protonen, Neutronen und Elektronen zusammen. Lange Zeit galten diese subatomaren Teilchen als die Grundbausteine der Materie. Doch dann kamen die Quarks.

Scheinbar zunächst nur ein Nonsenswort, das bei ihrer Entdeckung geprägt wurde, fand man später den Ausdruck *quarks* in *Finnegans Wake,* dem Roman von James Joyce: »Three quarks for Muster Mark!« Quarks unterscheiden sich von allen zuvor bekannten Teilchen dadurch, daß sie nur eine drittelzahlige (⅓ oder ⅔) positive oder negative elektrische Ladung tragen (vgl. Tab. S. 119). Quarks liegen gebunden in Dreiergruppen vor, die Protonen und Neutronen bilden; diese Tripletts werden Hadronen genannt. Die Paarung eines Quarks mit seinem Antiquark derselben »Farbe« (Color-Quantenzahl) wird als Meson bezeichnet.

Die sechs Quark-Flavors (Flavor-Quantenzahlen) und sechs weitere Teilchenarten, die Leptonen genannt werden – das Elektron, das Müon und das Tauon, jeweils mit ihren zugehörigen Antiteilchen –, scheinen die unteilbaren Grundbausteine der Materie zu sein (wenigstens nach heutigem Kenntnisstand). Außerdem werden nach der Quantenfeldtheorie sämtliche Kräfte *zwischen* den Teilchen durch kraftübertragende Teilchen, die sogenannten Eichbosonen, vermittelt. Eines dieser Bosonen, das Gluon (aus englisch *glue,* »Leim«), ist für den Zusammenhalt der Quarks verantwortlich. Weitere Eichbosonen sind das Photon, das mit elektromagnetischen Kräften, wie Licht, assoziiert ist, und das Graviton, ein postuliertes Teilchen, das die Schwerkraft übertragen soll.

Quarks sind Teil eines sich ständig weiterentwickelnden Systems, das als *Standardmodell* bezeichnet wird und als Erklärung für die fundamentalen Naturkräfte vorgeschlagen wurde (vgl. Frage 17). Die Existenz der Quarks wurde erstmals 1963 von Murray Gell-Mann postuliert, einem Physiker am California Institute of Technology, dessen Arbeit über diese subatomaren Teilchen ihm 1969 den Nobelpreis für Physik eintrug. Gell-Mann hat diese Teilchen nicht nur benannt, sondern ihnen witzigerweise auch »flavors« (Aromen) und »colors« (Farben) zugeschrieben, in denen sich jedoch eher seine Phantasie als reale physikalische Eigenschaften widerspiegeln. Quarks sind viel kleiner als alle Teilchen, die mit sichtbarem Licht nachgewiesen werden können, und besitzen keine empirisch zugänglichen Merkmale.

Jedes Quark-Flavor tritt in drei Farben (rot, grün und blau) auf; jedes Hadron (Quarktriplett) besitzt eine dieser Farben. Die Flavors wurden ursprünglich als (englisch) *up*, *down* und *strange* klassifiziert; nachfolgende Arbeiten machten es erforderlich, die Existenz weiterer Flavors zu postulieren, die *charmed*, *bottom* und *top* genannt wurden. Heute geht man davon aus, daß nur die Flavors **up** und **down** in der Natur existieren.

Protonen beispielsweise setzen sich aus zwei *up*-Quarks und einem *down*-Quark zusammen, deren elektrische Ladungen sich wie folgt addieren: $2/3 + 2/3 - 1/3 = 1$. So besitzen Protonen insgesamt eine Ladung von + 1. Neutronen setzen sich aus einem *up*-Quark und zwei *down*-Quarks zusammen; die elektrische Ladung beträgt daher $2/3 - 1/3 - 1/3 = 0$. Das stimmt mit der neutralen Ladung des Neutrons überein.

Die anderen vier Quark-Flavors – **strange**, **charmed**, **bottom** und **top** – existierten nach theoretischen Berechnungen nur für einen infinitesimalen Bruchteil einer Sekunde während des Urknalls vor etwa 13–15 Milliarden Jahren und lassen sich heute nur noch bei den selbstvernichtenden Kollisionen »beobachten«, die sich ereignen, wenn Protonen und Antiprotonen in Teilchenbeschleunigern auf Geschwindigkeiten gegeneinander beschleunigt werden, die nahe bei der Lichtgeschwindigkeit liegen. Die

Teilchen, die bei diesen Zusammenstößen entstehen, existieren nur so kurze Zeit, daß sie nicht nachweisbar sind – etwa ein Hundertstel eines Milliardstel eines Milliardstel einer Sekunde –, und zerfallen sofort in andere Teilchenarten. Da diese Zerfallsprodukte jedoch »Spuren« hinterlassen, die nachgewiesen und gemessen werden können, kann man auf die Existenz des ursprünglichen Teilchens schließen und seine Masse bestimmen.

Das *top*-Quark wurde erst im März 1995 nach einem heftigen Wettstreit zwischen zwei Physikergruppen am Fermi National Accelerator Laboratory (Fermilab) in Batavia, Illinois, nachgewiesen. Das *top*-Quark erwies sich dabei als ein echtes Schwergewicht. Man vergleiche seine Masse mit der der anderen Quarks:

Flavor	Ladung	Masse (Mrd. Elektronenvolt)
Up	+ ⅔	0,38
Down	– ⅓	0,34
Strange	– ⅓	0,54
Charmed	+ ⅔	1,50
Bottom	– ⅓	4,72
Top	+ ⅔	175,60

Die Masse des *top*-Quarks ist etwa genauso groß wie die Masse eines Goldatoms – das insgesamt fast 200 Protonen und Neutronen besitzt.

FRAGE 26

Wer waren die 6 Frauen Heinrichs VIII.?

- **Katharina von Aragon**
- **Anne Boleyn**
- **Jane Seymour**
- **Anna von Kleve**
- **Catherine Howard**
- **Catherine Parr**

Die Ehegeschichten des englischen Königs Heinrich VIII. (1491–1547) erscheinen verständlicher, wenn man bedenkt, daß sein Vater, Heinrich Tudor, Earl of Richmond, der Richard III. in der Schlacht von Bosworth Field im Jahre 1485 die englische Krone entriß, nur einen schwachen Anspruch auf den Thron hatte. Als König Heinrich VII. handelte er klugerweise eine Ehe zwischen seinem ältesten Sohn Arthur und der Infantin **Katharina von Aragon** (1485–1536) aus, der Tochter von Ferdinand und Isabella von Spanien. Der eigentliche Zweck dieser Verbindung war, wie in allen Ehen zwischen Mitgliedern von Königshäusern bis in unsere Zeit, ein männlicher Thronerbe.

Katharina traf 1501 in England ein, nach zwei Ferntrauungen zwischen ihr und Prinz Arthur, bei denen der spanische Botschafter in London als ihr Stellvertreter fungierte. Sie und Arthur heirateten im November 1501 in der St. Paul's Cathedral ein drittes Mal, nunmehr in Person. Bis zu dem Tag, an dem sie starb, beteuerte Katharina, diese Ehe sei nie vollzogen worden. Tatsächlich starb Arthur, der fünfzehn Jahre alt und krank war, vier Monate nach der Eheschließung.

Katharina blieb in England und wurde zu einer unglücklichen Figur im machtpolitischen Schachspiel. Obgleich der junge Prinz Heinrich eine päpstliche Ausnahmebewilligung für die Ehe mit der Gemahlin seines toten Bruders erhielt, gerieten die Verhandlungen mit Spanien aufgrund von Streitigkeiten über die Mitgift und zahlreicher dynastischer Ränke ins Stocken. Sieben Jahre, nachdem sie Witwe geworden war, heiratete Katharina am 11. Juni 1509 Heinrich VIII., der sieben Wochen zuvor den englischen Thron bestiegen hatte.

Während ihrer Ehe mit Heinrich VIII. gebar Katharina sechs Kinder. Eine Tochter, Mary, sollte später Königin (1553–58) von England werden (bekannt geblieben als »Bloody Mary«, weil sie England mit Gewalt wieder katholisch machen wollte). Die übrigen Kinder starben jung. Heinrich liebte seine Gemahlin aufrichtig, doch der Umstand, daß sie keinen männlichen Erben zur Welt brachte, der die frühe Kindheit überlebte, stellte eine schwere Bedrohung für das Haus Tudor dar.

Heinrich behauptete nun, die Ehe mit der Witwe seines Bruders scheine ihm trotz des päpstlichen Dispenses nicht gültig zu sein. Im Februar 1526 bemerkte man bei Hofe, daß der König den Reizen von **Anne Boleyn** (1500/01–36) erlegen war, einer Ehrendame Katharinas und Schwester der bekannten Mary Boleyn, die eine vierjährige Affäre mit Heinrich gehabt hatte. Im Jahre 1527 versuchte Heinrich, die Ehe mit Katharina für nichtig erklären zu lassen, doch der Papst schob die Entscheidung darüber lang hinaus – vor allem auf Drängen des Neffen der Königin, des mächtigen Kaisers des Heiligen Römischen Reiches, Karls V. 1531 hatte Heinrich die englischen Bischöfe mit Druck so weit gebracht, daß sie ihn als »Schutzherrn und Oberhaupt der Kirche von England« anerkannten, ein Titel, der 1534 durch die vom Parlament verabschiedete Suprematsakte bestätigt wurde. Alle Beziehungen zu Rom wurden abgebrochen. 1535 wurde Thomas Morus (Autor von *Utopia*) enthauptet, weil er sich geweigert hatte, den Anspruch des Königs offiziell anzuerkennen.

Heinrich und Anne Boleyn wurden am 25. Januar 1533 heimlich getraut, mehrere Monate bevor der – nun vom König eingesetzte – Erzbischof von Canterbury, Thomas Cranmer, die Ehe mit Katharina am 23. Mai für nichtig erklärte. Im selben Jahr wurde dem Paar ein Mädchen geboren (die spätere Königin Elisabeth I., 1558–1603), auf das jedoch drei totgeborene Kinder folgten. Heinrich sah den Fortbestand des Hauses Tudor ein weiteres Mal durch die Unfähigkeit der Königin bedroht, ihm einen gesunden Sohn zu schenken. Auch erwies sich Anne als eine äußerst unbeliebte Königin, die Heinrich zudem nahegelegt hatte, Katharina und deren Tochter Mary umbringen zu lassen, als diese ihm einmal besonders lästig fielen. Jetzt bot sich Heinrich die Chance, Karl V. als einen dringend benötigten Bündnispartner zu gewinnen – allerdings nur ohne Anne. Lordkanzler Thomas Cromwell bezichtigte sie des Ehebruchs, des Inzests mit ihrem Bruder George und des Hochverrats – alles erfundene Anschuldigungen. Anne Boleyn wurde am 19. Mai 1536 enthauptet. Heinrich war klug genug gewesen, einige Tage vorher ihre Ehe für nichtig erklären zu lassen.

Keine Zeit verlierend, verlobte sich der König am 20. Mai mit **Jane Seymour** (1507/8–37), die er zehn Tage später heiratete. Jane war Hofdame von Katharina und Anne gewesen, Heinrich hatte ihr schon mindestens sechs Monate vor Annes Tod den Hof gemacht. Bis ans Ende seines Lebens beteuerte Heinrich, von all seinen Gemahlinnen habe er Jane am meisten geliebt. Seine Gefühle für sie verstärkten sich zweifellos durch die Geburt eines Thronerben, Edward (1537–53), eines kränklichen Jungen, der Heinrich 1547 auf dem Thron folgte, aber noch im Jugendalter starb. Jane war zwölf Tage nach Edwards Geburt gestorben.

Zwei Jahre vergingen, bis der immer beleibtere und von einem chronisch entzündeten, übelriechenden Bein geplagte Heinrich am 6. Januar 1540 die deutsche Prinzessin **Anna von Kleve** (1515–57) heiratete. Diese politische Ehe war von Cromwell eingefädelt worden. Doch Heinrich fand Anna so abstoßend – er hatte vorher nur ein Holbein-Porträt von ihr gesehen –, daß sie die Ehe niemals vollzogen. Anna von Kleve hatte aber von allen seinen Frauen das meiste Glück. Die Ehe wurde nach sieben Monaten für nichtig erklärt, Heinrich zahlte Anna viertausend Pfund pro Jahr, schenkte ihr zwei Landhäuser und das Schloß von Anne Boleyn, außerdem ernannte er sie zu seiner »Ehrenschwester«. Thomas Cromwell wurde gestürzt und neun Tage nach der Nichtigkeitserklärung auch dieser Ehe vom Leben zum Tod befördert.

Am Tage von Cromwells Ende heiratete Heinrich **Catherine Howard** (um 1525–42), Anne Boleyns fünfzehnjährige Cousine.

Sie war die Favoritin der katholischen Hofpartei. Vier Monate später setzte der Erzbischof von Canterbury Heinrich davon in Kenntnis, daß Catherine vor ihrer Eheschließung mehrere Liebhaber gehabt hatte und ein Verlöbnis eingegangen war, das die Ehe mit dem König möglicherweise nichtig machte. Außerdem wurde sie des Ehebruchs bezichtigt. Heinrich, der damals vermutlich schon impotent war, mußte sich nun als Hahnrei vorkommen (Franz I. von Frankreich sagte über Catherine: »Sie hat gar wunderbare Niedertracht begangen!«). Catherines Haupt fiel am 13. Februar 1542 unterm Beil – eine ausgesprochene Gemeinheit, weil selbst ihrer Cousine Anne die vornehmere Hinrichtung durch das Schwert zuteil geworden war.

Die zweifache Witwe **Catherine Parr** (1512–48) hatte sich in Thomas Seymour, den Bruder von Jane Seymour verliebt, als Heinrich ein Auge auf sie warf und den Rivalen ins Ausland schickte. Der König heiratete seine letzte Frau am 12. Juli 1543, wobei Anna von Kleve als Trauzeugin fungierte. Diese dritte Katharina, herzlich, gewinnend und scharfsinnig, war eine liebevolle Stiefmutter für die Töchter und den jungen Sohn Heinrichs und eine tüchtige Regentin, wenn Heinrich im Krieg war. Man rühmte ihre Gelehrsamkeit, und sie versammelte andere gelehrte Frauen um sich.

Heinrich starb am 28. Januar 1547. Catherine Parr folgte ihm ein Jahr später, nachdem sie ihrem neuen Gatten, jenem Thomas Seymour, ein Töchterlein geboren hatte.

FRAGE 27

Wie heißen die 6 Stimmlagen beim Menschen?

- **Sopran**
- **Mezzosopran**
- **Alt**
- **Tenor**
- **Bariton**
- **Baß**

Die Freude am Singen ist in der menschlichen Natur angelegt, und die menschliche Stimme war das erste Musikinstrument. Kinder singen spontan, ohne Unterricht erhalten zu haben. Für die meisten Erwachsenen ist das Singen – oder das Hören eines schönen Gesangs – ein mächtiges, tiefverwurzeltes Mittel, Gefühle zu wecken. Vögel setzen ihre ausgeklügelten Gesänge in Balzritualen ein, und Opernmelodien wie »Nessun dorma«, die Tenorarie aus Puccinis Oper *Turandot,* ist zum Markenzeichen von Luciano Pavarotti geworden. Weil Menschen, die nach einem Schlaganfall nicht mehr sprechen können, oft ihr Singvermögen behalten, unterliegen Sprache und Singen vermutlich unterschiedlichen Steuerungszentren im Gehirn. Tatsächlich liegen die Nervenbahnen, die beim Singen aktiviert werden, im sogenannten Althirn, unweit der Areale, die das emotionale Ausdrucksverhalten steuern. Doch überlassen wir alle weiteren Fragen darüber, *weshalb* Singen den Menschen berührt, den Dichtern und Neurologen, und konzentrieren wir uns statt dessen auf das *Wie* der abendländischen Vokalmusik.

Was unterscheidet uns von Pavarotti oder Cecilia Bartoli? Kurz gesagt: die Anatomie. Sänger müssen ihre Kunst fleißig üben, wenn sie die Hoffnung hegen, in der von starkem Konkurrenzdruck beherrschten Opernwelt Erfolg zu haben, doch wenn die physikalischen Abmessungen und die Form ihres Stimmtraktes – Kehlkopf, Rachen, Nasenhöhlen, Nase und Mund – nicht optimal sind, wird kein noch so intensiver Gesangsunterricht sie auf die Bühne der Mailänder Scala oder der Metropolitan Opera in New York bringen. Die Form der an der Stimmerzeugung beteiligten Körperteile unterscheidet sich von Mensch zu Mensch ganz erheblich, wie man daran ersehen kann, daß wir in der Regel die Stimmen verschiedener Personen auch nach vielen Jahren noch voneinander unterscheiden können. Wenn die Stimmlippen schwingen, hallt der Ton im oberen Stimmtrakt wider, und die Qualität dieser Resonanz macht zusammen mit der Stimmschulung den Unterschied zwischen einer Primadonna (bzw. ihrem männlichen Kollegen) und dem Menschen aus, der in der Badewanne singt.

Die menschliche Stimme zeichnet sich durch Frequenz (Tonhöhe), harmonische Struktur und Intensität (Volumen) aus. Die Größe des Kehlkopfes ist ein entscheidendes Bestimmungsmerkmal für den Stimmumfang eines Sängers. Je größer der Kehlkopf, um so niedriger die Tonhöhe. Da der Kehlkopf einer Frau gewöhnlich kleiner ist als der eines Mannes, singt sie in einer höheren Lage. Die Frequenz der menschlichen Stimme reicht von einem Minimum von etwa 80 Schwingungsperioden pro Sekunde (oder Hertz, Hz) bis zu einem Maximum von etwa 1050 Hz, auch wenn viele Sänger diese Grenzen überschreiten können. Als Referenzpunkt wurde das A über dem eingestrichenen C mit 440 Hz normiert.

Die harmonische Struktur einer Stimme entspricht ungefähr der Klangfarbe eines Musiktons. Wenn die Stimmlippen schwingen, erzeugen sie einen sogenannten Grundton, beispielsweise 200 Hz. Sie erzeugen auch höhere Töne, die Obertöne genannt werden. Diese Obertöne sollten idealerweise Vielfache der Grundtöne sein – in diesem Beispiel 400 und 600 Hz. Je genauer die Obertöne mit den Vielfachen des Grundtons übereinstimmen, um so gefälliger die Stimme.

Die Intensität oder das Volumen der Stimme eines Sängers hängt in erster Linie davon ab, wie groß der Luftdruck ist, den der Sänger auf die Stimmlippen ausüben kann. Die Anatomie spielt hier eine Rolle, und nicht nur hinsichtlich des Brustkorbvolumens. Da der Kehlkopf annähernd wie der Trichter einer Trompete oder eines Megaphons gestaltet ist, wird die Stimme um so besser projiziert, je genauer der Kehlkopf mit einer akustisch verzerrungsfreien Hornform übereinstimmt.

Der Stimmumfang eines **Soprans** – der häufigsten weiblichen Gesangsstimme – reicht vom eingestrichenen C bis zum zweiten A darüber (bis etwa 880 Hz). Soprane lassen sich weiter unterteilen in dramatische, lyrische und Koloratursoprane. Ein dramatischer Sopran hört sich neben einem lyrischen Sopran, der für leichtere Rollen, die eine größere stimmliche Beweglichkeit erfordern, besetzt wird, geradezu kraftstrotzend an. Eine Koloratursopranistin singt die höchsten Töne, die ein Mensch erreichen kann, und trifft manchmal das zweite C über dem eingestrichenen C. Sie darf die Rolle der Königin der Nacht in Mozarts *Zauberflöte* singen, wenn sie solche Spitzentöne jedesmal zuverlässig und genau trifft. Maria Callas und Joan Sutherland waren Koloratursopranistinnen; heute ist Edita Gruberova eine berühmte Koloratursopranistin.

Knaben bzw. junge Männer mit Stimmen in Sopranlage werden zwar gelegentlich ebenfalls Soprane genannt, doch sollten sie richtigerweise als Diskantsänger bezeichnet werden. Beginnend im ausgehenden 16. Jahrhundert wurden Jünglinge mit eleganter Sopranstimme manchmal vor der Pubertät kastriert, damit sich ihre Stimmen nicht veränderten, daher der Ausdruck *castrati* oder *evirati*. Noch im 17. und 18. Jahrhundert, in denen ein Großteil der ernsten Musik noch immer liturgischen Charakter hatte, suchten Chöre Kastraten, weil es Frauen verboten war, eine liturgische Funktion einschließlich des Singens zu übernehmen. Im 18. Jahrhundert waren Kastraten für Opernproduktionen in Italien sehr gefragt. Der berühmteste *castrato* der italienischen Oper war der Sopran Farinelli (Carlo Broschi 1705–1782). Farinelli, dessen erstaunlicher Stimmumfang von 131 bis 1175 Hz reichte, konnte einen Ton eine ganze Minute halten, ohne Luft zu holen.

Als die Kastraten zu Beginn des 19. Jahrhunderts fast völlig in der Versenkung verschwanden, erlebten die **Mezzosoprane** einen gewaltigen Aufschwung. Eine Frau mit einer Mezzosopranstimme hat in der Regel einen Stimmumfang, der vom A unter dem eingestrichenen C zum zweiten F darüber reicht, er liegt also genau in der Mitte zwischen dem Sopran und dem Alt. Dramatische Mezzosoprane zeichnen sich durch die Intensität ihrer Stimmen aus, lyrische Mezzosoprane durch große Geschmeidigkeit. Diese Gaben des Mezzosoprans eignen sich gut für die Kunst des *Belcanto* (italienisch, »schöner Gesang«), wie er besonders in zahlreichen Opern Mozarts, Bellinis und Rossinis vorkommt. Zu den führenden Mezzosopranen gehören heute Sängerinnen wie Frederica von Stade, Marilyn Horne, Cecilia Bartoli und Anne Sofie von Otter.

Das Alter fordert seinen Tribut von der menschlichen Stimme, und viele Soprane stellen dann fest, daß sie die höchsten Töne in dieser Stimmlage nicht mehr erreichen können, wenn sie auf die Fünfzig zugehen. Diejenigen, die ihre Karriere als Berufssängerinnen fortsetzen möchten, verlegen sich auf das Mezzosopranfach, da ihr mittlerer und unterer Stimmumfang erhalten bleibt.

Eine Frau mit einer **Alt**stimme singt in der Regel gut im Bereich zwischen dem F unter dem eingestrichenen C bis zum zweiten D darüber. Die wenigen Männer, die ebenfalls in dieser Tonlage singen können – ohne auf das Falsett zurückzugreifen –, werden *Countertenöre* genannt. Der größte Teil der Kompositionen für Countertenöre wurde in der Renaissance und im Barock geschrieben. Wenn man heute in der Oper einen Countertenor hört (was z. B. bei Händel- oder Monteverdi-Opern gar nicht so selten ist), schaue man sich die Gesichter anderer Zuhörer an – wenigstens einige werden verblüfft sein, daß *diese* Stimme aus dem Mund eines Mannes ertönt.

Der **Tenor**, die üblicherweise höchste männliche Stimme, umfaßt in der Regel die Töne zwischen dem zweiten B unter dem eingestrichenen C und dem G darüber. Wie die Sopranstimmen lassen sich auch die Tenöre weiter unterteilen in dramatische, lyrische und Heldentenöre. Richard Wagner hatte eine gewisse Vorliebe für letzteren Typus, den er z. B. für den Siegfried im *Ring des Nibelungen* verwendete. Im Mittelalter und in der Renaissance war der Tenor die vielleicht wichtigste Stimme in der geistlichen Musik. Ende des 17. Jahrhunderts hatten aber vor allem in Italien die Kastraten die Tenöre in der Gunst des Publikums überrundet. Den Tenören in Frankreich erging es besser, da die Franzosen die Kastration zur Erhaltung von Knabenstimmen mißbilligten und ihre Tenöre so ausgebildet wurden, daß sie mit ihren Stimmen in höhere Tonlagen vordringen konnten. Neben den heutigen Startenören Luciano Pavarotti, Plácido Domingo und José Carreras sind Enrico Caruso, Beniamino Gigli und Jon Vickers weitere berühmte Tenöre des 20. Jahrhunderts, in Deutschland vor allem Richard Tauber, Fritz Wunderlich, René Kollo oder Peter Schreier.

Der **Bariton**, der zwischen Tenor und Baß liegt, ist die häufigste männliche Stimme, mit einem Umfang, der vom zweiten G unter dem eingestrichenen C bis zum E darüber reicht. Baritone haben oft eine etwas flexible Stimmlage; bei leichteren Tenorrollen können sie den Part mitunter ganz ordentlich singen, bei schwierigeren Rollen dagegen nicht so gut. Mozart war der erste bedeutende Komponist, der Opernrollen für Baritone schrieb und so nachfolgenden Komponisten – die seither nicht mehr nur auf Tenöre und Bässe beschränkt waren – erlaubte, ein breiteres Spektrum von männlichen Rollen zu schaffen. Robert Merrill hatte eine hervorragende Baritonstimme. Auch Hermann Prey, Dietrich Fischer-Dieskau und heute etwa Thomas Hampson oder Andreas Schmidt sind zu nennen.

Der **Baß** ist die tiefste männliche Stimme mit einem Umfang, der vom eingestrichenen C bis zum zweiten E darunter reicht. Sänger mit einem *basso profundo* (tiefen Baß) haben eine volle, dunkle Stimme, während der *basso cantante* einen lyrischeren Stil besitzt. *Basso buffo*-Stimmen klingen klar, tief und voll und werden für komische Rollen verwendet. Baßstimmen sind oft Schurkenrollen vorbehalten, etwa dem Scarpia in Puccinis *Tosca,* dem *Boris Godunow* in Mussorgskys gleichnamiger Oper (einer Paraderolle des Russen Fjodor Schaljapin), Hagen in Wagners *Götterdämmerung* oder Mephistopheles in Gounods *Faust.*

7

FRAGE 28

Welches waren die 7 Weltwunder der Antike?

- **Die Große Pyramide des Cheops in Giza**
- **Die Hängenden Gärten von Babylon**
- **Die Statue des Zeus in Olympia**
- **Der Artemistempel zu Ephesos**
- **Das Mausoleum in Halikarnassos**
- **Der Koloß von Rhodos**
- **Der Pharos (Leuchtturm) von Alexandria**

In seiner *Naturgeschichte* berichtet Plinius der Ältere von den Bruchstücken des Koloß von Rhodos, die er im 1. Jahrhundert n. Chr. bei einer Reise auf jene Insel sah: »Nur wenige Männer können den Daumen mit ihren Armen umfassen, und seine Finger sind größer als die meisten Statuen. Was die zerbrochenen Gliedmaßen anlangt, so gleichen sie im Innern großen Höhlen.«

Zur Zeit von Plinius lag der Koloß an der Stelle, an der er bei einem Erdbeben umgestürzt war. Doch das tat der Ehrfurcht des Römers keinen Abbruch. Die antiken Weltwunder stellen mit so manchem seltsame Dinge an: Ungefähr 1800 Jahre nachdem Plinius seine Beschreibung zu Papier gebracht hatte, trieb eine zehnjährige obsessive Suche nach den Überresten des Artemistempels in Ephesos den englischen Archäologen J. T. Wood in den physischen und psychischen Zusammenbruch. Die Pyramiden haben bekanntlich eine beinahe hysterische Suche nach Gold, Göttern und kosmischer Erleuchtung ausgelöst. Und Überreste des großen Leuchtturms von Alexandria werden in unseren Tagen von Tauchern auf dem Boden des Mittelmeeres freigelegt.

Jedes der sieben Weltwunder der Antike war das Produkt eines einzigartigen architektonischen, technischen und künstlerischen Größenwahns. Die bloßen Dimensionen deuten darauf hin, daß ihre Erbauer des Protagoras anthropozentrische Anschauung, der Mensch sei das »Maß aller Dinge«, weit zu übertreffen suchten.

Um 130 v. Chr. stellte der griechische Dichter Antipater von Sidon eine Liste der Weltwunder zusammen, die weitgehend mit der unseren übereinstimmt. Doch schon zur Zeit des griechischen Historikers Herodot, im 5. Jahrhundert v. Chr., gab es eine Fülle von Berichten über die großartigen Bauwerke, die Reisende gesehen hatten, Sehenswürdigkeiten *(theamata)* von so imposanter Größe und Pracht, daß sie schließlich Wunder *(thaumata)* genannt wurden.

Die Große Pyramide des Cheops in Giza. Bis zum 19. Jahrhundert wurde kein Bauwerk mehr von Menschenhand errichtet, das auch nur annähernd so hoch war wie das Grabmal, das sich der Pharao Chufu bzw. Cheops aus der 4. Dynastie (um 2560 v. Chr.) errichten ließ. Für Herodot lagen die Pyramiden fast in einer ebenso fernen Vergangenheit wie Herodot für uns Heutige. Die höchste, die Große Pyramide, ist mit Abstand das älteste der Sieben Weltwunder und zugleich das einzige noch weitgehend unversehrte. Fast 4400 Jahre lang war diese Pyramide mit einer Höhe von 146,6 Metern (heute etwa 138,75 Metern) das höchste Bauwerk der Erde, nur knapp 7,5 Meter niedriger als das Hochhaus der Vereinten Nationen in New York. Welches Bauwerk des 20. Jahrhunderts wird wohl noch im Jahre 6560 stehen?

Beim Bau der Pyramide wurde zunächst eine Reihe abgestufter Schichten aus Stein gelegt. Dann wurden die Zwischenräume zwischen den Schichten mit weißem Kalkstein von den Hügeln östlich des heutigen Kairo gefüllt. Die schrägen Seiten der Pyramide, die die Strahlen des Sonnengottes Re, die an der Spitze entspringen und auf den Boden fallen, versinnbildlichen sollen, weisen einen Neigungswinkel von knapp unter 55° auf. Die Grundlinien an der Basis sind 230,4 Meter lang. Obgleich die ägyptischen Baumeister keine präzisen Vermessungsgeräte im heutigen Sinn besaßen, beträgt die Abweichung zwischen der kürzesten und der längsten Grundlinie weniger als 20 Zentimeter. Die Grundfläche mißt 53 000 Quadratmeter – eine Fläche, auf der ohne weiteres der Petersdom von Rom, die Dome von Florenz und Mailand, die Westminster Abbey und St. Paul's von London Platz finden würden.

Für die Große Pyramide wurden etwa 2,3 Millionen Granitblöcke, die durchschnittlich 2,5 Tonnen wiegen, verbaut. Die Blöcke mußten auf Rollen aus Baumstämmen und Schlitten transportiert werden, bevor sie über eine Rampe an die vorgesehene Stelle gezogen wurden, denn es sollte noch 2500 Jahre dauern, bis Flaschenzüge erfunden wurden.

Nach Darstellung des Historikers Diodorus Siculus (schrieb um 60–30 v. Chr.) sollen 360 000 Arbeiter beim Bau der Pyramide tätig gewesen sein, deren Fertigstellung zwanzig Jahre dauerte. Herodot schätzte, daß 100 000 Arbeiter benötigt wurden, und verzeichnete selbst die gewaltigen Summen, die es gekostet haben muß, die Arbeiter mit Rettichen, Zwiebeln und Lauch zu ernähren. Heute glauben die Wissenschaftler, daß die Pyramiden von je 500–1000 Handwerkern errichtet wurden, mit jeweils 5000–7000 Arbeitern, die für eine festgesetzte Zeit aus ganz Ägypten zu den Baustellen kamen. Anders als man früher glaubte, waren diese Arbeiter keine Sklaven. Ihre Behausungen, die in jüngster Zeit freigelegt wurden, gleichen Pyramiden im Kleinformat und weisen wie diese sogar kleine Scheintüren auf.

Der Eingang zur Großen Pyramide befand sich, gut getarnt, auf der Nordseite und war zum Polarstern hin ausgerichtet. Im Innern verzweigten sich mehrere Korridore; der längste, die Große Galerie, führte ansteigend ins Zentrum der Pyramide. Die Galerie, 46,7 Meter lang und 8,46 Meter hoch, ist ein durch Kragsteine gestütztes Gewölbe, das in der Baukunst des Alten Reiches einzigartig ist. Der Trauerzug mit dem Sarkophag des Cheops begab sich über diese Galerie zu seiner letzten Ruhestätte in der Sarkophagkammer (Königskammer). Über ihren Köpfen ruhten riesige Granitblöcke auf hölzernen Balken.

Die Königskammer war im Verhältnis 2:1 entworfen: 10,46 Meter lang und 5,23 Meter breit. Sie war 5,82 Meter hoch, und ihr Flachdach bestand aus neun riesigen Blöcken, die zusammen 400 Tonnen wogen. Nachdem der Trauerzug wieder hinuntergestiegen war, blieb eine Gruppe zurück, um die Balken, welche die Granitblöcke der Galerie stützten, wegzuziehen, so daß der Zugang zur Königskammer versperrt wurde. Die Arbeiter gelangten dann durch einen schmalen Schacht, der versteckt unter einem Stein an der Spitze der Großen Galerie begann und serpentinenförmig unter die Pyramide führte, ins Freie.

Trotz dieser Vorsichtsmaßregeln wurde die Große Pyramide binnen 250 Jahren nach ihrer Fertigstellung von Grabräubern geplündert. Allerdings fanden sie nicht alles. Im Jahr 1954 wurde die Sonnenbarke des Cheops auf der Südseite der Pyramide in einer luftdicht verschlossenen Grube unter 41 großen Kalksteinblöcken gefunden. Dieses über dreißig Meter lange Schiff war aus 1274 Holzstücken gefertigt, die ohne einen einzigen Metallnagel ineinandergefügt wurden. Die Barke, auf der möglicherweise der Leichnam des Cheops auf dem Nil zum Ort seiner Bestattung befördert wurde, ermöglichte es dem Pharao nach dem Glauben der alten Ägypter, mit dem Sonnengott über das Totenreich hinaus zu segeln.

Die Hängenden Gärten von Babylon. Sich auf ältere Quellen stützend, behauptete der römische Historiker Quintus Curtius Rufus (schrieb um die Mitte des 1. Jahrhunderts n. Chr.), die Bäume in den Hängenden Gärten hätten einen Umfang von 3,6 Metern und eine Höhe von 15 Metern gehabt. Der Bericht von diesem Wald aus turmhohen Bäumen und terrassenförmig angeordneten Dachgärten war bereits von den griechischen Dichtern überliefert worden, die ihn mit der Liebe eines Königs zu seiner Geliebten ausschmückten.

Die Hängenden Gärten waren angeblich das Werk von Nebukadnezar II. (herrschte von 605–562 v. Chr.), dem König von Babylonien, dessen mächtige Hauptstadt Babylon am Ufer des Euphrat im heutigen Irak lag. Er war der König, der 586 v. Chr. Jerusalem zerstören und die Juden in die babylonische Gefangenschaft abführen ließ. Dennoch hatte er offenbar eine sentimentale Ader, denn er soll die riesigen Gärten aus Bäumen, Blumen und Sträuchern für seine Gemahlin (oder Geliebte) Amytis angelegt haben, die sich nach der grünen Gebirgsregion ihrer Heimat, dem Land Medien (im Nordwestiran), sehnte.

Für Philo von Byzanz (spätes 3. Jahrhundert v. Chr.) war da faszinierendste Merkmal der Gärten, die innerhalb der Mauern des Königspalasts errichtet worden waren, daß sie auf Steinsäulen ruhten, so daß Spaziergänger unter dem Bauwerk schlendern

Semiramis ?

konnten, während Arbeiter über ihren Köpfen die Felder pflügten und bestellten. Er und einige andere Schriftsteller hinterließen ausführliche Berichte über die Hängenden Gärten (die »in der Luft zu hängen« schienen), wobei sie alles zur Sprache brachten: vom Boden und den Wurzelsystemen bis hin zur Bewässerungsmethode für die fünf landschaftlich gestalteten Ziegelsteinterrassen, die sich um jeweils 15 Meter überragten und durch Marmortreppen miteinander verbunden waren. Hydraulikfachleute behaupten heute, daß eine hölzerne Kolbenpumpe, die von einem Wasserrad angetrieben wurde, das Wasser des Euphrat auf eine Höhe von etwa dreihundert Metern hochgepumpt haben mußte, wo es auf der höchsten Terrasse in Zisternen gespeichert wurde.

Obgleich einige antike Berichte recht anschaulich sind, vermitteln sie bestenfalls Informationen aus zweiter Hand. Es gibt keine keilschriftliche Nachricht aus Babylon, die die Existenz solcher Gärten auch nur andeutete, geschweige denn eine Augenzeugenbeschreibung. Herodot, der ein Jahrhundert nachdem die Gärten erbaut worden sein sollen, lebte, beschreibt die Stadt Babylon, ohne dieses Weltwunder zu erwähnen.

Tatsächlich sind von den sieben Weltwundern vermutlich allein die Hängenden Gärten reine Legende. Doch die ausführlichen Beschreibungen fesseln einen noch immer. »Der Park erstreckte sich auf jeder Seite über 120 Meter, und da der Aufgang zu dem Garten hangartig geneigt war und die einzelnen Teile des Bauwerkes stufenartig voneinander abgesetzt waren, glich das Ganze in seinem Erscheinungsbild einem Theater«, schrieb Diodorus Siculus im Jahre 50 v. Chr.

Die Statue des Zeus in Olympia. »Obgleich der Tempel selbst sehr groß ist, wirft man dem Bildhauer vor, er habe sich nicht an die richtigen Proportionen gehalten. Er hat Zeus sitzend dargestellt, doch so, daß dessen Kopf beinahe die Decke berührt, so daß wir den Eindruck bekommen, Zeus würde den Tempel abdecken, wenn er aufstünde.« Der griechische Geograph Strabo (um 63 v. Chr. – 24 n. Chr.) spricht hier von dem stärksten Eindruck, den die Statue des Zeus am Austragungsort der Olympischen Spiele, die dem Gott geweiht waren, auf Besucher machte: massive, unbezwingbare Macht.

Der dorische Tempel des Zeus in Olympia (in Westgriechenland) wurde um 460 v. Chr. nach Plänen des Architekten Libon errichtet. Er sollte keine ständige Priesterschaft haben, vielmehr versammelte sich zur Halbzeit der Spiele (vgl. Frage 23) eine große Menschenmenge vor dem großen Altar außerhalb des Tempels, wo einhundert Rinder geschlachtet und dem Zeus als Brandopfer dargebracht wurden.

Die Bewohner von Olympia erteilten dem athenischen Bildhauer Phidias den Auftrag, das Standbild des Gottes zu formen. Dieser Schöpfer der grandiosen Skulpturen der Metopen, des Frieses und des Giebeldreiecks des Parthenons war wegen der erfundenen Beschuldigung, er habe Gold unterschlagen, das für die Statue der Athene im Parthenon-Tempel vorgesehen gewesen, aus Athen verbannt worden. In Olympia wurde die Statue aus Gold und Elfenbein, die er um 430 v. Chr. fertigstellte, auf einem Holz- oder Steinkern errichtet und hatte eine Höhe von 12 Metern, was einem vierstöckigen Gebäude entspricht. Zeus saß mit entblößter Brust auf einem hohen Thron aus Zedernholz, dessen Füße mit Bildern von thebanischen Kindern, die von der Sphinx gepackt worden waren, und mit geflügelten Figuren der Siegesgöttin (Nike) geschmückt waren. Sitzende Figuren der Sphinx – eines Ungeheuers mit Frauenkopf, Löwenkörper und Adlerschwingen – stützten die Armlehnen des Thrones. Auch Darstellungen von Apollon, Artemis und Niobe mit ihren erschlagenen Kindern dienten als Zierde.

Der griechische Reisende Pausanias (schrieb um 150 n. Chr.) schildert die Statue so: »Auf seinem Kopf trägt er einen gemeißelten Kranz aus Olivenzweigen. In seiner Rechten trägt er eine aus Elfenbein und Gold gefertigte Figur der Siegesgöttin … In seiner Linken hält er ein Szepter, das mit allen Arten von Metall eingelegt ist und auf dem ein Adler sitzt. Seine Sandalen und sein Gewand bestehen aus Gold, und seine Kleidung ist mit Tieren und Lilien verziert. Der Thron ist mit Gold, Edelsteinen, Ebenholz und Elfenbein geschmückt.« Der christliche Schriftsteller Klemens von Alexandria (um 150 – um 220 n. Chr.) erwähnt, daß die Worte »Pantarkes ist schön« in einen Finger des Zeus eingemeißelt waren. Pantarkes war der Sieger des Ringkampfs bei der 86. Olympiade (436 v. Chr.), und nach der Überlieferung war dies Phidias' Huldigung an seinen Geliebten. Nach einer anderen Überlieferung bat Phidias, nachdem er die Statue des Gottes vollendet hatte, Zeus um ein Zeichen dafür, daß er, Zeus, sein Meisterwerk gutheiße. Unmittelbar darauf sei ein Blitz in den Boden aus schwarzem Marmor gefahren.

Zeus saß mehr als 800 Jahre auf dem Thron in Olympia. Im Jahr 393 n. Chr. brachte der christliche Klerus den römischen Kaiser Theodosius I. dazu, den Tempel zu schließen und die Olympischen Spiele zu verbieten. Die Statue wurde in einen Palast in Konstantinopel geschafft, wo ein Brand im Jahre 462 sowohl den Palast als auch die Statue zerstörte. Der seines Kultes beraubte große Tempel in Olympia wurde durch Feuer, Überschwemmungen, Erdrutsche und Erdbeben zerstört.

Der Artemistempel in Ephesos. Eigentlich gab es zwei Altäre und einen Tempel und später zwei große Marmortempel, die nacheinander an derselben Stelle in Ephesos, einem florierenden griechischen Hafen in Ionien an der Westküste der heutigen Türkei, errichtet wurden und einstürzten. Das vierte Bauwerk (von den Archäologen »D« genannt) wurde in der Mitte des 6. Jahrhunderts begonnen, zum Teil finanziert von dem sagenhaft reichen König Krösus von Lydien. Die Architekten waren Chersiphron und sein Sohn Metagenes von Kreta, und einige der größten Künstler der Antike, darunter Phidias und Polyclitos, arbeiteten an der Ausschmückung des Tempels. Dieses Gebäude wurde von Herostratos niedergebrannt, einem Niemand, der durch die Zerstörung des Tempels erreichen wollte, daß sich die Nachwelt an seinen Namen erinnere – was ihm gelungen ist. Das Bauwerk wurde am 21. Juli 356 v. Chr. in Brand gesetzt, in derselben Nacht, in der angeblich Alexander (der Große) geboren wurde. Nach einer Legende, die anschließend aufkam, weilte Artemis in jener Nacht nicht in Ephesos, weil sie bei der Geburt des künftigen Eroberers Asiens Hilfe leistete.

Der spätklassische Tempel (mit der Bezeichnung »E«) wurde vermutlich um 350 v. Chr. begonnen und übernahm in Stil und Gestaltung viele Einzelheiten seiner Vorgänger. Bevor sich die Besucher dem Tempel näherten, verharrten sie eine Zeitlang in größerem Abstand im äußeren Hof, um das verzierte Giebeldreieck hoch oben zu bestaunen. Steinerne Amazonen säumten den Zugang, der den Blick auf einen Wald aus schimmernden Marmorsäulen freigab.

Marmorstufen umrahmten das Gebäude; die oberste Stufe führte auf eine Terrasse, die 79,25 Meter breit und 131 Meter lang war. Der Tempel selbst maß 54,85 mal 106,7 Meter. Wir wissen nicht, ob der Tempel vollständig mit Holzschindeln bedeckt war oder ob das Allerheiligste nach oben offen war. Im Tempelinnern wandelten die Besucher zwischen 127 ionischen Marmorsäulen, die 20 Meter hoch waren und auf rechteckigen, mit Skulpturen geschmückten Basen ruhten. Angeblich war jede Säule von einem anderen König gestiftet worden.

Die im Zentrum des Säulengangs gelegene *cella* des Tempels beherbergte vermutlich eine Kultstatue der Artemis, die in Ephesos eine asiatische Muttergottheit war, deren Gefolge aus Eunuchenpriestern bestand, und nicht die jungfräuliche Göttin der Jagd der Griechen. Diese Gottheit wurde mit mehreren Reihen von Brüsten – insgesamt über vierzig – dargestellt, so daß sie den Beinamen *Multimammia,* den ihr der heilige Hieronymus gab, voll und ganz verdiente.

»Groß ist die Artemis von Ephesos!« riefen die aufgebrachten Silberschmiede der Stadt, als der heilige Paulus auf seiner Missionsreise ihren Lebensunterhalt – die Herstellung kleiner Silberschreine für die Göttin – (Apg. 19, 23–40) bedrohte. Und doch stand der Artemistempel bis 262 n. Chr., als er von den Ostgoten verwüstet wurde. Im Jahre 401 wurden die Überreste des einst wunderschönen Bauwerks mit seinen schlanken, elegant kannelierten Säulen auf Geheiß des heiligen Johannes Chrysostomos zerstört.

Das Mausoleum von Halikarnassos. Dieses massive Gebäude aus weißem Marmor, das allen späteren großen Grabmälern den Namen gab, war das einzige Weltwunder, das auf Veranlassung einer Frau, Artemisia, der Gemahlin und Schwester von Mausolos, dem Satrapen von Karien (herrschte von 377–353 v. Chr.), erbaut worden ist. Sie liebte ihren Bruder-Gemahl dermaßen, daß sie angeblich seine Asche mit Wasser vermischte und trank, bevor sie das Mausoleum in Halikarnassos errichten ließ, einem Ort im Südwesten der heutigen Türkei.

Der Baumeister soll Pythius von Priene gewesen sein, vielleicht gemeinsam mit Satyrus von Paros. Die eigentümliche Form des Grabes verdankt sich möglicherweise dem Versuch, die architektonischen Merkmale von drei verschiedenen Kulturen – der lykischen, der griechischen und der ägyptischen – in einem dreistufigen rechteckigen Gebäude miteinander zu verknüpfen. An der Basis maß das Mausoleum 38,7 mal 30,4 Meter. Es war 42,6 Meter hoch (entsprechend heute etwa zehn bis dreizehn Stockwerken) und hatte drei Hauptteile: die Basis, ein gestufter Podiumsockel von 18,3 Metern Höhe; die mittlere Stufe, ein Säulengang aus 36 ionischen Säulen, die 11,45 Meter hoch waren; darüber ein mit Stufen versehenes Pyramidendach. Die 24 Stufen des Daches führten zu einer 6,85 Meter über dem Säulengang gelegenen Plattform, auf der, das gesamte Grabmal überragend, ein 6,1 Meter hoher vierspänniger Streitwagen stand, möglicherweise mit den Statuen von Mausolos und Artemisia. Die Grabkammer mit ihrem goldverzierten Sarkophag aus weißem Alabaster soll sich zwischen den Säulen auf dem Podiumsockel befunden haben.

Die Außenseite des Mausoleums war mit zahlreichen Friesen und lebens- bzw. überlebensgroßen Statuen von Menschen, Löwen, Pferden und anderen Tieren geschmückt. Mit der Verzierung der vier Seiten des Grabmals wurde angeblich jeweils ein anderer griechischer Bildhauer beauftragt: Scopas, Bryaxis, Timotheus und Leochares.

Das Grabmal blieb bis zum 13. Jahrhundert weitgehend unbeschädigt, dann stürzte es bei einem Erdbeben teilweise ein. Kurioserweise sind es diese tief in der Erde versunkenen Bruchstücke, die den größten Teil der Überreste des Bauwerkes ausmachen, die wir heute besitzen. Im 15. Jahrhundert wurden nämlich die Trümmer des Mausoleums von den Johannitern dazu benutzt, eine mächtige Burg zu errichten und später zu verstärken; sie benutzten das Grabmal als Steinbruch und zermahlten den Marmor der Skulpturen zu Kalk. Ein Dutzend Steinplatten aus einem Fries, auf dem die Amazonenschlacht dargestellt ist, wurden zusammen mit anderen Plastiken, etwa Löwendarstellungen, als Zier in die Burgmauern eingebaut.

Der Fries wurde 1846 aus den Mauern herausgebrochen und nach London ins Britische Museum verbracht, wo er einer der Glanzpunkte der Abteilung für altgriechische Plastik ist. Im Jahr 1857 machte der britische Altertumsforscher Charles T. Newton den genauen Standort des Mausoleums ausfindig, an dem er daraufhin zahlreiche Steinblöcke und Statuen ausgrub (einschließlich derer, die nach seiner Meinung Mausolos und Artemisia darstellen). Alle diese Objekte folgten dem Amazonenfries ins Britische Museum.

Der Koloß von Rhodos. Im Jahr 305 v. Chr. verhängten siebzigtausend Mazedonier unter Führung von Demetrius Poliorketes eine Belagerung über die blühende Inselstadt Rhodos. Als man im Jahr darauf zu einer Verständigung gelangte, hoben die Angreifer die Belagerung auf. Demetrius war von der Widerstandskraft der Rhodier derart beeindruckt, daß er seine Katapulte, Belagerungstürme und andere Kriegsmaschinen zurückließ. Die Rhodier verkauften das Kriegsgerät und errichteten von dem Erlös eine riesige Statue ihrer Schutzgottheit, des Sonnengottes Helios. Sie beauftragten Chares von Lindos (einer Stadt auf Rhodos) mit der Ausführung – er und seine Bronzegießer arbeiteten zwölf Jahre (von etwa 292–280 v. Chr.) daran. Die Bronze wurde im Innern der Statue durch riesige Steinblöcke und Eisenstangen verstärkt. Gebaut wurde von unten nach oben: Als die Füße fertiggestellt waren, wurde Erdreich um sie herum aufgeschüttet, so daß die Arbeiter die Knöchel formen konnten. In dem Maße, wie die Statue wuchs, waren die fertiggestellten Teile unter Erde begraben.

Das vollendete Werk erreichte eine Höhe von 33,52 Metern – mit Abstand die größte Statue der Antike. Zum Vergleich: Die Freiheitsstaue in New York, eine Art »Neuer Koloß«, ist 46,33 Meter hoch. Wir besitzen nur wenige verbürgte Nachrichten über das äußere Erscheinungsbild und den Standort des Kolosses, abgesehen davon, daß er nie mit gespreizten Beinen über der Einfahrt zu einem der Häfen von Rhodos stand (wie ihn später die Maler gern darstellten).

Nach der plausibelsten Vermutung war der Koloß eine nackte Statue des Sonnengottes, der mit der einen Hand eine Fackel hochhielt, während er in der anderen, an den Körper angelehnt, einen Speer hielt. Seine Beine waren dicht nebeneinander gestellt, um ihm eine säulenartige Stabilität zu verleihen.

Der Koloß stand nur etwas länger als 50 Jahre. Im Jahr 224 v. Chr. wurde Rhodos von einem starken Erdbeben heimgesucht, das schwere Schäden in der Stadt anrichtete und die Statue an ihrem schwächsten Punkt – den Knien – entzweibrechen ließ. Der ägyptische Herrscher Ptolemaios III. machte den Rhodiern das Angebot, die gesamten Instandsetzungskosten für die umgestürzte Statue zu übernehmen. Doch ein Orakelspruch untersagte ihnen das, und so blieb sie fast neunhundert Jahre lang an der Stelle liegen, wo sie umgefallen war – weitgehend unverändert in dem Zustand, in dem Plinius der Ältere sie vorgefunden hatte.

Im Jahr 653 n. Chr. fielen die Araber auf Rhodos ein. Sie zerlegten die Überreste des zerbrochenen Kolosses, verschifften sie nach Kleinasien und verkauften die Bronze an einen jüdischen Kaufmann aus Emesa in Syrien. Neunhundert Kamele sollen die Bruchstücke fortgetragen haben – keine Spur vom Koloß blieb erhalten.

Der Leuchtturm von Alexandria. Das jüngste der sieben Weltwunder war der erste architektonisch geplante Leuchtturm der Geschichte. Er erhielt seinen Namen Pharos von der kleinen Insel unweit der Mündung des Nils, auf der er erbaut wurde, und davon wiederum leiten sich die französischen, italienischen und spanischen Wörter für Leuchtturm ab: *phare, faro, faro.*

Pharos lag vor dem Hafen von Alexandria, der 332 v. Chr. von Alexander dem Großen unmittelbar nach der Eroberung Ägyptens gegründeten Stadt. Die Stadt vergrößerte sich rasch, und da die ägyptische Küste kaum Landmarken aufwies, ergab sich schon bald die dringende Notwendigkeit, Schiffe sicher in den Hafen zu leiten. Die Arbeiten an dem Leuchtturm begannen unter König Ptolemaios I. Soter, dem Jugendfreund Alexanders, der Ägypten von 305 bis 282 v. Chr. regierte. Er wurde um 280 v. Chr. unter seinem Sohn und Nachfolger, Ptolemaios II.

Philadelphos (284–246 v. Chr.), fertiggestellt. Entworfen (oder möglicherweise finanziert) hatte ihn Sostratos von Knidos.

Antike Münzen zeigen ein dreistufiges Gebäude mit rechteckigen Fenstern auf allen Seiten. Der Leuchtturm hatte drei Abschnitte: Der unterste war quadratisch, 55,9 Meter hoch mit einem zylindrischen Kern; der mittlere war achteckig, mit einer Höhe von 27,45 Metern; und der dritte, 7,3 Meter hoch, war zylindrisch und wurde von einem spiralförmigen Aufgang umlaufen. Auf der Spitze stand eine 4,9 Meter hohe Statue, möglicherweise Alexander den Großen oder König Ptolemaios I. als Sonnengott Helios darstellend.

Die Gesamthöhe einschließlich des Sockels betrug etwa 117 Meter, was einem heutigen Gebäude mit 35 Stockwerken entspricht. Nachts wurde ein Feuer aus harzigem Holz in der Basis des Pharos durch riesige Spiegel, vermutlich aus polierter Bronze, an der Spitze reflektiert. Das Leuchtfeuer soll noch 55 bis 70 Kilometer von der Küste entfernt sichtbar gewesen sein. Während des Tages reflektierten die Spiegel das Sonnenlicht und markierten so den Hafen für die Seeleute.

Der Pharos wurde bei einem Erdbeben im Jahre 956 n. Chr. beschädigt und durch weitere Erdbeben 1303 und 1323 in Trümmer gelegt. Eine Gruppe von Unterwasserarchäologen hat in jüngster Zeit auf dem Meeresboden um Pharos über 2500 Artefakte freigelegt, darunter fünfzehn riesige Granitblöcke, die möglicherweise vom Leuchtturm stammen und jeweils über dreißig Tonnen wiegen. Die Entdeckung zahlreicher Statuen, Sphingen, Obelisken und Säulen in unmittelbarer Nähe könnte zu einem neuen Verständnis des Pharos und der Rolle führen, die er möglicherweise als Teil eines städtischen oder religiösen Gebäudekomplexes spielte.

Die Sieben Weltwunder fesselten Betrachter wie Plinius durch ihre Größe und Majestät sowie die erhabene Leichtigkeit, mit der sie sich über die Möglichkeiten der menschlichen Phantasie und Technik hinwegzusetzen schienen. Sie versetzten den Betrachter in größtes Erstaunen allein wegen des Kontrastes in der Größenordnung zwischen Mensch und betrachtetem Objekt.

Es wird weiter heftig darüber diskutiert, auf welche Weise einige dieser architektonischen Meisterwerke erbaut worden sind. Bei anderen wissen wir, wie sie errichtet wurden und daß sie dem Einfallsreichtum einiger der hervorragendsten Architekten, Techniker und Bildhauer der damaligen Welt zu verdanken sind. Ihr Zerfall – abgesehen von den schier ewigen Pyramiden – gibt unserer Ehrfurcht eine neue Wendung, indem er uns mit Kräften konfrontiert, die noch titanischer sind als die Weltwunder selbst.

FRAGE 29

Was erschuf Gott an den 7 Schöpfungstagen?

- **Licht**
- **Himmel**
- **Land, Meer und Pflanzen**
- **Sonne, Mond und Sterne**
- **Seetiere und Vögel**
- **Landtiere und die Menschen**
- **die Ruhe**

Die 7 Tage der Schöpfung werden zu Beginn des Buches Genesis, des ersten Buches der Bibel, beschrieben. Obgleich in der altkirchlichen Überlieferung die Verfasserschaft des Buches Genesis Mose, dem Anführer und Gesetzgeber der Juden während ihres Auszugs aus der Sklaverei in Ägypten, zugeschrieben wird, ist es in Wirklichkeit das Werk mehrerer Autoren.

Das Buch Genesis über die Schöpfung ist weder eine historische Chronik noch eine naturwissenschaftliche Erklärung des Ursprungs der Welt – eine Tatsache, die sogar schon im 5. Jahrhundert von Augustinus anerkannt wurde, der darauf hinwies, daß einige Beschreibungen im Buch Genesis nicht dem naturwissenschaftlichen Wissensstand seiner Zeit entsprächen. Dennoch finden noch immer viele Juden und Christen in dem biblischen Bericht von den sieben Tagen der Schöpfung tiefe Wahrheiten über Gott, die materielle Welt und den Menschen.

Das Buch Genesis enthält *zwei* Schöpfungsdarstellungen. Die erste, die in Genesis Kapitel 1 beginnt und die Schöpfungswerke der sieben Tage beschreibt, ist ein viel jüngerer Text als die Version des sogenannten Jahwisten (J), die in Kapitel 2, Vers 4b beginnt. Der J-Text scheint Kapitel 1 zu widersprechen, da er behauptetet, Pflanzen, Landtiere und Vögel seien *nach* Adam erschaffen worden.

Als Gott (in Genesis 1) Himmel und Erde schuf, ist letztere zunächst »wüst und wirr«, und »Finsternis lag über der Urflut«. Dies scheint auf eine Art chaotisch-undifferenzierte Urmaterie zu verweisen, der Gott im weiteren Verlauf seine kosmische Ordnung auferlegt. Sein erstes Werk im Anschluß daran besteht darin, das **Licht** zu erschaffen (das ordnungsstiftende Prinzip schlechthin), es von der Finsternis zu scheiden und das Licht *Tag* und die Finsternis *Nacht* zu nennen: »Es wurde Abend, und es wurde Morgen: erster Tag.« Nun beginnt ein Refrain die Erzählung zu durchziehen: »Gott sah, daß es gut war.« Dieser Refrain bezieht sich auf die verschiedenen Schöpfungswerke, die Gott am Ende seiner Schöpfungsarbeit – am sechsten Tag – in einem zusammenfassenden Urteil schließlich in ihrer Gesamtheit als »sehr gut« beurteilt.

Am zweiten Tag wirkte Gott die Erschaffung des **Himmels**: »Dann sprach Gott: Ein Gewölbe entstehe mitten im Wasser und scheide Wasser von Wasser … und Gott nannte das Gewölbe Himmel.« Der biblische Verfasser brachte hier seine Auffassung zum Ausdruck, daß Gott ein Gewölbe bzw. eine Halbkugel zwischen dem Urgewässer, das nunmehr Teil des Himmels ist (und der Erde den Regen spendet), und den verschiedenen Gewässern einfügt, die auf der Erde selbst bleiben.

Als nächstes werden **Land**, **Meer und Pflanzen** erschaffen: »Dann sprach Gott: Das Wasser unterhalb des Himmels sammle sich an einem Ort, damit das Trockene sichtbar werde … Das Trockene nannte Gott Land, und das angesammelte Wasser nannte er Meer … Dann sprach Gott: Das Land lasse junges Grün wachsen, alle Arten von Pflanzen, die Samen tragen, und von Bäumen, die auf der Erde Früchte bringen mit ihrem Samen darin.« Am dritten Tag wird das Land erschaffen und vom Wasser unter dem Gewölbe geschieden. Nachdem Licht, Wasser und Land zur Verfügung stehen, können Pflanzen entstehen.

Erst am vierten Tag bevölkerte Gott den Himmel mit **Sonne, Mond und Sternen**: »Gott machte die beiden großen Lichter, das größere, das über den Tag herrscht, das kleinere, das über die Nacht herrscht, auch die Sterne.« Man beachte, daß Sonne und Mond im Bibeltext nicht genannt werden, weil sie von Nachbarvölkern der Israeliten als Götter verehrt wurden. Viele Skeptiker haben die Frage gestellt, wie es möglich sei, daß das Licht (siehe oben) drei Tage vor der Sonne erschaffen wurde.

Die Erschaffung von **Seetieren und Vögeln** folgte am fünften Tag: »Dann sprach Gott: Das Wasser wimmle von lebendigen Wesen, und Vögel sollen über dem Land am Himmelsgewölbe dahinfliegen … Gott segnete sie und sprach: Seid fruchtbar und vermehrt euch, und bevölkert das Wasser im Meer, und die Vögel sollen sich auf dem Land vermehren.«

Zuletzt schuf Gott die **Landtiere und die Menschen**: »Gott machte alle Arten von Tieren des Feldes, alle Arten von Vieh und alle Arten von Kriechtieren auf dem Erdboden … Dann sprach Gott: Laßt uns Menschen machen als unser Abbild, uns ähnlich. Sie sollen herrschen über die Fische des Meeres, über die Vögel des Himmels, über das Vieh, über die ganze Erde und über alle Kriechtiere auf dem Land.«

In diesem ersten Bericht des Buches Genesis erschuf Gott die Menschen zuletzt – »Als Mann und Frau schuf er sie« –, was darauf hindeuten soll, daß sie die Krone seines Schöpfungswerkes seien. Er stattete sie mit einer besonderen Würde aus, indem er sie zu unumschränkten Herrschern über die Erde und über alle Lebewesen auf ihr machte, und er gebot ihnen auch, wie den Tieren, fruchtbar zu sein und sich zu vermehren. Doch was bedeutet die Aussage, der Mensch sei als Abbild Gottes und ihm ähnlich geschaffen worden? Ist damit die Tatsache gemeint, daß der Mensch im Unterschied zum Tier eine Seele, Vernunft und Willensfreiheit besitzt, oder stellte sich der biblische Verfasser Gott einfach anthropomorph als sein Ebenbild vor?

Die **Ruhe** ist das Thema des siebten Tages: »Und Gott segnete den siebten Tag und erklärte ihn für heilig; denn an ihm ruhte

Gott, nachdem er das ganze Werk der Schöpfung vollendet hatte.« Gott liefert so das Vorbild für die Siebentagewoche der Juden, deren Gesetz sechs Tage Arbeit verlangt, gefolgt von einem heiligen Sabbat der Ruhe, des Gottesdienstes, des Gebets und religiöser Studien.

Der Einzug des Bösen, der Sünde und des Todes in Gottes »sehr gute« Schöpfung wird in der Geschichte vom Fall des Menschen in der jahwistischen Darstellung in Genesis 2–3 beschrieben. In dieser Fassung, die der von Kapitel 1 um mehrere Jahrhunderte vorausgeht, formte Gott einen Menschen, Adam, aus Erde vom Ackerboden und setzte ihn in den Garten Eden, damit er ihn bestellte.

In Eden gedeiht eine Fülle verschiedenster Obstbäume einschließlich des Baumes der Erkenntnis des Guten und Bösen, von dem Adam auf Gottes Geheiß nicht essen, ja den er nicht einmal berühren darf. Nachdem Gott die wilden Tiere und die Vögel erschaffen hat, denen Adam Namen gab, formt er aus der Rippe Adams eine Frau, Eva. Diese erliegt sogleich der Versuchung einer hinterhältigen Schlange, die sie mit List verführt:

> Des Menschen erste Widersetzlichkeit
> Und jenes untersagten Baumes Frucht,
> Die dieser Welt durch sterblichen Genuß
> Den Tod gebracht und unser ganzes Leid
> Mit Edens Fall …
>
> Milton, *Paradise Lost,* 1, 1–4

Auch der Eva treu ergebene Adam kostet davon. Die Erkenntnis, die sie erlangen, läßt sie voller Scham ihrer Nacktheit inne werden, worauf sie sich einen Lendenschurz aus Feigenblättern machen. Gott verurteilt die Frau daraufhin zu Schmerzen bei der Geburt und Verlangen nach ihrem Mann, der fortan über sie herrschen wird. »Der Gebieter« muß von nun an sein Brot im Schweiße seines Angesichts essen. Adam erfährt, daß er sterben muß und daß seine Sünde des Ungehorsams ihn eines Großteils seiner früheren Würde beraubt: »Denn Staub bist du, zum Staub mußt du zurück.«

Christen, die die sieben Tage der Genesis allzu genau mit den Zeitaltern der Evolution des Lebens auf der Erde in Einklang bringen möchten (die in den USA so genannten Kreationisten), berufen sich gelegentlich auf 2 Petrus 3, 8: »Ein Tag beim Herrn ist wie tausend Jahre.« Doch alle Versuche, biblische und naturwissenschaftliche Zeit zur Deckung zu bringen, sind durch die Ermahnung des heiligen Paulus »Der Buchstabe tötet, doch der Geist schenkt das Leben« zum Scheitern verurteilt.

FRAGE 30

Wie hießen die 7 Hügel des alten Rom?

- **Palatin**
- **Capitol**
- **Quirinal**
- **Viminal**
- **Esquilin**
- **Caelius**
- **Aventin**

Für die Siedler im zweiten Jahrtausend v. Chr. waren einige dieser sieben Hügel, zwischen 30 und 45 Meter hoch und unmittelbar östlich des Tibers und in der Nähe einer Furt (eines Flußübergangs) gelegen, leicht zu verteidigende Wohnstätten. Viel später wurden die Hügel der Ewigen Stadt von der Servianischen Mauer (378 v. Chr.) umschlossen, die fälschlicherweise Servius Tullius, Roms sechstem König (6. Jahrhundert v. Chr.), zugeschrieben wurde.

Der **Palatin**, das Zentrum der sieben Hügel, hat seinen Namen vermutlich von Pales, einer Gottheit unbestimmten Geschlechts, die Hirten und Herden beschützte. Der Palatin wird nach der Überlieferung als Ort der ältesten römischen Siedlung angesehen. Romulus und Remus sollen ein Vogelorakel dazu befragt haben, wer von ihnen beiden König der neuen Stadt sein und ihr den

Namen geben sollte. Remus sah vom Aventin aus als erster ein Zeichen am Himmel – sechs Geier –, doch unmittelbar darauf sah Romulus vom Palatin aus zwölf Vögel. In dem darauffolgenden Streit, ob die erste oder die größere Zahl den Ausschlag geben sollte, wurde Remus von Romulus erschlagen. Romulus gründete am 21. April 753 v. Chr. seine Stadt (dieses Datum ist nicht gesichert) und gab ihr den Namen *Roma*.

Viele Jahrhunderte später, nachdem die Villa des Augustus auf dem Palatin vergrößert worden war, wurde sie zum ersten prachtvollen Wohnsitz *(palatium)* der Kaiser an diesem Ort (in einigen Sprachen geht das Wort für »Palast« darauf zurück).

Alle Kapitole genannten Gebäude sind nach dem **Capitol** (wohl von lateinisch *caput,* »Haupt« oder »Spitze«) bezeichnet, dem religiösen und politischen Zentrum des antiken Rom. Auf dem einen seiner beiden Gipfel(plateaus) stand der gewaltige Tempel des Jupiter Optimus Maximus (»Jupiter, der Beste und Größte«), der angeblich im ersten Jahr der römischen Republik (509 v. Chr.) eingeweiht wurde. Jupiter war der Hauptgott der Römer. Sein Tempel maß ungefähr 60 Meter mal 60 Meter, und einhundert Stufen führten hinauf zu seinen bronzenen Toren. Römische Beamte brachten hier bei ihrem Amtsantritt Opfer dar, auch siegreiche Feldherren, denen der römische Staat Triumphzüge gewährte. Der Tempel ist mehrfach durch Feuer zerstört und wieder aufgebaut worden.

Auf dem anderen Gipfel(plateau) des Capitols erhob sich die *Arx*, die römische »Akropolis« – also eine Zitadelle (oder Fliehburg) für die Bewohner in Kriegszeiten. Auf einem dritten stand der Tempel der *Juno Moneta*, der Juno (= Gemahlin des Jupiter) als »Mahnerin«. Da hier die Münze von Rom untergebracht war, ging aus *Moneta* das Wort *Moneten*, französisch *monnaie,* englisch *money* (»Geld«) hervor, natürlich auch das Adjektiv *monetarisch*, *monetary* usw.

Das Capitol diente in der Antike auch noch einem anderen Zweck: Verräter und Mörder wurden hier von einem Steilhang, dem Tarpejischen Felsen, in die Tiefe gestürzt. Sehr viel angenehmer verfuhr man später mit Petrarca, der 1341 auf dem Capitol zum *Poeta laureatus* gekrönt wurde. Den Platz auf dem heutigen

Capitol entwarf 1536 Michelangelo. Einer der drei *palazzi* auf diesem Platz ist das (heutige) Rathaus von Rom, die beiden anderen enthalten das besuchenswerte Kapitolinische Museum, u.a. mit dem berühmten Reiterstandbild des Mark Aurel.

Der **Quirinal**, der nördlichste Hügel des alten Rom, wurde gemäß der Überlieferung von den Sabinern bewohnt und nach Cures benannt, der Stadt, aus der die Sabiner angeblich nach Rom gezogen sein sollen. Oder wurde der Hügel nach Quirinus benannt, dem sabinischen Kriegsgott, der schließlich mit dem vergöttlichten Romulus gleichgesetzt wurde? Welche etymologische Herleitung auch immer die richtige ist: Die Einwohner Roms in der Antike wurden bei offiziellen Ansprachen jedenfalls als »Quirites« bezeichnet, offenbar um ihrer frühen Vermischung mit den Sabinern zu gedenken, die nach dem Ende des durch die Entführung (»Raub«) der Sabinerinnen ausgelösten Waffengangs erfolgte. Im späten 16. Jahrhundert ließ Papst Gregor XIII. auf diesem Hügel den Quirinalspalast als Sommerresidenz der Päpste bauen, 1870 wurde dieser Palast zum Sitz des Königs von Italien, heute residiert darin der italienische Staatspräsident.

Der **Viminal** wurde nach einem Wäldchen aus Weiden, lateinisch *vimina,* benannt, die dort wuchsen. Er spielte in der Geschichte der Stadt Rom keine besonders bedeutende Rolle.

Der Name **Esquilin** leitet sich offenbar von lateinisch *excolere,* »das Feld bestellen«, ab. Hier befanden sich einmal Villa und Gärten des bekannten Förderers der altrömischen Literatur, Maecenas, der Dichter wie Vergil, Horaz und Properz unterstützt hat. Neros riesiges *Domus Aurea* (Goldenes Haus) wurde später auf dem Esquilin errichtet (und gleich nach seinem Tod wieder abgerissen). Zu »Füßen« des Esquilin steht das Kolosseum.

Der **Caelius** wurde nach Caelius Vibenna benannt, einem Etrusker, der einem römischen König Beistand leistete. Sein etruskischer Name lautete pittoresker: Kaile Fipne. Der Caelius wird heute Lateranhügel genannt.

Der **Aventin**, auf dem ein Dianatempel stand, wurde nach Aventinus, einem dort begrabenen König, benannt. Der südlichste dieser sieben Hügel wurde 456 v. Chr. den römischen Plebejern als Siedlungsgebiet gewährt und blieb ein Bollwerk des Proletariats, auch wenn man dort heute eher vornehme Wohnhäuser findet.

Da ein Hügel nicht von selbst verschwindet, gibt es die 7 Hügel der Antike heute immer noch in Rom. Ihre italienischen Namen sind: Palatino, Campidoglio, Quirinale, Viminale, Esquilino, Celio und Aventino.

FRAGE 31

Welches waren die 7 freien Künste an den Universitäten des Mittelalters?

- **Grammatik**
- **Rhetorik**
- **Logik (diese drei bildeten das sogenannte Trivium)**
- **Arithmetik**
- **Geometrie**
- **Musik**
- **Astronomie (diese vier bildeten das sogenannte Quadrivium)**

Die sieben freien Künste waren Zweige der Gelehrsamkeit, deren Studium den *liberi*, »freien Männern«, geziemte. Diese Künste – die manchmal auch die sieben Wissenschaften genannt werden – bildeten die Grundlage der Bildung in den Dom- und Klosterschulen und später den Universitäten des Mittelalters. Die katholische Kirche blieb lange Zeit gespalten in der Frage, ob die »heidnische Gelehrsamkeit«, wie sie in den sieben Künsten verkörpert war, übernommen oder verworfen werden sollte. Schließlich einigte man sich darauf, »die Ägypter ihres Goldes zu berauben«, d.h. das Wissen der alten Griechen und Römer für die eigenen Zwecke der Kirche einzusetzen, so wie die Israeliten in Exodus (12, 35–36) mit dem Gold ihrer heidnischen Herren aus Ägypten ausgezogen waren.

Im späten 12. und 13. Jahrhundert erhielt ein Mann, der an

einer Universität das Trivium aus lateinischer Grammatik, Rhetorik (lateinische Literatur) und aristotelischer Logik studiert hatte, den Bakkalaureus-Grad. Wer sich anschließend durch das Quadrivium mühte, erhielt den Magister-Grad (*Magister Artium*, »Lehrer der Künste«), der es ihm erlaubte, zu unterrichten (ein *Magister* war also ein Schullehrer). Beharrliche Gemüter, die ihre Studien fortsetzen wollten, konnten sich spezialisieren und Theologie an einer Universität wie Paris, bürgerliches oder kanonisches Recht in Bologna oder Medizin in Salerno studieren. Die Absolventen erhielten in ihrem Studienfach den Doktortitel. Einige dieser Männer entschieden sich dafür, an einer Universität zu unterrichten (*doctor* bedeutete Professor), während andere eine Laufbahn als Prälat, Jurist oder Mediziner einschlugen.

Wo hat diese Gruppierung der sieben freien Künste ihren Ursprung? Im 7. Buch seiner *Politeia* bezog Platon (um 429–347 v. Chr.) in die Ausbildung der herrschenden Elite die Studien ein, die später *artes liberales* genannt wurden. Mehrere Jahrhunderte später legte der römische Enzyklopädist Varro (116–27 v. Chr.) in seinem Werk *Disciplinas* eine systematische Abhandlung über die Künste (einschließlich Architektur und Medizin) vor. Augustinus (354–430 n. Chr.), der vor seiner Bekehrung zum christlichen Glauben Professor für Rhetorik war, schrieb Bücher über Grammatik, Rhetorik, Logik und Musik – Teile eines enzyklopädischen Werkes über die freien Künste, das nach dem Vorbild von Varros Buch gestaltet war.

Ein weiterer von Varro beeinflußter Schriftsteller war der im 5. Jahrhundert wirkende Neuplatoniker Martianus Capella. Er verfaßt *Die Hochzeit von Merkur und Philologie*, ein langes allegorisches Werk aus lateinischer Prosa und Poesie, in dem Merkur, der Gott der Beredsamkeit, die gelehrte Dame Philologia (»die Lehre von den Wörtern«) heiratet. Jede der sieben Mägde von Philologie steht für eine der freien Künste und ergeht sich in einer endlosen Lobrede auf ihre besonderen Vorzüge. Spätere Schriftsteller, die einflußreiche Werke über die sieben Künste verfaßten, waren unter anderem Cassiodorus (um 490–583 n. Chr.) und Isidor von Sevilla (um 570–636 n. Chr.).

Was war an den sieben Künsten so Besonderes? Beginnen wir

mit dem **Trivium**. Im Mittelalter galt es als der »dreifache Weg« zur Beherrschung der sprachlichen und Denkfähigkeiten, die erforderlich sind, um sich ins Studium der Bibel, der Theologie und der lateinischen Klassiker zu vertiefen – oder um eine bewegende Predigt zu halten. Im Trivium erwarben die Studenten solide Grundkenntnisse

- im Lesen, Schreiben und Sprechen des Lateinischen,
- in den Redefiguren und erzählerischen Strategien zur ästhetischen Ausschmückung ihres Sprachgebrauchs (»die bittere Pille mit Zuckerüberzug«),
- im logischen Denken, damit sie ein Argument präzise darlegen, entwickeln, es mit Beweisen oder Beispielen erhärten und Gegenargumente widerlegen konnten.

Gewiß hatte das Trivium keine große Bedeutung für »die reale Welt« und wurde so später leicht zur Zielscheibe des Spottes für Rabelais und seinesgleichen. Doch ohne die sprachlichen und analytischen Fähigkeiten, die von den mittelalterlichen Gelehrten geradezu obsessiv gepflegt wurden, wären die Errungenschaften der naturwissenschaftlichen Revolution, die in der Mitte des 17. Jahrhunderts beginnt, möglicherweise später eingetreten oder Totgeburten gewesen.

Im Mittelalter lernten die Studenten die Anfangsgründe der lateinischen **Grammatik** für gewöhnlich aus einem im 4. Jahrhundert geschriebenen Text des Donatus. Fortgeschrittene wandten sich der umfangreicheren Grammatik des Priscianus zu (schrieb um 500 n. Chr.), die eine ausführliche Anthologie römischer Autoren enthielt. Dieses Buch wurde zum Synonym für die lateinische Grammatik, so daß die Redewendung »dem Priscianus den Schädel einschlagen« soviel bedeutete, wie einen ungeheuerlichen Fehler im Lateinischen zu machen. In der *Göttlichen Komödie* versetzt Dante Donatus ins Paradies und Priscianus in die Hölle, worin eine Zwiespältigkeit gegenüber Grammatikern zum Ausdruck kommt, die viele von uns noch heute teilen.

Das Wort **Rhetorik** hatte nicht immer einen abschätzigen Beiklang. Was Cicero die »Königin der Künste« nannte, war ein unschätzbares Instrument für die wirkungsvolle und elegante Darbietung von Gedanken in öffentlicher Rede, Poesie und Prosa. Die Rhetorik zielte darauf ab, zu belehren, zu gefallen und, vor allem, die Zuhörer (etwa in der Volksversammlung) dazu zu bringen, eine bestimmte Handlungsweise anzunehmen oder aufzugeben. Ihre drei Hauptkategorien waren 1. Anordnung bzw. Gliederung, 2. Ausschmückung oder Abkürzung von Stellen aus klassischen Werken zu einem bestimmten Thema, um es für die eigenen Absichten maßzuschneidern, und 3. der Stil und seine Verzierung, etwa die Redefiguren.

In der Antike waren die *Rhetorik* des Aristoteles und die *Institutionis oratoriae libri XII* (um 95 n. Chr.) des römischen Rhetoriklehrers Quintilian, der auch Werke über die anderen sechs freien Künste schrieb, klassische Abhandlungen. Im Mittelalter hatten Studenten der Rhetorik eine besondere Vorliebe für *De oratore* von Cicero, die *Rhetorica ad Herennium* (fälschlicherweise Cicero zugeschrieben) und die *Ars Poetica* des Horaz. Die Rhetorik, das »kostbarste Geschenk der Götter« (Quintilian), blieb bis weit ins 20. Jahrhundert hinein ein Pflichtfach an den Schulen der Jesuiten.

Die Namen der rhetorischen Figuren stellen noch immer eine einzigartige Gelegenheit dar, mit seiner Gelehrsamkeit und vornehmen klassischen Bildung zu glänzen:

- *Aposiopese:* der plötzliche Abbruch der Rede: »Von all den schönen Sachen – ich werde dir gleich auf die Finger klopfen, Hans!«
- *Katachrese:* eine nichtzusammenpassende Metapher, Bildbruch: »Das eigentliche Herz des zentralen Nevensystems ist natürlich das Gehirn.«
- *Litotes:* bewußte Untertreibung durch Verneinung des Gegenteils: »Nicht schlecht, diese Sixtinische Kapelle.«
- *Paronomasie:* Zusammenstellung lautlich ähnlicher Wörter.
- *Synekdoche:* ein Teil für das Ganze oder das Ganze für einen Teil: »Monika lernte alle ... Listen auswendig – was für ein kluger Kopf sie doch ist!«

Zu den diskursiven Taktiken, die die Rhetoriker im Laufe der Zeit entwickelt haben, gehört folgender Ratschlag des griechischen Sophisten Gorgias (um 483 – um 376 n. Chr.): »Du solltest den Ernst deiner Widersacher durch Scherze zerstören und ihre Scherze durch Ernst.« Man beachte, daß diese Zorn erregende Taktik seine Lebensspanne nicht verkürzt hat.

Während die Rhetorik durch den Appell an Gefühle zu überzeugen versucht, überzeugt die **Logik** durch Vernunft. Wie man Haarspalterei treibt, lernten Tausende von mittelalterlichen Denkern aus lateinischen Übersetzungen von Aristoteles' unergründlichen Werken über Logik – unter anderem der besonders öden *Zweite Analytik* –, die in ihrer Gesamtheit als *Organon* (»Werkzeug« oder »Instrument« der Untersuchung) bezeichnet werden. Der Autor des Buches *De consolatione philosophiae* (»Vom Trost der Philosophie«), Boethius (um 480–524 v. Chr.), »der letzte Römer und erste Scholastiker«, übersetzte des Aristoteles Werke über Logik ins Lateinische und verfaßte eigene Schriften auf diesem Gebiet. Diese wurden zusammen mit anderen lateinischen Übersetzungen der logischen Abhandlungen des Aristoteles und zahllosen arabischen Kommentaren darüber zum Standardrepertoire der scholastischen Philosophie.

Die selbstgesetzte Aufgabe dieser »Schulgelehrten« bestand darin, die geoffenbarten Wahrheiten des Christentums mit der aristotelischen Logik und Wissenschaft in Einklang zu bringen, wobei sie oft durch akrobatische Argumentationskünste zu beweisen suchten, daß »ja« eigentlich »nein« meinte. (Tatsächlich trägt eines von Petrus Abälards bedeutendsten Büchern den Titel *Sic et Non* – »Ja und Nein«.) Diese Neigung war nicht auf das Christentum beschränkt: Zu den leidenschaftlichen Aristotelikern des Mittelalters gehörten auch der jüdische Gelehrte Moses Maimonides und, neben vielen anderen islamischen Denkern, Avicenna und Averroës (vgl. Frage 61).

Die Bemühungen verfolgten ein edles Ziel: Wenn man beweisen konnte, daß die Hauptdogmen eines religiösen Bekenntnisses mit der »Wissenschaft« (die damals von der Philosophie des Aristoteles verkörpert wurde) in Einklang standen, dann war die Religion keine bloße Sache des Glaubens oder der Meinung, sondern ein beweisbares System von Wahrheiten. Daher könnte nur ein Dummkopf an ihren Behauptungen zweifeln, denn diese wären genauso wahr wie die Lehrsätze der Geometrie – für diejenigen, die wüßten, »wie man Beweise durchführt«. Im 13. Jahrhundert hätte die intellektuelle Verabsolutierung der aristotelischen Logik beinahe dazu geführt, daß das Studium des lateinischen humanistischen Schrifttums von den Universitäten verbannt worden wäre.

Das **Quadrivium** war der »vierfältige Weg« zum Wissen – hauptsächlich mathematischem Wissen, da Musik und Astronomie als angewandte Mathematik angesehen wurden. Boethius schrieb Lehrbücher über die Künste des Quadriviums, ein Wort, das offenbar von ihm geprägt worden ist. Sein grundlegendes Werk über **Arithmetik** wurde zu einem Standardlehrbuch in den mittelalterlichen Schulen. Obgleich es eher pythagoreisch-platonisch war (sich also mit der Philosophie der Zahlen befaßte) und wenig konkrete Rechenverfahren enthielt, vermittelte es praktische Kenntnisse, die sich auf den Kalender bezogen. Da zum Rechnen noch immer die unhandlichen römischen Ziffern verwendet wurden, schrieb Beda Venerabilis (673–735 n. Chr.) ein nützliches Werk, in dem er darlegte, wie man Summen mit den Fingern berechnen kann. Erst 1202 führte Leonardo Fibonacci arabische Ziffern (die eigentlich indischen Ursprungs sind) in Europa ein.

Über den Pforten der Platonischen Akademie in Athen stand geschrieben: »Laßt niemanden herein, der nichts von Geometrie versteht.« Platon hielt die **Geometrie** nicht für eine der praktischen Künste – die er verachtete –, sondern für ein abstraktes Studienfach, das es den Studenten ermöglichen sollte, Beziehungen zwischen idealen Formen zu verstehen. Die unveränderlichen Einheiten der Geometrie gestatteten einen flüchtigen Blick in eine vollkommene Welt der ewigen Ideen – des Guten, Wahren, Schönen und Gerechten. Doch der bei weitem einflußreichste Autor auf dem Gebiet der Geometrie war Euklid (er wirkte um 300 v. Chr.). Der vollständige Text seiner *Stoicheia* (»Anfangsgründe«) wurde für die Scholastiker erst verfügbar, nachdem sie zu Beginn des 12. Jahrhunderts ins Lateinische übersetzt worden waren.

Boethius (oder ein späterer Schriftsteller) verfaßte eine elementare Abhandlung über **Musik**, die lange ein Standardwerk in Oxford und Cambridge war. Das Studium der Musik beinhaltete praktischen Unterricht im Choralgesang und andere liturgische Anwendungen sowie theoretische Arbeiten über die mathematischen Grundlagen der Musik, die letztlich auf die Pythagoreer zurückgingen. Im 11. Jahrhundert erarbeitete ein italienischer Mönch, Guido d'Arezzo, ein erstes System der musikalischen Notenschrift. Wir verdanken Guido auch die Bezeichnungen *re, mi, fa, sol* und *la,* die zusammen mit dem Vorläufer *do (ut)* den ersten Silben der sechs Halbzeilen eines lateinischen Lobliedes auf Johannes den Täufer entnommen sind.

Der unermüdliche Boethius schrieb auch ein lateinisches Sammelwerk auf der Grundlage der griechischen **Astronomie**, hauptsächlich des *Megale syntaxis* (auch *Almagest* genannt, aus dem 2. Jahrhundert n. Chr.) von Ptolemäus. Der erst im 12. Jahrhundert vollständig ins Lateinische übertragene *Almagest* wurde dazu benutzt, die Bewegung der Himmelskörper zu verfolgen und die Positionen von über tausend Sternen zu bestimmen. In der Mitte des 13. Jahrhunderts verfaßte Johannes de Sacro Bosco einen Kommentar zum *Almagest,* der für fast vierhundert Jahre die grundlegende Einführung in die Astronomie blieb. Das Ptolemäische Weltsystem, das die Erde in den Mittelpunkt des Weltalls stellte, wurde zu *dem* offiziellen, von der Kirche sanktionierten Weltsystem.

Die große Synthese, die Thomas von Aquin in seiner *Summa Theologica* versucht hatte – die Versöhnung von griechischer Wissenschaft und christlicher Theologie –, wurde auch auf die Astronomie ausgedehnt. Hier ging die Integration der heidnischen Wissenschaft in die christliche Metaphysik mit einer Harmonisierung zwischen der Aristotelischen Theorie des Firmaments, Ptolemäus' harten astronomischen Daten und der überkommenen Lehre der Kirche einher. Ptolemäus schrieb außerdem über Astrologie, die viele Gelehrte in der Antike und im Mittelalter als angewandte Astronomie erachteten.

Unser Wort *trivial,* das erstmals für das Jahr 1589 bezeugt ist, bedeutete ursprünglich »Gemeinplatz, die Art von Gegenstand, den man auf der Straße antrifft« – genauer gesagt an einem *trivium* bzw. an einer Kreuzung. Zu jener Zeit hielten die meisten humanistischen Denker das alte Bildungssystem der sieben freien Künste mit seiner Betonung der aristotelischen Logik für in hohem Maße trivial.

FRAGE 32

Welche 7 Arten von Dreiecken gibt es?

- **Gleichseitig**
- **Gleichschenklig**
- **Ungleichseitig**
- **Rechtwinklig**
- **Spitzwinklig**
- **Stumpfwinklig**
- **Schiefwinklig**

Dreiecke werden nach der relativen Länge ihrer Seiten und ihren Winkelmaßen eingeteilt. Diese beiden Kriterien sorgen für gewisse Überschneidungen bei den sieben Arten von Dreiecken, die oben aufgeführt sind.

Betrachten wir zunächst die Dreiecke, die nach der Länge ihrer Seiten benannt sind. Ein **gleichseitiges** Dreieck besitzt, wie schon sein Name sagt, drei Seiten derselben Länge. Die diesen Seiten gegenüberliegenden Winkel sind ebenfalls gleich. Gleichseitige Dreiecke werden auch regelmäßige Dreiecke genannt. Ein **gleichschenkliges** Dreieck besitzt mindestens zwei gleichlange Seiten. (Das gleichseitige Dreieck ist ein Sonderfall des gleichschenkligen.) Die beiden Winkel gegenüber den beiden gleichlangen Seiten sind ebenfalls gleich. Ein **ungleichseitiges** Dreieck besitzt drei verschieden lange Seiten – und folglich auch drei ungleiche Winkel.

Wenn wir die Dreiecke betrachten, die nach ihren Winkeln benannt sind, sollten wir bedenken, daß sich die Winkel eines

Dreiecks immer zu 180° addieren. Ein **rechtwinkliges** Dreieck hat einen rechten Winkel (einen Winkel von 90°) und zwei Winkel von weniger als 90°. Die Seite des Dreiecks, die dem 90°-Winkel gegenüberliegt, wird Hypotenuse genannt, aus griechisch *hypo* (»unter«) und *teinein* (»strecken«). Betrachten wir ein rechtwinkliges Dreieck – die Hypotenuse wirkt gestreckt. (Man erinnere sich an den klassischen Satz des Pythagoras: $a^2 + b^2 = c^2$, wobei a und b die Längen der Schenkel eines rechtwinkligen Dreiecks sind und c die Länge der Hypotenuse ist.) Ein **spitzwinkliges** Dreieck besitzt drei spitze Winkel. Ein spitzer Winkel hat weniger als 90°, aber mehr als 0°. Ein **stumpfwinkliges** Dreieck hat einen stumpfen Winkel, der über 90°, aber weniger als 180° aufweist. Ein **schiefwinkliges** Dreieck hat überhaupt keine rechten Winkel. Da dieses Dreieck keine rechten Winkel hat, besitzt es keine senkrecht zueinander verlaufenden Seiten – alle sehen schräg aus.

Wie bereits erwähnt, fallen Dreiecke in mehr als eine Kategorie. Das offenkundigste Beispiel ist der schiefwinklige Typus, zu dem jedes Dreieck gehört, das kein rechtwinkliges Dreieck ist. Wenn wir uns die Dreiecke in der Abbildung anschauen, bemerken wir einige weitere Überschneidungen. Das gleichschenklige Dreieck ist immer ein spitzwinkliges Dreieck, da all seine Winkel kleiner als 90° sind. Das hier abgebildete gleichseitige Dreieck ist ebenfalls ein spitzwinkliges Dreieck, da es drei Winkel von weniger als 90° enthält. Und das hier gezeigte stumpfwinklige Dreieck ist zugleich ein ungleichseitiges Dreieck, weil es drei ungleiche Seiten besitzt (was nicht immer der Fall ist).

Ein Großteil unserer Kenntnisse über Dreiecke fußt auf Arbeiten des griechischen Mathematikers Euklid (er schrieb um 300 v. Chr.). Nach seiner Ausbildung in Athen – vermutlich durch Schüler Platons in der Akademie – verbrachte Euklid den größten Teil seines Lebens im ägyptischen Alexandria, wo er an einer Schule unterrichtete, die von König Ptolemaios I. gegründet worden war. Sein bedeutendstes Werk waren die *Stoicheia* (»Anfangsgründe«), eine Abhandlung über Geometrie und Zahlentheorie in dreizehn Büchern (Kapiteln), in denen er die Arbeiten älterer griechischer Mathematiker systematisierte. Die

Dreiecke auf einen Blick

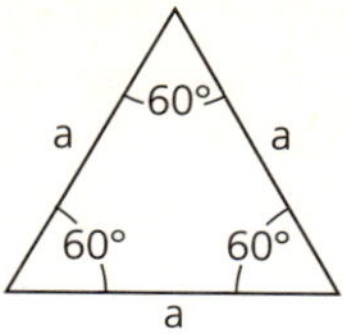

Ein **gleichseitiges** Dreieck. Alle Seiten sind gleich lang und alle Winkel haben 60°.

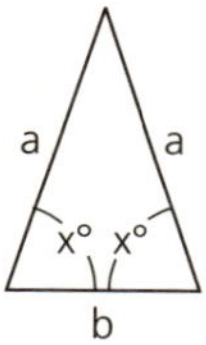

Ein **gleichschenkliges** Dreieck. Mindestens zwei Seiten sind deckungsgleich (haben dieselbe Länge). Die Basiswinkel sind ebenfalls deckungsgleich (kongruent).

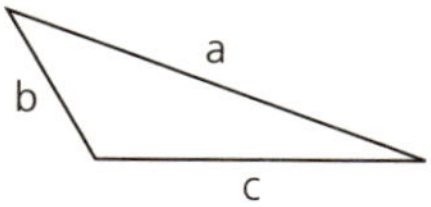

Ein **ungleichseitiges** Dreieck. Keine zwei Seiten sind gleich lang.

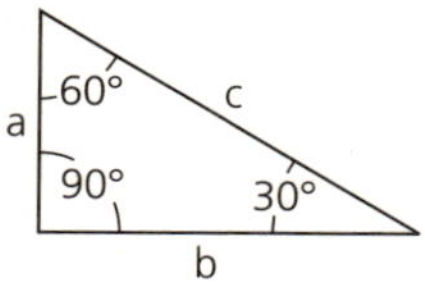

Ein **rechtwinkliges** Dreieck. Es hat einen rechten (90°) Winkel. Die anderen beiden Winkel sind komplementär, d. h. die Summe ihrer Maße beträgt 90°. Nach dem Satz des Pythagoras gilt: $a^2 + b^2 = c^2$.

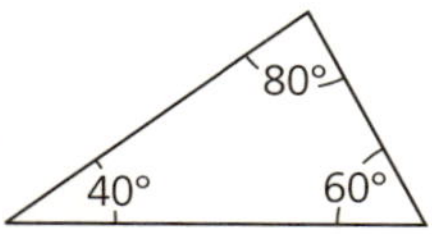

Ein **spitzwinkliges** Dreieck. Alle Winkel sind kleiner als 90°.

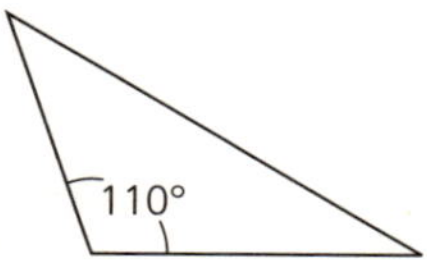

Ein **stumpfwinkliges** Dreieck. Einer seiner Winkel ist größer als 90°.

Alle außer dem vierten Dreieck sind **schiefwinklige** Dreiecke, weil sie keinen Winkel von 90° besitzen.

Stoicheia wurden bis zum Beginn des 20. Jahrhunderts als Schulbuch benutzt.

Wenn wir all diese Lehrsätze, die wir im Gymnasium »beweisen« mußten, nicht in allzu guter Erinnerung haben, ist das hauptsächlich Euklid zu verdanken. Allerdings befinden wir uns in guter Gesellschaft. Sogar König Ptolemaios soll darüber genörgelt haben, daß er sich damit abplagen müßte. Als er Euklid fragte, ob es nicht kürzer gehe, antwortete der Meister: »Es gibt keinen Königsweg zur Geometrie.« Allerdings mag es sich dabei um den Aufguß einer alten Anekdote handeln – man erzählte sie bereits von dem Mathematiker Menaechmus (einem Schüler Platons) und Alexander dem Großen.

FRAGE 33

Wie heißen die 7 Hauptebenen der taxonomischen Klassifikation in der Biologie?

- **Reich (Regnum)**
- **Stamm (Phylum)**
- **Klasse**
- **Ordnung**
- **Familie**
- **Gattung (Genus)**
- **Art (Spezies)**

Sämtliche Lebewesen werden in bestimmte Taxa oder Ebenen der biologischen Klassifikation eingeordnet. (*Taxonomie* kommt vom griechischen *taxis,* »Ordnung«, und *nomos,* »Gesetz«.) Obgleich dank der jüngsten Fortschritte in der Molekularbiologie Abänderungen an der alten Klassifikation vorgenommen wurden, arbeitet die biologische Systematik seit der Mitte des 18. Jahrhunderts, als sie von dem schwedischen Botaniker Carl von Linné (1707–78) erfunden wurde, auf der Basis desselben Regelwerks und derselben Nomenklatur.

Linné, der auch Medizin studiert hatte, war der Gründer und erste Präsident der Königlich-Schwedischen Akademie der Wissenschaften und Professor für Botanik. Er war bestrebt, sämtliche Pflanzen zu klassifizieren, indem er jede in eine Klasse, Ordnung, Gattung und Art stellte. Er erreichte dies, indem er, wie es viele Professoren noch heute tun, seine ehrgeizigsten Studenten auf ausgedehnte, oft sogar gefährliche naturkundliche Expeditionen schickte, um sie Exemplare von Pflanzen für sich sammeln zu lassen. Bei der Entwicklung der binominalen Nomenklatur aus Gattung und Art (z.B. *Homo sapiens*) stützte er sich auf den englischen Systematiker John Ray (1627–1705), der eine Art als eine Gruppe von Individuen definierte, die sich fortpflanzen und dabei Nachkommen hervorbringen, die ihnen ähnlich sind.

Je enger zwei Arten miteinander verwandt sind, um so später trennen sich ihre taxonomischen Wege. Nehmen wir die engen Verwandten *Canis familiaris*, den Haushund, und *Canis latrans*, den Kojoten, die sich auf Gattungsebene voneinander trennen. Menschen und Affen, die entfernter miteinander verwandt sind, spalten sich auf Familienebene. Menschen und Elefanten divergieren auf der Ebene der Ordnung, wo Elefanten zu den *Proboscidea* (Rüsseltieren) gestellt werden. Oktopoden *(Octopus vulgaris)* und Menschen trennen sich auf der Ebene des Stammes, wo die Oktopoden unter die Mollusken eingeordnet werden.

Als Klassifikationskriterium zog Linné vor allem die Fortpflanzungsfähigkeit heran, was einige Leute dazu veranlaßte, sein System zu meiden, aus Furcht, daß eine derartige Betonung der Fruchtbarkeit die Begierden der Jugend entflammen könnte. Um diese Kritiker zu beschwichtigen, von denen viele seine Schriften als obszön betrachteten, sprach Linné in einem frühen Essay von der »Verlobung der Pflanzen«. Er veröffentlichte zahlreiche Bücher über botanische Klassifikation, von denen *Species Plantarum* (1753) und die fünfte Auflage von *Genera Plantarum* (1754) die einflußreichsten waren. 1758–59 wandte er seine Nomenklatur schließlich in der zehnten Auflage seines *Systema Naturae* auf Tiere an.

Wir wollen an einem relativ leichten Beispiel veranschaulichen, wie das Klassifikationssystem funktioniert – an uns selbst:

- Auf der allgemeinsten Klassifikationsebene sind wir, *Homo sapiens*, ein Mitglied des **Reiches** *Animalia*. Die meisten Biologen erkennen heute fünf Reiche an: *Animalia*, *Plantae*, *Monera* (einschließlich Bakterien und Viren), *Protista* (einzellige Lebewesen wie etwa die Protozoen) und *Fungi* (die lange Zeit dem Pflanzenreich zugeordnet worden waren, bis man erkannte, daß sie Ähnlichkeiten sowohl mit Tieren als auch mit Pflanzen aufweisen, ohne ganz in eines der beiden Reiche zu passen). Ein alternatives Klassifikationssystem unterscheidet lediglich drei sogenannte Bereiche: die *Eukarya*, zu denen unter anderem Pflanzen, Tiere und Pilze gehören, *Bacteria* und *Archaea*, zu denen hitze-, salz- und säureliebende Bakterien zählen.
- Unser Rückenmark, Gehirn und Innenskelett weisen uns als Mitglied des **Stammes** *Chordata* aus. Weitere Chordatiere sind unter anderem Kaulquappen und Seescheiden. Die Wirbelsäule macht uns zugleich zu einem Mitglied des Unterstammes der *Vertebrata* (Wirbeltiere).
- Wir wurden lebend geboren (nicht in ein Ei gelegt), haben (oder hatten) Haare, unsere Mütter erzeugten Muttermilch für uns. Wir haben drei Knöchelchen im Mittelohr und sind warmblütig, d.h. wir halten unsere Körpertemperatur unabhängig von der Umgebungstemperatur annähernd konstant. Das alles macht uns zu einem Mitglied der **Klasse** *Mammalia* (Säugetiere). (Man beachte, daß gut die Hälfte der fünftausend Säugetierarten Nagetiere sind.) Entwicklungsbiologen weisen darauf hin, daß nur Säugetiere die Fähigkeit besitzen, ihr Verhalten auf der Grundlage des Wissens, das sie von älteren Artgenossen erwerben, zu verändern. Sie gehören zudem der Säugetier-Unterklasse *Eutheria* an, deren Mitglieder sich durch ihre Fortpflanzungsstrategie als Plazentatiere auszeichnen. Mitglieder einer anderen Säugetier-Unterklasse, der *Prototheria* (Kloakentiere), zeigen einige der Schwierigkeiten, mit denen Taxonomen bei ihrer Arbeit konfrontiert sind. Das Schnabeltier ist eines von nur zwei Mitgliedern dieser Unterklasse; es legt Eier und hat keine Zitzen (die Milch wird – über einen geringfügig anderen organischen Mechanismus – am Bauch abgegeben); statt Zähnen hat es einen Schnabel. Den-

noch weist das Schnabeltier eindeutig größere Ähnlichkeiten mit anderen Säugetieren als mit Vögeln (Klasse *Aves*) auf.

- Wir gehören der **Ordnung** der Primaten an, zu der zwei Unterordnungen gehören, die *Prosimii* (Halbaffen) und die *Anthropoidea* (Affen). Zu den charakteristischen Merkmalen der Primaten gehören gegenüberstellbare Daumen und große Zehen, Nägel statt Krallen, binokulares Sehen, ein großes Gehirn, ein relativ schwach entwickelter Geruchssinn und eine verlängerte Kindheit und Adoleszenz. Allerdings weisen nicht alle Primaten alle diese Merkmale auf. So haben wir Menschen beispielsweise keine gegenüberstellbare große Zehe. Primaten unterscheiden sich von anderen Ordnungen durch ihre Evolution, die vermutlich von Arten, die dem rezenten Spitzhörnchen glichen, zum Menschen verlief, eine Weiterentwicklung, bei der es zu einer bemerkenswerten Zunahme der Komplexität des Gehirns kam.
- Die Primaten werden in elf **Familien** eingeteilt. Wir sind ein Mitglied der Familie *Hominidae*, die sich durch den aufrechten Gang auszeichnet. Und damit hat es sich auch schon: Alle übrigen Hominiden sind ausgestorben.
- Homo ist unsere **Gattung**. Auch alle unsere Verwandten in dieser Gattung sind ausgestorben.
- Sapiens (vernunftbegabt) ist unsere **Art**. Unser engster Verwandter, *Homo erectus*, der vermutlich vor etwa 1,6 Millionen Jahren erschien, teilte mit Homo sapiens den aufrechten Gang, allerdings war sein Gehirn etwas kleiner. Der erste Homo sapiens trat vor etwa 500 000 Jahren in Afrika auf.

Die kühnsten Träume Linnés weit hinter sich lassend, können heutige Taxonomen mit Hilfe molekularbiologischer Verfahren diese Einordnungen noch präziser vornehmen, indem sie die Zusammensetzung eines bestimmten Proteins bei verschiedenen Arten vergleichen – ein Konzept, das auch *biologische Uhr* genannt wird. Wenn sich die Zusammensetzung eines bestimmten Proteins bei Menschen und Rhesusaffen nur geringfügig unterscheidet, bei Menschen und bestimmten Fischarten dagegen erheblich voneinander abweicht, so deuten diese evolutionsbiologischen Daten darauf hin, daß sich die Abstammungslinien des Menschen und der Fische vor mehreren hundert Millionen Jahren trennten, die Halbaffen dagegen trennten sich erst viel später von uns.

In einigen Fällen hat diese Art der Analyse zu einer Verfeinerung der Evolutionstheorien geführt. Gestützt auf Fossilienfunde, glaubten die Wissenschaftler bis in die jüngste Vergangenheit, daß sich die Linien des Menschen und der Affen vor etwa fünfzehn Millionen Jahren trennten, doch die Analyse von Proteinen des Menschen und afrikanischer Menschenaffen deutet darauf hin, daß sich diese Abspaltung erst vor fünf Millionen Jahren ereignete.

FRAGE 34

Welches sind die 7 Sakramente der katholischen Kirche?

- **Taufe**
- **Firmung**
- **Eucharistie**
- **Buße**
- **Krankensalbung**
- **Heilige Weihen**
- **Ehe**

Das Wort **sacramentum** bezeichnete ursprünglich einen militärischen Treueid, den die römischen Soldaten zu Beginn eines Feldzugs ablegten. In der römisch-katholischen Kirche ist ein Sakrament ein heiliges Mysterium bzw., in den Worten des Katechismus, ein »sinnenfälliges Zeichen einer heiligen Sache und sichtbare Gestalt der unmittelbaren Gnade«.

Die Katholiken halten den Priester, der ein Sakrament spendet, für den Stellvertreter Christi. Der hohe Rang, den die Kirche dieser Ansicht einräumt, wird an der Verwerfung des Donatismus deutlich, einer Irrlehre des 4. Jahrhunderts, wonach ein Sakrament ungültig war, wenn es von einem »unwürdigen« Priester gespendet wurde.

Die **Taufe** ist das erste und wichtigste Sakrament. In Johannes 3, 5 sagt Jesus: »Amen, amen, ich sage dir: Wenn jemand nicht aus Wasser und Geist geboren wird, kann er nicht in das Reich Gottes kommen.« Tatsächlich bestand er selbst darauf, von Johannes dem Täufer im Jordan getauft zu werden. Die Taufe reinigt die Seele von jeglichem Makel der Erbsünde – die Folge von Adams und Evas Ungehorsam gegen Gott. Wenn dem Täufling Wasser auf den Kopf gegossen wird oder wenn er mit dem ganzen Körper in Wasser eingetaucht wird, wird er in das Leben Christi wiedergeboren, so daß er bzw. sie an seiner Auferstehung teilhaben. Dieser Reinigungsritus ist für Neugeborene und für ältere Konvertiten (denen hierdurch auch die Sünden vergeben werden) zugleich ein Ritus der Aufnahme in die Kirche. Im Frühchristentum war die Taufe vermutlich erwachsenen Konvertiten vorbehalten. Nach dem 3. Jahrhundert wurden einem Neugeborenen jedoch geistliche Eltern – Taufpaten – zur Seite gestellt, welche die Taufe im Namen des Kindes annahmen. Taufe, Firmung und heilige Weihen können nur einmal empfangen werden, weil sie der Seele ein unauslöschliches Siegel aufdrücken.

Die Kirche leitet die Vollmacht zur Taufe von den Worten Jesu vor seiner Himmelfahrt ab: »Darum geht zu allen Völkern, und macht alle Menschen zu meinen Jüngern; tauft sie auf den Namen des Vaters und des Sohnes und des Heiligen Geistes« (Matthäus 28, 19). Das Sakrament der Taufe kann im Notfall auch von einem Laien gespendet werden.

Bei der **Firmung** legt der Bischof dem Firmling die Hand auf und salbt ihn mit *Chrisam* (einer Substanz aus geweihtem Olivenöl und duftendem Balsam). Der Heilige Geist kommt dabei auf den Firmling herab, stärkt dessen Seele und vermittelt zusätzliche Gnade, die über die bei der Taufe empfangene hinausgeht. Das Sakrament der Firmung wird normalerweise zu Beginn des Jugendalters gespendet. Es markiert den Beginn des Daseins als mündiger Christ, wenn man »mit dem Heiligen Geist gesiegelt« und verpflichtet wird, den Glauben zu bezeugen und für ihn einzutreten (um an die Möglichkeit religiöser Verfolgung zu gemahnen, kann der Bischof den Firmling auch leicht auf die Wange schlagen).

Die zwölf Apostel (vgl. Frage 58) waren die ersten, die die heute Firmung genannte Glaubensstärkung empfingen. Unmittelbar vor seiner Himmelfahrt sagte Jesus zu ihnen: »Aber ihr werdet die Kraft des Heiligen Geistes empfangen, der auf euch herabkommen wird, und ihr werdet meine Zeugen sein« (Apg. 1, 8). Zehn Tage später – an Pfingsten – versammelten sich die Apostel, als das Brausen eines heftigen Windes das ganze Haus erfüllte, »und es erschienen ihnen Zungen wie von Feuer, die sich verteilten; auf jeden von ihnen ließ sich eine nieder. Alle wurden mit dem Heiligen Geist erfüllt und begannen, in fremden Sprachen zu reden« (Apg. 2, 3–4). In Apg. 8 beteten die Apostel Petrus und Johannes, der Heilige Geist möge auf einige Bekehrte in Samaria herabkommen, die nur getauft worden waren. Damit hängt zusammen, daß – zumindest in der westlichen Kirche – der Bischof der ordentliche Spender der Firmung ist.

Die Kirche glaubt, daß die folgende Stelle des Evangeliums die Einsetzung der **Eucharistie**, die auch heilige Kommunion oder Abendmahl genannt wird, durch Jesus Christus wiedergibt: »Dies ist mein Leib, der für euch hingegeben wird« und »Dieser Kelch ist der neue Bund in meinem Blut, das für euch vergossen wird« (Lukas 22, 19–20). Jesus fordert seine Jünger auf, des letzten gemeinsamen Mahles später durch den gemeinsamen Empfang von Brot und Wein zu gedenken und es gewissermaßen zu wiederholen. Christen glauben, daß sie in der Feier der Eucharistie (griechisch *eucharistos,* »dankbar« bzw. »Gunst«) enger mit Christus und miteinander verbunden werden.

Eucharistie und Taufe sind die beiden einzigen Sakramente, die von nahezu allen Christen als von Jesus Christus eingesetzt anerkannt werden. Doch hier endet die Eintracht auch schon. Die Katholiken glauben, daß sich Christus bei jeder Eucharistiefeier zusammen mit der Gemeinde erneut Gott dem Vater darbiete, wie er es bei seinem Kreuzestod getan hat. Bei den Einsetzungsworten des Priesters »Dies ist mein Leib … dies ist mein Blut« verwandeln sich Brot und Wein in den Leib und das Blut Christi (Transsubstantiation). Jahrhundertelang war nur der Klerus zur Kommunion in der »zweifachen Gestalt« von Brot und Wein zugelassen, die Laien erhielten nur das Brot. Beim Zweiten Vatikanischen Konzil wurden einige Änderungen an dieser Regel vorgenommen. Die Kommunion in beiderlei Gestalt ist zwar auch heute bei den meisten Sonntagsmessen nicht üblich, kann aber bei besonderen Anlässen wie Trauung oder Erstkommunion gespendet werden. Nach dem Kirchenrecht müssen Katholiken wenigstens einmal pro Jahr, während der Osterzeit, die Eucharistie empfangen.

Das Dogma von der Realpräsenz wird auch bei den orthodoxen Kirchen festgehalten, und Anglikaner sowie Lutheraner haben ähnliche Glaubenssätze. Martin Luther (1483–1546) vertrat die Lehre von der Konsubstantiation, wonach Christus »in, mit und unter« Brot und Wein wahrhaft gegenwärtig ist. Johannes Calvin (1509–64) lehrte demgegenüber, die Eucharistie symbolisiere die Einheit mit Gott, vergegenwärtige aber nicht den tatsächlichen physischen Leib Christi.

Im Sakrament der **Buße** oder Beichte, auch Sakrament der Versöhnung genannt, erteilt der Priester im Namen Gottes den reuigen Sündern die Lossprechung von ihren Sünden. In frühchristlicher Zeit wurden Personen, die ihre Sündenschuld bekannten, oft demütigende Bußen auferlegt, darunter öffentliche Anprangerung. In späteren Jahrhunderten ging man zur Ohrenbeichte über, dem vertraulichen Eingeständnis der Sünden vor einem Priester (daher die Beichtstühle in katholischen Kirchen).

Todsünden wie Mord, Gotteslästerung, Ehebruch und Diebstahl wiegen so schwer, daß der Sünder keine Aussicht hat, in den Himmel zu kommen, es sei denn, sie werden ihm im Sakrament der Buße vergeben. Läßliche Sünden, etwa Lügen, Streiten, unkeusche Gedanken, wiegen nicht so schwer und versperren den Zugang zum Himmel nicht endgültig, doch die Kirche verlangt, daß sie ebenfalls gebeichtet werden. Der Prozeß der Buße beginnt mit einer Gewissensprüfung, bei der der Bußfertige jüngste Ereignisse seines Lebens im Licht der Zehn Gebote (vg. Frage 51) und der Lehre der Kirche Revue passieren läßt und dabei *Reue* für alle Sünden empfindet, die er begangen hat. Daraufhin betritt der Bußfertige den Beichtstuhl (bzw. heute auch ein sogenanntes Beichtzimmer) und beichtet seine Sünden einem Priester, der mit ihm auch über Möglichkeiten spricht, derartige Übertretungen in Zukunft zu vermeiden, und ihm dann die Absolution erteilt mit den Worten: »Ich spreche dich los von deinen Sünden im Namen des Vaters und des Sohnes und des Heiligen Geistes.« Ein ähnlicher Ritus wird in den orthodoxen Ostkirchen praktiziert; es gibt verschiedene Absolutionsformeln, in einer heißt es bescheiden: »Möge Gott dir durch mich, einen Sünder, vergeben.«

Die meisten anderen christlichen Kirchen kennen das öffentliche Gebet mit der Bitte um Vergebung der Sünden, nicht aber die persönliche Beichte, da sie den Standpunkt vertreten, nur Gott habe die Macht, Sünden zu verzeihen. Die Katholiken entgegnen, der Priester handele nur als Stellvertreter Christi, und berufen sich auf die Worte Jesu an die Apostel: »Wem ihr die Sünden vergebt, dem sind sie vergeben; wem ihr die Vergebung verweigert, dem ist sie verweigert« (Johannes 20, 23). Im Brief des Jakobus (5, 16) heißt es: »Darum bekennt einander eure Sünden, und betet füreinander, damit ihr geheilt werdet.«

Für das Sakrament der **Krankensalbung** – früher »Letzte Ölung« genannt – beruft sich die Kirche auf Jakobus 5, 14–15: »Ist einer von euch krank? Dann rufe er die Ältesten der Gemeinde zu sich; sie sollen Gebete über ihn sprechen und ihn im Namen des Herrn mit Öl salben. Das gläubige Gebet wird den Kranken retten, und der Herr wird ihn aufrichten; wenn er Sünden begangen hat, werden sie ihm vergeben.« Jeder, der aufgrund von Unfall, Krankheit oder hohem Alter in Lebensgefahr schwebt, ist berechtigt, dieses Sakrament – auch mehr als einmal – zu empfangen. Die Salbung soll den Sterbenden trösten, ihm die Kraft einflößen, seine Leiden zu ertragen, und die Seele auf die Begegnung mit ihrem Schöpfer vorbereiten.

Die **heiligen Weihen** übertragen die Vollmachten des dreifach gestuften kirchlichen Amtes: Diakonat, Priestertum, Bischofsamt. Mit der Priesterweihe wird die Vollmacht erteilt, die Messe zu feiern, die Sakramente der Taufe, der Buße und der Krankensalbung zu spenden sowie zu weihen und zu segnen. Zwar empfängt der Priester durch die Weihe ein »unauslöschliches geistiges

Prägemal« bzw. »Zeichen«, was zur Folge hat, daß sie weder wiederholt noch auf Zeit gespendet werden kann. Dennoch kann ein Priester amtsenthoben werden, und es kann ihm, beispielsweise wenn er gegen die Verpflichtung zum Zölibat verstößt und standesamtlich heiratet, das Spenden der Sakramente untersagt werden. Die Priesterweihe kann nur von einem Bischof erteilt werden. Das wesentliche Zeichen der Weihe ist die mit einem Gebet verbundene Handauflegung.

Das Sakrament der **Ehe** wird nicht vom Priester gespendet. Beim Austausch der wechselseitigen Eheversprechen zwischen Mann und Frau vor dem Altar fungiert der Priester nur als Zeuge der Kirche. Nach Auffassung der katholischen Kirche ist die Ehe unauflösbar; sie beruft sich hierbei auf Jesu Worte in Matthäus 19: »Was aber Gott verbunden hat, das darf der Mensch nicht trennen« und »Wer seine Frau entläßt, obwohl kein Fall von Unzucht vorliegt, und eine andere heiratet, der begeht Ehebruch.« Obgleich die Kirche eine Scheidung nicht zuläßt, kann sie unter Umständen eine Ehe für null und nichtig erklären, wenn bestimmte Voraussetzungen von Anfang an nicht erfüllt waren.

FRAGE 35

Wer waren die »7 gegen Theben«?

- **Polyneikes**
- **Adrastos**
- **Kapaneus**
- **Tydeus**
- **Parthenopaios**
- **Hippomedon**
- **Amphiaraos**

Es handelt sich bei den »7 gegen Theben« um Gestalten aus der griechischen Mythologie, die bei der Belagerung der heute Thiva heißenden Stadt fast alle einen grausamen Tod fanden. Zu den Einzelheiten:

Polyneikes und Eteokles, die Zwillingssöhne aus der inzestuösen Ehe von König Oidipos mit seiner Mutter Iokaste, einigten sich nach der Verbannung ihres Vaters darauf, abwechselnd für jeweils ein Jahr den Thron von Theben zu besteigen. Doch als Eteokles sich weigerte, die Krone zum vereinbarten Zeitpunkt abzugeben, und seinen Bruder verbannte, stellte Polyneikes mit Hilfe seines Schwiegervaters, des Königs **Adrastos** von Argos, ein Heer auf. Adrastos gewann fünf weitere Heerführer für den Plan, Polyneikes zum rechtmäßigen König von Theben zu machen. Als sie vor der Stadt eintrafen, bezog jeder der sieben Anführer mit seinen Truppen Stellung vor einem der sieben Tore Thebens.

Kapaneus prahlte, nicht einmal Zeus könne ihn davon abhalten, die Mauern Thebens zu erklimmen; worauf der erzürnte Gott den blasphemischen Aufschneider sogleich mit einem Blitz niederstreckte. (Sein unbändiger Hochmut trug ihm später einen Platz in der Hölle in Dantes *Göttlicher Komödie* ein.)

König Adrastos' zweiter Schwiegersohn, **Tydeus**, wurde tödlich verwundet, doch bevor er starb, ward ihm die grausige Genugtuung zuteil, das Gehirn seines Gegners Melanippus, der in der Zwischenzeit enthauptet worden war, verzehren zu können. Die

Göttin Athene brachte eine Salbe, um Tydeus zu heilen, war aber so angewidert von seinem bestialischen Rachedurst, daß sie ihn sterben ließ.

Parthenopaios war der Sohn des griechischen Helden Meleagros und der Jägerin Atalante, die an der Jagd auf den Kalydonischen Eber teilnahm, bei der zahlreiche Helden dem Meleagros zur Hilfe kamen, als besagter wilder Eber sein Königreich Kalydon verwüstete. Parthenopaios, ein hübscher Blondschopf, von Frauen und Männern gleichermaßen geliebt, starb vor Theben, als ein herabgeschleuderter Felsstein sein stolzes Haupt zertrümmerte.

Auch **Hippomedon** fand trotz seiner riesigen Statur einen blutigen Tod unter den Mauern der belagerten Stadt.

Um weiteres Blutvergießen zu vermeiden, einigten sich die beiden streitenden Brüder Polyneikes und Eteokles darauf, den Krieg durch ihren Zweikampf zu entscheiden – und töteten sich dabei gegenseitig.

König Adrastos' Schwager, der Seher **Amphiaraos**, der seinen eigenen Tod vor Theben vorhergesehen hatte, wollte zwar dem Schicksal entgehen, doch seine Gemahlin Eriphyle war von Polyneikes mit einem magischen Halsband bestochen worden, woraufhin sie ihren todgeweihten Gatten zur Teilnahme an dem Feldzug überredete. Auf der Flucht vor seinen thebanischen Feinden wurde Amphiaraos von einem Abgrund in der Erde verschlungen, den Zeus aus Mitleid in seinem Fluchtweg aufgerissen hatte.

Adrastos wurde von seinem blitzschnellen weißen Roß Areion fortgetragen – er war der einzige der Sieben, der am Leben blieb.

Der griechische Tragiker Aischylos (525–456 v. Chr.) behandelt in einem seiner erhalten gebliebenen Dramen, *Sieben gegen Theben*, das 467 v. Chr. uraufgeführt wurde, die Legende auf eine seltsam statische, undramatische Weise. Zusammen mit den hinzugehörenden (heute verschollenen) Tragödien *Laios* und *Oidipos* gewann es in jenem Jahr den ersten Preis bei den Dionysien, den athenischen Frühlingsfestspielen. Wie sein Meisterwerk, die *Oresteia*, die den Fluch des Schicksals über Atreus, Agamemnon und Orestes, dem Geschlecht der Atriden, zum Thema hat (vgl.

Frage 10), erkundete Aischylos in seiner thebanischen Trilogie den Fluch über Laios (den der eigene Sohn tötete), Oidipos (der Vatermord und Inzest begeht) und Eteokles und Polyneikes (die sich in Erfüllung des Fluches über Oidipos gegenseitig umbringen).

Sieben gegen Theben besteht im wesentlichen aus der Beschreibung der Abbildungen auf den Schilden der sieben Heerführer, ihrer gottlosen Prahlereien gegenüber Theben und des Eteokles Ernennung von sieben thebanischen Helden einschließlich ihm selbst, die den Angreifern entgegentreten sollen. (Die Tragödie war vielleicht auch ein Plädoyer für die stärkere Befestigung der Akropolis von Athen gegen Angriffe.)

Die Tragödie endet mit dem Klagelied eines Chors thebanischer Frauen und Antigones und Ismenes über den Leichnamen ihrer Brüder Eteokles und Polyneikes. Am Ende des Stücks verfügt der thebanische Staat, daß Eteokles mit allen Ehren feierlich bestattet werden soll, während Polyneikes unbestattet bleiben soll, ein Fraß für Hunde und Vögel. Dies ist zuviel für Antigone, die erklärt, sie werde sich über die Verfügung hinwegsetzen und ihren Bruder begraben, mag er auch ein Verräter sein. Ihre Unbotmäßigkeit liefert später den Stoff zu Sophokles' Erkundung des Verhältnisses zwischen den Gesetzen des Staates und den Rechten (und Pflichten) des Individuums (in *Antigone*, um 442 v. Chr.).

In seinem Epos *Thebais* schildert der römische Dichter Statius (um 45–95 n. Chr.), wie, als Eteokles und Polyneikes auf demselben Scheiterhaufen verbrannt werden, die Flamme, die ihre Leichen einhüllt, an ihrer Spitze gespalten ist – ein letzter Hinweis auf ihren unsterblichen gegenseitigen Haß.

Es gibt auch eine Fortsetzung des Mythos. Die Söhne der Sieben, die sogenannten *Epigonen* (»Nachkommen« bzw. »Nachfolger«), hatten mehr Glück bei ihrem Zug gegen Theben, das sie zehn Jahre später eroberten und plünderten. – Unser heutiges Wort Epigone bezeichnet einen mittelmäßigen Nachahmer, normalerweise eher einen Denker oder Künstler als einen Krieger.

FRAGE 36

Woraus bestehen die 7 Himmel der Muslime, und wer sind ihre hochrangigsten Bewohner?

- **Reines Silber: Adam und Eva**
- **Reines Gold: Johannes der Täufer und Jesus**
- **Perlmutt: Josef**
- **Weißgold: Enosch**
- **Silber: Aaron**
- **Rubine und Granate: Mose**
- **Göttliches Licht: Abraham**

»Im siebten Himmel sein« bedeutet soviel wie eine Wonne genießen, die mit jener der beseligenden Gottesschau vergleichbar ist. Weshalb der siebte? Altbabylonische Astrologen setzten die fünf Planeten, die mit dem bloßen Auge sichtbar sind (Merkur, Venus, Mars, Jupiter und Saturn), mit fünf ihrer Hauptgötter gleich. Diese sollten zusammen mit den Göttern der Sonne und des Mondes sieben Himmel bewohnen. (Die alten Griechen und mittelalterlichen Christen fügten noch einige Himmel hinzu – vgl. Frage 47.)

Die sieben Himmel des Judentums leiteten sich vermutlich von der babylonischen Astrologie her. Der siebte Himmel der Juden, auch »der Himmel der Himmel« genannt, war am weitesten von der Erde entfernt und galt als Wohnstätte Gottes und der höchsten Engel. Diese Vorstellung wurde von der islamischen Theologie übernommen und mit Details über die stoffliche Zusammensetzung der verschiedenen Himmel und die Propheten und Engel in ihnen angereichert. Muhammad selbst besuchte die sieben Himmel auf seiner mystischen Nachtreise *(miraj)*, die im Koran kurz gestreift und in den Überlieferungen von Muhammads Leben *(hadith)* eingehender dargestellt wird.

In den Eröffnungsversen der Koransure 17 erzählt Allah, wie Muhammad in einer Nacht von der Heiligen Moschee (in diesem Kontext, die Kaaba in Mekka; vgl. Frage 22) zur Al-Aksa (der

»entferntesten« Moschee) getragen wird. In dieser Zeit, während er durch die sieben Himmel zum Thron Allahs emporgehoben wurde, sind ihm »einige unserer Zeichen« offenbart worden. Die traditionelle Erklärung sieht in der »entferntesten« Moschee die Stätte des (ehemaligen) Tempels Salomos in Jerusalem (einige Exegeten deuten sie als den siebten Himmel selbst).

Muhammads *miraj* (»Leiter«, später »Aufstieg«) wird vielfach in dem Jahr vor der Hedschra (622) von Mekka nach Medina angesetzt, auch wenn gewisse Details eher für einen Zeitpunkt kurz nach Muhammads Berufung zum Propheten sprechen. Die Überlieferung beschreibt, wie der Engel Gabriel Muhammad durch die verschiedenen Himmel nach oben führt. Nach einigen Versionen benutzten sie für den Aufstieg eine prächtige Leiter, vermutlich dieselbe, auf der Jakob in Genesis 28, 12 Engel in den Himmel aufsteigen und aus ihm herunterkommen sah. In jedem der sieben Himmel begegnen Gabriel und Muhammad einem der Propheten.

Im **ersten Himmel aus reinem Silber**, wo Adam (zusammen mit Eva) wohnt, gleichen die Sterne, denen jeweils ein anderer Engel beigesellt ist, Lampen, die an Goldketten aufgehängt sind. Johannes der Täufer (Yahya) und Jesus (Isa) sind die Wächter des **zweiten Himmels aus reinem Gold**. Der **dritte Himmel aus Perlmutt**, der von Josef (Yusuf), ist zugleich die Wohnstatt von Azrael, des Todesengels, der die Seele vom Leib trennt, die Namen aller Neugeborenen in ein Buch schreibt und die der Verstorbenen löscht. Der **vierte Himmel aus Weißgold** ist der von Enosch (der Idris, »der Gelehrte«, genannt wird) und der des gewaltigen Engels der Tränen, der nie aufhört, über die zahllosen Sünden der Menschheit zu weinen. Aaron (Harun) hat den Vorsitz im **fünften Himmel aus Silber**, die Wohnstatt des Racheengels. Mose (Musa), der Prophet des **sechsten Himmels aus Rubinen und Granaten**, bekennt, daß Muhammad in Allahs Wertschätzung höher steht als er und mehr Anhänger hat. Dies ist die Wohnstatt des Schutzengels von Himmel und Erde, der aus Feuer und Schnee besteht. Abraham (Ibrahim) hat den obersten Rang inne im **siebten Himmel aus göttlichem Licht**, wo zur Rechten Allahs ein Lotosstrauch wächst. Die Bewohner dieses Himmels sind größer als die Erde und haben siebzigtausend Köpfe mit siebzigtausend Gesichtern und siebzigtausend Mündern, deren siebzigtausend Zungen jeweils in siebzigtausend Sprachen den Lobpreis Allahs singen.

Muhammad besucht auf seiner nächtlichen Reise auch das Paradies und die Hölle. Das islamische Paradies (*al-janna,* »der Garten«) wurde oft im siebten Himmel angesiedelt, manchmal auch im ersten. Es ist ein Paradies der sinnlichen und geistlichen Wonnen, in dem es prächtige Kleider, kostbare Edelsteine, Diener und Flüsse aus Milch, Honig und Wein gibt. Als Lohn wird hier jeder männliche Muslim 72 Huris erhalten, liebliche Jungfrauen mit Körpern aus Moschus, die niemals altern. Einige muslimische Denker halten alle diese Freuden jedoch für bloße Allegorien der unbeschreiblichen Freude, Allah ins Angesicht schauen zu dürfen.

Beeinflußte die *miraj*-Literatur Dantes Reisen durch Hölle, Fegefeuer und Paradies in der *Göttlichen Komödie*? Um 1270 wurden lateinische und französische Übersetzungen eines *Buches der Leiter* angefertigt, eines heute verschollenen Werkes auf Arabisch, das Muhammads Nachtreise zum Thema hat und das um 1264 ins Kastilische übersetzt worden war. Auch wenn es durchaus möglich ist, daß der 1265 geborene Dante diese Übersetzungen kannte und einige Details daraus übernahm, gibt es in der griechisch-römischen, biblischen und christlichen Überlieferung für fast alles, womit er sich in seinem Epos befaßte, Vorbilder. Überdies fügte er zu den sieben Himmeln der Muslime drei weitere dazu: den Fixsternhimmel, den Kristallhimmel (bzw. die äußerste der zehn Sphären des Universums) und das Empyreum von Gottes unmittelbarer Gegenwart.

FRAGE 37

Wer waren die 7 Weisen im alten Griechenland?

- **Solon von Athen**
- **Pittakos von Mytilene**
- **Bias von Priene**
- **Kleobulos von Lindos**
- **Periander von Korinth**
- **Chilon von Sparta**
- **Thales von Milet**

Die Geschichte und die Legende stimmen darin überein, daß es 7 Weise von Griechenland gab, doch gehen die Angaben darüber auseinander, wer im einzelnen dazu zählte. Wir sind hier der Liste gefolgt, die Platon im *Protagoras* aufstellt, außer daß wir seinen Myson – über den nur wenig bekannt ist – durch Periander ersetzt haben, einen Tyrannen mit einem ebenso sensationellen wie schrecklichen Privatleben, der häufig als einer der Sieben genannt wurde.

Moment mal – wer überhaupt sind denn *die*? Wo bleiben Sokrates, Platon, Aristoteles und viele andere? Sie alle stehen nicht auf dieser Liste, weil diese Gruppe aus sieben Männern besteht, die um 600 v. Chr. lebten, über 150 Jahre vor Sokrates. Zweitens hatte das Wort »Weisheit« zu der Zeit, als die Sieben dafür verehrt wurden, mehr mit Vorzüglichkeit in der praktischen Sphäre von Recht und Handel als mit kontemplativer Tiefsinnigkeit zu tun. Alle sieben Weisen waren herausragende Figuren des öffentlichen Lebens ihrer Zeit. Vier von ihnen – Pittakos, Kleobulos, Periander und Chilon – waren Tyrannen (legitime Herrscher mit weitreichenden Befugnissen) oder hohe Beamte. Solon war ein Gesetzgeber, Bias scheint ein Anwalt gerechter Sachen gewesen zu sein, und Thales war ein berühmter Wissenschaftler, Philosoph und Mathematiker.

Die Sieben waren frei von jeglicher Hybris. Der Überlieferung nach fanden einmal einige junge Männer beim Fischfang im Netz einen goldenen Dreifuß. Sie wandten sich an das Orakel des Apollon, das ihnen sagte, sie sollten den Dreifuß »demjenigen, der die größte Weisheit besitzt«, geben. Sie gaben ihn Thales, der jedoch die Ehre ausschlug. Jeder der anderen Weisen folgte seinem Beispiel. Als der Dreifuß schließlich wieder zu Thales kam, erklärte dieser, Apollon sei der Weiseste, und sandte den Preis zum Heiligtum des Gottes in Delphi.

Eine weitere gemeinsame Eigenschaft der Sieben war ihre Lust an scharfsinnigen Sentenzen, die sich über den gesamten Mittelmeerraum verbreiteten. Platon wies darauf hin, daß sich die alten Weisen eines knappen, aber prägnanten Stils befleißigten – ganz nach dem lakonischen Muster der Spartaner. Wenn wir im folgenden ihre geistreichen Bonmots und ihre Spruchweisheiten hören, sollten wir immer bedenken, daß die Weisen keine Sonntagsprediger und keine Talkshowmaster waren. Alle, selbst der theoretische Wissenschaftler Thales, waren Männer der Tat. Einige, wie Solon, führten ein Leben, dessen Brillanz und kraftvolle Entschlossenheit uns heute noch imponieren können. Tatsächlich gab Solon seinem Volk nicht nur eine neue Rechtsordnung, sondern er besaß auch die Intelligenz, um die politischen Turbulenzen, die seine Gesetze auslösten, zu überstehen.

»Kein bedeutender Staatsmann hat sich jemals höher über die bloße Machtgier erhoben als Solon«, schrieb der Historiker Werner Jäger. Es war jedoch für **Solon von Athen** (630–500 v. Chr.) nicht immer leicht, sich aus den Auseinandersetzungen herauszuhalten: »Ich war nach allen Seiten auf der Hut und verhielt mich unter ihnen wie ein Wolf in einer Meute von Hunden.« Das ist Solon in einem der wenigen Zeugnisse, die von ihm erhalten geblieben sind; er beschreibt darin, wie es ihm gelang, von keiner der beiden Athener Parteien, die miteinander im Streit lagen, umgebracht zu werden. Er hatte weder die Wohlhabenden noch die Armen zufriedengestellt, die sich gegenseitig und Athen selbst zu vernichten drohten.

Die Athener hatten sich an Solon gewandt, als die Stadt vor einer politischen, ökonomischen und sozialen Zerreißprobe stand. Die Reichen besaßen das meiste Land, und die Armen schuldeten ihnen Geld. Als die Armen keinen Boden mehr hatten, den sie verkaufen konnten, um mit dem Erlös ihre Schulden zu bezahlen, und keine Nahrungsmittel mehr erzeugen konnten, um sie auf dem Markt zu verkaufen, verkauften sie sich selbst in die Sklaverei. Athen stand kurz davor, eine Stadt zu werden, in der es nur noch Herren und Sklaven gab.

Solon verdankte sein Ansehen dem oftmals unbeständigen Wohlwollen des Volkes, das ihn dafür achtete, daß er die Stadt zur Rückeroberung der von den Megarern besetzten Insel Salamis, seinem Geburtsort, angespornt hatte. Nach Darstellung des antiken Biographen Diogenes Laertius wollte das Volk Solon zum Tyrannen von Athen machen, doch er habe mit der Begründung abgelehnt, die Tyrannei sei zwar »ein sehr schöner Ort, doch kein Weg führe daraus zurück«.

Er erkannte auch, daß »man es schwerlich allen recht machen kann, wenn angesichts schwerwiegender Probleme dringlicher Handlungsbedarf besteht«. Daß er Erfolg hatte, verdankte er zumindest teilweise seiner Gabe, wirkungsvolle rhetorische Formeln zu prägen. Plutarch erkennt ihm das Verdienst zu, die politische Schönfärberei erfunden zu haben. Solon nannte beispielsweise die Streichung der Schulden der Armen *seisachtheia* – »Erleichterung« bzw. »Befreiung«. Auch bei dem Bemühen, die sich streitenden Klassen Athens zu beschwichtigen, benutzte Solon verbale Taschenspielertricks: Streit sei unmöglich, sagte er etwa, wenn die Dinge »ausgeglichen« seien. Die Wohlhabenden dachten, er meine »in rechten Proportionen«, während die Armen ihn so verstanden, als habe er »vollkommen gleich« gemeint. Solon packte in ein und dasselbe Wort zwei sich wechselseitig ausschließende politische Lösungen: das Versprechen, die hierarchische Gesellschaftsordnung beizubehalten, und die Verpflichtung, Klassenunterschiede zu beseitigen.

Letzten Endes befreite er das Volk zwar von seinen Geldschulden, nahm aber, anders als seine Parteigänger unter den Armen erhofft hatten, keine Umverteilung des Grundeigentums vor. Sein Kompromiß versetzte ihn genau in die Mitte der gewaltbereiten Gruppen, doch schließlich arrangierten sich beide mit ihm.

Die Solonischen Gesetze lassen sich nicht leicht kategorisieren. So verfügte er beispielsweise, daß

– über einen Beamten, der in berauschtem Zustand angetroffen wird, die Todesstrafe verhängt werden soll;
– Prostitution legalisiert und besteuert werden soll;
– über Tote schlecht zu reden ein Verbrechen sei;
– jeder, der einen Ehebrecher auf frischer Tat ertappe, diesen auf der Stelle töten dürfe;
– Mitgift für Frauen, ausgenommen Erbinnen, verboten sei, weil die Ehe aus Liebe und nicht zur Bereicherung erfolge;
– Frauen, die ausgingen, nicht mehr als drei Kleidungsstücke tragen und höchstens für einen Obolus Speise und Trank zu sich nehmen durften.

Solon führte auch das Testament ein als Mittel, über das Erbe nach eigenem Gutdünken zu verfügen. Zuvor war alles an die Familie zurückgefallen, doch Solon stellte die Freundschaft über die Familie und die Zuneigung über die willkürlichen Gebote der Verwandtschaft. Indem er das Vermögen jedes Menschen ausschließlich seinem Verfügungsrecht unterwarf, erweiterte er die Wahlfreiheit des Einzelnen und dadurch den Begriff der Individualität selbst.

Solon gab Athen mehr als nur eine Gesetzessammlung, die jene des Drakon ablöste, der für die meisten Vergehen die Todesstrafe vorschrieb (daher *drakonische* Strafen). Er gab der Stadt eine Vision des Staatskörpers als Ganzem, der von der integrierten Funktionsweise seiner Glieder abhängig war. Alle Bürger mußten wenigstens als Geschworene in das politische Leben einbezogen werden. Die beste Stadt, so sagte er, sei diejenige, »in der die Nicht-Geschädigten die Ungerechten in der gleichen Weise vor Gericht stellen und bestrafen wie die Geschädigten«. Aus diesem Grund wurden Personen, die sich bei einem Aufruhr neutral verhielten, die Bürgerrechte entzogen. Die Bürger hatten nicht mehr die Möglichkeit, sich herauszuhalten, wenn der Fortbestand ihres Gemeinwesens auf dem Spiel stand.

Gefragt, was einen wohlgeordneten Staat kennzeichne, antwortete Solon: »Wenn das Volk den Herrschern gehorcht, und die Herrscher den Gesetzen gehorchen.« Doch Solon war immer in der allzu menschlichen Welt der Realpolitik verankert. Anders als Minos, Hammurabi und Numa erhob er nicht den Anspruch, die Gesetze seien ihm von einem Gott übermittelt worden. Er sagte bis zu seinem Tod immer offen, was er dachte. Gefragt, ob er den Athenern die besten Gesetze gegeben habe, die er ihnen geben konnte, sagte er: »Die besten, die sie empfangen konnten.«

Als Solon seine Gesetze endgültig ausgearbeitet hatte, verließ er Athen, nachdem sich die Stadt ihm gegenüber verpflichtet hatte, sich zehn Jahre lang an seine Gesetze zu halten. Er reiste durch die Welt. Eine berühmte, aber zweifellos erfundene Anekdote schildert, wie er an den Hof des lydischen Königs Krösus kam. Nach Darstellung des griechischen Historikers Herodot fragte Krösus: »Wer ist der glücklichste Mensch, der dir je begegnet ist?« Solon nannte einen unbekannten Athener, der einen ehrenvollen Tod gestorben war. Krösus fragte weiter: »Wer ist der zweitglücklichste?« Solon nannte Kleobis und Biton, zwei Brüder, die in der Blüte ihrer Jugend im Schlaf gestorben waren, unmittelbar nachdem sie den Wagen der Göttin Hera gezogen hatten. Krösus fragte daraufhin erzürnt: »Und wie steht es mit mir?« Nachdem Solon darauf hingewiesen hatte, daß ein Ringer, solange er noch auf der Matte stehe, nicht zum Sieger erklärt werden könne, fuhr er fort: »Wir nennen eine Person nur dann glücklich, wenn ihr die Götter bis ans Lebensende Glück geschenkt haben.«

Seine Worte erwiesen sich Jahre später als prophetisch, als Krösus in der Schlacht gegen Kyros eine vernichtende Niederlage erlitt. Als sich der persische Eroberer anschickte, ihn lebendig auf dem Scheiterhaufen zu verbrennen, rief Krösus in seiner Qual dreimal Solons Namen aus. Kyros schonte daraufhin das Leben des gebrochenen Krösus, nachdem er aus dessen Mund die Geschichte gehört hatte und ins Nachdenken darüber gekommen war, daß dieser Ausspruch eines Tages auch auf ihn zutreffen könnte.

Solons Skepsis hinsichtlich der flüchtigen Vergünstigungen, die das Dasein gewährt, erlaubte ihm, die eitle Anmaßung der Politik zu durchschauen. Nachdem er sich geweigert hatte, Tyrann von Athen zu werden, geriet die Stadt unter den Einfluß des Peisistratos, der so tat, als sei er verwundet, um Unterstützung für seine Tyrannis zu bekommen. Solon zwang ihn dazu, Farbe zu bekennen, indem er sagte: »Dies ist eine schlechte Nachahmung von Homers Odysseus: Was der tat, um seine Feinde zu überlisten, tust du, um deine Landsleute hinters Licht zu führen.« Als das Volk Peisistratos die Leitung der Staatsgeschäfte übertrug, schrieb Solon Gedichte, in denen er es für seine Dummheit geißelte. Peisistratos seinerseits umwarb Solon beharrlich und behielt viele seiner Gesetze bei. (Vielleicht hatte dies etwas damit zu tun, daß Solon lange zuvor Peisistratos' Liebhaber gewesen sein soll.)

Obgleich er die Macht ablehnte, übte Solon einen Einfluß aus, der den seiner Zeitgenossen überdauerte. Die Stadt, deren Gesetze er prägte, prägte ihrerseits die abendländische Kultur stärker als jede andere Stadt. Werner Jäger bezeichnet ihn als »den ersten Athener«. Doch Solon selbst soll das letzte Wort haben, diesmal über das gelungene Altern: »Je älter ich werde, um so mehr neue Dinge erfahre ich.«

Wie Solon war auch **Pittakos von Mytilene** (um 650–570 v. Chr.) ein gemäßigter demokratischer Reformer. Seine Wirkungsstätte war Mytilene, der Hauptort der Insel Lesbos und die Heimat der frühgriechischen Lyriker Sappho und Alkäus. Pittakos war für seinen Mut und seine Tugendhaftigkeit berühmt. Sein denkwürdigstes Gesetz verdoppelte das Strafmaß für alle Vergehen, die in angetrunkenem Zustand begangen wurden. Zu seinen Sentenzen gehört die traurige, aber wahre Beobachtung: »Es ist schwierig, edel zu sein« und eine frühe Fassung des *carpe diem* von Horaz: »Ergreif die Gelegenheit beim Schopf.«

Plutarch schildert, wie Pittakos' Frau einmal wütend in eine Abendgesellschaft ihres Mannes hineinplatzte. Als Pittakos sah, wie sie den Eßtisch umwarf, sagte er zu den anwesenden Freunden: »Niemandes Leben ist vollkommen. Jeder, der nur solche Probleme hat wie ich, ist sehr gut dran.« Die Worte eines wahren Weisen.

Über **Bias von Priene** in Karien (wirkte 570–550 v. Chr.) wissen wir nur wenig. Er scheint seinen Ruhm vor allem seiner Antwort auf ein Rätsel zu verdanken: Gefragt, welcher Teil des Opfertieres der beste und welcher der schlechteste sei, schnitt er die Zunge heraus und schickte sie als Antwort auf beide Fragen zurück. Ein anderer fragte ihn, welches Geschöpf am furchterregendsten sei. »Der Tyrann ist das furchterregendste wilde Geschöpf«, antwortete er, »und der Schmeichler ist das domestizierte Geschöpf, das am meisten zu fürchten ist.« Ein Sinnspruch, der ihm gelegentlich zugeschrieben wird, lautet: »Die meisten Menschen sind schlecht«, begleitet von dem Rat, so zu leben, als ob unsere Lebensspanne zugleich lang und kurz sei. Eine andere Regel der Lebensklugheit erinnert daran, daß »der unglückseligste Mensch derjenige ist, der nicht gelernt hat, Mißgeschick zu ertragen«. Bias bemerkte scharfsinnig, daß »Macht den Menschen auf die Probe stellt«; er scheint auch eine frühe Fassung von »Viele Köche verderben den Brei« geprägt zu haben.

Ein weiterer der sieben Weisen, über den wir wenig wissen, ist **Kleobulos von Lindos** auf der Insel Rhodos (wirkte um 580 v. Chr.). Der starke und schöne Kleobulos war nicht nur der Tyrann von Lindos, sondern auch ein Lyriker. Mit seinem Diktum »Mäßigung ist das Beste« nahm er Aristoteles' goldene Mitte und Horaz' *aura mediocritas* vorweg. Er war auch berühmt für seine Rätsel, z. B.: »Ein Vater, zwölf Kinder, jedes mit wieder dreißig Kindern, teils schwarz und teils weiß, und obgleich sie unsterblich sind, sterben sie doch alle.« Die Lösung? »Das Jahr.«

Periander von Korinth herrschte von etwa 625 bis 585 v. Chr. über die geschäftige Stadt – eine der längsten Diktaturen in der Geschichte Griechenlands. Er war ein Wirtschaftsmagnat, der ein tragisches Ende nahm.

Periander konnte Faulheit bei seinen Untertanen nicht ausstehen, konzentrierte er sich doch auf die Erweiterung der wirtschaftlichen Basis Korinths. Sein Motto war »Vorbedacht in allen Dingen«. Er ließ dreiruderige Schiffe bauen, befuhr damit die Meere, führte das staatliche Münzsystem ein und senkte die Steuern, um die Wirtschaft zu fördern. Eine Zeitlang war das Korinth Perianders die führende Stadt Griechenlands. Er ließ auch große öffentliche Bauten errichten, schützte Kleinbetriebe, indem er die Zahl der Sklaven, die ein Mann beschäftigen durfte, begrenzte, und erlegte den Wohlhabenden eine Sonderabgabe zur Finanzierung einer riesigen Statue aus Gold auf. Und doch war dieser geschäftigste aller Griechen auch ein echter Bewohner des mediterranen Kulturraumes, als er sagte: »Wie herrlich doch der Müßiggang ist!«

Die Legende Perianders hat allerdings eine düstere Seite. Herodot berichtet, daß er einen Boten zu Thrasybulos, dem Herrscher von Milet, sandte, um sich bei ihm Rat über die rechte Weise des Regierens zu holen. Statt dem Boten Perianders Ratschläge zu geben, nahm Thrasybulos ihn mit auf ein Feld, wo er die längsten Getreideähren abschlug und fortwarf. Als der Bote dies Periander erzählte, verstand der sofort den Sinn und begann mit einer blutigen, systematischen Säuberung unter den mächtigsten und angesehensten Bürgern Korinths.

Auch soll Periander seine Frau, Melissa, eine Treppe hinabgeworfen und sie so getötet haben. Nach ihrem Tod konnte er sich nicht daran erinnern, wo er eine bestimmte Sache hingelegt hatte, und schickte Abgesandte zum Orakel der Toten, um von ihm zu erfahren, wo er die Sache verlegt hätte. Der Schatten von Melissa stieg aus dem Hades empor, weigerte sich, die Frage zu beantworten, und klagte, sie müsse nackt und fröstelnd in der Unterwelt umherirren, weil ihr Gatte »seine Brote in einen kalten Ofen geschoben hatte«. Als Periander dies hörte, wußte er, daß seine Abgesandten die Wahrheit sprachen, denn nur Melissa wußte, daß er sich an ihrem Leichnam vergangen hatte. Darauf, so Herodot, habe Periander die Frauen Korinths zu einem Fest eingeladen und ihnen befohlen, ihre Gewänder und ihren Schmuck abzulegen. Während Periander die prächtigen Seidenkleider zu Ehren seiner toten Gemahlin verbrannte, flehte er zu ihr. Versöhnt sagte sie ihm, wo er finden könne, wonach er suche.

Die Beziehung Perianders zu seinem Sohn Lykophron nahm ein tragisches Ende. Als der Jüngling erfuhr, daß sein Vater seine Mutter umgebracht hatte, wollte er nichts mehr mit ihm zu tun haben. Periander schickte ihn in die Verbannung, doch als er in hohem Alter stand, wollte er sich mit ihm aussöhnen und ihn zum Tyrannen von Korinth machen. Lykophron weigerte sich beharrlich und sagte, er werde Korinth so lange nicht betreten, wie Periander dort lebe. Schließlich machte ihm Periander den Vorschlag, sie sollten ihre Plätze tauschen: Er würde Lykophron zum Tyrannen von Korinth einsetzen, während er nach Korkyra in die Verbannung gehen würde. Als die Bürger von Korkyra von dem Plan erfuhren, brachten sie Lykophron um, um den gefährlichen alten Löwen von ihrem Land fernzuhalten.

Herodot nannte **Chilon von Sparta** (wirkte um 556 v. Chr.) den Weisesten der Sieben Weisen. Wiederum ist nur wenig über ihn bekannt. Chilon, der ein hochrangiger Beamter Spartas (ein Ephor) und ein Philosoph war, wird eine radikale Kehrtwende in der Außenpolitik Spartas zugeschrieben, die zur Gründung des Peloponnesischen Bundes führte.

Chilon ist der Verfasser mehrerer Weisheitsmaximen, etwa »Bedenke, daß du sterblich bist« und »Sprich nicht schlecht von den Toten« – was mit einem der Solonischen Gesetze übereinstimmt und ungefähr auch mit der späteren römischen Mahnung *de mortuis nil nisi bene*. Die biblische Sentenz »Richte nicht, auf daß du nicht gerichtet werdest« lautet bei Chilon: »Verleumde nicht deinen Nachbarn, wenn du nicht als Vergeltung quälende Worte hören willst.«

Aristoteles schrieb Chilon das eine der zwei berühmtesten sittlichen Gebote der alten Griechen zu: *meden agan*, »nichts im Übermaß« – ein zentraler Grundsatz der Aristotelischen Ethik (nach Diogenes Laertius geht dieser Grundsatz jedoch auf Solon zurück). Das zweite fundamentale Gebot: *gnothi sauton*, »erkenne dich selbst«, wurde entweder Solon oder Thales zugeschrieben und stand als Inschrift auf dem Apollontempel in Delphi.

Es dürfte mittlerweile deutlich geworden sein, daß Weisheit im 6. Jahrhundert v. Chr. kein mühsames Hinausklettern aus der Platonischen Höhle war, um zu einer kontemplativen Schau der transzendenten Ideen zu gelangen. Die Weisheit der damaligen Zeit war eine viel lebensnähere Sache, die oftmals im Eifer des politischen Handelns entstand.

Die offensichtliche Ausnahme ist **Thales von Milet** (um 624–um 546 v. Chr.). Thales, der möglicherweise semitischer Abstammung war, lebte in Ionien an der Westküste der heutigen Türkei. Er war der erste der drei Weisen aus Milet (die anderen waren Anaximander und Anaximenes), die den Ursprung und die Zusammensetzung der Welt auf naturgesetzliche Weise erklären wollten – die ersten Physiker, die wir kennen. Plutarch behauptet, Thales habe sich von den übrigen Weisen unterschieden: »Es ist wahrscheinlich, daß damals allein Thales die Philosophie über die bloße Praxis zur Spekulation erhoben hat. Die übrigen Weisen wurden so genannt wegen ihrer Bedachtsamkeit in politischen Belangen.«

Eine berühmte Anekdote über Thales vermittelt einen Eindruck davon, was die alten Griechen von seinen abstrakten Betrachtungen hielten. Als der Weise von einer alten Frau ins Freie geführt wurde, um die Sterne zu beobachten, fiel er prompt in einen Graben. Auf seinen Hilferuf antwortete die Frau: »Wie kannst du, Thales, glauben, alles über den Himmel zu wissen, wenn du nicht einmal siehst, was sich unmittelbar vor deinen Füßen befindet?«

Aristoteles nannte Thales den Begründer der Physik, doch die Vorgehensweise des ionischen Denkers war eher poetisch denn systematisch. Obgleich keine seiner Schriften erhalten ist, dürfte Thales ein Philosoph gewesen sein, der nach den allgemeinsten Wahrheiten strebte. Er war vielleicht der erste Mensch im Abendland, der die Vielfalt der sichtbaren Erscheinungen auf ein einziges Prinzip zurückführte. Für Thales war dieses Prinzip das *Wasser*, das er als den Ursprung aller Dinge ansah. Noch im 19. Jahrhundert mühte sich Nietzsche mit der Frage ab, wie aus dieser scheinbar absurden Idee die griechische Philosophie hervorgehen konnte. Nietzsche kam zu dem Schluß, daß »Alles ist Wasser« aus drei Gründen einen bedeutenden Fortschritt im Denken darstellte: »Es sagt etwas über den Ursprung der Dinge aus; es tut dies unter Verzicht auf Metaphern und Sagen; und in ihm ist, wenn auch nur in keimartiger Form, die Idee, daß alles eins ist, enthalten.«

Unter den Sieben Weisen ist Thales das vollkommene Gegenstück zu Solon. Während sich der Athener in politischen Tagesfragen verfing und Gesetze von außerordentlicher Bestimmtheit erließ, um die Freiheit des Einzelnen zu fördern, blieb Thales distanziert und suchte die höchste Stufe der Verallgemeinerung, um die Erscheinungen zu ergründen und ihre grundlegende Einheit zu erweisen.

Eine Anekdote verdeutlicht einige der Unterschiede zwischen Solon und Thales. Solon drängt Thales zu heiraten, wobei er all die üblichen Argumente aufbietet. Eines Tages gibt Thales vor, er habe gerade erfahren, daß Solons Sohn gestorben sei. Solon bricht vor Kummer zusammen, und Thales kann mit Recht behaupten: Die Ehe bindet uns an die Welt und somit an die Sorge. Montaigne, der verheiratet war, behauptete später, Thales habe es am schlauesten angestellt: »Als er jung war und von seiner Mutter zur Heirat gedrängt wurde, antwortete er, es sei noch zu früh; und als er in vorgerücktem Alter war, sagte er, nun sei es zu spät.« Francis Bacon brachte das auf die kurze Formel: »Ein junger Mann, noch nicht – ein alter Mann, nicht mehr.«

Thales war kein weltfremder Intellektueller im Elfenbeinturm. Zu seinen Lebzeiten wurde er als ein vielseitiges Genie verehrt, das die Griechen mit seinen praktischen Leistungen in Erstaunen versetzte. Als Ingenieur leitete er angeblich den Fluß Halys um, so daß ein Heer vom einen Ufer zum anderen marschieren konnte. Als Mathematiker entwickelte er die abstrakte Geometrie aus seinem Studium der ägyptischen Landvermessungsmethoden. Indem er die Länge des Schattens einer Pyramide zu der Tageszeit maß, als die Länge des Schattens eines Menschen gleich seiner Größe war, konnte er die Höhe der Pyramide bestimmen. Als Astronom sagte er das Jahr (wenn auch nicht den Monat bzw. Tag) der totalen Sonnenfinsternis vom 28. Mai 585 v. Chr. vorher.

Seine vielseitige Begabung erstreckte sich auch auf das Geschäftliche. Aristoteles überliefert die Anekdote, Spötter hätten dem Thales vorgehalten, die Philosophie sei nutzlos, weil er nach wie vor ein armer Mann sei: »Wenn du so klug bist, weshalb bist du dann nicht reich?« Aufgrund seiner Kenntnis der Sterne wußte Thales jedoch, daß eine Rekordernte an Oliven zu erwarten war. Er beschaffte sich ein wenig Geld und kaufte sämtliche Olivenpressen in Milet und Chios. Jeder, der sie brauchte, um Öl zu gewinnen, mußte ihm eine Mietgebühr entrichten. So machte er einen hohen Gewinn und bewies damit, daß Philosophen es zu Reichtum bringen können, wenn sie wollen – daß sie jedoch mit ihrer Zeit Besseres anzufangen wissen.

Nirgends ist Thales unergründlicher als in seinen Äußerungen über die Götter. Die Aussage »Alle Dinge sind voller Götter« wurde ihm zugeschrieben. Berühmt war er auch für seine Behauptung, zwischen Leben und Tod gebe es keinen Unterschied. »Weshalb bringst du dich dann nicht um?« fragte jemand. »Weil es keinen Unterschied macht«, antwortete er.

Wie sehr sich Thales auch von den anderen sechs Weisen unterschied, teilte er doch ihre Begabung für prägnante Sinnsprüche. Gefragt, was schwierig sei, antwortete er: »Sich selbst zu erkennen.« Was leicht sei? »Rat zu erteilen.« Weshalb er keine Kinder habe? »Weil ich Kinder liebe.« Thales soll sogar ein Gedicht geschrieben haben, das den bündigen Stil der sieben Weisen zu einer Lebensregel erhob:

> Viele Worte künden nicht von einem verständigen Herzen.
> Such nur eine Weisheit,
> Wähle nur ein Gut aus.
> So wirst du die Zungen der Schwätzer im Zaum halten,
> Die endlos daherschwafeln.

FRAGE 38

Wie heißen die 7 Todsünden?

- **Stolz**
- **Neid**
- **Zorn**
- **Faulheit**
- **Geiz**
- **Völlerei**
- **Wollust**

Papst Gregor der Große (regierte 590–604) stellte diese sieben Sünden als Todsünden heraus. Viel später wandte Thomas von Aquin (1225–74) in seiner *Summa Theologica* zweien davon,

Geiz (bzw. Habsucht) und **Stolz** (bzw. Hochmut), seine besondere Aufmerksamkeit zu.

Bei der eingehenden Erörterung von 1 Timotheus 6, 10, wo es heißt, daß die Habsucht die Wurzel aller Übel sei, behauptet Thomas, daß »ein Mensch durch Reichtum die Mittel erwirbt, jegliche Sünde zu begehen und sein Verlangen nach jeglicher Sünde zu sättigen, da das Geld dem Menschen hilft, sich alle Arten irdischer Güter zu verschaffen«. Doch beginne alles mit dem Stolz: »Nun verfolgt der Mensch mit dem Erwerb aller irdischen Güter den Zweck, mit ihrer Hilfe eine besondere Vollkommenheit und Vorzüglichkeit zu erlangen ... Es heißt, daß der Stolz, also das Verlangen, sich hervorzutun, der Anfang aller Sünde ist.«

Für Thomas von Aquin liegt ein Großteil der verführerischen Gefahr der sieben Todsünden in ihrer Nähe zum Guten, und er weist darauf hin, daß viele Sünden beim Streben nach einem edlen Ziel begangen werden. So sagt er beispielsweise, das Streben nach »Vortrefflichkeit in Ehre und Ruhm« sei etwas Gutes, sofern es nicht aus Eitelkeit ins Maßlose gesteigert werde und sich nicht in Prahlerei äußere – erst dann werde es zur Todsünde des Stolzes. Entsprechend sei der Geiz ein maßloses Verlangen nach Sättigung, und obgleich das Verlangen nach Essen und Trinken natürlich ist, sei das Überschreiten der Grenze zur **Völlerei** sündhaft. Geschlechtsverkehr dient der Erhaltung der Art, doch Besessenheit von den »Sinnesfreuden« sei **Wollust**. Sowohl die Völlerei als auch die Wollust zielen nach Thomas auf ein Übermaß an Lust.

Laut Thomas ist **Faulheit** eine Trägheit des Geistes, die Weigerung, »wegen der damit verbundenen Mühsal geistliche Güter zu erwerben«. Er zitiert einen früheren Theologen mit der Aussage, Faulheit sei eine bedrückende Sorge, eine »Schwerfälligkeit des Geistes, der es versäumt, das Gute zu beginnen«. Sie sei ein Übel, weil sie »den Menschen niederdrückt, so daß er völlig von guten Taten weggezogen wird«.

Über den **Neid** sagt Gregor der Große, daß dieser »selbstzugefügte Schmerz den sich sehnenden Geist verwundet, der durch den Reichtum eines anderen gemartert wird«. Es war der Neid der Schlange auf Adam und Eva im Garten Eden, der die Sünde und den Tod in die Welt brachte (Weisheit 2, 24). Nach Thomas von Aquin ist der Neid der Gefährte der Faulheit: »Faulheit ist ungestilltes Verlangen nach einem göttlichen geistlichen Gut, Neid ist ungestilltes Verlangen nach dem Gut unseres Nachbarn.«

Wenn sich Neid mit Wut und selbstgerechten Anschuldigungen verquickt, ergibt das **Zorn**. Was diesen nach Thomas von Aquin so sündhaft macht, ist der Deckmantel des Guten, der die verruchte Absicht verschleiert: »Der Zornige wünscht einem anderen Menschen Böses anzutun, und zwar unter dem Vorwand der gerechten Rache.«

Der vielleicht interessanteste Aspekt der Lehre von den sieben Todsünden von Thomas von Aquin ist die Behauptung, sie alle leiteten sich von der Liebe her. Denn die Seele erlebe keine Leidenschaft, die ihren Ursprung nicht in einer Form der Liebe habe, die entweder lobenswert oder verwerflich sei.

Dante (1265–1321) stützt sich im *Purgatorio* der *Göttlichen Komödie* nachhaltig auf diesen Aspekt der thomistischen Lehre. Er stellt sich das Fegefeuer als einen gewaltigen terrassenförmigen Berg vor, der am Gegenpol zu Jerusalem aus dem Meer aufragt. Seelen, die für die Sündhaftigkeit während ihres irdischen Daseins bestraft werden, müssen sich die sieben Terrassen emporarbeiten, die jeweils einer Todsünde entsprechen.

Dantes Führer Vergil greift den Gedanken des Thomas von Aquin auf – eine ziemliche Leistung für einen Römer, der viele Jahrhunderte früher lebte –, wenn er erklärt, daß »Liebe der Keim jeder Tugend und jeder Handlung, die Strafe verdient, sein muß«. So ist jede Todsünde im *Fegefeuer* ein Beispiel für irregeleitete Liebe. Die fehlgeleitete, egoistische Liebe wird durch die verwerflichsten Todsünden – Stolz, Neid und Zorn – veranschaulicht. Faulheit ist unzulängliche Liebe, ein halbherziges Bemühen, nach dem Guten zu streben, »ein allzu lustloses Hantieren mit einem Ruder«. Geiz, Völlerei und Wollust – die Produkte übermäßiger Liebe – sind nach diesem Schema die am wenigsten tadelnswerten Todsünden. In dem Maße, wie Dantes Sünder Buße tun, erklimmen sie den Gipfel des Berges, wo der Garten Eden liegt, und von dort steigen sie ins Paradies hinauf.

Zahlreiche weitere Werke der mittelalterlichen Literatur befassen sich mit den sieben Todsünden. *The Vision of Piers Plowman*, William Langland zugeschrieben, ist eine allegorische Dichtung aus dem späten 14. Jahrhundert, die eine Traumvision der Sünden enthält: die Völlerei, die auf dem Weg in die Kirche nicht der Versuchung widerstehen kann, in einem Wirtshaus einzukehren; die Faulheit als Priester, der die Robin-Hood-Dichtungen besser kennt als seine Gebete usw. Und in der letzten und längsten Erzählung von Geoffrey Chaucers *Canterbury Tales* ergeht sich der tugendhafte Parson in einer sterbenslangweiligen Predigt über Buße und die Todsünden, das ermüdende Finale eines Meisterwerks.

FRAGE 39

Wie heißen die 7 Tugenden?

- **Glaube**
- **Hoffnung**
- **Liebe (Nächstenliebe)**
- **Gerechtigkeit**
- **Besonnenheit**
- **Tapferkeit**
- **Mäßigkeit**

Um gegen die sieben Todsünden (vgl. Frage 38) anzukämpfen, müssen wir auf die sieben Tugenden zurückgreifen. Dazu gehören die drei theologischen Tugenden Glaube, Hoffnung und Liebe (Nächstenliebe), die den vier Kardinaltugenden Platons, nämlich Gerechtigkeit, Besonnenheit, Tapferkeit und Mäßigung, übergeordnet wurden. Das Wort *kardinal* leitet sich vom lateinischen *cardo*, »Scharnier«, her und wird auf die vier Tugenden Platons bezogen, weil es bei der Ausbildung der Sittlichkeit auf den Besitz dieser Tugenden ankommt. Die Kirchenväter, die ganz von dem Gedankengut der klassischen Philosophen durchdrungen waren, konnten nicht umhin, sich die Tugenden der Griechen anzueignen, wenngleich sie natürlich die christlichen Tugenden höherstellten.

Die **Gerechtigkeit** ist die für Platon (um 429–347 v. Chr.) wichtigste Tugend, das höchste Ziel, nach dem er Sokrates in seiner *Politeia* streben läßt. Platon glaubte, daß die Gerechtigkeit in einer Gesellschaft dann verwirklicht sei, wenn ein jeder der Tätigkeit nachgehen könne, für die er am besten qualifiziert ist, und wenn die übrigen drei Kardinaltugenden – die jeweils für eine oder mehr der drei Klassen von Bürgern im vollkommenen Staat kennzeichnend sind – harmonisch zusammenwirkten. So erhöhe die Besonnenheit der Herrscher, die Tapferkeit der Krieger und die Mäßigung (die Zügelung der Begierden) der Händler und Handwerker sowie der beiden anderen Klassen die Chancen, daß eine Gesellschaft vollkommen gerecht werde.

Wie im 4. Buch der *Politeia* beschrieben, wohnt die **Besonnenheit** (guter Rat bzw. Weisheit) »jenen Herrschern inne, die wir … Wächter im vollsten Sinne des Wortes nennen«. Platon grenzt das Wissen, das die Herrschenden besitzen, von dem Wissen etwa der Tischler, Schmiede und Bauern ab. Das besondere Wissen der Herrscher – die Weisheit – ist das kennzeichnende Merkmal einer eigens ausgebildeten und von Natur aus befähigten Elite: »Wenn ein Staat auf natürlichen Prinzipien errichtet wird, verdankt sich die Weisheit, die er als Ganzes besitzt, dem Wissen, das dem kleinsten Teil innewohnt, jenem, der die Führung übernimmt und den Rest regiert.«

Platon vergleicht den Mut bzw. die **Tapferkeit**, die den Kriegern eingeflößt wird, mit dem Eintauchen von weißer Wolle in purpurne Farbe: »Ihre Ansichten darüber, was zu fürchten ist, und über alle anderen Themen sollen ihnen unauslöschlich eingeprägt werden.« Während ihrer Unterweisung, so Platon, sollte den Kriegern beigebracht werden, daß alles, was gemein macht oder entwürdigt, zu Recht gefürchtet wird und beharrlich gemieden werden sollte. Leiden und Tod dagegen könnten, wenn man ihnen tapfer entgegentritt, die Seele adeln und den Staat retten helfen und seien daher keine angemessenen Gegenstände der Furcht.

Die **Mäßigkeit** wird von Platon definiert als Herrschaft unseres besseren Selbst über die Anlagen, die dazu neigen, unseren

Lüsten und Begierden nachzugeben. Unmäßigkeit, so Platon, »findet man vor allem bei Kindern und Frauen und Sklaven und dem gemeinen Pöbel derjenigen, die nur dem Namen nach freie Männer sind«.

Während Platons Kardinaltugenden als reine Ideen in einer abstrakten Welt jenseits der Sinneserfahrung existierten, sollten ihre irdischen Entsprechungen als Richtschnur für das menschliche Verhalten hier und heute dienen. Die theologischen Tugenden der Kirchenväter dagegen richten das menschliche Leben erneut auf den metaphysischen Bereich aus. Der bekannteste Lobpreis der drei theologischen Tugenden **Glaube, Hoffnung** und **Liebe** findet sich bei Paulus in 1 Korinther 13: »Wenn ich in den Sprachen der Menschen und Engel redete, hätte aber die Liebe nicht, wäre ich dröhnendes Erz oder eine lärmende Pauke ... wenn ich alle Glaubenskraft besäße und Berge damit versetzen könnte, hätte aber die Liebe nicht, wäre ich nichts. Und wenn ich meine ganze Habe verschenkte ... hätte aber die Liebe nicht, nützte es mir nichts ... Für jetzt bleiben Glaube, Hoffnung, Liebe, diese drei; doch am größten unter ihnen ist die Liebe.«

Der heilige Ambrosius (339–397), Kirchenvater und Bischof von Mailand, war vermutlich der erste, der die Platonischen Tugenden in die christliche Glaubenslehre übernahm. Augustinus (354–430), der von Ambrosius bekehrt und getauft worden war, setzt in *De civitate Dei* die Arbeit fort, die Kardinaltugenden in einen christlichen Bezugsrahmen einzuordnen. Die Mäßigung – griechisch *sophrosyne* – soll »unsere fleischlichen Lüste zügeln«, und er zitiert den Kampf zwischen Fleisch und Geist, von dem Paulus sprach. Die Besonnenheit, so Augustinus, helfe uns, das Gute und das Böse zu erkennen und die richtige Wahl zwischen ihnen zu treffen. Die Gerechtigkeit bezieht sich auf die angemessene Unterordnung der Seele unter Gott, des Leibes unter die Seele und von Leib und Seele zusammen unter Gott.

Augustinus' Erklärung der Tapferkeit erweitert diese über ihren ursprünglichen militärische Bezug hinaus. Ist die ureigene Funktion der Tapferkeit, nämlich »Unglück geduldig zu ertragen«, kein »überwältigender Beweis dafür, daß das menschliche Leben voller Bedrängnis ist, selbst für den weisesten der Menschen«? Er zieht ein Resümee, indem er die Kardinaltugenden auf ihre neue Rolle im christlichen Glauben verweist: »Keine Weisheit ist wahre Weisheit, wenn nicht alles, was sie mit Besonnenheit beschließt, mit Tapferkeit tut, mit Mäßigkeit zügelt und mit Gerechtigkeit verteilt, auf jenes Ziel gerichtet ist, in dem Gott alles in allem in sicherer Ewigkeit und makellosem Frieden sein wird.« Tatsächlich verkündet das Buch der Sprichwörter, das zum Teil ein Lobgesang auf die Weisheit ist, daß »Gottesfurcht der Anfang der Erkenntnis ist«.

Thomas von Aquin (1225–1274) grenzt in seiner *Summa Theologica* die drei theologischen Tugenden Glaube, Hoffnung und Liebe von den geistigen oder sittlichen Tugenden Platons und Aristoteles' (in dessen *Ethik*) ab. Die sittlichen Tugenden betreffen unsere menschliche Natur, so Thomas, und sie helfen uns durch Vervollkommnung unseres Intellektes und unseres Willens dabei, die menschliche Glückseligkeit zu erlangen. Sie sind auch für Heiden erreichbar. Dagegen flößt Gott allein uns die theologischen Tugenden ein, um unsere Seele – unser übernatürliches Selbst – zu vervollkommnen und uns zu helfen, die übernatürliche Glückseligkeit zu erreichen, indem er uns zu unserer Quelle, ihm selbst, zurückführt.

Im *Paradies* der *Göttlichen Komödie* muß Dante (1265–1321) Prüfungen über Glaube, Hoffnung und Liebe ablegen, bevor er der beseligenden Gottesschau teilhaftig wird. Seine Prüfer sind Petrus (für den Glauben), Jakobus (für die Hoffnung) und der Apostel Johannes (für die Liebe). Weshalb wählte Dante ausgerechnet diese drei aus? Petrus, Jakobus und Johannes wurden von Jesus auserwählt, seinem Ringen mit dem Tode auf Golgatha und seiner Verklärung beizuwohnen, und sie scheinen die Anführer der zwölf Apostel zu sein (vgl. Frage 58). Petrus kannte die Fallstricke des verlorenen Glaubens. Der erste der Apostel, der die Göttlichkeit Christi erkannte – »Du bist Christus, der Sohn des lebendigen Gottes« –, erlebte in der Nacht der Gefangennahme den Abfall vom Glauben (einen Mangel an Tapferkeit): die Verleugnung. Jakobus war der erste Apostel, der den Märtyrertod starb, das höchste Zeugnis für die christliche Hoffnung auf ein Leben nach dem Tod in ewiger Glückseligkeit. Und Johannes war »der Jünger, den Jesus liebte«. Auf vielen bildlichen Darstellungen des Abendmahls lehnt sein Kopf an der Schulter Christi, und er ist außerdem der Apostel, dessen Obhut Jesus seine Mutter anvertraute (vgl. Frage 41). Dante besteht alle drei Prüfungen.

Um 1306 malte Giotto (1266?–1336) die Fresken von den sieben Tugenden und den sieben Lastern (vgl. Frage 38) in der Arena- (oder Scrovegni-)Kapelle in Padua. Giottos Auftraggeber, Enrico Scrovegni, war ein Geldverleiher in Padua, dessen Vater, ein Wucherer, eine schmähliche Rolle in Dantes *Hölle* spielen mußte. Dies mag Enrico dazu veranlaßt haben, tief in die Tasche zu greifen und seinen Glauben, seine Hoffnung, seine Liebe, vor allem aber seine Besonnenheit mit verschwenderischer Freigebigkeit zu demonstrieren.

FRAGE 40

Wohin führten die 7 Reisen von Sindbad dem Seefahrer?

- **In den Indischen Ozean, wo er und seine Gefährten auf einem Wal, den sie für eine Insel halten, »an Land gehen«.**
- **Zu einer menschenleeren Insel, wo er das Ei des Riesenvogels Ruch sieht, und weiter ins Tal der Diamanten.**
- **Zu der Insel eines riesigen Kannibalen, der Sindbads Gefährten verschlingt.**
- **Zu einer Insel, auf der er eine reiche Frau heiratet und nach ihrem Tod zusammen mit ihrem Leichnam in die »Höhle der Toten« hinabgelassen wird.**
- **Zu einer unbewohnten Insel, auf der er den Scheich des Meeres tötet.**
- **Zu einer Felsküste, wo er das Ufer eines Flusses sieht, das mit funkelnden Edelsteinen überzogen ist.**
- **Zu einer Insel im Chinesischen Meer, wo er Menschen begegnet, denen Flügel wachsen und die jedes Jahr einen ganzen Tag umherfliegen.**

Die Geschichte von Sindbad dem Seefahrer findet sich in *Tausendundeiner Nacht*, einer umfangreichen Sammlung von Märchen, die größtenteils in Arabien, Indien oder Persien entstanden und zwischen dem 14. bis 16. Jahrhundert auf Arabisch niedergeschrieben wurden. Die Märchen wurden durch die Übersetzung (zwölf Bände, 1704–17) von Antoine Galland in Europa bekannt, wo sie bald auch in mehreren anderen Sprachen erschienen. Die Zusammensetzung der ursprünglichen Märchensammlung hat sich jedoch im Laufe der Jahrhunderte stark gewandelt, und das, was einem maßgeblichen arabischen Text am nächsten kommt, wurde erst gegen Ende des 18. Jahrhunderts in Ägypten, vermutlich in Kairo, herausgegeben.

Die Rahmenerzählung, die persischen Ursprungs ist, berichtet, wie König Schehrijâr Abscheu vor der weiblichen Untreue empfindet, als er seine Königin *in flagranti* ertappt. Nachdem er seine Frau hat hinrichten lassen, beschließt er, jede Nacht eine andere Jungfrau zu heiraten und sie am nächsten Morgen zu töten, um sicherzugehen, daß sie ihn nicht betrügen kann. Drei Jahre verfährt er so, mit der Folge, daß allmählich die Jungfrauen im Lande rar werden. Der Wesir, der den Auftrag hat, neue herbeizuschaffen, läßt sich von seiner Tochter Scheherazade davon überzeugen, daß sie weiß, wie man den König überlisten kann. Als der König sie heiratet, hält Scheherazade sein Interesse wach – und schiebt ihren Tod hinaus –, indem sie ihm eine lange Folge von Märchen erzählt und ihn immer wieder dadurch auf die Folter spannt, daß sie den Ausgang einer Geschichte nie in derselben Nacht erzählt, in der sie mit ihrer Erzählung beginnt.

Eine Reihe ihrer Märchen dreht sich um Sinbad (oder Sindbad), Kaufmann aus Bagdad, der während der Regierungszeit Harun al-Raschids (Kalif von Bagdad, 786–809) zu sieben Schiffsreisen aufbrach. Seine Abenteuer fußten vermutlich auf dem Seemannsgarn muslimischer Seefahrer, die Handel mit Indien, China und den Inseln des Fernen Ostens trieben. Einen weiteren wichtigen Einfluß scheint Homers *Odyssee*, die abgeschwächt in den muslimischen Märchenschatz eingegangen war, ausgeübt zu haben. Die Abenteuer von Sindbad dem Seefahrer, vermutlich ursprünglich ein eigenständiges Werk, erzählt der

Held selbst an sieben aufeinanderfolgenden Tagen einem armen Mann, Sindbad »dem Lastträger«, um ihm beizubringen, daß man Reichtum und Ruhm »erst nach langer Mühsal, furchtbaren Prüfungen und entsetzlichen Gefahren« gewinnt.

Erste Reise. Sindbad, der Sohn des größten Kaufmanns von Bagdad, vergeudet sein ererbtes Vermögen, indem er den zügellosen Lebenswandel eines Verschwenders führt. Mit dem Erlös aus dem Verkauf seiner restlichen Habseligkeit kauft er ein paar Waren und beschließt, sein Glück im Handel mit fremden Ländern zu versuchen. Nachdem er mit einem Flußschiff auf dem Tigris nach Basra gefahren ist (wie auf all seinen Reisen), besteigt er ein Handelsschiff, das aufs offene Meer fährt und zahlreiche Gestade anläuft. Auf einer kleinen Insel, die so lieblich ist wie der Garten Eden, an Land gehend, entzünden Sindbad und seine Gefährten ein Feuer, um sich eine Mahlzeit zuzubereiten, und beginnen mit der Erkundung – als der Kapitän ihnen plötzlich vom Schiff aus zuruft, daß **die Insel, auf der sie gerade sind, in Wirklichkeit ein Wal ist.** Das Feuer muß den Koloß belästigt haben, da er nun ungestüm untertaucht und Sindbad sich an einem Holzfaß festklammern muß, während er Schiff und Besatzung davonrauschen sieht. Er treibt zu einer dicht bewaldeten Insel, wo riesige Stuten an Bäumen angebunden sind, damit »Seepferde« kommen und sich mit ihnen paaren und zahlreiche Fohlen von unschätzbarem Wert zeugen. Dies ist das Gewerbe des Landes von König Mahrajan, der Sindbad schon bald zum Aufseher der Schiffe befördert. In dieser Eigenschaft begegnet Sindbad einem Kapitän, der an Bord seines Schiffes noch immer einen Teil der Waren hat, die einem ertrunkenen Kaufmann namens Sindbad aus Bagdad gehören. Nach der Wiedererkennung kommt es zu einem Happy-End: Sindbad verkauft die wiedergefundenen Waren mit ansehnlichem Gewinn und segelt mit seinen alten Gefährten nach Hause.

Zweite Reise. Sindbad verspürt schon bald wieder Fernweh. Also kauft er Waren, mit denen er Handel treiben will, und bricht zu seiner nächsten Schiffsreise auf. Nach der Landung auf einer unbewohnten Insel bemerkt Sindbad, als er aus einem Nickerchen aufwacht, daß sein Schiff ohne ihn fortgesegelt ist. Beim

Erkunden der Insel stößt er auf eine gewaltige weiße Kuppel mit einem Umfang von 50 Schritt, über der ein riesiger Vogel kreist. Er erkennt, daß **der Vogel ein Ruch ist, der bekanntlich seine Jungen mit ausgewachsenen Elefanten füttert, und daß die »Kuppel« das Ei des Ruchs ist.** Um von der menschenleeren Insel zu entfliehen, befestigt Sindbad das eine Ende seines abgewickelten Turbans an einer Kralle des Vogels und das andere an seiner Hüfte. Der Ruch fliegt davon und setzt Sindbad wenig später in einem Tal ab, das mit Diamanten übersät, aber zugleich von unerklimmbar steilen Felswänden umgeben ist. Als Sindbad sieht, wie der enthäutete Kadaver eines Schafes den Berghang herabpurzelt, erinnert er sich an eine Geschichte über ein Tal der Diamanten und daß Männer angeblich Schafskadaver in das Tal warfen, damit die Diamanten am Boden in ihrem Fleisch stekkenblieben. Wenn Ruchs oder Riesengeier die Kadaver dann zu ihren Nestern brachten, machten die Männer, die oben lauerten, einen gewaltigen Lärm, um die Vögel zu erschrecken, damit sie die diamantengespickten Schafe fallen ließen. Nachdem Sindbad seinen Turban abgewickelt hat, bindet er sich mit ihm an dem toten Schaf fest – nicht ohne sich zuvor die Taschen mit einem Schatz an Diamanten vollgestopft zu haben. Natürlich beißt ein Geier an, trägt Sindbad aus dem Tal heraus und wird von den Diamantenhändlern verscheucht, die schließlich den von neuem zu Reichtum gelangten Sindbad nach Hause bringen.

Dritte Reise. Doch schon bald langweilt sich Sindbad zu Hause wieder. Diesmal wird sein Schiff von Zwergaffen mit funkelnden gelben Augen angegriffen, die ihn und seine Gefährten auf einer Insel aussetzen und sich mit dem Schiff davonmachen. Die gestrandeten Männer betreten ein gewaltiges Gebäude, in das **schon bald ein Riese kommt, der die drei dicksten Männer an drei aufeinanderfolgenden Abenden tötet und sie auf einem Bratspieß röstet, um sie dann zu verschlingen.** (Diese Geschichte weist deutliche Übereinstimmungen mit dem Zusammentreffen von Odysseus und seinen Männern mit dem kannibalistischen Zyklopen auf, nur daß dieser Riese zwei Augen hat.) Ein interessantes Detail ist die Tatsache, daß die Männer nicht in dem »Palast« des Ungeheuers gefangen sind, sondern diesen eine Zeitlang verlassen, um ein Floß für ihre Flucht zu bauen. Nachdem sie zurückgekehrt sind, um Rache zu üben, warten sie, bis das Monster einschläft (in dieser Fassung ist er nicht betrunken) und stechen ihm dann mit den rotglühenden Spießen, auf denen er ihre Gefährten geröstet hat, die Augen aus. Als sie auf dem Floß abstoßen, schleudern der Riese und eine Riesin Felsen auf sie, nur zwei der Gefährten und Sindbad entkommen. Es gelingt ihnen, eine andere Insel zu erreichen, wo Sindbads Gefährten von einer Riesenschlange verschlungen werden. Am nächsten Tag wird er von dem Schiff gerettet, dessen Besatzung ihn auf seiner zweiten Reise versehentlich auf der Insel des Vogels Ruch zurückgelassen hatte. Da sich seine Waren noch immer an Bord befinden, veräußert er sie gewinnbringend und kehrt als reicher Mann nach Bagdad zurück.

Vierte Reise. Nachdem der unverbesserliche Sindbad erneut in See gestochen ist, wird sein Schiff bei einem Sturm zerstört. Ihm und einigen anderen gelingt es, eine Insel zu erreichen, wo sie von nackten Wilden zu deren König gebracht werden. Als ihnen Speisen angeboten werden, machen sich Sindbads Gefährten gierig darüber her, nur er verzichtet, angewidert vom Aussehen der Speisen. Kluger Entschluß: Die anderen Männer verwandeln sich schon bald in dumme, schweinsartige Tiere und werden auf die Weide getrieben und anschließend vom König (der sie röstet) und seinen Leuten (die sie in Form von Carpaccio bevorzugen) verzehrt. Auf der Flucht von diesem ungastlichen Ort – der eine gewisse Ähnlichkeit mit jener Insel hat, auf der Kirke die Männer des Odysseus in Schweine verwandelt – begegnet Sindbad einigen ehrbaren Menschen, die ihn auf eine Nachbarinsel bringen. Dort lehrt er den König und alle anderen hochstehenden Persönlichkeiten den Gebrauch von Sätteln für ihre Pferde und wird so zum reichsten Mann der Insel. Der König schließt Sindbad so sehr in sein Herz, daß er ihn mit einer schönen jungen Dame vermählen möchte, obwohl Sindbad Heimweh hat und seine erste Frau bitterlich vermißt. (Dies erinnert ein wenig an Odysseus' zehrende Sehnsucht nach Ithaka und seiner Gemahlin Penelope, nachdem ihn Kalypso sieben Jahre lang auf ihrer Insel festgehalten hat.) Doch als seine neue Frau stirbt, muß sich Sindbad einer grausamen Landessitte beugen – der verwitwete Ehepartner muß der Verstorbenen in den Tod folgen. **Nachdem der Leichnam seiner Frau in eine tiefe Bestattungsgrube geworfen worden ist, wird Sindbad mit einem Seil hinabgelassen und erhält als Proviant nur sieben Laib Brot und einen Krug Wasser.** Doch wie Odysseus ist auch Sindbad ein Mann »voller List und Verschlagenheit«, der sich immer zu helfen weiß: Als eine Witwe mit ihren Speisen und ihrem Wasser herabgelassen wird, bringt er sie mit einem großen Knochen eines Skeletts einfach um und eignet sich ihren Vorrat an, das gleiche tut er mit anderen unglücklichen Witwen und Witwern und überlebt auf diese Weise viele Wochen. Eines Tages sieht er ein wildes Tier in der Höhle, das von dem Aasgestank angelockt wurde und einen Gang durch die Felswand der Grube scharrte. Sich vorsichtig durch den Gang vorarbeitend – die Taschen voll mit den Edelsteinen und Perlen, die er bei den Leichen gefunden hatte –, erreicht Sindbad schließlich eine Küste, wo er bald von einem Schiff gerettet wird.

Fünfte Reise. Hatte Sindbad all die lebensgefährlichen Abenteuer endlich satt? Von wegen, er kam jetzt erst so richtig in Schwung. Diesmal verschlägt es ihn auf eine unbewohnte Insel, wo er die verräterische weiße Kuppel sieht, die das Ei eines Ruchs anzeigt. Zu seinem Entsetzen vertreiben sich seine Gefährten die Zeit damit, die Schale des Eies mit Steinen zu zertrümmern, das Ruch-Küken herauszuziehen und zu kochen. Als sie in See stechen, verfolgen rachsüchtige Vogeleltern, die Felsblöcke in ihren Krallen tragen, das Schiff und bombardieren es kaputt, nur Sindbad entkommt und treibt auf einem Wrackteil ans Ufer einer Insel. (Diese Episode erinnert an die Zerstörung von Odysseus' Schiff durch einen von den Göttern entfesselten Sturm, nachdem seine Gefährten einige der heiligen Rinder des Sonnengottes geschlachtet hatten.) Auf der Insel begegnet er einem gebrechlichen Alten, der an einem Bach sitzt und Sindbad bittet, ihn auf seinen Schultern auf die andere Seite zu tragen. Sobald dieser »Scheich des Meeres« auf ihm sitzt, will er nicht wieder absteigen und peinigt Sindbad, indem er dessen Hals und Brust mit seinen erstaunlich starken Beinen umklammert. Nachdem er den Alten viele Wochen mit sich herumgeschleppt hat und ihm zu Willen war, gelingt es Sindbad, in einem Gefäß etwas Wein herzustellen und ihn betrunken zu machen (genauso wie Odysseus mit dem Kyklopen verfuhr). **Als das Ungetüm auf den Boden plumpst, zerschmettert Sindbad seinen Schädel mit einem Stein und wird so das erste Opfer des Scheichs des Meeres, das mit dem Leben davonkommt.** Nachdem Sindbad von einem Schiff gerettet worden ist, gelangt er in die Stadt der Affen. Dort verdient er sich auf folgende Weise das Geld für die Rückfahrt in die Heimat: Wie die Einwohner der Stadt füllt er einen Sack mit Kieselsteinen und hängt diesen über die Schulter. Gemeinsam mit den Männern sucht er einen fern der Stadt gelegenen Kokospalmenhain auf, dessen turmhohe Bäume kein Mensch erklettern kann. Doch die Männer sind auf eine List verfallen – sie bewerfen die Affen in den Baumwipfeln mit den Kieselsteinen, zur Vergeltung bombardieren die Affen sie mit Kokosnüssen, welche die schlauen Männer einsammeln und auf den Markt bringen. Auf dem Heimweg nach Bagdad tauscht Sindbad die Kokosnüsse gegen Gewürze und bezahlt dann einige Taucher dafür, daß sie ihm einen Schatz an Perlen aus dem Meer heraufholen.

Sechste Reise. Das bewährte Muster: Sindbads Schiff zerschellt in einem Sturm an einer Felsküste, doch es gelingt dem wackeren Mann, ans Ufer zu klettern. Dort kommt er zu einem Fluß, der durch eine Gebirgsschlucht fließt. **Anders als gewöhnliche Flüsse hat dieser Fluß Ufer, die mit Rubinen, Smaragden und Perlen übersät sind.** Sindbad beschließt, dem Flußlauf zu folgen, in der Hoffnung, irgendwo auf Lebewesen zu stoßen. Abermals baut er ein Floß und belädt es hoch mit Säcken voller Edelsteine. Als er wieder aus der Schlucht auftaucht, wird er von einigen Indern und Abessiniern freundlich empfangen. Sie bringen ihn zu ihrem König, der ihn zu seinem Höfling macht und ihn mit einem prächtigen Geschenk an Harun al-Raschid schicken möchte. Darum segelt Sindbad nach Bagdad zurück und bittet um eine Audienz bei dem berühmten Kalifen. Harun befielt, Sindbads Abenteuer in Buchstaben aus Gold auf Pergament niederzuschreiben, zur Erbauung der Nachwelt.

Siebte Reise. Auch wenn Sindbad inzwischen nicht mehr in der Blüte des Lebens steht, hat er noch immer nicht genug von der Welt und ihren Sitten gesehen. Er fährt mit einem Schiff ins Chinesische Meer, wo in der Nähe des Reichs der Könige, der Grabstätte Salomos, ein Sturm tobt. Ein ungeheuer großer Wal verschlingt ihr Schiff, doch Sindbad springt gerade noch rechtzeitig von Bord und rettet sich auf eine Insel. Er baut ein Floß und fährt damit einen Fluß hinunter ins Innere der Insel, wo eine Gruppe von Männern, die sein Floß in ihrem Netz einfangen, ihn davor bewahrt, in einen Abgrund zu stürzen. Ein ehrwürdiger alter Mann bringt ihn in die Stadt und verwöhnt ihn mit Speis und Trank, einem Bad und Dienern. Man stelle sich Sindbads Überraschung vor, als sein Floß ihm bei einer Versteigerung elfhundert Goldstücke einbringt – es war, wie sich herausstellte, aus ganz seltenem Sandelholz gebaut –, der Käufer ist der alte Mann selbst.

Sindbads großzügiger Freund möchte, daß er seine schöne junge Tochter und Alleinerbin heiratet und später einmal Vorsteher der Kaufleute der Stadt wird. Sindbad willfahrt voller Freude dem Wunsch des alten Mannes, und er und seine Frau leben glücklich zusammen. Doch bald findet er heraus, daß **den Männern dieses Landes einmal im Jahr Flügel wachsen und sie jedes Jahr einen ganzen Tag umherfliegen**. Sindbad bittet einen Freund, ihn mitzunehmen. Am festgesetzten Tag umklammert er die Hüfte des Mannes und steigt mit ihm empor. Sie fliegen so hoch, daß Sindbad die Engel Hymnen auf Allah singen hört – und kann nicht umhin, ebenfalls Loblieder auf Allah anzustimmen. Da stürzt sein Freund aus größter Höhe hinab und setzt Sindbad unter Verfluchungen auf einem Berggipfel ab. Nachdem Sindbad zwei vermeintlichen Engeln begegnet ist – von denen ihm der eine seinen goldenen Stab schenkt und ihm den Weg weist –, trifft er auf seinen geflügelten Freund, der sich wieder beruhigt hat und ihm erklärt, daß die Erwähnung Allahs das Flugvermögen seiner Landsleute immer derart beeinträchtigt. Sindbads Gemahlin gesteht ihm später, daß alle ihre Mitbürger – mit Ausnahme ihres verstorbenen Vaters – Gefährten Satans sind. (*Jetzt* eröffnet sie ihm das!) Nachdem sie ihre Häuser und Habseligkeiten verkauft haben, fliehen beide nach Bagdad, wo Sindbad, der auf dieser Reise siebenundzwanzig Jahre fern der Heimat weilte, gelobt, fortan brav zu Hause zu bleiben. Sindbad der Lastträger, der mit all diesen Erzählungen unterhalten wurde, wird zum Busenfreund des weisen alten Sindbad des Seefahrers.

Nachdem Scheherazade tausendundeine Nacht lang Geschichten erzählt hat, darunter *Aladin und die Wunderlampe* (ist hinreichend bekannt, daß Aladin Chinese war?) und *Ali Baba und die vierzig Räuber*, enthüllt sie dem König, daß sie ihm unterdessen drei Söhne geboren hat, und fleht ihnen zuliebe um ihr Leben. Doch der König hat sich bereits in sie verliebt, weil er festgestellt hat, daß sie »sittsam und zärtlich, klug und beredsam« ist. Der unwiderstehliche Zauber, mit dem Scheherazade den König bestrickte, ist ein passendes Sinnbild für die Kunst des Erzählens.

FRAGE 41

Wie lauteten die 7 Letzten Worte Jesu Christi am Kreuz?

- **»Vater, vergib ihnen, denn sie wissen nicht, was sie tun.«**
- **»Amen, ich sage dir: Heute noch wirst du mit mir im Paradies sein.«**
- **»Frau, siehe, dein Sohn!« und: »Siehe, deine Mutter!«**
- **»Eloï, Eloï, lema sabachtani?« (Mein Gott, mein Gott, warum hast du mich verlassen?)**
- **»Mich dürstet.«**
- **»Es ist vollbracht.«**
- **»Vater, in deine Hände lege ich meinen Geist.«**

Nach dem Neuen Testament sprach Jesus sieben Mal, während er am Kreuz mit dem Tode rang. Diese Äußerungen, die den Berichten der Evangelien entnommen sind, wurden offiziell zu einer Serie zusammengestellt, die als die **Sieben Letzten Worte** bezeichnet wird. Dies geschah nicht zuletzt in dem Bemühen, die innere Chronologie der verschiedenen Passionsgeschichten anzugleichen. Die Sieben Letzten Worte, die noch immer in der Liturgie am Karfreitag verwendet werden, haben zahlreiche Musikstücke inspiriert, einschließlich einiger Werke von Joseph Haydn und des italienischen Komponisten Saverio Mercadante, der im 19. Jahrhundert lebte.

»Vater, vergib ihnen, denn sie wissen nicht, was sie tun« (Lukas 23, 34). Die Theologen haben diesen Vers – der in den ältesten Texten fehlt – so gedeutet, daß Jesus möglicherweise versucht habe, seine Peiniger vor dem Zorn Gottes zu schützen, als sie ihn in Golgota ans Kreuz schlugen. Die Bereitschaft, zu verzeihen, wird im gesamten Neuen Testament betont. In der Bergpredigt fordert Jesus seine Zuhörer auf: »Liebt eure Feinde und betet für die, die euch verfolgen« (Matthäus 5, 44).

Doch wem soll Gott hier vergeben – den römischen Soldaten, die ihn kreuzigten? Dem jüdischen Sanhedrin? Dem Pöbel, der seine Kreuzigung verlangte? Dem feigen Pontius Pilatus? Gewiß nicht Judas, der genau wußte, was er tat. Jedenfalls bezieht sich Christus in seiner Bitte um Vergebung konkret auf die Unwissenheit derer, die seinen Tod wollten – woraus folgt, daß sie nicht wußten, daß er der Messias ist, und sich folglich der Ungeheuerlichkeit ihres Tuns nicht bewußt waren. Tatsächlich verhöhnten die führenden Männer des Volkes in den folgenden Versen Christus: » … nun soll er sich selbst helfen, wenn er der erwählte Messias Gottes ist.« Lukas berichtet, daß »[ihn] auch die Soldaten verspotteten«.

»Amen, ich sage dir: Heute noch wirst du mit mir im Paradies sein« (Lukas 23, 43). Auch in der zweiten Äußerung am Kreuz, die an den Guten Dieb gerichtet ist (der später als Dysmas bezeichnet wird), einen der beiden Verbrecher, die links und rechts von Jesus gekreuzigt wurden, geht es um die Bereitschaft, zu vergeben. Als der reuelose Verbrecher Jesus als falschen Messias verhöhnt, der nicht in der Lage sei, sich selbst und seine beiden Gefährten in Todesgefahr zu retten, weist ihn der andere zurecht und sagt dann: »Jesus, denk an mich, wenn du in dein Reich kommst.« Jesus reagiert auf dieses bemerkenswerte Zeugnis des Glaubens mit dem Versprechen, jenem trotz seiner Taten das ewige Heil zuteil werden zu lassen. Dagegen hat Petrus, der Führer der Apostel und von Christus eingesetztes Oberhaupt der entstehenden Kirche, kurz vorher seine Verbindung mit dem Gottessohn dreimal geleugnet (vgl. Frage 58).

»Frau, siehe, dein Sohn!« und: **»Siehe, deine Mutter!«** (Johannes 19,26–27). Oberflächlich betrachtet hat Jesus nur seine Pflicht als ein guter hebräischer Sohn getan, als er sich mit diesen Äußerungen, die an Maria und an »den Jünger, den er liebte« – offenbar den Apostel Johannes – gerichtet sind, um das künftige Wohlergehen seiner verwitweten Mutter kümmert. Dennoch wirkt die Anrede »Frau«, die er benutzt, um ein familiäres Band zwischen beiden zu knüpfen, seltsam distanziert.

Die Kirchenväter haben diese Äußerungen, die nur im Johannesevangelium bezeugt sind, später allegorisch gedeutet, indem sie der ersten Frau, Eva (das heißt »Mutter aller Lebenden«, deren Ungehorsam gegen den göttlichen Schöpfungsplan im Garten Eden zu Sünde, Tod und zur Notwendigkeit der Heilssendung Christi führte), Maria gegenüberstellten: die vollkommene Frau, die Mutter des Erlösers, die von dem Augenblick an, da sie auf die Verkündigung des Engels Gabriel antwortete: »Ich bin die Magd des Herrn; mir geschehe, wie du es gesagt hast« (Lukas 1,38), dem göttlichen Plan willig gehorcht. Maria, die zweite Eva, galt entsprechend als Mutter des *neuen Adam*, des vollkommenen Menschen. Soweit die Kirchenväter.

Doch an mehreren Stellen in den Evangelien selbst betont Jesus, daß seine Sendung durch Gott wichtiger sei als die Pflicht, Maria und anderen Familienmitgliedern zu gehorchen. Als er im Alter von zwölf Jahren seine Mutter und seinen Pflegevater Josef zum Paschafest nach Jerusalem begleitete, blieb er nach ihrer Heimkehr in der Stadt, um mit einigen Rechtsgelehrten im Tempel zu diskutieren (Lukas 2,41–52). Nachdem Maria und Joseph, die ihn irgendwo in der Pilgergruppe vermuteten, merkten, daß er nicht da war, kehrten sie voller Kummer und Angst in die Stadt zurück. Als sie ihn fanden, fragte Maria, warum er ihnen dies angetan habe. »Warum habt ihr mich gesucht?« antwortete er. »Wußtet ihr nicht, daß ich in dem sein muß, was meinem Vater gehört?«

Bei seinem ersten Wunder, als er auf der Hochzeit von Kana Wasser in Wein verwandelte, war Jesus von Maria gebeten worden, dies als eine Gefälligkeit gegenüber den Feiernden zu vollbringen (Johannes 2,1–11): »Sie haben keinen Wein mehr«, sagte sie zu ihrem Sohn, als die Vorräte ausgingen. Er erwiderte barsch: »Was willst du von mir, Frau? Meine Stunde ist noch nicht gekommen.« Ein weiteres Mal das Wort *Frau* und der Hinweis auf eine höhere Berufung. Doch er fügt sich dem Willen seiner Mutter. In Lukas 8, 19–21, als man Jesu sagt, daß sein Mutter und seine Brüder gekommen seien, um ihn zu sehen, aber wegen der vielen Leute nicht zu ihm gelangen könnten, antwortet er: »Meine Mutter und meine Brüder sind die, die das Wort Gottes hören und danach handeln.«

»Eloï, Eloï, lema sabachtani?« (Mein Gott, mein Gott, warum hast du mich verlassen?) (Markus 15, 34). Als Christus diese Worte äußerte (die von Markus auf Aramäisch, der Umgangssprache der Juden nach dem babylonischen Exil, niedergeschrieben wurden), soll sich die Natur selbst infolge einer dreistündigen Sonnenfinsternis in Finsternis gehüllt haben. Einige Augenzeugen meinten fälschlich, er rufe nach Elija, der nach der Überzeugung vieler Juden vor dem Kommen des Messias zur Erde zurückkehren würde. Im Matthäusevangelium findet sich statt dessen das hebräische Wort für Gott, *Eli*, das dem Namen Elija näherkommt.

In dieser Wehklage greift Christus Psalm 22 auf, der mit diesem Klageruf betrübter Verwirrung darüber, daß Gott einen getreuen Diener verlassen hat, beginnt. Einige haben die Frage aufgeworfen, ob Christus in Verzweiflung verfallen sei, als er den Vater beschuldigte, ihn verlassen zu haben. Dies würde ins Herz des christlichen Glaubens an Jesus als Gott *und* Mensch treffen.

Allerdings beginnt Psalm 22 mit dem Leiden eines Gerechten, fährt dann jedoch mit der Behauptung fort: »Denn er [Gott] hat nicht verachtet,/ nicht verabscheut das Elend des Armen. Er verbirgt sein Gesicht nicht vor ihm;/ er hat auf sein Schreien gehört.« Nach christlicher Auffassung sind die menschliche und die göttliche Natur von Jesus während seines Ringens mit dem Tode im Garten Getsemani beide voll zur Geltung gekommen. Bevor Jesus fortgeht, um zu beten, sagt er zu Petrus, Jakobus und Johannes: »Meine Seele ist zu Tode betrübt.« Dann betet er: »Mein Vater, wenn es möglich ist, gehe dieser Kelch [der bevorstehende Kreuzestod] an mir vorüber.« Und er fügt hinzu: »Aber nicht wie ich will, sondern wie du willst« (Matthäus 26, 36–46).

»Mich dürstet« (Johannes 19, 28). Diese Worte, die später als ein Beleg für die menschliche Natur Christi gegen die Doketisten (Häretiker, die bestritten, daß Christus ein echter Mensch gewesen sei) benutzt wurden, verdeutlichen zugleich die innere Stärke Christi, der stundenlange Qualen ertrug, bevor er von seinem Durst sprach. Ein Schwamm, der mit gärendem Wein (oder Essig) getränkt war, wurde an seinen Mund gehalten, und er trank davon, bevor er starb. Dieses Detail erinnert ebenfalls an Psalm 22 (Vers 16): »Meine Kehle ist trocken wie eine Scherbe, / die Zunge klebt mir am Gaumen« und an Psalm 69 (Vers 22): » … für den Durst reichten sie mir Essig.«

»Es ist vollbracht!« (Johannes 19, 30). Dies sind die Worte Christi, unmittelbar nachdem er von dem Essig genommen hat. In der griechischen Urfassung steht das Wort *tetelestai*, das mit *telos* (»Ziel, Zweck«) verwandt ist. Christus sagt im Grunde genommen nicht, daß sein Leben zu Ende ist (obgleich dem so ist), sondern daß seine Sendung als Erlöser – für die Sünden der Menschheit zu sterben, um sein Sühneopfer für Gott zu vollbringen – **vollendet** ist.

»Vater, in deine Hände lege ich meinen Geist« (Lukas 23, 46). Christus macht in seiner letzten Äußerung, wie sie von Lukas überliefert wird, eine weitere Anspielung auf die Psalmen. Diesmal auf Psalm 31 (Vers 5–6): »Du wirst mich befreien aus dem Netz, das sie mir heimlich legten; / denn du bist meine Zuflucht. In deine Hände lege ich voll Vertrauen meinen Geist.« Das von Lukas verwendete griechische Wort *pneuma*, »Lebensodem, Seele«, hier mit »Geist« übersetzt, wird von Jesus auf die göttliche Quelle allen Lebens bezogen.

Nach christlichem Glauben ist Christus am dritten Tag, Ostersonntag, von den Toten auferstanden und hat vierzig Tage mit seinen Jüngern verbracht und ihnen seine letzten Anweisungen gegeben (Matthäus 28, 19–20): »Darum geht zu allen Völkern, und macht alle Menschen zu meinen Jüngern … und lehrt sie, alles zu befolgen, was ich euch geboten habe. Seid gewiß: Ich bin bei euch alle Tage bis zum Ende der Welt.« Dann ist er mit Leib und Seele in den Himmel aufgefahren.

8

FRAGE 42

Aus welchen Elementen setzt sich der 8fache Pfad des Buddhismus zusammen?

- **Rechte Gesinnung**
- **Rechter Entschluß**
- **Rechtes Reden**
- **Rechtes Betragen**
- **Rechte Lebensweise**
- **Rechtes Streben**
- **Rechtes Gedenken**
- **Rechte Versenkung**

Die letzte der vier edlen Wahrheiten des Buddhismus (vgl. Frage 16) verheißt einen Weg, um dem endlosen Kreislauf von Geburt, Leid, Tod und Wiedergeburt zu entkommen. Dies ist der achtfache Pfad, der zentrale buddhistische Leitfaden des rechten Lebens. Diejenigen, die diesem Weg beharrlich folgen, werden das Nirwana erlangen, in dem alles selbstsüchtige Begehren und folglich alles Leiden aufgehoben ist. Das höchste Ziel ist *mahaparinirvana*, »die große völlige Auslöschung«, die für Buddhisten das große Los und für die meisten Menschen im Westen furchtbarer ist als der Tod selbst.

Wie können sich Menschen selbst aller Begierden entschlagen? Anhänger Darwins und Nietzsches würden behaupten, dies sei ein Widerspruch in sich. Nach buddhistischer Auffassung entsteht das Begehren aus einem Verkennen der Natur der Welt und dessen, was man im Hinduismus, der Mutterreligion des Buddhismus, das Selbst oder die Seele *(atman)* nennt. Alles, was zu sein scheint, befindet sich im Grunde genommen in einem Zustand des Werdens; nichts ist dauerhaft oder von einfachem Wesen, alles ist vergänglich, zusammengesetzt und unterliegt dem Verfall. Sogar das Selbst ist eine Täuschung: Wir sind veränderliche, momentane Verbindungen mannigfaltiger Substanzen, Wahrnehmungen, Erinnerungen und Emotionen. Dieses Selbst besitzt keine einheitliche Existenz, vielmehr ist es eigentlich ein »Nicht-Selbst« *(anatman)*, das dann den Fehler macht, andere Dinge zu begehren, die nicht minder vergänglich und »unwirklich« sind. Die schlimmste Form des Begehrens ist das sexuelle Verlangen, da es dazu führt, weitere leidende Geschöpfe in den Kreislauf der Wiedergeburt einzuspeisen.

Zusammen mit den vier edlen Wahrheiten enthüllte Buddha den achtfachen Pfad seinen fünf ersten Jüngern in seiner ersten Predigt nach seiner Erleuchtung unter dem heiligen Feigenbaum. Der achtfache Pfad reinigt das Individuum von seinem egoistischen Begehren, indem er sich auf drei Bereiche des menschlichen Lebens auswirkt: die Sittlichkeit, die geistige Zucht und den Lebensunterhalt. Das **rechte Reden** vermeidet Lüge, Klatsch, Verleumdung und Beleidigung. Das **rechte Betragen** umfaßt die Befolgung der »fünf sittlichen Regeln«, die es untersagen, ein Lebewesen zu töten (das Gesetz der *ahimsa*), zu stehlen, Falschaussagen zu machen, berauschende Getränke zu sich zu nehmen und unkeuschem Verhalten zu frönen. Die **rechte Lebensweise** bedeutet, darauf zu verzichten, den Lebensunterhalt mit unlauteren Mitteln zu verdienen, etwa durch bezahlten Mord, oder indem man Leute mit Astrologie und Wahrsagerei hinters Licht führt. Sie erheischt auch die Tugenden des Mitleids (ein wichtiges sittliches Gebot im Buddhismus), der Freundlichkeit zu allen Menschen, der Freude an der Freude anderer, der Bereitschaft, Feinden zu verzeihen, und der Gelassenheit.

Geistige Zucht bzw. geistiges Training *(samadhi)* umfaßt das **rechte Streben**, das **rechte Gedenken** und die **rechte Versenkung.** Dazu gehört die Übung in Yoga, einem System der mystischen Versenkung, das vom Hinduismus übernommen wurde. Indem Yoga den Geist auf einen festen Punkt bzw. ein bestimmtes Thema konzentriert, löst es unterschiedliche Stufen der Trance bzw. Selbsthypnose aus, die den Geist von den Zerstreuungen der Außenwelt befreien und ihn an ein Leben ohne das Verlangen nach den trügerischen Sinneslüsten der Welt gewöhnen.

Weisheit *(prajna)* bzw. intuitive Erkenntnis ist die Frucht rechter Gesinnung und rechten Entschlusses. Die **rechte Gesinnung** beinhaltet das Verstehen der vier edlen Wahrheiten, der Vergänglichkeit aller Dinge und der Lehre vom Karma. Der **rechte Entschluß** ist von entscheidender Bedeutung, weil sich das Gesetz des Karma auf den Entschluß bzw. das Motiv, das den Taten zugrunde liegt, und nicht notwendigerweise auf die Taten selbst bezieht. Je nachdem, wie gut oder schlecht die Entschlüsse der Menschen in ihrem gegenwärtigen Leben sind, werden sie als Götter, Menschen, Tiere, hungrige Geister oder Höllenbewohner wiedergeboren. Natürlich ist das höchste Ziel die völlige Befreiung von jeglicher Bindung an die Begierde und das Leben, damit kein Karma mehr erzeugt und das Rad der Wiedergeburt *(samsara)* für immer zerbrochen wird. Dieser Zustand des Nirwana kann auf der Erde erlangt werden, obgleich das Individuum, das ihn erlangt hat, noch weiterlebt (wie Buddha nach seiner Erleuchtung), oder er kann die endgültige Auslöschung des trügerischen Selbst (wie bei Buddhas Tod) markieren.

Aber wenn das Selbst bzw. die Seele nur Schein ist, was wird dann beim *samsara* wiedergeboren? Dies ist eine Schwachstelle in der buddhistischen Metaphysik. So wie der griechische Philosoph Heraklit sagte, daß man nie zweimal in denselben Fluß steigen kann, weil das Wasser ständig weiterfließt, so behaupten die Buddhisten, daß die wiedergeborene Seele zwar an der Kontinuität des Schicksals teilhabe, aber nicht völlig mit der früheren Seele identisch sei. Sie läßt sich mit der Flamme einer Kerze vergleichen, die mit der Flamme einer anderen Kerze entzündet wurde. Tatsächlich können sich nur diejenigen, die die Erleuchtung erlangt haben, an irgendwelche ihrer Tausenden von früheren Existenzen erinnern.

Die genaue Befolgung des achtfachen Pfades erfordert eine strenge Zucht, die nicht mit den Anforderungen des Alltagslebens in der Familie vereinbar ist. Angehörigen der *sangha,* des buddhistischen Mönchsordens, ist die erforderliche Disziplin schon immer viel besser gelungen.

FRAGE 43

Wie lauten die 8 Seligpreisungen?

- **Selig, die arm sind vor Gott; denn ihnen gehört das Himmelreich.**
- **Selig die Trauernden; denn sie werden getröstet werden.**
- **Selig, die keine Gewalt anwenden; denn sie werden das Land erben.**
- **Selig, die hungern und dürsten nach Gerechtigkeit; denn sie werden satt werden.**
- **Selig die Barmherzigen; denn sie werden Erbarmen finden.**
- **Selig, die ein reines Herz haben; denn sie werden Gott schauen.**
- **Selig, die Frieden stiften; denn sie werden Söhne Gottes genannt werden.**
- **Selig, die um der Gerechtigkeit willen verfolgt werden; denn ihnen gehört das Himmelreich.**

Jesus wendet sich in der Bergpredigt im Matthäusevangelium (5, 3–10) mit diesen Worten an die versammelte Menschenmenge. Von einigen wurden die Seligpreisungen das »Grundgesetz« des Christentums genannt, das die wesentlichen Kennzeichen derjenigen aufführt, die das Heil finden werden. Da sich Matthäus, der einen der zwei Berichte über die Seligpreisungen in den Evangelien schrieb, an Judenchristen wendet, versucht er, eine Parallele zwischen Christus und Mose zu ziehen (vgl. Frage 20). So läßt er die Szene auf einem Berg spielen, um seine Leser daran zu erinnern, daß Gott Mose die Zehn Gebote auf dem Berg Sinai (nach der Darstellung in Exodus) oder dem Berg Horeb (nach der Darstellung in Deuteronomium) verkündet hat.

Obschon die Leser (des Matthäusevangeliums) verstehen sollten, daß Jesus ihnen einen neuen Kanon von Geboten brachte, beteuerte dieser selbst, daß er gekommen sei, um das mosaische Gesetz zu erfüllen und zu erweitern, und nicht, um es aufzuheben. Jedenfalls ist die literarische Gattung der Seligpreisung im

Alten Testament ziemlich häufig. Der erste Psalm beginnt: »Wohl dem Mann, der nicht dem Rat der Frevler folgt.«

Nach Lukas umfassen die Seligpreisungen (6, 20–23) nur vier Segnungen:

> Selig, ihr Armen, denn euch gehört das Reich Gottes.
> Selig, die ihr jetzt hungert, denn ihr werdet satt werden.
> Selig, die ihr jetzt weint, denn ihr werdet lachen.
> Selig seid ihr, wenn euch die Menschen hassen und euch aus ihrer Gemeinschaft ausschließen, wenn sie euch beschimpfen und euch in Verruf bringen um des Menschensohnes willen.

An diese Seligpreisungen schließen sich vier entsprechende Verwünschungen an:

> Aber weh euch, die ihr reich seid; denn ihr habt keinen Trost mehr zu erwarten.
> Weh euch, die ihr jetzt satt seid; denn ihr werdet hungern.
> Weh euch, die ihr jetzt lacht, denn ihr werdet klagen und weinen.
> Weh euch, wenn euch alle Menschen loben; denn ebenso haben es ihre Väter mit den falschen Propheten gemacht.

Diese Version, die Teil der sogenannten Feldrede ist, richtet sich nur an die Jünger, nicht ans Volk. Einige Exegeten betrachten die von Lukas geschilderte Feldrede als die Ordinationspredigt für die zwölf Apostel (vgl. Frage 58), da Jesus sie gerade erst aus der großen Schar seiner Jünger ausgewählt hatte.

Man beachte, daß im Text des Matthäus Selbstverleugnung, Selbstaufopferung und Güte derjenigen, die selig sind, im Vordergrund stehen. Die Hälfte der Seligpreisungen verheißt rein spirituelle Belohnungen, während die übrigen ihre greifbaren Tröstungen in eine unbestimmte Zukunft verlegen. Die Version des Lukas, die etwas andere Nuancen setzt, richtet sich an die Armen und die Hungernden (statt an die »Armen im Geiste« und jene, die »nach Gerechtigkeit hungern«), während sie über die wohlgenährten, selbstzufriedenen Bürger herzieht.

Die Seligpreisungen bei Matthäus gehören in den umfassenderen Kontext von Jesu Umwertung frommer Taten, wie sie von den Pharisäern praktiziert werden – die Gabe von Almosen, das Beten und Fasten. In der Bergpredigt ermahnt Jesus seine Jünger, diese Taten unauffällig auszuführen, so daß sie nur von Gott gesehen werden. Er stellt dem das Verhalten »der Heuchler« gegenüber, deren gottesfürchtige Taten öffentliche Bewunderung erheischen sollen – der einzige Lohn, so Jesus, den sie erlangen werden, denn »sie haben ihren Lohn bereits«.

Doch die Seligpreisungen haben vielen der »Elenden der Erde« keinen Trost gespendet, und die Werte, die sie verkörpern, wurden sogar verspottet. Friedrich Nietzsche (1844–1900) – der sich in seinem Werk *Der Antichrist* selbst in der Titelrolle sah und behauptete, die einzige Figur im gesamten Neuen Testament, die Achtung verdiene, sei Pontius Pilatus – war der Ansicht, daß christliche Werte wie Sanftmut, Barmherzigkeit und Friedensliebe eine »Sklavenmoral« darstellten, den Gegensatz und die Umkehr des edlen, heroischen, stolzen und kriegerischen aristokratischen Wertekodex des alten Rom. Seiner Auffassung nach war die christliche Moral nichts anderes als eine heimtückische, ressentimentgespeiste List, um den Starken Schuldgefühle wegen ihrer grausamen Überlegenheit zu machen. Infolgedessen würden geborene Führer danach streben, sich den hilflosen Schwächlingen anzugleichen, die von dem neuen Altruismus ihrer Herren nur profitieren könnten.

9

FRAGE 44

Wie hießen die 9 großen Götter des alten Ägypten?

- **Atum**
- **Schu**
- **Tefnut**
- **Geb**
- **Nut**
- **Osiris**
- **Isis**
- **Seth**
- **Nephthys**

Die alten Ägypter benutzten die Ziffer 9, um eine große Zahl anzuzeigen (wie die Hebräer die Ziffer 40), da sie das Produkt von 3, die Ziffer der Mehrzahl, multipliziert mit sich selbst, ist. So neigten sie dazu, ihre Götter zu Neunergruppen zusammenzustellen, um die »Gesamtheit« ihrer Gottheiten (über zweitausend!) anzuzeigen. Die Große Götterneunheit, die zur Zeit der 1. Dynastie (um 3000 v. Chr.) in Heliopolis aufkam, war die bedeutendste, und sie war keineswegs auf diesen Ort beschränkt.

In der Kosmogonie von Annu, jener ägyptischen Stadt, die die Griechen Heliopolis (»Stadt der Sonne«) nannten, war **Atum** der Urhügel, der Schöpfer der Welt, der den Fluten des Gottes Nun (»das Urgewässer«) entsprang. Nachdem der einsame Atum masturbiert und seinen eigenen Samen verschlungen hatte – eine Tat, die gelegentlich dem Gott Chepre zugeschrieben wird –, gebar er den Gott der Luft, **Schu**, und dessen Zwillingsschwester **Tefnut**, die Göttin der Feuchtigkeit. Diese vereinigten sich und brachten **Geb** bzw. Seb (männlich, »Erde«) und **Nut** (weiblich, »Himmel«) zur Welt.

Die Göttin Nut wurde in der ägyptischen Kunst als nackte Frau, die als Firmament ihren Gatten, die Erde, überwölbt, dargestellt. Ihre Fingerspitzen und ihre Zehen berührten Geb an den vier Himmelsrichtungen, und ihr Leib war mit Sternen übersät.

Nut verschlang jede Nacht die Sonne und gebar sie jeden Morgen wieder. Da sie mit der kosmischen Himmelskuh gleichgesetzt wurde, ist sie gelegentlich als solche dargestellt worden. Aus der Vereinigung von Erde und Himmel gingen Osiris und Seth (männlichen Geschlechts) und Isis und Nephthys (weiblichen Geschlechts) hervor, die ihrerseits Paare bildeten.

Osiris bzw. Ausar (»vieläugig«), der beliebteste ägyptische Gott und Herrscher über die Toten in der Unterwelt, wurde zunächst nur mit dem verstorbenen König (Pharao), später jedoch mit allen toten Ägyptern gleichgesetzt, die mit der gleichen Selbstverständlichkeit als »Osiris Soundso« bezeichnet wurden, mit der wir heute von dem »verstorbenen Herrn X« sprechen. Osiris war ein Gott der Vegetation und der Landwirtschaft, der den fruchtbar machenden Nil jedes Jahr dazu brachte, über die Ufer zu treten. Er starb jeden Winter und erwachte im folgenden Jahr als die neue Frucht wieder zum Leben. Als solcher gehörte er zu der erlauchten Gesellschaft mediterraner Fruchtbarkeitsgötter wie Tammuz, Adonis, Attis, Dionysos, Zagreus und die Göttin Persephone. Osiris wurde auf Bildern als ein grüner mumifizierter Mann dargestellt, der eine Krone trägt und Szepter und Krummstab als Insignien der Königswürde in Händen hält. Ein verwandter Aspekt des Osiris (seine Zeugungsfähigkeit) wurde von dem heiligen Ziegenbock von Mendes (im Nildelta) verkörpert, einem Tier, das sich der rituellen Kopulation mit den schönsten Frauen der Region hingeben durfte.

In der Unterwelt leitete der auf einem Thron sitzende Osiris die Zeremonie des »Herzwägens«, die jeder verstorbene Ägypter durchlief. Anubis, der schakalköpfige Gott, wog auf einer großen Waage das Herz (die Taten) des Verstorbenen gegen eine Straußenfeder der Maat, der Göttin der Gerechtigkeit und Wahrheit. Anschließend schrieb Thot, der Gott des Mondes, der Weisheit und der Schrift, der gewöhnlich als ibisköpfiger Mann bzw. Pavian dargestellt wird, den Urteilsspruch akribisch auf. Wenn das Herz des Verstorbenen der Maat-Feder die Waage hielt, wurde seine Seele der ewigen Seligkeit teilhaftig.

Als der persische König Kambyses Ägypten eroberte (525 v. Chr.), tötete er den heiligen Stier in Memphis, der den

Gott Apis verkörperte, eine bedeutende Erscheinungsform des Osiris. Dennoch lebte der Kult von Isis und Osiris noch über viele Jahrhunderte fort, nicht nur im späteren ptolemäischen Ägypten, sondern auch in Griechenland und im Römischen Reich, bis er schließlich vom Christentum verdrängt wurde.

Isis oder Auset (»Thron«), Gemahlin und Schwester des Osiris und Mutter des Horus, wird oft als eine Frau dargestellt, die die Hieroglyphe für Thron auf ihrem Kopf trägt. In der späteren ägyptischen Kunst verschmilzt sie mit Hathor bzw. Hetheru, der Göttin der Liebe, der Schönheit, der Musik und des Tanzes, deren Name »Haus des Horus« bedeutet. Sowohl die Amme als auch die Gattin des Horus, wurde Hathor von den Griechen mit Aphrodite gleichgesetzt.

Der griechische Schriftsteller Plutarch gibt in seinem kurzen Werk *Über Isis und Osiris* eine leicht verfälschte Fassung des bedeutendsten ägyptischen Mythos. Nachfolgend seine, allerdings durch andere griechische und ägyptische Quellen korrigierte Version:

Osiris war ein weiser König von Ägypten, der während einer Reise in ein fremdes Land die Regierungsgeschäfte seiner Schwester-Gemahlin Isis anvertraute. Sein jüngerer Bruder Seth verliebte sich in Isis und beschloß, den Thron zu usurpieren. Nach Osiris' Rückkehr wurde er von Seth und zweiundsiebzig anderen Verschwörern zu einem Festmahl eingeladen, bei dem jenem Gast eine prächtige Truhe als Geschenk versprochen wurde, der am besten in sie hineinpaßte. Die Verschwörer waren alle zu klein, doch Osiris paßte exakt hinein – als er darin lag, klappten die Verschwörer schnell den Deckel zu, vernagelten ihn und verlöteten ihn mit Blei. Nachdem sie die Truhe in den Nil geworfen hatten, trieb sie hinaus aufs Mittelmeer und strandete schließlich bei Byblos an der Küste Phöniziens. Die Truhe verfing sich in einem Tamariskenbaum, der sie allmählich umwuchs. Der König von Byblos ließ den herrlichen Baum fällen und als Säule in seinem Palast aufstellen, doch Isis überredete ihn dazu, ihr den Baum zu übergeben. Nach Ägypten zurückgekehrt, gelang es ihr, sich von dem toten Osiris schwängern zu lassen; das Kind, das sie gebar, erhielt den Namen Horus.

Der böse Seth entdeckte schon bald Osiris' Leichnam, den er in vierzehn Teile zerstückelte und über ganz Ägypten verstreute. Doch Isis sammelte alle Teile wieder ein mit Ausnahme des Penis, den der Nilfisch verschlungen hatte. Sie fertigte ein Bildnis von ihm an und, unterstützt von Nephthys, Horus und Thot, sagte sie Anubis, wie er Osiris' Leichnam wieder zusammensetzen und mumifizieren sollte. Osiris erwachte wieder zum Leben und wurde zum Herrscher der Toten in der Unterwelt. Er war somit die erste Mumie, und fortan hoffte jeder Ägypter, nach seiner Mumifizierung an der Auferstehung und dem ewigen Leben des Osiris teilzuhaben. (Die Osiris-Mysterien, bei denen unter anderem ein Drama in acht Akten über Leben, Tod, Mumifizierung und Auferstehung des Osiris aufgeführt wurde, waren das bedeutendste ägyptische Fest.)

Unterdessen war Horus herangewachsen und trug einen Kampf mit seinem Onkel Seth aus, der viele Tage dauerte und bei dem Horus ein Auge und Seth seine Hoden verlor. Als sie den Erdgott Geb baten, als Schiedsrichter zu fungieren, entschied dieser, daß Horus seinem Vater als König von Ober-(Süd-) und Unter-(Nord-)Ägypten nachfolgen solle, eine Vereinigung, die als historisches Ereignis etwa um 2900 v. Chr. unter König Menes stattfand.

Horus war ursprünglich ein Sonnengott in Falkengestalt und der Hauptgott von Unterägypten, der zu Beginn der 1. Dynastie mit dem ägyptischen König gleichgesetzt wurde. In der späteren Mythologie verschmolz er mit einem anderen Horus, dem Sohn von Isis und Osiris, der den Mord an seinem Vater rächte. Er wurde so mit dem lebenden ägyptischen König gleichgesetzt, während der tote König zu Osiris wurde und über die Unterwelt herrschte.

Horus, der gewöhnlich als Falke oder als falkenköpfiger Mann porträtiert wird und die aufgehende Sonne darstellt, wurde mit dem Apollon der Griechen gleichgesetzt. Er wurde in der ägyptischen Kunst oft auch als Kind dargestellt, das von Isis gestillt oder auf dem Schoß gehalten wird, und hat so auf verblüffende Weise mittelalterliche Darstellungen der Madonna mit dem Jesuskind vorweggenommen. Diese menschenförmige Version des Horus bildete einen ziemlichen Kontrast zu dem schakalköpfigen Anubis, dem ibisköpfigen Thot, dem widderköpfigen Chnum, dem krokodilköpfigen Sobek, der katzenköpfigen Göttin Bastet und, in den Worten des römischen Dichters Juvenal, all den anderen »Monstern, die von den wahnsinnigen Ägyptern angebetet wurden«.

Seth oder Set war der Gott des Sturmes, der Dunkelheit, des Krieges, der Verwirrung und der unfruchtbaren Wüste jenseits des Niltals. Er war ursprünglich ein Gott Oberägyptens, sein Kampf mit Horus fußt möglicherweise auf einer tatsächlichen Invasion Oberägyptens durch Unterägypten in der Frühzeit. Seth wurde gelegentlich als ein Mann mit großen Ohren, die denen eines Esels glichen, dargestellt.

Nephthys bzw. Nebet-het (»Herrin des Hauses«, nämlich des Hauses des Osiris) war die Schwester von Isis, Osiris und Seth sowie die Gemahlin des letzteren, obgleich sie immer Isis und Osiris gegen den mordgierigen Seth unterstützte und dabei half, Osiris wieder zum Leben zu erwecken. Plutarch zufolge zeugte Osiris mit ihr den Anubis, obgleich dieser nach Ausweis ägyptischer Texte der Sohn von Re, des Gottes der Sonne im Zenit, war.

FRAGE 45

Wie heißen die 9 Königshäuser Englands seit dem Jahre 1066?

- **Normannische Könige**
- **Haus Plantagenet**
- **Haus Lancaster**
- **Haus York**
- **Haus Tudor**
- **Haus Stuart**
- **Haus Hannover**
- **Haus Sachsen-Coburg-Gotha**
- **Haus Windsor**

Vor tausend Jahren war England ein Außenposten Skandinaviens. Invasoren aus Dänemark gelang es, das sogenannte Danegeld – Tributzahlungen – von dem angelsächsischen König Aethelred dem Unberatenen zu erheben, und die Dänen Knut, Harald I. Hasenfuß und Hardecanute waren zugleich Könige von England. Obgleich die Herrschaft der Angelsachsen im Jahre 1042 in der schwachen Person von Eduard dem Bekenner, dem Sohn Aethelreds, wiederhergestellt wurde, wäre England ohne Eduards normannische Verbindungen möglicherweise erneut Angriffen der Wikinger erlegen. 1051 ernannte der kinderlose Eduard seinen Cousin zweiten Grades, Wilhelm den Bastard, Herzog der Normandie, zu seinem Nachfolger, vermutlich um sich die Unterstützung der Normannen in seinem Streit mit seinem mächtigen Schwiegervater Earl Godwin und dem Sohn des Earls, Harald Godwinson, zu sichern. Unmittelbar vor seinem Tod versöhnte sich Eduard jedoch mit seinem Schwager Harald, und im Januar 1066 bestimmte er ihn auf dem Sterbebett zu seinem Nachfolger. Die englische *Witan* (gesetzgebende Versammlung) bestätigte ihn als König Harald II.

Unbeeindruckt setzte Wilhelm von der Normandie am 27. September 1066 mit fünftausend Rittern über den Kanal, während Harald damit bechäftigt war, im Norden Englands einen Angriff des norwegischen Königs Harald Hadradi, eines weiteren Thronprätendenten, abzuwehren. Die Heere der Angelsachsen und Normannen stießen am 14. Oktober in der Schlacht von Hastings in Sussex aufeinander, wo Harald durch einen Pfeilschuß ins Auge getötet wurde – eine der vielen Szenen, die auf dem Wandteppich von Bayeux festgehalten worden ist –, die angelsächsischen Truppen erlitten eine völlige Niederlage. Wilhelm zog in London ein und wurde am Weihnachtstag in der Westminster Abbey zum König gekrönt. Während der nächsten Jahre gelang es ihm, alle Revolten in seinem neuen Herrschaftsgebiet niederzuschlagen.

Der erste König aus dem Herzogshaus der **Normannen** hieß fortan Wilhelm I., der Eroberer (1066–87; die Jahreszahlen beziehen sich jeweils auf die Regierungszeiten). Seine Krieger, ursprünglich wikingische »Nordmannen«, hatten sich im 10. Jahrhundert in Nordfrankreich niedergelassen und waren dort christianisiert worden. Gewaltige Eroberer und Abenteurer, die auf ihren seetüchtigen Booten überall hingelangten (auch über die größeren Flüsse), beherrschten sie neben Nordfrankreich und England schließlich auch Süditalien, Sizilien, Wales, Schottland, Irland und sogar Antiochia (im Nahen Osten).

Die normannische Eroberung schnitt England von weiterem skandinavischem Einfluß ab und brachte es in eine engere, wenn auch gespannte Beziehung zu Frankreich. Die Normannen kodifizierten ein System des Feudalismus, wonach die Wilhelm ergebenen Adligen als Gegenleistung für die Bereitstellung von Bewaffneten Grund und Boden zu Lehen erhielten. Die alteingesessene angelsächsische Herrenschicht wurde enteignet und durch einen Adel ersetzt, der normannisches Französisch sprach. Ebenso wurden englische Kleriker nach ihrem Tod durch normannische ersetzt. Im Jahre 1086 ließ Wilhelm das *Domesday Book* (»Gerichtstagsbuch«) zusammenstellen, ein Verzeichnis sämtlicher Einnahmequellen für seine Barone und andere Grundeigentümer, die die Visitationen der Boten des Königs mit dem Jüngsten Tag verglichen. Diese Bestandsaufnahme des Landbesitzes in den Grafschaften ist für Historiker noch immer eine Quelle von unschätzbarem Wert.

Wilhelm war nach echter Normannenart ein Herrscher, der sich hervorragend auf Anpassung und Nachahmung verstand, und entsprechend behielt er viele Einzelheiten des angelsächsischen Rechts und der örtlichen Verwaltung bei. Von weitreichender Bedeutung war sein Beschluß, kirchenrechtliche Fälle den weltlichen Gerichten zu entziehen. Die Normannen waren auch großartige Baumeister, wie die Kathedralen von Durham und Winchester noch immer bezeugen, außerdem legten sie zahlreiche Burgen an, um in dem Land, das sie mit Gewalt an sich gerissen hatten, ruhig schlafen zu können.

Wilhelm I. wurde 1087 bei der Einnahme und Plünderung der Stadt Mantes in Frankreich verletzt, und ein paar Monate später erlag er der Verwundung. Er war so dick geworden – wie eine schwangere Frau, spottete der französische König –, daß sein Leichnam entzweiplatzte, als man ihn in Caen in einen steinernen Sarkophag hineinwuchten wollte.

Der Thron ging an seinen Sohn über, Wilhelm II. Rufus (»den Roten«) (1087–1100). Er besteuerte und plünderte die Kirche aus, führte ein höchst liederliches Leben und verfolgte den Erzbischof von Canterbury, den heiligen Anselm (der ihn mit einem wilden Stier verglich). Sein Hof war ein Tummelplatz von Huren und Lustknaben. Wilhelm heiratete nicht und stand in dem Ruf, bisexuell oder gar homosexuell zu sein. Er wurde versehentlich – vielleicht auch vorsätzlich – durch einen Pfeilschuß getötet, als er mit seinem Gefolge im New Forest jagte.

Der dritte normannische König war der jüngste Sohn von Wilhelm dem Eroberer. Heinrich I. Beauclerc (1100–35) heiratete eine Schwester des Königs von Schottland, um sich das Wohlwollen des Nordens der britischen Insel zu sichern, während er den Einfall seines Bruders Robert, Herzog der Normandie, im Süden abwehrte. Obgleich die kirchlichen und rechtlichen Angelegenheiten in Latein und Normannisch geregelt wurden, lernte Heinrich auch Englisch. Im sogenannten Investiturstreit mit dem Papst mußte er anerkennen, daß er nicht die Vollmacht besaß, Bischöfe in ihr geistliches Amt einzusetzen und danach Lehenstreue von ihnen zu erwarten. Dieser Konflikt wurde damals auch auf dem europäischen Festland ausgetragen, wo z. B. der deutsche Kaiser Heinrich IV. im Jahre 1077 vor Papst Gregor VII. klein beigeben mußte (Bußgang nach Canossa).

Die Regierungszeit Heinrichs I. war überwiegend friedlich und ruhig, obgleich er die aufrührerische Normandie seines Bruders Robert unterwerfen mußte. Heinrichs Söhne, Wilhelm und Richard, und eine Tochter ertranken bei einem tragischen Schiffsuntergang im Jahre 1120. Als Heinrich starb, angeblich wegen übermäßigem Genuß von Neunaugen, hinterließ er eine große Zahl von unehelichen Kindern und nur noch ein eheliches Kind, Mathilde, die Witwe des römisch-deutschen Kaisers Heinrich V.

Heinrich Beauclerc hatte den Adel dazu gebracht, Mathilde als seine Thronfolgerin anzuerkennen, und sie mit Gottfried Plantagenet, dem Grafen von Anjou, verheiratet. Doch bei den anglonormannischen Adligen stießen die Herrscherin und ihr Gemahl aus Anjou auf wenig Gegenliebe. Nach dem Tode Heinrichs huldigten sie Stephan, einem Enkel Wilhelms des Eroberers.

Die Regierungszeit des charakterschwachen Stephan von Blois (1135–54) war angeblich eine Epoche, in der »Christus und seine Heiligen schliefen«. Stephan verbrachte die meiste Zeit damit, sich mit der Kaiserin Mathilde um die englische Krone zu streiten, und suchte die Herrschaft für seinen ältesten Sohn zu sichern. Als dieser starb, bedrängten die englischen Barone, des jahrelangen Bürgerkriegs müde, Stephan, den Sohn Mathildes, Heinrich Plantagenet (auch »fitzEmpress«, »Sohn der Kaiserin«, genannt), als Thronerben anzuerkennen. Dieser Urenkel Wilhelms des Eroberers wurde dann als Heinrich II. (1154–89) der erste englische König aus dem Hause **Plantagenet**. In dem Wort Plantagenet steckt französisch »Ginsterzweig« – eine Anspielung auf die Gewohnheit von Heinrichs Vater, Gottfried von Anjou, einen Ginsterzweig als Helmzier zu tragen. Da die Plantagenets aus dem Anjou stammten, werden sie gelegentlich auch Anjou-Plantagenets genannt. Außerdem stammten die Häuser Lancaster und York von den Plantagenets ab. Alles in allem herrschten von Heinrich II. bis Richard III. vierzehn Plantagenets, davon drei aus dem Hause Lancaster und drei aus dem Haus York, als Könige in England.

Dem bedeutendsten Plantagenet, Heinrich II., war das Glück gewogen, sowohl hinsichtlich seines Thronerbes als auch was seine Heirat betraf. Von seiner Mutter Mathilde und von König Stephan erbte er England und die Normandie, von seinem Vater Gottfried die Landschaften Anjou, Maine und Touraine. Er war außerdem der Erbe seines Bruders, durch den er die Bretagne erlangte. Als er Eleonore, die geschiedene Frau des französischen Königs Ludwig VII., heiratete, fiel ihm auch noch Aquitanien zu. Der englische König herrschte damals über einen größeren Teil Frankreichs als der französische König.

Wie sein Großvater Heinrich I. bemühte sich auch Heinrich II. um die Stärkung der Zentralgewalt; er verbrachte einen großen Teil seiner Regierungszeit damit, den Schaden, den Stephan auf dem Thron angerichtet hatte, wieder gutzumachen. Er brachte Wales und die Bretagne unter seine Oberlehnsherrschaft. Papst Hadrian IV. (Nicholas Breakspear, der erste und letzte englische Pontifex) übertrug ihm Irland als Lehen. Heinrich hielt sich mehr als die Hälfte seiner Jahre als König auf dem Kontinent auf, wo er sich um seine französischen Kronlehen kümmerte, die sich vom Kanal bis zu den Pyrenäen erstreckten.

Heinrich II. nahm grundlegende Änderungen im englischen Rechtssystem vor: Er führte Schwurgerichte ein, schränkte die Zuständigkeit von Gerichten der Feudalherren zugunsten der Königsgerichte ein und schuf die Institution der von Ort zu Ort ziehenden, nach Bedarf Recht sprechenden Richter. Der von den Normannen begründete Verwaltungsapparat nahm unter Heinrich, der ständig unterwegs war, um im ganzen Land eine starke Präsenz aufrechtzuerhalten, an Komplexität zu. Die Zeitgenossen sagten, Heinrich sei nie mit leeren Händen anzutreffen gewesen, da er immer entweder ein Buch oder einen Bogen in selbigen gehalten habe.

Die Tragödie Thomas Beckets überschattete die Regierungszeit von Heinrich II. Der König machte in der Absicht, weltliche und geistliche Macht zu vereinen, seinen langjährigen Freund zum Erzbischof von Canterbury. Der Plan schlug fehl, weil Becket, voller Ehrfurcht vor der Hoheit seines neuen Amtes, für den Vorrang der Kirche einzutreten begann. Nachdem er zunächst den Konstitutionen von Clarendon (1164), in denen Heinrich die gewohnheitsrechtlichen Beziehungen zwischen Kirche und Krone festlegte (insbesondere daß Kapitalverbrechen von Geistlichen vor Königsgerichten verhandelt würden), zugestimmt hatte, widerrief Becket seine Zustimmung, worauf ihm seine Besitzungen entzogen wurden und er auf den Kontinent fliehen mußte. Als er 1170 nach England zurückkehrte, wurde er von vier Rittern in der Kathedrale von Canterbury erschlagen – die Mörder hatten die Worte ihres erzürnten Königs »Wird mich denn niemand von diesem aufrührerischen Priester befreien?« allzu wörtlich genommen.

Die zweite Hälfte der Regierungszeit Heinrichs II. war angefüllt mit familiären Streitigkeiten. Der Thronerbe, Prinz Heinrich, der schon zu Lebzeiten des Vaters zum König gekrönt worden war, unternahm eine erfolglose Revolte und starb 1183, worauf er von einem seiner Gefolgsleute, dem provenzalischen Dichter Bertran de Born, auf denkwürdige Weise in einem *planh* (Klagelied) betrauert wurde. Heinrich wollte nun, daß sein jüngster und unfähigster Sohn, Johann, Thronerbe würde. Ein weiterer Sohn, Richard, tat sich mit dem skrupellosen König Philipp II. August von Frankreich zusammen, und die beiden fielen im Juli 1189 in England ein. Der alte König, zu schwach, um Widerstand zu leisten, gab ihren Forderungen nach und mußte feststellen, daß sein geliebter Johann sich dem Bündnis gegen ihn angeschlossen hatte.

Der neue König, Richard I. Löwenherz (1189–99), lebte zu einer Zeit, in der ungestüme Ritter noch stolz darauf waren, Gedichte zu schreiben (in seinem Fall sowohl in Französisch als auch in Provenzalisch, der Ursprache aller Troubadoure). Nachdem Richard seinem Bruder Johann den Thron entrissen hatte, nahm er am dritten Kreuzzug ins Heilige Land teil, wo er schließlich einen Waffenstillstand mit dem mächtigen Sultan Saladin schloß. Auf dem Rückweg in die Heimat wurde er vom Herzog von Österreich gefangengenommen und saß über ein Jahr lang im Kerker, bis aus England das geforderte enorme Lösegeld beigebracht worden war. Während der nächsten fünf Jahre versuchte er, Burgen in der Touraine und der Normandie zurückzuerobern, die während seiner Gefangenschaft verlorengegangen waren, als sein heimtückischer Bruder Johann mit Philipp II. August Ränke geschmiedet hatte. Richard verbrachte nur zehn Monate seiner zehnjährigen Regierung in England und wurde in Frankreich während der Belagerung einer Burg von einem Armbrustpfeil getötet.

Johann ohne Land (1199–1216) bestieg unmittelbar nach dem Tod seines Bruders Richard Löwenherz den Thron und verlor sogleich die Normandie, Anjou, Maine und Touraine an seinen einstigen Verbündeten Philipp II. August, nachdem er wegen eines umstrittenen Ehevertrages mit französischen Adligen aneinandergeraten war. Um sich in seinem Konflikt mit Frankreich die Unterstützung von Papst Innozenz III. zu sichern (der 1208 England und Wales mit dem Interdikt – einer bestimmten Kirchenstrafe – belegt hatte), erklärte sich Johann bereit, England als päpstliches Lehen zu empfangen. Nachdem Johann mehrere wichtige Schlachten gegen die Franzosen verloren hatte, besetzten seine aufsässigen Barone London und nötigten dem König am 15. Juni 1215 in Runneymede die *Magna Carta* ab, jenen »großen Freibrief«, der unter anderem die Bestimmung enthielt, daß »kein freier Mann in Haft genommen oder enteignet werden darf, es sei denn kraft des gesetzlichen Urteils von Männern seines Standes oder kraft des Gesetzes des Landes«.

Die Regierungszeit von Heinrich III. (1216–72), der im Alter von neun Jahren seinem Vater auf den Thron folgte und sechsundfünfzig Jahre lang regierte, war von Streitigkeiten mit dem Adel überschattet. Der Aufstand der Barone wurde durch die Provisionen von Westminster im Jahre 1259 ausgelöst – ihrem Versuch, die Grundsätze der Magna Carta in die Praxis umzusetzen. Als Heinrich sich weigerte, kam es zum Krieg mit den Baronen, die von seinem Schwager Simon de Montfort angeführt wurden. Obgleich es Montfort gelang, den König eine Zeitlang gefangenzuhalten, fiel er schließlich in der Schlacht von Evesham (1265), worauf der Aufstand zusammenbrach. Zu den kulturellen Leistungen Heinrichs III. gehört der Wiederaufbau der Westminster Abbey mit dem Denkmal für Eduard den Bekenner, die Förderung der gotischen Kunst und Architektur; die Kathedrale von Salisbury wurde während seiner Regierungszeit erbaut. Groß war damals die Offenheit gegenüber kulturellen und künstlerischen Einflüssen aus Frankreich.

Heinrichs Sohn, Eduard I. Langbein (1272–1307), war ein berühmter Rechtsreformer und Förderer des Common Law, ein hervorragender Verwalter und ausgezeichneter Krieger, der Kreuzzüge nach Ägypten und Syrien unternahm. Im Inland besiegte er Llewelyn ap Gruffydd, den Prinzen von Wales, annektierte dieses Fürstentum im Jahre 1284, begann es zu anglisieren und ernannte seinen Sohn Eduard 1301 zum *Prinzen von Wales*, womit er den Brauch begründete, daß der männliche Erbe des englischen Throns bis heute diesen Titel trägt.

Eduard I. wies 1290 die Juden aus England aus, nicht zuletzt, um sich deren Vermögen anzueignen, das sie zurücklassen mußten. Im Rahmen seiner dauernden Suche nach Geld zur Finanzierung seiner Feldzüge berief er das »Model Parliament« (1295) ein, das zum ersten Mal *Lords* (Angehörige des Hochadels) und

Commons (Nichtadelige) in einer Versammung vereinte. Während seiner Regierungszeit wurde das Parlament zum grundlegenden Organ für die Leitung der Staatsgeschäfte. In dem Bestreben, seine Herrschaft über die ganze britische Insel auszudehnen, schlug der »Schottenhammer« Eduard 1296 König John Balliol von Schottland und ließ den Stone of Scone nach London bringen. Dies war der Beginn eines brutalen und erfolglosen Kampfes gegen Krieger wie William Wallace und Robert Bruce, der während der nächsten dreihundert Jahre immer wieder zu Kriegen, Geplänkeln und Grenzüberfällen führte.

Viele Historiker haben das Beispiel von Eduard II. (1307–27), dem Sohn von Eduard I., als Argument gegen die Erbmonarchie herangezogen. Eduard widersetzte sich den stetigen Bemühungen des Adels, die Finanzhoheit der Krone einzuschränken – eine Lage, die durch die Schulden von den schottischen Unternehmungen seines Vaters her noch verschlimmert wurde. Daß Eduard, verheiratet mit Isabella von Frankreich, offenbar auch noch Liebhaber hatte – insbesondere Piers Gaveston und Hugh Despenser –, untergrub seine sowieso schon schwache Position auf dem Thron noch weiter. Seine folgenschweren Fehler bei der Schlacht von Bannockburn im Jahre 1314 führten zu einer Niederlage durch König Robert Bruce und sicherten Schottland die nationale Unabhängigkeit. Königin Isabella, die »Wölfin aus Frankreich«, Mutter der vier Kinder Eduards, führte mit ihrem Geliebten, dem englischen Baron Robert Mortimer, ein Invasionsheer ins Land. Des Königs überdrüssig, bereitete England Isabella einen herzlichen Empfang. Nachdem Eduard zugunsten seines Sohnes abgedankt hatte, wurde er auf scheußliche Weise ermordet.

Das Leben dieses glücklosen Monarchen erzählt Christopher Marlowe in seiner Tragödie *Eduard II.* mit großem rhetorischem Schwung.

Wenn Eduard II. ein Tiefpunkt in der Geschichte des Hauses Plantagenet war, so gehörte die fünfzigjährige Regierungszeit seines Sohnes zu ihren Glanzpunkten. Eduard III. (1327–77), der den Thron im Alter von 14 Jahren bestieg, ging 1330 gegen Roger Mortimer vor, ließ ihn gefangennehmen und aufhängen, nachdem Mortimer des mehrfachen Landes- und Hochverrats überführt worden war.

Eduard III. löste den sogenannten Hundertjährigen Krieg zwischen England und Frankreich (1137–1453) aus, indem er die Bretagne und die Normandie eroberte und gegen den Grafen von Valois, der als Philipp VI. zum König von Frankreich gekrönt worden war, Ansprüche auf den französischen Thron erhob. Außerdem strebte er nach uneingeschränkten Rechten in der Gascogne mit ihrem prosperierenden Weinhandel und nach einem offenen Markt in Flandern für englische Wollstoffe. Mit Hilfe seines kriegerischen Sohnes, des Schwarzen Prinzen von Wales, gewann er die bedeutenden Schlachten von Sluis 1340, Crécy 1364 und Poitiers 1356, die auch wegen der entscheidenden Rolle der englischen Langbogenschützen bemerkenswert sind. Um 1360 beherrschte Eduard III. etwa ein Viertel Frankreichs. Diese Erfolge beschwichtigten den Adel und erleichterten die unaufhaltsam steigende Steuerlast. Am Ende von Eduards Regierungszeit waren jedoch nur noch Calais und die umliegenden Gebiete in englischer Hand. Während der restlichen Jahre des Hundertjährigen Krieges, der sich in die Regierungszeiten Richards II., Heinrichs IV., Heinrichs V. und Heinrichs VI. hineinzog, kämpfte England mit wechselndem Kriegsglück. Der »Schwarze Tod«, die Pest, die zwischen 1348 und 1350 in England wütete und 30 bis 50 Prozent der Bevölkerung dahinraffte, beeinträchtigte die militärischen Operationen in Frankreich schwer.

Weitere bedeutende Ereignisse während der Regierung Eduards III. waren die Trennung des Parlaments in zwei Häuser, denen die Zuständigkeit für Abstimmungen über Kriegsangelegenheiten übertragen wurde, und die Ablösung des Französischen durch das Englische als offizielle Hofsprache im Jahre 1362.

Während viele Schwierigkeiten, mit denen die britische Monarchie im Laufe der Jahrhunderte zu kämpfen hatte, durch das Fehlen rechtmäßiger Thronerben verursacht wurden, hatte Eduard III. das gegenteilige Problem: Sein waren elf eheliche Kinder, darunter vier Söhne, die ihn überlebten. Die so komplizierte wie verschlungene Geschichte der Häuser Lancaster, York und Tudor geht auf diese Fülle zurück.

Da der Schwarze Prinz (auch er mit Namen Eduard) ein Jahr vor Eduard III. gestorben war, folgte diesem der Sohn des Schwarzen Prinzen, Richard II. (1377–99), auf den Thron. Während der Regierungszeit des glücklosen Monarchen, der sich selbst König von Frankreich nannte, obwohl er 1396 einen achtundzwanzig Jahre währenden Waffenstillstand mit Frankreich schließen mußte, kam es zu einem großen Bauernaufstand (1381). Als der König Bolingbroke, den Sohn des dritten Sohnes von Eduard III., Johann von Gaunt, Herzog von Lancaster, verbannte und dessen Erbe einzog, kehrte Heinrich Bolingbroke schließlich unter dem Beifall des Volkes zurück und gewann die Unterstützung von Adligen, die um die Sicherheit ihres eigenen Vermögens fürchteten. Bolingbroke setzte Richard II. ab, usurpierte den Thron als Heinrich IV. (1399–1413), erster König aus dem Hause **Lancaster**, und befahl wahrscheinlich Richards Ermordung in Pontefract Castle im Jahre 1400.

Doch Heinrichs Ansprüche auf den Thron wurden ihm streitig gemacht. Der vierte Sohn von Eduard III. war Edmund von Langley, Herzog von York. Dessen Sohn Richard, Earl von Cambridge, wiederum war mit Anne Mortimer verheiratet, der Ururenkelin von Eduard III. und Erbin seines zweiten Sohnes Lionel, Herzog von Clarence. Da mit dem Tod von Richard II. die Linie von Eduards ältestem Sohn, des Schwarzen Prinzen, ausgestorben war, erhoben Richard, Earl von Cambridge, und später dessen Sohn Richard, Herzog von York, aufgrund von Anne Mortimers Abstammung von Lionel Ansprüche auf die Thronfolge. Diese dynastischen Verwicklungen lösten die blutigen Rosenkriege aus, an denen der gesamte von dem vermehrungsfreudigen Eduard III. abstammende Adel beteiligt war. Die Angehörigen der Häuser Lancaster (Emblem: rote Rose) und York (Emblem: weiße Rose) schmiedeten Ränke, bekriegten und ermordeten sich um die Wette. Der Konflikt erreichte zwischen 1455 und 1485 seinen Höhepunkt. Nach seinem Ende waren die meisten Angehörigen des englischen Hochadels tot.

Heinrich IV. verbrachte den größten Teil seiner Regierungszeit mit der Niederschlagung von Aufständen, die von den Nachfahren Lionels geschürt wurden. Die Waliser unter Owen Glendower und die Schotten nutzten diese Zeit der Wirren, um sich ihrerseits zu erheben.

In der zweiten Hälfte seiner Regierungszeit wurden die Angelegenheiten Heinrichs IV. größtenteils von seinem fähigeren und skrupellosen Sohn Heinrich V. (1413–22) erledigt (dem Prinzen Hal bei Shakespeare). Dieser junge Kriegsmann erneuerte den Kampf mit Frankreich und lenkte dadurch die Aufmerksamkeit erfolgreich von den fortdauernden Wirren im Innern ab. Heinrich V. übertraf als Soldat noch seinen Urgroßvater Eduard III., und seine militärische Karriere wurde durch den glänzenden Sieg in der Schlacht von Agincourt (1415) gekrönt, der ihn zu einem Nationalhelden machte. Im Vertrag von Troyes (1420) erkannte der französische König Karl VI., den eigenen Sohn übergehend, die Ansprüche Heinrichs auf den französischen Thron an und gab ihm seine Tochter zur Gemahlin. Doch Heinrich starb 1422 im Alter von 35 Jahren an der Ruhr. Hätte er zwei Monate länger gelebt, wäre er tatsächlich französischer König geworden.

Sein neun Monate alter Sohn folgte ihm als Heinrich VI. (1422–62, 1470–71), der letzte König aus dem Hause Lancaster. Solange Heinrich VI. minderjährig war, amtierten zwei sich bekriegende Onkel als Regenten in England, während ein dritter ihn in Frankreich vertrat. Nach den Erfolgen des französischen Dauphins und der Jeanne d'Arc brach dieses Kartenhaus schließlich zusammen: Die Engländer verloren die Normandie, von ihren französischen Besitzungen behielten sie, wie schon am Ende der Regierungszeit Eduards III., 75 Jahre zuvor, nur Calais. Der Hundertjährige Krieg war definitiv zu Ende.

Nun flammte der Rosenkrieg erneut auf. Richard, Herzog von York, stammte vom zweiten Sohn Eduards III., Lionel, ab und sein Vater von Eduards viertem Sohn, Edmund. Heinrich VI. führte seine Thronansprüche über seinen Vater auf den dritten Sohn von Eduard III., Johann von Gaunt, Herzog von Lancaster, zurück. Der Streit konzentrierte sich auf die Frage, ob ein Thronanspruch durch eine Frau übertragen werden könne. Letztlich wurde die Frage jedoch durch die überlegene Streitmacht des neuen Herzogs von York, Eduard, entschieden, der seine Verwandten aus dem Hause Lancaster in der Schlacht von Towton

(1461) besiegte. Während der nächsten zehn Jahre stritten sich Heinrich VI. und Eduard mit wechselndem Glück um den Thron. Nach der Schlacht vom Tewkesbury im Jahre 1471 bemächtigte sich Eduard endgültig des Throns und ließ Heinrich im Tower von London hinrichten.

Als Eduard IV. regierte (1461–70, 1471–83) – der erste König aus dem Hause **York** –, trauten ihm nicht einmal seine engsten Verwandten. Er ließ 1478 seinen eigenen Bruder Georg, Herzog von Clarence, umbringen (angeblich durch Ertränken in einem Faß mit Malmsey-Wein). Als er in Frankreich einfiel, bot ihm der französische König Geld an, um ihn zum Abzug zu bewegen – ein Angebot, das er annahm. Als Eduard IV. 1483 starb, folgte ihm sein zwölfjähriger Sohn Eduard V. nur zwei Monate lang. Der Onkel des Jungen, Richard, Herzog von Gloucester, behauptete, der ungekrönte junge König und seine Geschwister seien Kinder aus einer ungültigen Ehe, worauf er ihn und seinen einzigen Bruder, den neun Jahre alten Richard, Herzog von York, in den Tower von London werfen ließ, wo sie offenbar auf sein Geheiß ermordet wurden. Gloucester bestieg daraufhin als Richard III. (1483–85) den Thron. Er war der letzte König aus dem Hause York (und Plantagenet). Dieser Mann, der viele Feinde hatte, mußte sich schon bald mit den Ansprüchen Heinrichs von Richmond auseinandersetzen, der (nach dem Tode Heinrichs VI.) de facto zum Oberhaupt des Hauses Lancaster geworden war und in der Bretagne Zuflucht gesucht hatte.

Richmonds Anspruch auf den Thron gründete sich teilweise auf eine weitere Komplikation in der Familie Eduards III.: Johann von Gaunt, Herzog von Lancaster, hatte kraft seines Verhältnisses mit seiner Geliebten Catherine Swynford das Haus **Tudor** begründet. Ihre Kinder, die den Zunamen Beaufort trugen, wurden von Richard II. für ehelich erklärt, nachdem der verwitwete Gaunt seine Geliebte geheiratet hatte. Richmond machte geltend, über seine Mutter, Margaret Beaufort, ein namhaftes Mitglied des Hauses Lancaster und Stifterin des Christ's und des St. John's College in Cambridge, ein Nachkomme der Plantagenets zu sein. Väterlicherseits war er der Enkel des Walisers Owen Tudor, des Gemahls der Witwe von Heinrich V.

Obgleich fast alle lebenden Mitglieder des Hauses York bessere Ansprüche auf den englischen Thron hatten als Heinrich von Richmond, war er es, der Richard III. 1485 in der Schlacht bei Bosworth besiegte (Richard war der letzte englische König, der in einer Schlacht fiel). England erhielt nun die dringend nötige innere Stabilität. König Heinrich VII. (1485–1509) war so klug, die Erbin des Hauses York, Elisabeth, die Tochter Eduards III., zu heiraten und auf diese Weise die Häuser York und Lancaster zu vereinen. Elisabeth war gewissermaßen die idealtypische Repräsentantin aller englischen Herrscherhäuser: Tochter von Eduard IV., Schwester Eduards V., Nichte Richards III., Gemahlin Heinrichs VII. und Mutter von Heinrich VIII. (Bis auf den heutigen Tag sind die Gesichtszüge der Königin auf englischen Spielkarten den ihren nachempfunden.)

Der Sohn von Heinrich und Elisabeth, Heinrich VIII. (1509–47), ist vor allem wegen seines Bruchs mit dem Papst im Jahre 1534 bekannt, weil der seine Ehe mit Katharina von Aragon nicht für ungültig erklären und seine Heirat mit Anne Boleyn nicht anerkennen wollte. Heinrich hatte insgesamt sechs Frauen, von denen er zwei enthaupten ließ (vgl. Frage 26).

Die drei Kinder Heinrichs VIII. schließen die Liste der Monarchen aus dem Hause Tudor ab. Nach Heinrichs Tod bestieg sein einziger Sohn, der ihn überlebt hatte, im Alter von neun Jahren den Thron als Eduard VI. (1547–53). Dieser kränkliche Junge war der Sohn von Heinrich mit Jane Seymour. Er herrschte nur sechs Jahre lang, in denen die englische Staatskirche an Macht gewann und das *Book of Common Prayer* (Gebetbuch der anglikanischen Kirche) eingeführt wurde. Unmittelbar bevor er an Tuberkulose starb, verfügte er, daß die Großnichte seines Vaters, Lady Jane Grey, den Thron erben solle. Sie regierte neun Tage lang und wurde im Jahr darauf (1554) zusammen mit ihrem Mann auf Befehl von Maria Tudor enthauptet.

Maria I. (1553–58), das älteste Kind von Heinrich VIII. und Katharina von Aragon, war wie ihre Mutter eine überzeugte Katholikin, und das Volk, das noch immer weitgehend treu zu Rom stand, unterstützte ihre Thronbesteigung. Siebenunddreißig Jahre alt, waren ihr die Hofintrigen nicht unbekannt. Während der langen Jahre, in denen sich Heinrich darum bemühte, seine erste Ehe für nichtig erklären zu lassen, hatte Maria die Seelenqualen ihrer Mutter geteilt. 1533, als das Parlament die Ehe schließlich für nichtig erklärte, wurde Maria von der Thronfolge ausgeschlossen; 1544 wurde sie wieder darin eingesetzt und dann erneut von dem leidenschaftlichen Protestanten Eduard VI. ausgeschlossen.

Nach ihrer Thronbesteigung verzichtete Maria auf den Titel, den sich Heinrich VIII. zugelegt hatte – Oberhaupt der Kirche –, und begann mit der Wiederherstellung der Klöster, die ihr Vater und ihr Halbbruder aufgelöst hatten. Sie setzte auch die Gesetze gegen Häresie wieder in Kraft, die es zu einem Verbrechen erklärten, einen anderen Glauben zu haben als der Souverän. Etwa dreihundert Protestanten, einschließlich einige der bedeutendsten Bischöfe Heinrichs, büßten dieses Verbrechen während der Regierung von »Bloody Mary« auf dem Scheiterhaufen. Sie ging eine unpopuläre Ehe mit dem späteren König Philipp II. von Spanien ein und verlor 1558 Calais, als sie auf Drängen ihres Gemahls in Frankreich einfiel. Das Paar hatte keine Kinder.

Als Maria starb, ging der Thron an ihre Halbschwester Elisabeth über, der letzten und wohl brillantesten Monarchin aus dem Hause Tudor. Elisabeth I. (1558–1603), die Tochter von Heinrich VIII. und Anne Boleyn, war eine hochintelligente und pragmatische Frau mit großem diplomatischen Geschick – Fähigkeiten, die ihr Überleben während der Herrschaft von Eduard VI. und Maria I. erklären, als ein politischer Fehltritt ihr den Kopf hätte kosten können. Sie wuchs weitgehend unter der Obhut von Heinrichs sechster Gemahlin, der gelehrten und warmherzigen Catherine Parr, auf und erhielt von den hervorragendsten zeitgenössischen Humanisten Englands, John Cheke und Roger Ascham, Unterricht in Griechisch und Latein. Die erste Amtshandlung der »Good Queen Bess« war die Wiederherstellung des Protestantismus in England, allerdings ohne den fanatischen Eifer von Eduard VI.

Elisabeth umgab sich mit tüchtigen Beratern und stärkte so den Rückhalt, den ihre Regierung im Volk genoß. Der Krieg mit Frankreich wurde 1559 offiziell beigelegt, Handel und Wirtschaft in England erlebten eine Blüte. Unter den Seefahrern Francis Drake und Martin Frobisher stieg England zu einer bedeutenden Seemacht auf. Der Münzfuß wurde eingeführt und erneuerte das Vertrauen in das Geldsystem, der Überseehandel expandierte. Ihre Untertanen setzten Elisabeth (»Gloriana«) mit England gleich. Nach ihr wird eine der schöpferischsten literarischen Epochen der Geschichte das Elisabethanische Zeitalter genannt; Christopher Marlowe, Philip Sidney, Edmund Spenser, William Shakespeare und Francis Bacon schufen damals ihre unvergeßlichen Werke. Elisabeth selbst schrieb Gedichte und übersetzte *De consolatione philosophiae* des Boethius ins Englische.

Dennoch bleibt Politik Politik. 1567 ließ Elisabeth ihre Cousine zweiten Grades und Thronerbin Maria Stuart, Königin von Schottland, in Haft nehmen, weil sie mit offener Auflehnung drohte und mit englischen Katholiken, mit Spanien, Frankreich und dem Papst Ränke schmiedete. In katholischen Kreisen Englands galt Elisabeth als das uneheliche Kind von Heinrich und Anne Boleyn, Maria war daher die rechtmäßige Königin. Nachdem ein Komplott zur Ermordung Elisabeths und Einsetzung Marias als Königin aufgedeckt worden war, stimmte Elisabeth 1587 widerstrebend der Hinrichtung Marias zu. Daraufhin kam es zum Krieg mit Spanien, doch 1588 erwies sich Elisabeths Flotte gegenüber der Armada Philipps II. als überlegen – dies war der Anfang der Vorherrschaft Englands zur See und seines später weltumspannenden Kolonialreiches. Englands erste Kolonie in der Neuen Welt, Virginia, erhielt ihren Namen nach der »Virgin Queen« (jungfräulichen Königin), wie sie sich selbst nannte. Während ihrer Regierungszeit umsegelte Francis Drake die Erde, und die mächtige Ostindische Kompanie wurde gegründet.

Vielleicht verstand Elisabeth die politischen Verwicklungen, die die Ehe für eine Monarchin mit sich bringen würde, nur allzugut. Dennoch war sie unter anderem Walter Raleigh und dem Earl von Leicester von Herzen zugetan (wenn nicht mehr). 1603, auf dem Sterbebett, bestimmte sie Jakob VI. von Schottland, den Sohn der hingerichteten Maria Stuart, zu ihrem Nachfolger. Dieser erste Monarch aus dem Hause **Stuart** – ein direkter Nachkomme von Heinrich VII. – hatte bereits seit über dreißig Jahren

Schottland regiert. Er bestieg als Jakob I. (1603–25) den englischen Thron. Obgleich er der erste König beider Länder war, blieben seine Bemühungen, England und Schottland zu »Großbritannien« zu vereinigen, erfolglos, da sich die beiden Völker noch immer gegenseitig als Fremde ansahen.

Jakob förderte die Übersetzung der Bibel ins Englische (»King James Bible« von 1611). Seine religiöse Toleranz wurde bei der sogenannten Pulververschwörung im November 1605, als mehrere Katholiken unter Führung von Guy Fawkes ein Komplott schmiedeten, um das Parlament mitsamt dem König in die Luft zu sprengen, auf die Probe gestellt. Die Pulververschwörung hatte zur Folge, daß die englischen Katholiken strengeren Sanktionen unterworfen wurden. Andere religiöse Dissenter, besonders die calvinistischen Puritaner, wurden ebenfalls schikaniert; einige wanderten daraufhin 1620 nach Amerika aus und ließen sich in Massachusetts nieder.

Die Regierung Jakobs I. war durch seine schlechte Verwaltung der Finanzen des Landes und die Schwächung der Stellung des Parlaments gekennzeichnet. Das englische Parlament besaß mehr Befugnisse als die entsprechende Institution in Schottland, und der englische König mußte es konsultieren, bevor er Krieg führte. Es bewilligte auch die Höhe der Unterhaltszahlungen für den Monarchen. Andererseits hatte der König in England eine größere Machtfülle als in Schottland, wo der Monarch eher eine Art Primus inter pares unter den aristokratischen Familien war. Jakob fiel es schwer, sich an diese Gegebenheiten anzupassen; seine Neigung, über das »göttliche Recht der Könige« zu schwadronieren und Höflinge, die ihm gefielen, mit Geschenken zu überhäufen, verschärfte die Situation noch.

Wie sein Vater hielt auch Jakobs Thronerbe, Karl I. (1625–49), das Parlament für eine entbehrliche Einrichtung. So löste er es auf, als es sich weigerte, ihm Geld für Kriege gegen Frankreich und Spanien zu bewilligen, und regierte über zehn Jahre lang ohne Parlament. Der Geldmangel führte zur Erhebung illegaler Steuern, was sich als sein Verderben erweisen sollte. Andererseits war Karl ein Förderer der Künste, unter anderem hat er Peter Paul Rubens, Anthonis van Dyck, Inigo Jones und Ben Jonson unterstützt.

Karl I. war mit der Tochter des französischen Königs verheiratet, also einer Katholikin. Dies und sein Verhalten gegenüber der High Church beunruhigte einige Mitglieder des Hofes. Die Beziehungen zum Parlament verschlechterten sich immer mehr; als Karl schließlich fünf Mitglieder des Unterhauses wegen Hochverrats festnehmen lassen wollte, kam es zum Bürgerkrieg: im wesentlichen eine Auseinandersetzung zwischen dem Mittelstand (vor allem puritanische Dissenter und Händler aus London und anderen Hafenstädten, die abfällig »roundheads« genannt wurden), der das Parlament unterstützte, und der Aristokratie (»Kavaliere«) und den Bauern, die auf der Seite des Königs standen. Die Royalisten wurden 1645 bei Naseby von Oliver Cromwell vernichtend geschlagen. Karl wurde angeklagt, Krieg gegen seine eigenen Untertanen geführt zu haben, verurteilt und öffentlich enthauptet (1649). John Milton verteidigte die Königsmörder in mehreren Traktaten, die er in Englisch und Latein für die siegreichen Puritaner verfaßte.

Der Sohn des Königs, Karl, den die Schotten nach dem Tod von Karl I. zu ihrem König ausriefen, wurde durch Cromwells weitere militärische Erfolge ins Exil gezwungen und blieb für die Dauer der puritanischen Republik (dem von 1653 bis 1659 dauernden »Commonwealth«) im Ausland. Während dieses Interregnums probierte England verschiedene Arten konstitutioneller Reformen aus, insbesondere die Leitung der Staatsgeschäfte durch einen Parlamentsausschuß, den sogenannten Staatsrat. Als Cromwell 1653 zum *Lordprotektor* ernannt wurde, regierte er das Land jedoch praktisch mit diktatorischer Machtfülle. Mit seinem Namen verbinden sich so verschiedene Dinge wie die Verwüstung Irlands, die Entwicklung des Ostseehandels, die Wiedereinbürgerung von Juden, Verbesserungen im Bildungswesen, die Eroberung Jamaikas von Spanien und die Herabsetzung der Strafen für geringfügige Delikte. Nach seinem Tod im Jahr 1658 versagte sein Sohn Richard (»Tumbledown Dick«) als Lordprotektor. Der darauf entbrennende Machtkampf veranlaßte die Armee dazu, im Jahr 1660 die Restauration der Stuarts zu betreiben.

Der inzwischen dreißigjährige Thronfolger kehrte als Karl II. (1660–85) nach England zurück. Dieser »Merry Monarch«

(»heitere Monarch«) lebt im Gedächtnis der Nachwelt vor allem als ein ausschweifender König fort (dreizehn bekannte Geliebte einschließlich der Schauspielerin Nell Gwynne), der, unter notorischem Geldmangel leidend, Dünkirchen an Frankreich verkaufte. Während seiner Regierung wurde London durch die Große Pest (1665) und den Großen Brand (1666) verwüstet. Konflikte mit Holland gipfelten in einer holländischen Invasion themseaufwärts, bei der zahlreiche englische Schiffe in Brand gesetzt wurden (1667). Am Ende von Karls II. Regierungszeit wurden die Umrisse eines politischen Zweiparteiensystems – Whigs und Tories – sichtbar.

Ungeachtet einer starken antikatholischen Stimmung in England und der Aufdeckung einer unwahrscheinlichen »papistischen Verschwörung« (1678), wonach Jesuiten und andere Katholiken ein Komplott zur Ermordung von Karl II. geschmiedet haben sollen, bestieg der zum Katholizismus konvertierte Jakob II. (1685–88) nach dem Tod seines älteren Bruders, der etwa fünfzehn uneheliche Kinder, aber keinen legitimen Erben hatte, den Thron. Jakob schlug die Revolte des protestantischen Herzogs von Monmouth (eines von Karls unehelichen Kindern) nieder und besetzte hohe Richterämter mit Katholiken. Er und seine zweite Frau, ebenfalls eine Katholikin, hatten einen Sohn, Jakob Eduard (den später so genannten »Old Pretender«). Konfrontiert mit der Gefahr einer erneuten katholischen Dynastie, appellierte das englische Parlament an den Holländer Wilhelm von Oranien, einen Enkel Karls I. und Protestanten, der mit Maria, der Tochter Jakobs II. und seiner ersten (protestantischen) Frau, verheiratet war. Wilhelm führte die »Glorious Revolution« an, Jakob II. floh (versuchte aber später, mit Hilfe eines französischen Heeres, das er nach Irland führte, den Thron zurückzuerlangen, und wurde 1690 in der Schlacht am Boyne-Fluß besiegt). 1688 erklärte das Parlament Wilhelm und seine Gemahlin zu gemeinsamen Souveränen als Wilhelm III. (1688–1702) und Maria II. (1688–94). Jakob II. und seine Erben – der Old Pretender und dessen Sohn, Bonnie Prince Charlie – wurden zusammen mit allen Katholiken und Personen, die mit Katholiken verheiratet waren, von der Thronfolge ausgeschlossen. Der englische Souverän war (und ist noch immer) verpflichtet, feierlich zu geloben, daß er den Protestantismus schützen wird. Das Parlament ergriff die Gelegenheit, um seinen Einfluß auf Steuerbewilligung und Gesetzgebung zu stärken und die Aufrechterhaltung eines stehenden Heeres von seiner Zustimmung abhängig zu machen – Vorsichtsmaßnahmen gegen die Auswüchse der absolutistischen Stuarts. Das Parteiensystem entwickelte sich rasch mit dem Machtzuwachs des Parlaments (das nun jährlich einberufen werden mußte). Es wurden allgemeine Wahlen abgehalten, und die Epoche der konstitutionellen – durch eine Verfassung beschränkten – Monarchie wurde durch eine unblutige Revolution eingeleitet.

Maria II. blieb kinderlos und starb im Alter von 32 Jahren an den Pocken. Als Wilhelm durch einen Sturz vom Pferd umkam, ging die Krone an Marias jüngere Schwester Anne (1702–14). In den zwölf Jahren ihrer Herrschaft kam es zu erbitterten Auseinandersetzungen zwischen den Whigs (im allgemeinen Anhänger der höchsten Gewalt des Parlaments) und den Tories (Verfechter königlicher Vorrechte und der Staatskirche). Im Jahr 1707 begründete das Act of Union ein gemeinsames Parlament und ein einheitliches Münzsystem für England und Schottland, die jetzt offiziell unter dem Namen *Großbritannien* vereinigt wurden. Die wichtigsten Ereignisse während Annes Regierungszeit waren die spektakulären Siege von John Churchill, Herzog von Marlborough, über die französischen Heere im Spanischen Erbfolgekrieg – Blenheim (1704), Ramillies (1706), Oudenaarde (1708) –, die zum Frieden von Utrecht führten (1713).

Anne, verheiratet mit Georg von Dänemark, hatte siebzehn Kinder, von denen jedoch keines die Mutter überlebte. Im Act of Settlement (1701) hatte das Parlament festgelegt, daß das protestantische Haus Hannover den Thronfolger stellen sollte, wenn Anne kinderlos stürbe. Dies bedeutete, daß die Enkelin von Jakob I., Kurfürstin Sophie von Hannover, den britischen Thron bestiegen hätte, wenn nicht auch sie kurz vor Anne gestorben wäre. So wurde ihr Sohn als erster Monarch aus dem Hause **Hannover** englischer König, Georg I. (1714–27) – obwohl nach Ansicht von Historikern mindestens fünfzig Katholiken höherrangige Ansprüche auf den Thron besaßen. Georg war ein deutscher Fürst, der nur ein paar Brocken Englisch sprach und die meiste Zeit in Hannover zubrachte. So schuf er die Voraussetzungen dafür, daß der Whig-Politiker Robert Walpole 1721 der erste englische *Premierminister* wurde. Walpole blieb bis weit in die Regierungszeit von Georg II. (1727–60), dem Sohn von Georg I., im Amt. Georg II. beseitigte 1745 eine weitere Bedrohung seitens der »Jakobiten« (Anhänger der Stuarts, also Jakobs II.) in der Person von Bonnie Prince Charlie. Während der Regierungszeit Georgs II. kam es zur Industrialisierung Großbritanniens, insbesondere zur Expansion der Kohlenzechen und des Schiffbaues, und der Eroberung Quebecs von den Franzosen (1759).

Der bekannteste Hannoveraner auf dem englischen Thron war Georg III. (1760–1820), der Enkel von Georg II. Seine beiden unmittelbaren Vorgänger hatten zahlreiche Befugnisse an ihre Premierminister abgetreten, und er bemühte sich, einen Teil davon zurückzuerlangen. Während seiner langen Regierung eroberte England die restlichen Gebiete Französisch-Kanadas (1763), es verlor aber die dreizehn amerikanischen Kolonien (1783). Das Act of Union (1801) löste das irische Parlament auf und schloß Irland an Großbritannien an. Gegen Ende von Georgs 59jähriger Regierungszeit wurde Napoleon bei Waterloo endgültig besiegt (doch da hatte eine Geisteskrankheit den König bereits in ihrer Gewalt).

Georg IV. (1820–30) hatte bereits seit 1811 als Prinzregent für seinen kranken Vater regiert. Er hat die Gesellschaft von Byron und Beau Brummell genossen und den Dichter Leigh Hunt zwei Jahre ins Gefängnis stecken lassen, weil der es gewagt hatte, ihn in einer Druckschrift »einen feisten Adonis von fünfzig Jahren« zu nennen. Der starke Trinker Georg war mehr an Schlemmen, Huren, öffentlichen Clownerien und dem Sammeln von Kunstwerken interessiert als daran, König zu sein – eine Position, die ihm beinahe entgangen wäre, weil er in seiner Jugend heimlich eine Katholikin geheiratet hatte. Später vermählte er sich mit Prinzessin Karoline von Braunschweig – eine Ehe, die von Anfang an unter einem unglücklichen Stern stand und schließlich in einem skandalträchtigen Scheidungsprozeß endete.

Auf Georg IV. folgte sein jüngerer Bruder Wilhelm IV. (1830–37), dessen Regierungszeit durch Parlamentsreformen gekennzeichnet war. Er war mutig genug, das Parlament aufzulösen, so daß Neuwahlen die Annahme des Great Reform Act (1832) sicherstellten, das das Wahlrecht auf den Mittelstand ausdehnte. 1833 wurde die Sklaverei in den britischen Kolonien abgeschafft, 1834 wurde das Armengesetz reformiert.

Nach Wilhelm begann seine achtzehn Jahre alte Nichte Viktoria, Enkelin von Georg III., ihre dreiundsechzigjährige Herrschaft (1837–1901), die längste in der britischen Geschichte. Da Frauen den Thron in Hannover nicht besteigen durften, wurde die Personalunion mit Deutschland nach 123 Jahren beendet. Das British Empire verdoppelte während Viktorias Regierung seine Größe; zehn Premierminister dienten ihr, darunter Lord Palmerston, der Konservative Benjamin Disraeli und der Liberale William Ewart Gladstone. Der erste Premierminister, Lord Melbourne, übte während ihrer ersten Jahre als Königin den stärksten Einfluß auf Viktoria aus. Nachdem sie 1840 ihren Cousin ersten Grades, Prinz Albert von Sachsen-Coburg-Gotha, geheiratet hatte und die Regierung Melbournes 1841 zu Fall gebracht worden war, verließ sich Viktoria in zunehmendem Maße auf den Rat ihres Mannes, auch wenn der politische Einfluß des englischen Souveräns weiterhin schwand. Nicht aber ihre symbolische Rolle als Personifikation Britanniens: Im Jahre 1877 ließ Disraeli sie zur Kaiserin von Indien proklamieren.

Obgleich Albert den Weihnachtsbaum in England eingeführt hatte, war er im Volk nicht sonderlich beliebt, vielleicht weil er eine gewisse Unnahbarkeit ausstrahlte. Doch der Prinzgemahl und Viktoria waren die Verkörperung von ehelichem Glück und häuslicher Eintracht; während ihrer einundzwanzigjährigen Ehe bekamen sie neun Kinder. Albert war eine äußerst einflußreiche Persönlichkeit, so soll er noch wenige Tage vor seinem Tod im Jahre 1861 einen Krieg mit den Vereinigten Staaten abgewendet haben. Nach seinem Tode zog sich die Queen weitgehend aus dem öffentlichen Leben zurück (obgleich sie nicht-öffentlich weiterhin ihren königlichen Pflichten nachkam), bis zu ihrem goldenen Thronjubiläum 1887.

Abgesehen vom Opiumkrieg gegen China, dem Krimkrieg, zahlreichen kleineren Auseinandersetzungen in den Kolonien und dem Burenkrieg (1899–1902) blieb England für einen bemerkenswert langen Zeitraum – von 1815 bis 1914 – von größeren kriegerischen Verwicklungen verschont. Wie hätte es auch anders sein können? Viktoria, »die Großmutter Europas«, war mit den Königsfamilien in Griechenland, Rußland, Schweden, Dänemark, Norwegen und Belgien verwandt; ihr ältester Enkel war der spätere deutsche Kaiser Wilhelm II.

Viktorias Sohn, Eduard VII. (1901–10), begründete das Königshaus **Sachsen-Coburg-Gotha**. Viktoria gab Eduard eine Mitschuld am Tod seines Vaters, da Albert außer sich gewesen war wegen der Affäre seines Sohnes mit einer irischen Schauspielerin, Nellie Clifton, als er an Typhus erkrankte und kurz darauf starb. Ein großer Sportmann, unermüdlicher Glücksspieler und beleibter Bonvivant, war »Bertie« (so Eduards Spitzname) derjenige Thronfolger, der den Titel »Prince of Wales« bisher am längsten trug: 59 Jahre lang, von 1841 bis zu seiner Krönung 1902, nach dem Tod seiner »ewigen Mutter«.

Als Monarch war Eduard VII. sowohl bei seinen Untertanen im Empire als auch bei den Franzosen sehr beliebt. Dieser Faktor trug mit bei zur englisch-französischen Entente Cordiale im Jahre 1904, nachdem beide Länder mehrere territoriale Streitigkeiten in Afrika und in anderen Krisenherden beigelegt hatten. In den Jahren vor dem Ersten Weltkrieg vermochten sie daher ihren gemeinsamen diplomatischen Einfluß gegen Deutschland geltend zu machen. Obgleich seine eigene Mutter ihn als dumm bezeichnet hatte, besaß Eduard den Weitblick, sich mit Männern zu umgeben, die jene Fähigkeiten besaßen, die ihm selbst fehlten.

Eduard heiratete 1863 die dänische Prinzessin Alexandra, mit der er fünf Kinder zeugte. Er hatte zahllose Affären einschließlich einer *sehr diskreten* mit Alice Keppel (Alexandra mußte zugeben, daß diese Geliebte ihrem Gatten in vielfacher Hinsicht nützte und bat sie sogar ans Sterbebett des Königs). Das Vermächtnis von Alice Keppel lebt bis heute fort: Ihre Urenkelin Camilla Parker Bowles ist bekanntlich die große Liebe von Charles, dem gegenwärtigen Prinzen von Wales, der Eduards Ururenkel ist.

Das Haus **Windsor** entstand als Folge der Deutschfeindlichkeit während des Ersten Weltkriegs in England. Eduards Sohn Georg V. (1910–36) verfügte am 17. Juli 1917, daß der Name des Königshauses fortan Windsor lauten sollte. (Als der deutsche Kaiser die Neuigkeit hörte, spottete er, er gehe ins Theater, um sich *Die lustigen Weiber von Sachsen-Coburg-Gotha* anzusehen.) Dennoch setzte sich Georg für eine bessere Behandlung der deutschen Kriegsgefangenen durch die Briten ein. Markante Ereignisse während der Regierung Georgs V. waren neben dem Ersten Weltkrieg die Reform des Oberhauses, der Osteraufstand in Irland (1916), die erste Labour-Regierung (1924) und der Generalstreik von 1926.

Im Januar 1936 folgte Eduard VIII. seinem Vater auf den Thron. Seine Regierungszeit endete mit seiner Abdankung im Dezember desselben Jahres, wegen »der Frau, die ich liebe«: Eduard verblüffte das Land, weil er wegen Mrs. Wallis Simpson auf den Thron verzichtete, einer Amerikanerin, die aufgrund ihrer zwei Scheidungen eine ungeeignete Gattin für den englischen König, zugleich Oberhaupt der anglikanischen Kirche, war. Während der Krise äußerte Alice Keppel: »Zu meiner Zeit ging man mit solchen Dingen *sehr viel besser* um.«

Eduards Bruder, ein stiller Mann, der erwartet hatte, sein Leben als Herzog von York zu beschließen, herrschte statt dessen als Georg VI. (1936–52): ein engagierter, überaus beliebter König. Er und seine Königin, Elisabeth, harrten während der deutschen Luftangriffe 1940/41 mit ihren Londoner Mitbürgern in der Hauptstadt aus und besuchten die Bezirke, wo es die schwersten Zerstörungen gegeben hatte, insbesondere das East End. Während Georgs Regierung wurde im Jahre 1947 Indien in die Unabhängigkeit entlassen. Ein Foto, das bei seinem Begräbnis 1952 aufgenommen wurde, zeigt dicht beieinander drei schwarzgekleidete Königinnen: seine Mutter, Königin Maria von Teck, seine Gemahlin, Königin Elisabeth, und seine Tochter Elisabeth, die neue Königin.

Sowohl Elisabeth II. (1952–) als auch ihr Mann, Prinz Philipp, sind Ururenkel von Königin Viktoria. An die Stelle des britischen Empire von 1952 (ganz zu schweigen von dem Königin Viktorias) ist heute ein relativ kleines Land mit ein paar überseeischen Inselbesitzungen und Gibraltar getreten. Das Privatleben der Familie dieser Monarchin ist, obgleich nicht tugend- oder lasterhafter als das vieler anderer, die vorangehend beschrieben wurden, Gegenstand erbarmungslosen öffentlichen Interesses geworden. Wird die britische Monarchie schließlich als eine anachronistische Belastung der Staatskasse abgeschafft werden, besonders wenn sie weiterhin von Skandalen heimgesucht werden sollte? Oder befindet sich die Monarchie in einer Phase des Übergangs, in der der nächste Monarch – gleich ob er Charles (dann Karl III.) oder William (dann Wilhelm V.) heißen wird – Geist, Funktion und Richtung dieser ehrwürdigen, über 900 Jahre alten Institution wird überdenken müssen? Es bleibt abzuwarten, ob der nächste – der 42. – Monarch auch der letzte sein wird.

FRAGE 46

Wer waren die 9 Musen, und welche Künste waren ihnen zugeordnet?

- **Kalliope: epische Dichtung**
- **Thalia: Lustspiel und Schäferdichtung**
- **Urania: Astronomie**
- **Euterpe: lyrische Dichtung und Flötenmusik**
- **Klio: Geschichtsschreibung**
- **Erato: Liebesdichtung**
- **Terpsichore: Tanz**
- **Polyhymnia: Hymnendichtung**
- **Melpomene: tragische Dichtung**

> O! eine Feuermuse, die hinan
> Den hellsten Himmel der Erfindung stiege!
> Shakespeare, *Heinrich V.*, Prolog, 1–2

Es ist nicht mehr als angemessen, daß die Musen, die (in der Regel) fördernden Patroninnen der Künste und Schutzgöttinnen der schöpferischen Inspiration und der intellektuellen Aktivität, die Töchter des Zeus und der Mnemosyne sind. Von ihrer Mutter – der Göttin der Erinnerung – erfuhren die Neun alles, was sich seit Beginn der Zeit in der Welt zugetragen hat, darunter auch Geschichten über die Titanen und die beherrschende Stellung der Olympier (vgl. Frage 55). Damit war wohl gemeint, daß ein reiches Gedächtnis eine unverzichtbare Voraussetzung dafür ist, die Künste mit Leben zu erfüllen, unabhängig davon, ob man Kunstwerke erschafft oder sie genießt.

Die Musen wurden in Pierien geboren, das gelegentlich an den Hängen des Olymps, den die alten Griechen als Wohnsitz der Götter betrachteten, angesiedelt wurde. Von Pierien zogen sie zunächst zur Quelle Aganippe und dann zur Quelle Hippokrene auf dem Berg Helikon in Böotien. Der kastalische Quell auf dem Parnaß, Sitz des Delphischen Orakels des Apollon, war ein weiterer ihrer Aufenthaltsorte. Wer aus einer den Musen geweihten Quelle trank, wurde sofort von künstlerischer Inspiration erfüllt. Hippokrene (»Roßquelle«) war aus einem Hufschlag des geflügelten Pferdes Pegasos entsprungen – ein weiteres Symbol des dichterischen Höhenflugs –, als dieses auf dem Helikon landete.

Doch die Musen brachten nicht nur Inspiration, sie waren auch meisterhafte Sängerinnen, die die Götter oft bei ihren Festen unterhielten. Nach Homer hat Apollon, der Gott der Musik und Dichtkunst mit dem Beinamen *Musagetes* (»Musenführer«), die Musen auf der Leier begleitet, wenn sie mit ihren unbeschreiblichen Stimmen sangen.

Der böotische Dichter Hesiod (um 700 v. Chr.) behauptete, die Musen hätten sich ihm auf dem Berg Helikon offenbart. Hesiod, der Verfasser der landwirtschaftlichen Lehrdichtung *Werke und Tage,* war der erste, der den Musen Namen gab in seinem langen Gedicht über den Ursprung der Götter *(Theogonie),* das er angeblich auf Bitten der Musen verfaßte.

Kalliope (»die mit der schönen Stimme«) war die Anführerin der neun Musen – Ovid nennt sie *maxima* – und die Muse der epischen Dichtung. In dieser Eigenschaft wurde sie von Vergil in der *Aeneis* angerufen und von Dante im *Fegefeuer* seiner *Gött-*

lichen Komödie. In der spätantiken Plastik wurde sie häufig mit Schriftrolle, Schreibstift und Tafel dargestellt.

Als Zeus Kalliope bat, einen Streit zwischen Persephone und Aphrodite um Adonis zu schlichten, entschied die weise Muse, der herrliche Adonis solle vier Monate mit Persephone verbringen, vier Monate mit Aphrodite und den Rest des Jahres zur freien Verfügung haben (vermutlich um sich zu erholen). Die beiden Göttinnen scherten sich allerdings wenig um Kalliopes Schiedsspruch.

Der berühmteste Sprößling der Musen war Orpheus, nach den meisten Texten der Sohn von Kalliope und des Oiagros, König von Thrakien. Die Musik, die er auf der Kithara machte, die ihm Apollon geschenkt hatte, war so berückend, daß er nicht nur wilde Tiere, sondern sogar Bäume und Felsen damit verzauberte. Sein Glück war vollkommen, als er die liebliche Baumnymphe Eurydike zur Braut nahm. Doch sie starb an ihrem Hochzeitstag durch einen Schlangenbiß. Auf die Überzeugungskraft seiner Musik vertrauend, stieg Orpheus in den Tartaros hinab, um Hades, den Gott der Unterwelt, milde zu stimmen. Als er sein Klagelied sang, ließ ihn der dreiköpfige Wachhund Kerberos durch, und die wilden Furien weinten Blut. Auf Bitten seiner Gemahlin Persephone ließ Hades Eurydike frei, doch unter einer Bedingung: Orpheus dürfe sich nicht nach ihr umblicken, bis die beiden die Oberwelt erreicht hätten. Als sie sich dem Reich der Lebenden näherten, drehte sich Orpheus trotzdem um, weil er sicher sein wollte, daß Eurydike ihm auch tatsächlich folgte – auf der Stelle sank sie wieder ins Totenreich hinab, wobei sie dem Geliebten noch ein knappes »Lebewohl« zurufen konnte.

Nachdem Orpheus mit gebrochenem Herzen nach Thrakien zurückgekehrt war, beleidigte er eine Horde rasender Mänaden, der Begleiterinnen des Dionysos, des Gottes des Rausches und der Ekstase. Die Mänaden zerrissen Orpheus und schleuderten seinen Kopf in den Fluß Hebrus. Nachdem er, immer noch singend, aufs Meer hinausgetrieben war, strandete er auf der Insel Lesbos, die später die ersten großen lyrischen Dichter Griechenlands hervorbrachte. John Milton beschwört die Zerstückelung des Orpheus im *Verlorenen Paradies* (7, 32–38):

Doch treibe die barbarisch rohen Klänge
Des Bacchus fort und seines Lustgefolges,
Die wilde Rotte, die im Rausche einst
Den Sänger Thraziens in Stücke riß
Auf Rhodope, wo Baum und Fels entzückt
Gelauscht, bis in dem schrillen, wilden Lärm
Die Harfe und die Stimme unterging;
Und auch die Muse konnte ihren Sohn
Nicht retten …

Die Musen sammelten Orpheus' Gliedmaßen ein und bestatteten sie am Fuße des Olymps, eines bevorzugten Aufenthaltsortes der lieblich singenden Nachtigallen. Seine Kithara wurde als Sternbild ins Firmament versetzt. Die Mänaden wurden in Eichen verwandelt.

Urania (»die Himmlische«) wurde manchmal als Figur dargestellt, die auf einen Globus deutet. Als Muse der Astronomie konnte sie die Zukunft vorhersagen, indem sie Sterne betrachtete. Milton ruft sie zu Beginn des *Paradise Lost* als die »Himmlische Muse« an, allerdings in einer christianisierten Form, als jene Muse, die Mose und andere israelitische Propheten inspiriert hat.

Klio (»die Rühmende«), die Muse der Geschichtsschreibung, wird häufig beim Entfalten einer Schriftrolle oder mit einer Wasseruhr dargestellt. Einigen Berichten zufolge war Klio die Mutter von Linos, dem Urtyp des Musikers, der Rhythmus und Melodie erfand, die Chronik von der Erschaffung der Welt sang und Orpheus und Thamyris ihre musikalischen Zauberkünste lehrte. Apollon selbst beneidete Linos derart, daß er ihn tötete. (Dieser Linos ist nicht zu verwechseln mit dem gleichnamigen Musiker, der von Herakles erschlagen wurde – vgl. Frage 57.)

Terpsichore (»die Tanzfrohe«) wurde oft als Tänzerin mit einer Kithara dargestellt. Nach manchen Quellen ist sie die Mutter der Sirenen, Vögeln mit Frauenköpfen, die mit ihren unvergleichlich lieblichen Stimmen Seeleute ins Verderben lockten. Odysseus gelang es jedoch, sich an ihrem Gesang zu erfreuen und zugleich ihrer Verlockung zu entgehen, indem er sich an den Mastbaum seines Schiffes binden ließ, während er seinen Gefährten die Ohren mit Wachs zustopfte.

Melpomene (»die Singende«), die Muse der tragischen Dichtung, wird mit einer Theatermaske und manchmal mit einem Dolch, den sie an der Brust hält, dargestellt. Sie trägt einen Kranz aus Weinlaub, der ihre Verbindung zu Dionysos, dem Weingott, anzeigen soll, zu dessen Ehren Festspiele abgehalten wurden, bei denen Tragödien zur Aufführung kamen. Melpomenes Fußbekleidung besteht aus dem Kothurn, dem geschnürten Bühnenschuh mit hoher Sohle, der von Tragödiendarstellern getragen wurde, um ihnen die passende Statur zu geben. Obgleich die Muse der Tragödie offenbar zu depressiv und zu introvertiert gewesen ist, um sich einen Liebhaber zu nehmen, glauben manche, daß sie und nicht Terpsichore die Mutter der Sirenen gewesen ist.

Thalia (»die Fröhliche« bzw. »die Blühende«) wird gewöhnlich mit einer komischen Theatermaske dargestellt. Sie trägt den Halbschuh bzw. Pantoffel der Komödiendarsteller (der Soccus genannt wird) und hält eine kleine Trommel oder einen Hirtenstab, die ihre Doppelrolle als Muse des Lustspiels und der Schäferdichtung anzeigen. Einige behaupten, sie sei die Mutter der Korybanten (und Apollon deren Vater), Begleiter der phrygischen Naturgottheit Kybele, der »Großen Mutter«. Die Korybanten begleiteten Kybele mit brennenden Fackeln und ekstatischen Tänzen, die sie zum fürchterlichen Lärm von Flöten, Hörnern, Trommeln und Zimbeln aufführten. Später wurde diese Bezeichnung auf die Priester der Kybele angewandt, die sich in der Raserei ihrer Rituale selbst kastrierten.

Euterpe (»die Freudenspendende«) war die Muse der lyrischen Dichtung; sie wird oft mit einer Doppelflöte dargestellt, die sie angeblich erfunden hat. Unverheiratet wie die übrigen Musen, gebar Euterpe den Rhesos. Noch in derselben Nacht, als er der belagerten Stadt Troja zu Hilfe kam, wurde (der schlafende) Rhesos von den griechischen Kriegern Odysseus und Diomedes erschlagen, die sich in sein Lager geschlichen hatten (**Ilias**, 10. Buch); seine schneeweißen, windschnellen Pferde wurden vertrieben, bevor sie das Gras Trojas fressen oder sein Wasser trinken konnten – ein Orakel hatte geweissagt, daß Troja nicht eingenommen werden könne, wenn den Pferden dies gelänge. Doch Odysseus und sein Mitstreiter gaben Rhesos keine Chance.

Erato (»die Leidenschaftliche«), die Muse der Liebesdichtung, wird mit einer Kithara dargestellt. Man sollte meinen, daß sie, die so viele Dichter zu amourösen Liedern inspiriert hat, selbst eine Skandalgeschichte aufzuweisen hätte, doch bislang ist keine ans Tageslicht gekommen.

Polyhymnia (»die Liederreiche«) wird häufig in einem Rosengewinde und mit todernster Miene dargestellt. Die Muse der Hymnendichtung ist mehreren Quellen zufolge die Mutter des Triptolemos, der die Menschen im Ackerbau unterwies, des Orpheus oder auch des Eros selbst, obgleich diese Ehre fast immer Aphrodite zugeschrieben wird.

Die Musen, die normalerweise sanftmütig und liebenswürdig waren, zeigten gelegentlich den Hochmut, der die meisten schöpferischen Künstler auszeichnet, die ihren wahren Wert kennen. Ovid berichtet, daß Pieros, der König von Mazedonien, seine neun Töchter nach den Musen benannte. Als diese später in ihrer Vermessenheit die echten Musen zu einem Gesangswettbewerb herausforderten, verloren sie natürlich. Kalliope und ihre Schwestern verwandelten daraufhin die Töchter des Königs in krächzende Elstern – ein Mythos, an den Dante zu Beginn des *Fegefeuers* erinnert. Ein ähnliches Los widerfuhr den Sirenen, die die Musen ebenfalls erfolglos herausforderten und denen von den Siegerinnen die Federn ausgerissen wurden, aus denen sie sich Kronen fertigten. Nach einer anderen Version der Geschichte stürzten die Sirenen daraufhin ins Meer und ertranken.

Ein weiteres Großmaul war der mythische Dichter Thamyris, der zu behaupten wagte, er verstehe sich besser auf das Verfassen von Gedichten als die Musen. Auch er verlor den Wettstreit – und zur Strafe sein Augenlicht, seine Stimme und seine dichterische Schaffenskraft.

Die Schüler des Pythagoras sowie Platon und Aristoteles gründeten ihre Schulen offiziell als Vereinigungen für den Kult der Musen *(thiasoi),* und unser Wort Museum leitet sich von griechisch *mouseion,* »Heim der Musen«, her. Wenn die Musen noch immer in unserem Bewußtsein fortleben, so deshalb, weil sie

Assoziationen an Musik, Poesie, Wissen, Weisheit, Schönheit, Anmut und Inspiration wecken. Und wer von uns hätte sich, irgendwann in seinem Leben, nicht nach einer Muse echter Begeisterung gesehnt?

FRAGE 47

Welches sind die 9 Ordnungen der Engel?

- **Engel**
- **Erzengel**
- **Fürstentümer**
- **Mächte**
- **Kräfte**
- **Herrschaften**
- **Throne**
- **Cherubim**
- **Serafim**

Die Vorstellung von Engeln reicht mindestens bis in die Zeit des Zoroaster (bzw. Zarathustra) zurück, des Stifters des Zoroastrismus, der das religiöse Leben des Persischen Reiches von ungefähr dem 6. Jahrhundert v. Chr. bis zum 7. Jahrhundert n. Chr. beherrschte. Der Zoroastrismus war eine messianische Überlieferung, die Themen wie Auferstehung, Belohnung und Bestrafung sowie den kosmischen Konflikt zwischen einem guten Lichtgott, Ahura Masdah (der später Ormuzd genannt wurde), und seinem bösen Gegenspieler, Ahriman, beinhaltet. Der Talmud benennt Babylon als Ursprungsort der Engel (bzw. zumindest ihrer Namen), doch Babylonien war schon 539 v. Chr. Teil des Persischen Reiches geworden.

In der jüdischen Überlieferung tauchen Engel mit Eigennamen erst nach der Rückkehr der Juden aus der Babylonischen Gefangenschaft im Jahr 538 v. Chr. auf. Das hebräische Wort für Engel ist *malakhim*, »Bote« (griechisch *angelos*), und das ist eine ihrer wichtigsten Rollen im Alten Testament. Im Buch Daniel (8, 17) erklärt der Erzengel Gabriel dem Daniel, der in seiner Gegenwart ohnmächtig wird, Visionen und Prophezeiungen. Der Erzengel Michael wird im selben Buch als »der große Engelfürst, der für die Söhne deines Volkes eintritt« (12, 1) vorgestellt. Und der Erzengel Raphael, der in dem apokryphen Buch Tobit (Kapitel 5) vorkommt, wird von Tobit als Führer und Beschützer seines Sohnes Tobias auf seiner Reise nach Medien angestellt. Raphael fungiert auf dieser Reise auch als Ehestifter und gibt dem betagten Tobit das Augenlicht wieder. In der jüdischen Überlieferung wurden Engel anthropomorphisiert: Sie essen und trinken mit Abraham, ringen mit Jakob und werden in Sodom sogar zu Objekten der Wollust.

Neben diesen persönlichen Begegnungen berichtet das Alte Testament auch von mehreren furchteinflößenden Erscheinungen. Die **Cherubim**, die ein Flammenschwert schwingen, um die Verstoßenen, Adam und Eva, vom Baum des Lebens fernzuhalten, fertigen in Ezechiel 10 einen lebendigen Wagen für Jahwe, der Merkabah genannt wird. In dieser befremdlichen Vision schweben Gott und sein Thron aus Saphir hoch über vier geflügelten Cherubim, die am ganzen Körper voller Augen sind und jeweils vier Gesichter haben: das eines Cherubs (eines Stiers in Ezechiel 1), eines Menschen, eines Löwen und eines Adlers. Neben jedem Cherub befindet sich ein surrendes Rad aus Topas, das »einem Rad in einem Rad« gleicht, ebenfalls mit Augen überzogen und vom Geist der Engel erfüllt ist. Glühende Kohlen liegen verstreut zwischen den Cherubim, und das Rauschen ihrer Flügel ist wie die »Stimme des allmächtigen Gottes, wenn er spricht«.

Die **Serafim** in Jesaja (6, 2) haben sechs Flügel: zwei, um ihr Gesicht zu bedecken, zwei, um ihre Füße zu bedecken, und zwei zum Fliegen. Serafim ist ein hebräisches Wort und bedeutet »die Brennenden«. Jesaja wird geläutert, als einer von ihnen mit einer Zange eine glühende Kohle nimmt und die Lippen des Propheten damit berührt.

Auch im Neuen Testament lesen wir von Engeln und Erzengeln. Gabriel verkündet Maria, daß sie den Sohn Gottes gebären wird. Ein namenloser Engel in weißem Gewand grüßt die Frauen, die vor Jesu leerem Grab trauern, und versichert ihnen, daß er von den Toten auferstanden sei. Paulus erwähnt die Fürsten, Kräfte, Mächte, Herrschaften, Throne und Erzengel in Epheser (1,21), Kolosser (1,16) und 1 Thessalonicher (4,15). In der Offenbarung des Johannes, die eine Vision des Kampfes zwischen Michael und Satan enthält, begegnen wir phantastischen Geschöpfen ähnlich jenen, die im Alten Testament beschrieben werden.

Paulus erwarb sein Wissen über die verschiedenen Ordnungen der Engel, als er in den Himmel entrückt wurde – »ob im Fleisch, weiß ich nicht« –, wo er die gesamte Vielfalt der Engel schauen durfte. Der heilige Ambrosius (339–97) war offenbar der erste, der das Schema der neun Ordnungen aufstellte, das von Dionysius Areopagites, einem von Paulus bekehrten Athener, der sich direkt von diesem detaillierte Kenntnisse über die Engel aneignete, stark ausgearbeitet wurde. Sein Werk *De coelesti hierarchia* (»Von der himmlischen Rangordnung«) wurde von Johannes Scotus Erigena (um 810 – um 877), einem irischen Theologen und Philosophen, aus dem Griechischen ins Lateinische übertragen. Erst Mitte des 15. Jahrhunderts, mit dem Aufkommen der griechischen Philologie, erkannten Gelehrte, die den Urtext des Dionysius prüften, daß er Verbformen benutzte, die typisch für Syrien um 500 n. Chr. waren. Der Verfasser, der also unmöglich ein Zeitgenosse von Paulus gewesen sein konnte, war vermutlich ein syrischer Mönch, der Jahrhunderte später geboren worden war – daher sein heutiger Name Pseudo-Dionysius.

Dennoch machte Erigenas Übersetzung das Buch des Pseudo-Dionysius zum Standardwerk über Engel, die es in drei Chöre mit je drei Ordnungen einteilte. Die Serafim, Cherubim und Throne bildeten den Kreis der Berater Gottes. Die Herrschaften, Kräfte und Mächte waren die Kommandanten. Die Fürstentümer, Erzengel und Engel waren die Boten Gottes.

Thomas von Aquin, der nicht ahnte, daß er sich auf einen Betrüger stützte, zitierte in seiner *Summa Theologica* den Pseudo-Dionysius mehrere hundert Mal. Nach Thomas' Auffassung waren die Engel, die zum Ruhme Gottes erschaffen worden waren, reine Geisteswesen, die sich als leibliche Wesen maskieren konnten, wenn es zweckmäßig war – in der Regel, um das Eis zu den Menschen zu brechen. Jeder einzelne Engel, so Thomas, stellte in Wirklichkeit eine eigene Art dar, und ihre Zahl war unermeßlich. Thomas zufolge kennen Engel weder die Zukunft noch die Gedanken der Menschen, aber sie besitzen eine vollkommene Erkenntnis von sich selbst, was ihnen erlaubt, ihre Begrenzungen zu verstehen und hinzunehmen. Daher nehmen die Engel niedriger Ordnungen ihren Platz an, ohne ihre Kollegen aus höheren Ordnungen zu beneiden. Thomas schrieb den Ordnungen der Engel auch eine Arbeitsteilung zu: Die **Serafim** waren für die Liebe zuständig, die **Cherubim** fürs Schauen (bzw. die Erkenntnis), die **Throne** für die Unterstützung, die **Herrschaften** für die Führung, die **Kräfte** für die Ausführung von Befehlen, die **Mächte** für das Fällen von Urteilen, die **Fürstentümer** für die Leitung von Nationen, die **Erzengel** für die Anleitung der Führer und die **Engel** (»Schutzengel«) für die Leitung der übrigen Menschen.

Diese neun Ordnungen galten als die Intelligenzen bzw. Beweger der neun Himmel bzw. Sphären, der, in aufsteigender Reihenfolge, Umlaufbahnen des Mondes, des Merkurs, der Venus, der Sonne, des Mars, des Jupiters, des Saturns, der Fixsterne und der Kristallsphäre (*primum mobile*, »das erste bewegte Ding«). Die unbewegte Erde stand im Mittelpunkt des Kosmos. Die nächstgelegene Wohnstätte Gottes, des unbewegten Bewegers, lag jenseits der materiellen Welt von Zeit und Raum im Empyreum, dem zehnten Himmel aus rein geistigem Feuer und Licht, wo die Erlösten der beseligenden Gottesschau teilhaftig werden.

Die Ordnungen der Engel wurden den verschiedenen Himmeln zugeteilt, von den erhabenen Serafim, die für das *primum mobile* zuständig waren, bis zu den niedrigen Engeln, welche die Sphäre des Mondes beherrschten. Durch das Streben nach Gott, das ihrer inbrünstigen Gottesliebe und -schau entsprang, bewirkten die Ordnungen der Engel, daß ihre Sphären vollkommene Kreisbahnen beschrieben – unendlich schnell im *primum mobile* und langsamer in jeder nachrangigen Sphäre (die tägliche Kreisbahn der Sonne bringt Nacht und Tag hervor). Jede Sphäre übertrug die Liebe Gottes in Form von Bewegung zusammen mit seiner Gnade und seinem Glanz auf die Sphäre unter ihr. Im Mittelpunkt befanden sich die letzten Empfänger dieser göttlichen, engelhaften und astrologischen Einflüsse: die Erde und ihre Bewohner. Dieser »Räderwerk«-Effekt, der dafür sorgte, daß sich jede Sphäre mit einer anderen Geschwindigkeit drehte und einen anderen Klang hervorbrachte, erzeugte die erlesen harmonische Sphärenmusik, die das primitive Ohr des Menschen seit der Vertreibung von Adam und Eva aus dem Garten Eden nicht mehr vernehmen konnte.

Was wissen wir sonst noch über die Engel? Ein ganzes Drittel der Engel folgte angeblich Luzifer (Satan), dem herrlichsten Seraph und Opfer seines maßlosen Stolzes, in die Hölle (Offb. 12, 4). Einige Theologen behaupteten, Satans Rebellion gegen Gott und sein Sturz hätten sich unmittelbar nach seiner Erschaffung ereignet, als er sein *»non serviam«* (»Ich will nicht dienen«, Jeremia 2, 20) ausgesprochen habe. Die Herrschaften galten als die Engel, die als erste erschaffen worden waren, auch wenn kein Einvernehmen darüber besteht, wann dies geschah. Wir kennen die Namen von sieben Erzengeln: Michael, Gabriel, Raphael, Uriel, Chamuel, Jophiel und Zadkiel. Nur Engel und Erzengel sprechen mit Menschen. Die vier Erzengel der islamischen Überlieferung sind Gabriel (Jibril), der Überbringer göttlicher Offenbarungen; Michael (Mikal), der Krieger; Azrael (Izra'il), der Engel des Todes, und Israfel (Israfil), der am Tag der Auferstehung in Jerusalem die Posaune erschallen lassen wird.

De coelesti hierarchia und die zahllosen Äußerungen des Thomas von Aquin über Engel übten einen nachhaltigen Einfluß auf das spätere Schrifttum aus. Dante (1265–1321) übernahm das Modell von den neun Ordnungen und drei Chören sowie den Himmelssphären für das *Paradies* der *Göttlichen Komödie.* Dort zeigt Beatrice ihm die Seelen der Erlösten, die in der Sphäre wohnen, die am besten ihrer irdischen Wesensart entspricht: etwa die scharfsinnigen Theologen und religiösen Schriftsteller (einschließlich Dionysius), die zur rationalen Aufklärung der Mysterien Christi beitrugen, im Himmel der Sonne und die Kämpfer Gottes im Himmel des Mars. Beatrice erwähnt Dionysius als den Denker, der die Hierarchie der Engel aufklärte, und beschreibt, wie Papst Gregor der Große über sich selbst lachen mußte, als er in den Himmel kam und dort in unmittelbarer eigener Anschauung die Irrtümer sah, die ihm in dem Bemühen, die Engel zu klassifizieren, in seinen Schriften unterlaufen waren. Wir erfahren auch, daß jeder der drei Engelschöre eine andere Person der Dreifaltigkeit schaut (vgl. Frage 6).

Seit dem Mittelalter sind die Dichter immer freier mit der Konzeption der Engel umgegangen. So hätte sich Thomas von Aquin gewiß im Grab umgedreht, wenn er John Miltons Behauptung in *Paradise Lost* (1667) gehört hätte, Engel seien sexuell aktiv (wenn auch nur mit anderen Engeln und ziemlich ätherisch).

FRAGE 48

Wie heißen die 9 klassischen Bücher des Konfuzianismus?

- **Die Gespräche des Meisters Kung**
- **Die Große Wissenschaft**
- **Die Lehre von Maß und Mitte**
- **Das Buch des Mencius**
- **Das Buch der Urkunden**
- **Das Buch der Lieder**
- **Das Buch der Wandlungen**
- **Die Frühlings- und Herbstannalen**
- **Das Buch der Riten**

Die ersten vier dieser neun kanonischen Werke des Konfuzianismus werden gewöhnlich die Vier Bücher (Shih Shu) und die übrigen die Fünf Klassiker (Wu Ching) genannt. Konfuzius – dieser Name ist die latinisierte Version von K'ung Futzu (Meister Kung, um 551–479 v. Chr.) – galt früher als Verfasser bzw. Herausgeber der meisten dieser Werke, was heute nicht mehr vertreten wird. Diese neun Texte, aus denen der chinesische Bildungskanon bestand, wurden bis zum Beginn des 20. Jahrhunderts von den Schülern auswendig gelernt – die Vier Bücher in der Grundschule und die Fünf Klassiker in der Hauptschule. Obgleich der vollständige Text der Bücher in der langen Geschichte Chinas viele Male buchstäblich in Stein gehauen wurde, gibt es heute nur noch etwa sechs Millionen Konfuzianer.

Konfuzius, der bedeutendste chinesische Philosoph und Weisheitslehrer, war ein säkularer Moralist, der die entscheidende Rolle einer angemessenen Erziehung für die Selbstentfaltung des Einzelnen und die zentrale Bedeutung eines soliden Familienlebens als Baustein einer gerechten, humanen, wohlgeordneten und friedlichen Gesellschaft betont hat. Er war der Ansicht, daß alle Menschen von Geburt an mehr oder minder gleich seien, sich jedoch aufgrund der Verschiedenheit ihrer Milieus und ihrer Erziehung auseinanderentwickelten. Seine Schlüsselbegriffe sind *li* (Einhaltung des Rituals, gutes Benehmen, Schicklichkeit, gute Anstandsformen, Takt, Höflichkeit) und *jen* (Wohlwollen, Menschlichkeit). Er formulierte lange vor Christus grundlegende Gebote. Ehrfurcht vor älteren Menschen (vor allem den lebenden oder verstorbenen Eltern und älteren Brüdern) und Achtung vor der staatlichen Gewalt waren für seine hierarchische Ordnung der sozialen Beziehungen von zentraler Bedeutung. Er griff auf das Vorbild und den Sittenkodex der großen Herrscher und Weisen einer (weitgehend legendären) Vorzeit zurück, um durch das mahnende »Seht, wie tief wir im Vergleich zu unseren Vorfahren gesunken sind!« seinen Regeln zusätzliches Gewicht zu verleihen.

Konfuzius zufolge mußte der Kaiser durch seine persönliche Redlichkeit und die Integrität der von ihm Ernannten das höchste Vorbild eines rechtschaffenen Lebens für alle seine Untertanen liefern. Wenn der Kaiser wie ein konfuzianischer Weiser dachte und lebte, würde sich das Reich gewissermaßen von selbst regieren, da das Volk seinen Führer nachahmen würde. Unterdrückte der Kaiser dagegen seine Untertanen, hatte er »das Mandat des Himmels« verwirkt – die unpersönliche metaphysische Billigung, die eine Dynastie nur so lange genoß, wie sie zum Wohl der Gesellschaft als Ganzer herrschte.

Die Gespräche des Meisters Kung (Lun Yü). Dieses Buch überliefert die aphoristischen Sprüche, Reden, Dialoge und Taten des

Meisters, wie sie innerhalb mehrerer Jahrzehnte nach seinem Tod zusammengetragen wurden. Obgleich einige Konfuzius als Wichtigtuer betrachteten, bekundet er in diesem Werk einen schlauen, feinsinnigen und weltklugen Humor. Als Konfuzius hörte, daß ein bestimmter Mann dreimal nachdachte, bevor er handelte, meinte er lapidar: »Zweimal würde reichen.« Als man ihn fragte, welches die beste Methode sei, um die Geister und Dämonen zu verehren, antwortete er: »Wir wissen immer noch nicht, wie wir den Lebenden dienen sollen, woher sollen wir dann wissen, wie man den Toten dienen soll?« Tatsächlich vermied es Konfuzius, über Metaphysik oder das Übernatürliche zu spekulieren, und zog praktische und ethische Lehren den theologischen Kontroversen vor.

Die Große Wissenschaft (Ta Hsüeh) wurde Tseng Tzu, einem Schüler des Konfuzius, bzw. dem Enkel des Meisters, Tzu Ssu, zugeschrieben. Wie *Die Lehre von Maß und Mitte* besteht sie aus nur einem Kapitel, das der berühmte Neokonfuzianist Chu Hsi im 12. Jahrhundert wegen seiner überragenden Bedeutung aus dem *Buch der Riten* exzerpierte. Die Einleitung zur *Großen Wissenschaft*, die angeblich von Konfuzius selbst auf Blätter des heiligen Feigenbaums geschrieben wurde, erläutert die These, daß Friede und Eintracht im Reich von dem einwandfreien Funktionieren aller seiner Bestandteile abhängen: der Einzelstaaten, der Familien bis hin zur individuellen Selbstzucht, der Zähmung heftiger Begierden, der Verwendung exakter Definitionen beim Denken (keine Euphemismen, keine Mehrdeutigkeiten, keine »Sinnverdrehungen«) und den Untersuchungen von Dingen, so wie sie wirklich sind.

Die Lehre von Maß und Mitte (Chung Yung) wird Tzu Ssu, dem Enkel des Konfuzius, zugeschrieben. Sie überliefert zahlreiche Aussprüche und sittliche Grundregeln des Meisters und zielt darauf ab, das menschliche Leben in eine harmonische Beziehung zur Funktionsweise des Weltalls zu bringen. In ihrer Ausrichtung ist sie metaphysischer und taoistischer als andere konfuzianistische Werke. Ein berühmtes Diktum des Konfuzius aus diesem Buch fordert, daß ein Bogenschütze, der sein Ziel verfehlt, die Ursache für sein Scheitern ausschließlich bei sich selbst suchen sollte.

Mencius (die latinisierte Form von Meng Tzu, um 372 bis um

289 v. Chr.) war der beste Schüler des Konfuzius. **Das Buch des Mencius** wurde vermutlich nicht von Mencius selbst, sondern von Schülern seiner Schüler geschrieben. Dennoch fußen die Gespräche und Lehren, die darin niedergelegt sind, zweifellos auf recht genauen Erinnerungen an seine Worte.

Nach Mencius, der idealistischer war als Konfuzius, ist die menschliche Natur wesensmäßig gut, auch wenn sie der Natur der Tiere nur geringfügig überlegen ist. Diese Überlegenheit verdankt sie dem Herzen *(hsin)*, dem Sitz des angeborenen Mitleids, aber auch des ernsthaften Nachdenkens über die moralischen Fragen des Lebens. Menschen, die im Räderwerk des Daseins »ihr Herz verlieren«, sinken auf das Niveau von Tieren hinab. Herrscher müssen ihr Äußerstes tun, um Armut und Elend ihrer Untertanen zu verhindern, denn Menschen, die arm sind, verlieren ihr Herz. Als ein bestimmter König sagte, er sehe sich außerstande, eine Hungersnot zu verhindern, empfahl ihm Mencius, zurückzutreten.

Mencius lehrte, ein Volk habe das Recht, einen korrupten König zu stürzen – und sogar zu töten –, weil der Mann, den es umbrächte, kein König mehr wäre, sondern ein ungeheuerlicher Verbrecher. Er war auch gegen sämtliche Kriege, mit Ausnahme derer, die zur Selbstverteidigung oder zur Absetzung verruchter Herrscher ausgefochten wurden. Sein Buch, das komplexer, gehaltvoller und tiefsinniger ist als die **Gespräche des Meisters Kung**, gilt als ein Musterbeispiel für den gewählten Stil in der chinesischen Literatur.

Im Jahre 142 v. Chr. wurde eine kaiserliche Universität mit fünf Abteilungen gegründet – eine für jeden der Fünf Klassiker. Das erste, **Das Buch der Urkunden (Shu Ching)**, ist eine Sammlung alter historischer Dokumente und Reden. Die traditionelle These, wonach Konfuzius das Buch selbst herausgab, wird nicht mehr vertreten, auch wenn er offensichtlich glaubte, es erläutere die Grundprinzipien des Regierens. Dieses älteste chinesische Geschichtswerk schildert zahlreiche erbauliche Ereignisse und Legenden aus der Frühzeit des mehr oder minder vereinigten Kaiserreichs, als angeblich heroische, uneigennützige und überlebensgroße Kaiser an der Macht waren.

Das Buch der Lieder (Shi Ching) besteht aus 305 altchinesischen Gedichten, die in Vierwortversen mit alternierendem Reim geschrieben sind und die Konfuzius der alten Überlieferung zufolge aus über 6000 lyrischen Dichtungen auswählte. Die Wissenschaftler sind jedoch mittlerweile der Ansicht, daß die Anthologie nach seiner Zeit, im 4. Jahrhundert v. Chr., zusammengestellt wurde. Die Gedichte wurden ursprünglich gesungen und waren von Tänzen begleitet. Möglicherweise hat Konfuzius einige davon vertont oder zumindest die vorhandenen Vertonungen gesammelt. Die Anthologie enthält Volkslieder über das bäuerliche Leben und feierliche Oden und Hymnen, die bei religiösen Ritualen und höfischen Zeremoniellen verwendet wurden.

Konfuzius schätzte die Worte und die Musik der Lieder höher als alle anderen Quellen der moralischen Erziehung und behauptete, sie formten den Charakter. Er glaubte, daß die heilsamen Gefühle, die in den Liedern zum Ausdruck gebracht werden, der ästhetische Genuß, ihrem Vortrag zuzuhören, und die technische Disziplin, die man braucht, um die Musik spielen zu lernen, während man die Worte singt, eine gründliche Einführung in den aristokratischen Kodex des »vollkommenen Ehrenmannes« darstellen, den er einzuschärfen versuchte. Er hielt seinen Sohn dazu an, die Lieder und *Das Buch der Riten* zu studieren. Als Konfuzius mit einigen seiner Schüler zwischen die Fronten feindlicher Armeen geriet und eine Woche ohne Essen auskommen mußte, sang der Meister die Lieder voller Begeisterung und begleitete sich dabei selbst auf der Laute, während seine hungrigen Gefährten ihm ungläubig zusahen.

Das Buch der Wandlungen (I Ching), ursprünglich ein Weissagungstext, der vor dem 11. Jahrhundert v. Chr. zusammengestellt wurde, besteht aus 64 symbolischen Hexagrammen aus gestrichelten und durchgehenden Linien, Begleittexten, Interpretationen und philosophischen Kommentaren. Wenn man das Buch konsultiert, muß man zunächst Lose werfen, um die geeigneten Hexagramme zu bestimmen, welche Kombinationen aus zwei beliebigen Trigrammen sind, die nach Himmel, Donner, Wasser, Berg, Erde, Wind, Feuer und See benannt sind. Das Buch stützt sich auf die metaphysische Lehre von den Prinzipien *Yin* und

Yang (weiblich und männlich), welche die gesamte Natur durchwalten. Manche glauben, Konfuzius habe die Kommentare zu den Hexagrammen und die Texte geschrieben. Tatsächlich behauptete er, daß er, falls sein Leben viele Jahre verlängert werden könnte, fünfzig davon auf das Studium des *Buches der Wandlungen* verwenden würde, um schwerwiegende Fehler zu vermeiden. Die vorrationale Fremdartigkeit des *I Ching*, die der abendländischen Geisteshaltung so entgegengesetzt ist, machte es in unseren so gar nicht konfuzianistischen sechziger Jahren eine Zeitlang zu einem Kultbuch.

Die Frühlings- und Herbstannalen (Ch'un Ch'iu), vemutlich von Konfuzius zusammengestellt, sind eine langweilige Chronik seines Heimatstaates Lu von 722 bis 481 v. Chr. Der Titel ist eine chinesische Umschreibung für »historische Annalen«.

Das Buch der Riten (Li Chi) ist eine Sammlung von Texten über Musik, gesellschaftliche Zeremonien, religiöse Riten und höfische Etikette. Es erhielt vermutlich zu Beginn des 1. Jahrhunderts v. Chr., lange nach dem Tod des Meisters, seine endgültige Gestalt, doch Konfuzius hatte bereits gesagt, daß seine Regeln der Schicklichkeit für die Entwicklung der Persönlichkeit und die Bewahrung der gesellschaftlichen Ordnung von entscheidender Bedeutung seien. In diesem Buch werden wir daran erinnert, daß »ein Gelehrter – außer es gibt zwingende Gründe, die dem entgegenstehen – seine Laute bei sich trägt« – vermutlich, um im Krieg Lieder zu spielen.

Den klassischen Büchern des Konfuzianismus wurde in China ungeachtet ihres enormen Einflusses nicht immer die höchste Wertschätzung zuteil. In den Jahren 213–212 v. Chr., während der Tschin-Dynastie, ließ der sogenannte Erste Kaiser, Schi Huang Ti, der »Tiger von Tschin«, der China vereinigte und die Große Mauer baute, sämtliche Exemplare der klassischen Bücher (offenbar mit Ausnahme des *Buches der Wandlungen* und des *Buches des Mencius*) verbrennen und 460 Gelehrte umbringen. Der Kaiser war ein Anhänger der legalistischen philosophischen Schule, die eine Regierung auf der Grundlage strenger Gesetze über eine Regierung des tugendhaften Vorbildes und der idealisierten Tradition stellte. Außerdem war er der konfuzianistischen

Kritik an seinem diktatorischen Regime überdrüssig. Während der Han-Dynastie (206 v. Chr. – 220 n. Chr.) erholte sich der Konfuzianismus jedoch so weit, daß er zur offiziellen Staatsreligion wurde. Die verbotenen Bücher wurden entweder aus ihren Verstecken hervorgeholt oder dank der vorzüglichen Erinnerung der konfuzianistischen Gelehrten rekonstruiert.

Nach dem Sturz der Han-Dynastie führte das konfuzianistische Gedankengut für etwa sechshundert Jahre ein Schattendasein, doch während der Tang-Dynastie (618–906) kam es abermals zu Ehren. Unter der Sung-Dynastie (960–1279) triumphierte der Neokonfuzianismus, eine Bewegung, welche die Lehren des Konfuzius und Mencius eklektisch mit Aspekten aus Taoismus und Buddhismus anreicherte, die bis dahin als mit dem Konfuzianismus unvereinbar gegolten hatten.

Von 1313 bis 1905 bildeten die neun klassischen Bücher die Grundlage der Prüfungen für Beamte in China. Diese Tests dauerten dreizehn Tage, während denen der Beamtenanwärter in eine Zelle eingeschlossen wurde, manchmal mit der Aufgabe, alles niederzuschreiben, was er wußte. Die Mandarine, die mächtigen Beamten der neun höchsten Dienstgrade im Kaiserreich, wurden am gründlichsten mit dem Buchstaben und dem Geist des Konfuzianismus vertraut gemacht.

Im 20. Jahrhundert haben die klassischen Bücher des Konfuzianismus erheblichen Einfluß auf das Werk des Amerikaners Ezra Pound (1885–1972) ausgeübt, vor allem auf seine 800 Seiten umfassende Dichtung *The Cantos* (1917–69). Canto 13 besteht aus einer Reihe von Anekdoten über Konfuzius, die hauptsächlich den *Gesprächen des Meisters Kung* entnommen sind; Canto 52 basiert teilweise auf dem *Buch der Riten*; Cantos 53–61 sind der Versuch, auf 79 Seiten die chinesische Geschichte von ihren mythischen Anfängen bis zum Beginn des 18. Jahrhunderts aus einer konfuzianistischen Perspektive in Verse zu bringen. Einige der prägnantesten Zeilen in den *Pisan Cantos* (1948), zu denen die Cantos 74–84 gehören, sind von verschiedenen konfuzianistischen Texten inspiriert worden. Canto 85, von chinesischen Ideogrammen durchzogen, ist ein Kommentar in Versform zu ausgewählten Stellen aus dem *Buch der Urkunden*. Außerdem übersetzte Pound *Die Große Wissenschaft* (1928), *Die Lehre von Maß und Mitte* (1947), *Die Gespräche des Meisters Kung* (1950) und *Das Buch der Lieder* (1954), obgleich er das Chinesische nie schulmäßig studiert hatte. Seine Methode bestand darin, in kommentierten englischen, französischen und lateinischen Übersetzungen der chinesischen Texte nachzuschlagen und dann die Originalideogramme mit Hilfe eines chinesischen Wörterbuchs eingehend zu studieren.

Als Pound im Mai 1945 in Italien von Partisanen festgenommen wurde, tippte er gerade eine Übersetzung des Mencius ab. Als er mit den Bewaffneten mitging, stopfte er den einbändigen zweisprachigen Text der Vier Bücher und das chinesische Kompaktwörterbuch, das er benutzt hatte, in die Taschen seines Mantels. Diese Bücher gaben dem sechzigjährigen Dichter Kraft und Inspiration während seiner schweren Haftzeit (er war der US-Armee in Italien als faschistischer Verräter übergeben worden). In dieser äußersten Not schuf er die *Pisan Cantos*, sein elegisches Meisterwerk und einer der bedeutendsten Gedichtzyklen des 20. Jahrhunderts.

FRAGE 49

Welche Namen haben die 9 Planeten, und wie lange brauchen sie, um die Sonne zu umlaufen?

- **Merkur: 87,969 Tage**
- **Venus: 224,701 Tage**
- **Erde: 365,256 Tage**
- **Mars: 686,98 Tage**
- **Jupiter: 11,862 Jahre**
- **Saturn: 29,458 Jahre**
- **Uranus: 84,013 Jahre**
- **Neptun: 164,794 Jahre**
- **Pluto: 248,54 Jahre**

Das Wort Planet, das sich vom griechischen *planetes*, »Wanderer«, herleitet, bezeichnet jeden Himmelskörper – außer Kometen, Meteore und Asteroiden –, der eine Umlaufbahn um einen Stern wie unsere Sonne beschreibt. Die Wanderer in unserem Sonnensystem sind jedoch nicht gerade einsam, da sie (mit Ausnahme der solitären Planeten Merkur und Venus) auf ihren Reisen von mindestens 63 Monden begleitet werden. Das gesamte System ist vermutlich das 4,5 Milliarden Jahre alte Produkt eines kondensierten Nebels – eines Haufens aus Staub und Gas. Es gibt heute Anhaltspunkte dafür, daß andere Sterne möglicherweise auch Planeten haben.

Die Massenanziehungskraft, die die Sonne auf den **Merkur** ausübt, ist so groß, daß der Planet auf seiner Oberfläche »Tiden« aus festem Gestein aufweist. Während seines fast 88 Tage dauernden Umlaufs um die Sonne dreht sich Merkur alle 58,7 Tage um die eigene Achse, so daß sein Jahr etwa 1,5 Merkurtage dauert. Die Römer benannten den Planeten wegen seines schnellen Umlaufs nach dem Götterboten. Wie Pluto ist auch Merkur kleiner als mehrere Monde in unserem Sonnensystem. Da die praktisch nicht vorhandene Atmosphäre keine Wärme speichern kann, sind die Unterschiede in der Temperatur zwischen Tag und Nacht enorm – sie beträgt etwa 400 °C am Tag und – 180 °C in der Nacht. Die Umlaufbahn des Merkur weicht geringfügig von der Bahn ab, die Isaac Newton vorhersagte – eine Abweichung, in der Albert Einstein eine Bestätigung seiner Relativitätstheorie sah.

Venus ist nach der römischen Göttin der Liebe und Schönheit benannt. Die Astronomen des Altertums nannten diesen Planeten Abendstern (Hesperos oder Vesper) bzw. Morgenstern (Phosphoros oder Luzifer). Doch damit hat der märchenhafte Zauber sein Ende. Die Wolken der Venus bestehen aus Schwefelsäure. Ihre Treibhausatmosphäre setzt sich zu 96 Prozent aus Kohlendioxid zusammen und erzeugt Tagestemperaturen von annähernd 482 °C. Der atmosphärische Druck an der Oberfläche ist über neunzigmal so groß wie der entsprechende Druck auf der Erde (auf Meereshöhe). Diese Kombination von Wärme und Druck zerstörte in den sechziger Jahren zwölf sowjetische Raumsonden binnen einer Stunde nach ihrer Landung. Ein Tag ist auf der Venus (243 Erdtage) länger als ein Jahr (fast 225 Erdtage), und die Sonne geht im Westen auf und im Osten unter.

Auf unserer Reise von der Sonne weg übergehen wir die **Erde** und gelangen als nächstes zum **Mars**, dem Roten Planeten, der nach dem römischen Kriegsgott benannt ist. Mars hat zwei sehr kleine Monde (vermutlich einstige Asteroiden), Phobos (griechisch »Furcht«) und Deimos (»Schrecken«), die einen Durchmesser von jeweils 20,92 und 12,07 Kilometern haben. Die *Pathfinder*-Sonde im Jahre 1997 bestätigte die Annahme, daß die Oberfläche des Mars hauptsächlich aus oxidierten Stoffen besteht. Die Polkappen dehnen sich im Winter aus und weichen im Sommer zurück. Die dünne Atmosphäre enthält eine geringe Menge an Wasser, und Wolken am Morgen sind typisch. Steine, die von *Pathfinder* und dem mitgeführten Roboterfahrzeug eingesammelt wurden, deuten darauf hin, daß zumindest Teile der Marsoberfläche einst durch Überflutungen verwüstet wurden.

Leben auf dem Mars ist seit langem eine Frage, die die Erdbewohner umtreibt. Als der amerikanische Astronom Percival Lowel (1855–1916) die *canali* auf der Oberfläche sah, die erstmals von dem italienischen Astronomen Giovanni Schiaparelli beschrieben worden waren, kam er zu dem Schluß, daß die Marsbewohner Kanäle gebaut hätten, die es mit den Kanälen von Venedig aufnehmen könnten. Orson Welles versetzte zahlreiche Amerikaner 1938 in Panik, als er sie während einer Hörspielsendung von H. G. Wells' *The War of the Worlds* davon überzeugte, daß Marsbewohner auf der Erde gelandet wären. Das war Spaß, doch Mars ist auch der Ursprungsort eines kleinen Gesteinsbrokkens mit der Bezeichnung ALH 84001, der vor Tausenden von Jahren auf die Erde fiel und erneut Spekulationen über die Möglichkeit von Lebewesen auf dem Roten Planeten hervorgerufen hat – allerdings nicht von Kanalbauarbeitern, sondern von Mikroorganismen.

Jupiter, der nach dem höchsten Gott der Römer benannt ist, ist ein riesiger gasförmiger Planet. Obgleich über tausend Erden in ihn hineinpassen, beträgt seine mittlere Dichte nur 24 Prozent derjenigen unseres Planeten. Wissenschaftler glauben, daß Jupiter eine Art »Kassette mit Zeitdokumenten« ist und daß er die chemische Zusammensetzung des Nebels, aus dem sich unser Sonnensystsem entwickelt hat, getreulich widerspiegelt. Es ist stürmisch auf Jupiter, mit häufigen Zyklonen mit einer Geschwindigkeit von bis zu 650 Kilometer pro Stunde in verschiedenen Schichten der Atmosphäre. Der Rote Fleck ist ein immerwährender Sturm mit einer Ausdehnung von 24 135 Kilometern. Vier der sechzehn bekannten Monde des Jupiter wurden 1610 von Galilei entdeckt, der sie nach dem Medici-Großherzog der Toskana und seinen Brüdern die »Mediceischen Sterne« nannte. Die Monde wurden später nach vier Geliebten Jupiters umbenannt: Io, Europa, Ganymed und Kallisto.

Saturn, der zweitgrößte Planet, benannt nach dem römischen Gott des Ackerbaus, ist bekannt für seine Ringe (eigentlich hunderttausend Einzelringe), die von Galilei entdeckt wurden. Er meinte, sie seien an dem Planeten befestigt, und nannte sie *ansae* (Henkel). Die Ringe, die – von außen nach innen – als E, G, F, A, B, C und D bezeichnet werden, bestehen aus Gestein, Eis und gefrorenem Gas. Die Weltraumsonde *Voyager* wies nach, daß die Cassinische Teilung – der Raum zwischen den Ringen A und B, der 1675 von dem italienisch-französischen Astronom Giovanni Cassini entdeckt worden ist – eigentlich aus fünf schwach leuchtenden Ringen besteht. Saturn erscheint abgeplattet, weil er so schnell rotiert – ein Saturntag dauert nur zehn Stunden, 39 Minuten –, daß seine Pole abflachten. Wie Jupiter zieht sich Saturn, der ebenfalls aus dem Urnebel entstanden ist, noch immer zusammen. Er besitzt mindestens achtzehn Monde und möglicherweise vierzehn weitere. Die Raumsonde *Cassini,* ein gemeinsames Unternehmen der NASA und der Europäischen Weltraumbehörde, wird vermutlich im Jahr 2004 Saturn erreichen und die Frage klären helfen.

Niemand weiß, was **Uranus** zugestoßen ist: Seine Pole befinden sich dort, wo sein Äquator sein sollte, und umgekehrt. Als der englische Astronom William Herschel den Planeten 1781 entdeckte, meinte er, einen Kometen gefunden zu haben, und nannte ihn *Georgium Sidus* (»Georgsstern«, zu Ehren von König Georg III.). Dann wurde er eine Zeitlang Herschel genannt, bis ein deutscher Astronom, Johann Elert Bode, ihn nach dem griechischen Himmelsgott benannte. Uranus besitzt mindestens elf Ringe und einige Halbringe, die auch Bögen genannt werden. Der erste davon wurde erst 1977 entdeckt, als die Raumsonde *Voyager* den Planeten erkundete. *Voyager* entdeckte auch zehn der siebzehn Monde des Uranus, die größtenteils nach weiblichen Figuren in Stücken von Shakespeare benannt sind, wie etwa Titania, Miranda, Rosalind, Portia, Desdemona, Ophelia und Cordelia.

Voyager fand auch sechs der acht Monde **Neptuns**. Der französische Astronom und Mathematiker Urbain-Jean-Joseph Le Verrier sagte 1846 aufgrund von Unregelmäßigkeit in der Umlaufbahn des Uranus die Existenz des Neptun vorher, und seine Vermutung wurde unmittelbar darauf von dem deutschen Astronomen Johann Gottfried Galle auf 1° genau bestätigt. Der Große Dunkle Fleck Neptuns ist etwa so groß wie die Erde, und die Winde in seiner Umgebung erreichen Geschwindigkeiten von bis zu 1930 Kilometern pro Stunde. Der nach dem römischen Meergott benannte Neptun besitzt vier Ringe. Sein größter Mond, Triton (ebenfalls ein Meergott), wird eines Tages vielleicht den fünften Ring bilden: Er wird wegen der starken Massenanziehungskraft allmählich immer näher an den Planeten herangezogen und in einigen Jahrmillionen auf ihm zerbersten.

Percival Lowell sagte 1905 aufgrund von Unregelmäßigkeiten in der Umlaufbahn des Uranus die Existenz des **Pluto** vorher. Tatsächlich wurde er 1930 nach akribischem Absuchen des Himmels von dem 1997 verstorbenen Amerikaner Clyde W. Tombaugh entdeckt, der damals ein vierundzwanzigjähriger Hobbyastronom und Fernrohrbastler war. Während etwa 8 Prozent seiner Umlaufzeit (20 Jahren seines 248,5 Jahre dauernden Umlaufs um die Sonne) tritt der exzentrische Pluto in die Umlaufbahn Neptuns ein. Einige halten den eisigen Pluto (benannt nach dem Gott der Unterwelt) und seinen einzigen, geringfügig kleineren Mond, Charon (ebenfalls ein Gott des Totenreichs), für die größten Himmelskörper im Kuiper-Gürtel, einer Gruppe kleiner vereister Objekte am äußersten Rand unseres Sonnensystems. Pluto und Charon sind durch ihre wechselseitige Massenanziehungskraft aneinandergekettet, so daß sich immer dieselben beiden Hemisphären gegenüberstehen – ähnlich wie zwei Paartänzer, die sich ständig in die Augen schauen.

FRAGE 50

Wer bevölkert die 9 Kreise von Dantes »Inferno«?

- **Die gerechten Heiden**
- **Die Wollüstigen**
- **Die Gefräßigen**
- **Die Geizigen und die Verschwender**
- **Die Zornmütigen und die Mißmutigen**
- **Die Ketzer**
- **Die Gewalttätigen**
- **Die Betrüger**
- **Die Verräter**

Die »Neun Kreise« im *Inferno* (»Hölle«)* – dem ersten Teil von Dantes *Göttlicher Komödie* – sind eine etwas irreführende Bezeichnung, da der Verfasser etwa die vierfache Zahl an verschiedenen Sünden und Sündern in seine Hölle steckte. Dantes Hölle hat die Gestalt eines großen umgekehrten Hohlkegels unter der Oberfläche der Erde, dessen Spitze im Mittelpunkt der Erde liegt. Woher bezog Dante seine Hauptkategorien? Im 11. Gesang des *Inferno* legt Vergil, der Führer Dantes, den (moralischen) Plan der Hölle dar, indem er sich auf die *Nikomachische Ethik* des Aristoteles bezieht. Ihr entnahm Dante die dreifache Unterteilung des unsittlichen Verhaltens, die ihm als Muster diente für seine drei Haupteinteilungen der Hölle in Regionen, in denen Zügellosigkeit, Gewalttat und Trug bestraft werden.

Bevor wir den Ersten Kreis aufsuchen, müssen wir den »Kreis

* Die Übersetzung folgt der Insel-Ausgabe der »Göttlichen Komödie« von Friedrich von Falkenhausen, Frankurt/Main 1974.

Null« erwähnen, die ewige Heimstatt der Seelen, die im Leben unentschieden blieben – der Zaungäste, der Lauen, die weder gut noch böse waren. Dante, der glühende politische Parteigänger und darum aus seiner Vaterstadt Florenz Verbannte, überhäuft diese Schwächlinge mit sarkastischem Spott, weil sie es nicht einmal verdienen, in die eigentliche Hölle zu kommen, und statt dessen außerhalb des Höllenreichs in einer Art Vorraum ihre erbärmlichen Strafen erleiden.

Der **erste Kreis**, auch **Limbus** genannt, ist die Heimstätte aller Ungetauften, die entweder ein tugendhaftes Leben führten oder in so jungem Alter starben, daß sie noch nicht sündigen konnten. Da die christliche Taufe als Voraussetzung für das Seelenheil galt, können die sogenannten **gerechten Heiden** zwar nicht in den Himmel kommen, erleiden aber auch keine körperlichen Strafen. Ihre einzige Pein ist der ewige Entzug der Gottesschau. In einer exklusiven Gegend des Limbus hat Dante seine Helden und Heldinnen der Antike und des Mittelalters versammelt: bedeutende griechische, römische und sogar muslimische Krieger, Gelehrte, Dichter und Philosophen und als Krönung des Ganzen einen Zug der fünf größten Dichter der Antike, die, wie nicht anders zu erwarten, Dante auffordern, ihrem erlesenen Klub beizutreten.

Im **zweiten Kreis** begegnen wir der ersten Hauptgruppe der Zügellosen, den **Wollüstigen**, einschließlich des unglückseligen Liebespaares Paolo Malatesta und Francesca da Rimini, die von einem Sturmwind, der die Unrast ihrer eigenen zügellosen Leidenschaft verkörpert, auf ewig durch den schwarzen Himmel der Hölle gejagt werden. Es ist interessant, daß Dante die Wollust als die am wenigsten tadelnswerte Sünde ansieht (die Sünden und Strafen werden um so schlimmer, je tiefer er in die Hölle hinabsteigt). Als Gruppe genommen, scheinen die Wollust und die übrigen Sünden der Zügellosigkeit des **zweiten bis fünften Kreises – Völlerei, Geiz, Zorn** und **Mißmut** (der häufig als eine Form der Trägheit angesehen wurde) – darauf hinzudeuten, daß Dante seine Dichtung möglicherweise in der Absicht begann, nur die sieben Todsünden (vgl. Frage 38) zu behandeln. Wenn dem so war, änderte er seine Meinung (er sparte die Todsünden als

Ordnungsprinzip für sein *Purgatorio,* das »Fegefeuer«, auf) und nahm eine stark erweiterte Fassung des *Inferno* in Angriff.

Die Grenze zwischen der oberen Hölle der Zügellosigkeit und der tiefen Hölle von Gewalttätigkeit und Trug bildet die Mauer der Stadt Dis (ein anderer Name für Pluto, den Gott der Unterwelt). Nach einer Auseinandersetzung mit den Dämonen, die die Stadtmauer bewachen, treten Dante und Vergil durch das geöffnete Tor ein und betrachten die Flammenmartern der **Ketzer** im **sechsten Kreis**, die, obgleich sie sich in der tiefen Hölle befinden, außerhalb ihrer sittlichen Dreiteilung bleiben. Die beiden Dichter steigen dann weiter zum **siebten Kreis** hinab, in dem die **Gewalttätigen** bestraft werden, die weiter in Gewalttäter gegen andere, gegen sich (Selbstmörder und Verschwender) und gegen Gott (Gotteslästerer wie Kapaneus – vgl. Frage 35), gegen die Natur (Sodomiten) und gegen die menschliche Arbeit (Wucherer) unterteilt werden.

Um in den **achten Kreis** zu gelangen, müssen Dante und sein Führer auf dem Rücken eines Drachen namens Geryon hinabfliegen. Der Kreis des **Truges**, *Malebolge* (»Übelbuchten«) genannt, hat die Gestalt einer riesigen schrägen kreisrunden Arena, die in zehn breite konzentrische Gräben eingeteilt ist. In diesen werden etwa fünfzehn verschiedene Betrüger bestraft: Kuppler und Verführer, Schmeichler, Verschacherer von Gnadengütern (Käufer und Verkäufer von Kirchenämtern – wir begegnen hier einigen Päpsten), Wahrsager und Zauberer, bestechliche Politiker, Heuchler, Diebe, üble Ratgeber (wie Odysseus), Urheber von Verleumdung und Zwietracht und Fälscher bzw. Schwindler (Alchemisten, Hochstapler, Falschmünzer und Lügner).

Um schließlich zum **neunten Kreis**, dem Strafort für **Verräter** zu gelangen – Verrat als Betrug in Verbindung mit zerstörtem Vertrauen –, sind Dante und Vergil auf die Dienste des Riesen Antäus angewiesen, der sie mit der Hand aufnimmt und auf dem gefrorenen See, der den Höllengrund bildet, absetzt. Dieser letzte Kreis umfaßt vier Abteilungen: Kaïna (Verräter von Verwandten), Antenora (Vaterlandsverräter), Ptolemäa (Verrat an Gastfreunden) und Judecca (Verrat an Wohltätern). Im Mittelpunkt der Hölle schauen die Dichter die riesige Gestalt Luzifers (Satans) mit drei Gesichtern, der mit den seitlichen Mündern die Mörder Julius Cäsars, Brutus und Cassius, und mit seinem mittleren Mund Judas, den Verräter Christi, zermalmt. Luzifer selbst wird wegen seiner Revolte gegen seinen Wohltäter, der ihn zum strahlendsten und mächtigsten der Engel machte, als das böseste aller Geschöpfe bestraft.

10

FRAGE 51

Wie lauten die 10 Gebote?

- Ich bin Jahwe, dein Gott, der dich aus Ägypten geführt hat, aus dem Sklavenhaus. Du sollst neben mir keine anderen Götter haben.
- Du sollst dir kein Gottesbild machen und keine Darstellung von irgend etwas am Himmel droben, auf der Erde unten oder im Wasser unter der Erde. Du sollst dich nicht vor anderen Göttern niederwerfen und dich nicht verpflichten, ihnen zu dienen. Denn ich, der Herr, dein Gott, bin ein eifersüchtiger Gott:
  Bei denen, die mir feind sind, verfolge ich die Schuld der Väter an den Söhnen, an der dritten und vierten Generation;
  bei denen, die mich lieben, und auf meine Gebote achten, erweise ich Tausenden meine Huld.
- Du sollst den Namen des Herrn, deines Gottes, nicht mißbrauchen; denn der Herr läßt den nicht ungestraft, der seinen Namen mißbraucht.
- Gedenke des Sabbats: Halte ihn heilig! Sechs Tage darfst du schaffen und jede Arbeit tun. Der siebte Tag ist ein Ruhetag, dem Herrn, deinem Gott, geweiht. An ihm darfst du keine Arbeit tun: du, dein Sohn und deine Tochter, dein Sklave und deine Sklavin, dein Vieh und der Fremde, der in deinen Stadtbereichen Wohnrecht hat. Denn in sechs Tagen hat der Herr Himmel, Erde und Meer gemacht und alles, was dazugehört;
  am siebten Tag ruhte er. Darum hat der Herr den Sabbattag gesegnet und ihn für heilig erklärt.
- Ehre deinen Vater und deine Mutter, damit du lange lebst in dem Land, das der Herr, dein Gott, dir gibt.
- Du sollst nicht morden.
- Du sollst nicht die Ehe brechen.
- Du sollst nicht stehlen.
- Du sollst nicht falsch gegen deinen Nächsten aussagen.
- Du sollst nicht nach dem Haus deines Nächsten verlangen.
  Du sollst nicht nach der Frau deines Nächsten verlangen,

nach seinem Sklaven oder seiner Sklavin, seinem Rind oder seinem Esel oder nach irgend etwas, das deinem Nächsten gehört. (Exodus 20, 2–17)*

Die Israeliten warteten am Fuß des Berges Sinai, während Mose and Aaron hinaufstiegen, um Jahwe zu treffen, der durch eine dicke Rauchwolke, durch Feuer und Blitze auf dem Gipfel verhüllt wurde. Jahwes Stimme ertönte in Donnerlärm und Hörnerschall, als er Mose seine Gebote verkündigte, die den Bund zwischen Gott und dem Volk Israel besiegelten.

Der Bericht über die Verkündigung der Zehn Gebote, die auch Dekalog (griechisch *deka logoi*, »zehn Wörter«) genannt werden, findet sich in zwei weitgehend übereinstimmenden Fassungen in Exodus 20 und Deuteronomium 5. Allerdings findet das Ereignis nach Deuteronomium auf dem Berg Horeb statt, und Jahwe selbst schrieb die Gesetze des Bundes eigenhändig auf Steintafeln. In Exodus dagegen werden die Gebote von Mose aufgeschrieben. Ebenfalls in dem Bericht in Deuteronomium erfahren wir von dem »Land, wo Milch und Honig fließen« und werden ermahnt, »weder nach links noch nach rechts abzuirren« und »den Herrn, deinen Gott, mit ganzem Herzen, mit ganzer Seele und mit ganzer Kraft zu lieben«. Beide Fassungen der Zehn Gebote gehen vermutlich auf eine ältere Textquelle zurück, die nicht so ausführlich war – mehr nach dem Muster von »Du sollst nicht töten«. Daher wird der Dekalog sehr unterschiedlich datiert: vom 16. Jahrhundert v. Chr. bis irgendwann nach 750 v. Chr.

Die Anordnung der Zehn Gebote unterscheidet sich im Judentum, im Katholizismus und im Protestantismus, teils weil konkrete Zahlen sowohl im Exodus- als auch im Deuteronomium-Text fehlen. Im 5. nachchristlichen Jahrhundert steigerte der heilige Augustinus die Uneindeutigkeit noch, indem er das zweite Gebot in das erste einschloß, so daß es folgendermaßen lautete: »Ich bin der Herr, dein Gott. Du sollst keine fremden Götter neben mir haben; du sollst dir kein Götzenbild machen, um es

* Die Übersetzung der 10 Gebote in der Lutherbibel (Deutsche Bibelgesellschaft [Stuttgart 1987]) weicht geringfügig vom hier abgedruckten Text der Einheitsübersetzung ab.

anzubeten.« Das dritte Gebot wurde so zum zweiten, das vierte zum dritten und so weiter. Um schließlich wieder die erforderlichen zehn Gebote zu erhalten, mußte man das letzte Gebot in zwei teilen. Das neunte lautete dann: »Du sollst nicht nach der Frau deines Nächsten verlangen«, und das zehnte war allen übrigen Situationen vorbehalten, in denen das Bestreben, es dem Nachbarn gleichzutun, für sündhaft erachtet wurde. In der Mitte des 16. Jahrhunderts übernahm das Tridentinische Konzil diese Anordnung und bestätigte, daß die Zehn Gebote auch für die Christen verbindlich sind, so wie sie für die Juden des Alten Testaments gegolten hatten.

Die katholische Kirche und die lutheranischen Kirchen benutzen noch immer die Numerierung des Augustinus und rechtfertigen sie mit dem Hinweis, daß das korrigierte erste Gebot Verbote von falschen Göttern und von der Anbetung falscher Götter enthält, die zweifelsfrei Variationen über dasselbe häretische Thema seien. Diese Betrachtungsweise erleichtert auch die Aufteilung des ursprünglichen zehnten Gebotes in zwei. Da die *Taten* des Ehebruchs und des Diebstahls von zwei verschiedenen Geboten untersagt werden, war es auch sinnvoll (zumindest in dieser Sichtweise), das *Verlangen* nach dem Begehen dieser Sünden in zwei getrennte Gebote aufzuteilen. Dennoch behaupten Kritiker, daß die Katholiken deshalb Augustinus treu geblieben seien, weil das zweite Gebot durch die Einschließung in das erste an Bedeutung verloren habe. Dies habe die Aufmerksamkeit von der Fülle an religiösen Statuen und Bildern ablenken sollen, die – ungeachtet wiederholter Bilderstürme im Laufe der Jahrhunderte – nach wie vor viele katholische Kirchen schmücken. Protestantische Glaubensgemeinschaften (außer dem Luthertum), die griechisch-orthodoxe Kirche und das Judentum benutzen das ältere System der Zählung der Gebote.

Unabhängig von ihrer Anordnung waren die Zehn Gebote bis in die jüngste Vergangenheit hinein unauslöschlich in das Gedächtnis der meisten Juden, Katholiken und Protestanten eingeprägt – man ist sogar versucht zu sagen, »von Gottes Hand darin eingemeißelt«. Doch als der Moderator einer spätabendlichen Talk-Show in den USA Mitte der neunziger Jahre Straßenpassanten fragen ließ, ob sie eines der Zehn Gebote aufsagen könnten, antworteten junge Leute oft genug mit einem Achselzucken.

FRAGE 52

Welches waren die 10 ägyptischen Plagen?

- **Das Wasser des Nils und aller anderen Gewässer Ägyptens wurde in Blut verwandelt**
- **Frösche-Plage**
- **Stechmücken- (bzw. Läuse- bzw. Maden- bzw. Mücken-)Plage**
- **Ungeziefer- (bzw. Bremsen-)Plage**
- **Seuche, die das Vieh hinwegraffte**
- **Geschwüre-Plage**
- **Hagelsturm**
- **Heuschrecken-Plage**
- **Totale Finsternis**
- **Tod aller Erstgeborenen in Ägypten**

In seinem *Dictionnaire philosophique* behauptet Voltaire, daß Mose, wenn er tatsächlich solche Wunder wie die Plagen gewirkt hätte, in altägyptischen oder altgriechischen Texten zumindest erwähnt worden wäre. Dennoch gedenken die Juden in aller Welt seit mehreren Jahrtausenden beim Seder-Mahl, das das Pascha-Fest einleitet, des Auszugs ihrer Vorfahren aus der ägyptischen Gefangenschaft – und der zehn Plagen, welche die Ägypter heimsuchten, bevor die Israeliten die Erlaubnis erhielten, zu ihrer vierzigjährigen Wanderung in das Land, in dem »Milch und Honig fließen«, aufzubrechen.

Die Geschichte der Plagen, die zur Freilassung der Juden führten, wird in Exodus 7 – 12 erzählt. Mit Hilfe seines Bruders Aaron versucht der achtzigjährige Mose den Pharao zu überreden, seinem Volk einen dreitägigen Marsch in die Wüste zu gestatten, wo es Schlachtopfer darbringen wolle – eine Bitte, die das eigentliche Ziel der Flucht aus dem immer tyrannischeren »Haus der Knechtschaft« verschleiert. Weshalb bedurfte es der zehn Plagen, um den Pharao zu überzeugen? Gott selbst verstockte das Herz des Pharao, damit die Ägypter nach all der Drangsal, die ihnen auferlegt wird, »erkennen, daß ich der Herr bin« (Exodus 7, 5).

Zunächst wirft Aaron lediglich – als Zeichen seiner übernatürlichen Beglaubigung – seinen Stab auf den Boden, der sich in eine Schlange verwandelt. Doch die Wahrsager des Pharao tun es ihm gleich. Obwohl Aarons Schlange all ihre Schlangen verschlingt, zeigt sich der Pharao unbeeindruckt. Also bedarf es eines stärkeren Mittels. Als sich **das Wasser des Nils und aller anderen Gewässer Ägyptens in Blut verwandelt**, gelingt es den listigen Wahrsagern ein weiteres Mal, es Mose gleichzutun. Die Ägypter müssen nach Trinkwasser graben, doch der Pharao bleibt unnachgiebig. Eine Woche später entsteigt ein riesiger **Schwarm von Fröschen** dem Nil und dringt in die Häuser, Betten, Feuerstellen und Backtröge der Ägypter ein. Doch die Wahrsager beschwören eine noch größere Froschplage herauf. Pharao verspricht, den Beschlüssen Jahwes Folge zu leisten, aber nachdem ihn Mose von der Froschplage befreit hat, vergißt er seine Zusage. Als aus dem Staub Ägyptens **Stechmücken** – oder irgend welche anderen lästigen Insekten – hervorgehen, versagt die Zauberkunst der Wahrsager, und sie raten dem Pharao, nachzugeben.

Leider ist der Pharao verstockt. Also müssen er und sein Volk eine Folge weiterer Plagen über sich ergehen lassen: Unmengen von **Ungeziefer**; eine **Seuche, die das gesamte Vieh der Ägypter hinwegrafft** (das Vieh der Israeliten dagegen verschont); eine **Epidemie von Geschwüren**, die Menschen, Tiere und Wahrsager befällt und die durch eine Handvoll Ofenruß verursacht wird, die Mose in die Luft wirft; ein **furchtbarer Hagelsturm**, der Landarbeiter, Bäume, Flachs und Gerste sowie alles Vieh, das die Seuche überlebt hat, erschlägt; **ein Schwarm von Heuschrecken**, die die neuen Triebe an den Feldpflanzen fressen und die Häuser der Ägypter heimsuchen. Die neunte Plage ist eine **totale Finsternis, die drei Tage dauert**, während denen die Ägypter mit Blindheit geschlagen sind (wohingegen es dort, wo die Israeliten wohnen, hell bleibt). Schließlich **tötet der Herr alle Erstgeborenen in Ägypten** während einer einzigen grausamen Mitternacht – von den Erstgeborenen des Pharao bis zu den Erstgeborenen der Ägypter und sogar ihres Viehs. Unter dem Eindruck dieser letzten Plage läßt der Pharao das Volk Israel schließlich ziehen. Als er den Israeliten später nachsetzt, um sie niederzumetzeln, wird seine Streitmacht im Roten Meer (bzw. Schilfmeer) auf schändliche Weise vernichtet.

Die meisten der zehn Plagen wurden als verstärkte Formen natürlicher Erscheinungen gedeutet, die Ägypten tatsächlich heimsuchten. So wurde etwa die Verwandlung des Wassers in Blut mit dem regelmäßigen Eintrag von rotem Schlamm am Oberlauf des Nil in Verbindung gebracht. Heuschreckenschwärme, die laut Exodus mit dem Ostwind ins Land getragen wurden, werden gelegentlich von dem heißen Schirokko aus der Arabischen Wüste nach Ägypten geweht. Die Finsternis, die so tief war, daß man nichts mehr sehen konnte, wurde mit dem Kamsin, einem heißen Südwind, der den Himmel über Ägypten mit Sand und Staub aus der Sahara verdüstert, in Zusammenhang gebracht.

In Exodus hat ein unbekannter Herausgeber drei getrennte erzählerische Stränge miteinander verknüpft: den des Jahwisten (J), der Gott »Jahwe« nennt, den des Elohisten (E), der Gott »Elohim« nennt, und den der Priesterschrift (P). Der J-Text ist die Hauptquelle für die Plagen, er erwähnt sechs. In J spricht Mose direkt mit dem Pharao und bittet ihn darum, die Israeliten ziehen zu lassen. Der Pharao lehnt dies ab, worauf Mose die nächste Plage ankündigt. Nachdem jede Plage zum angekündigten Zeitpunkt eintritt, fleht Pharao Mose an, er möge auf Gott einwirken, daß er die Heimsuchungen beende. Mose erfüllt diese Bitte, doch der Pharao hält seinen Teil der Absprache nicht ein. Nach J werden die Israeliten von den Plagen verschont, weil sie getrennt von den Ägyptern in der Provinz Goschen wohnen.

Der E-Strang in Exodus erwähnt vier Plagen, die durch unmittelbarere wundertätige Eingriffe als in J, nämlich durch die Handlungen des Mose, des Werkzeugs der göttlichen Macht, herbeigeführt werden. In E leben die Israeliten mit den Ägyptern zusammen und werden von der Plage der Finsternis verschont, nicht aber von dem in Blut verwandelten Wasser, dem Hagel und den Heuschrecken. In diesem Text haben die Israeliten Zeit, den Ägyptern Gold und Silber zu rauben, bevor sie fortziehen, während ihr übereilter Auszug in J – genaugenommen: ihre Vertreibung durch den zornigen Pharao – durch die Tatsache unterstrichen wird, daß sie nicht einmal genug Zeit haben, ihr Brot zu säuern, bevor sie es backen.

Im P-Text werden vier Plagen zu einer Art Kraftprobe zwischen Aaron, der im Auftrag von Mose handelt, und den Wahrsagern des Pharao, die einige Plagen nachahmen (den blutigen Nil und die Frösche), bei den Stechmücken jedoch versagen und selbst von Geschwüren überzogen werden.

Die Seder-Feier ist eine Wiederholung des Mahls am Abend des ersten Pascha (aus hebräisch *pesah,* zu einem Verb, das »vorübergehen, verschonen« bedeutet). So ging Gott, als er die Erstgeborenen in Ägypten tötete, an den Häusern der Juden »vorüber«, deren Türpfosten und Türstürze mit dem Blut des geschlachteten Pascha-Lammes bestrichen worden waren.

Der rituelle Text, der am Seder-Abend benutzt wird, ist die Haggada, eine Erzählung über die Knechtschaft und die Flucht aus Ägypten, die vom Familienoberhaupt vorgelesen wird. Bei der Erwähnung der einzelnen Plagen vergießt jeder Anwesende einen Tropfen Wein aus seinem Becher, als Mahnung, sich nicht an dem Elend anderer zu ergötzen, was im Buch der Sprichwörter ausdrücklich verboten wird: »Freu dich nicht über den Sturz deines Feindes, / dein Herz juble nicht, wenn er strauchelt.«

12

FRAGE 53

Wie lauteten die lateinischen Namen der 12 Monate, und welche Bedeutung hatten sie?

- **Januarius: nach Janus, dem doppelgesichtigen Gott der Tore und Eingänge**
- **Februarius: zu** februa **gehörend, einem römischen Reinigungsfest, das am 15. Februar gefeiert wurde**
- **Martius: benannt nach Mars, dem römischen Gott des Ackerbaus und, später, des Krieges**
- **Aprilis: vielleicht vom lateinischen** aperire **(»öffnen«, wie bei den Frühlingsknospen) oder auch »der Monat der Venus«, vom etruskischen** apru, **aus Aphro, einer Abkürzung für die griechische Göttin Aphrodite**
- **Maius: nach Maia, der italischen Frühlingsgöttin, Tochter des Faunus und Gemahlin des Vulcanus**
- **Junius: nach dem Namen der römischen Sippe des Junius, der sich von dem Namen der Göttin Juno herleitet, der Gemahlin Jupiters und der Schutzgöttin der Frauen**
- **Julius: benannt zu Ehren von Julius Cäsar, der in diesem Monat geboren worden war (ursprüngliche Bezeichnung: Quintilis)**
- **Augustus: benannt zu Ehren von Augustus (ursprüngliche Bezeichnung: Sextilis)**
- **September: von lateinisch** septem, **»sieben« (bezogen auf den März, in dem das römische Jahr ursprünglich begann)**
- **October: von** octo, **»acht«**
- **November: von** novem, **»neun«**
- **December: von** decem, **»zehn«**

Unser Wort »Kalender« leitet sich vom lateinischen *kalendae* her, der Bezeichnung der Römer für den ersten Tag ihrer Monate. Der älteste römische Kalender, der dem Romulus zugeschrieben wird, hatte nur zehn Monate und 304 Tage: sechs Monate mit 30 Tagen und vier mit 31 Tagen. Offenbar wurde der Zeitraum nach Ende Dezember – der später als Januar und Februar bezeichnet wurde – in diesem Kalender offiziell nicht mitgezählt, weil sämtliche ackerbaulichen Arbeiten mit dem Einbringen und Einlagern der letzten Ernte zum Erliegen kamen und erst mit der Vorbereitung des Bodens für die nächste Aussaat Anfang März wieder aufgenommen wurden.

Möglicherweise erhielten die Römer von ihren hochkultivierten Oberherren in Etrurien in Person des fünften Königs von Rom, des Etruskers Tarquinius des Älteren (Tarquinius Priscus), einen genaueren Kalender. Er wurde auch vielfach dem halblegendären zweiten König, dem religiösen Gesetzgeber Numa Pompilius, zugeschrieben. In diesem *Mondkalender* mit zwölf Monaten und 355 Tagen hatten vier Monate 31 Tage, der neue Monat Februar hatte 28 Tage, und die übrigen sieben Monate einschließlich des neuen Monats Januar hatten 29 Tage. Die Römer, die gerade Zahlen als unglücksverheißend ansahen, sorgten also dafür, daß alle Monate eine ungerade Anzahl an Tagen enthielten, außer Februar, der, seit in ihm ein berühmtes Fest zum Gedenken an die Toten stattfand, sowieso als unheilvoll galt. In dem Bemühen, die Abweichung zwischen dem Mondjahr mit 355 Tagen und dem Sonnenjahr zu korrigieren, wurde vielleicht später ein Schaltmonat namens *Mercedonius* (bzw. *Mercedinus* oder *Intercalaris*) mit 22 oder 23 Tagen alle zwei Jahre zwischen dem 23. und 24. Februar in den Kalender eingefügt.

Die sich anhäufenden Fehler dieses Systems, das für die Praxis schlecht ausgearbeitet war, führten dazu, daß das Jahr zur Zeit Julius Cäsars (100–44 v. Chr.) etwa drei Monate vom wahren Sonnenjahr abwich. Während seiner Herrschaft ließ Cäsar daher den römischen Kalender mit Hilfe des aus Alexandria stammenden griechischen Astronomen Sosigenes überarbeiten. Dazu war es notwendig, das Jahr 46 v. Chr. zu einem überlangen Jahr mit 445 Tagen zu machen, bevor nach ägyptischem Vorbild das *Sonnenjahr* übernommen werden konnte. Der neue, *Julianische Kalender* mit 365 Tagen, der am 1. Januar 45 v. Chr. eingeführt wurde, verlängerte die kürzeren Monate und fügte alle vier Jahre zwischen dem 23. und 24. Februar einen sogenannten Schalttag ein, den wir heute auf das Ende des Monats als den 29. Februar verschoben haben. Dieser zusätzliche Tag war erforderlich, weil das Sonnenjahr etwa sechs Stunden länger dauert als 365 Tage.

Der Julianische Kalender erfüllte seinen Zweck recht gut, bis sich seine geringfügige Unstimmigkeit – elf Minuten und vierzig Sekunden pro Jahr – im Laufe der Jahrhunderte akkumuliert hatte. Im Jahre 1582 verkündete Papst Gregor XIII. die Einführung eines präziseren Kalenders: Um den Kalender erneut mit der Sonne in Einklang zu bringen, ließ man nun auf den 4. Oktober 1582 direkt den 15. Oktober folgen. Als weitere Feinkorrektur kam hinzu, daß Jahrhundertjahre wie 1400, 1500 usw. keine Schaltjahre sein sollen, es sei denn, sie sind bruchlos durch 4 teilbar. Wir benutzen diesen *Gregorianischen Kalender* noch heute (seine Übernahme in nichtkatholischen Ländern erfolgte aber zu ganz verschiedenen Zeitpunkten, in England und seinen amerikanischen Kolonien – den heutigen USA – z. B. erst 1752, in Rußland 1918).

Januar, der dem ältesten römischen Kalender als elfter Monat hinzugefügt worden war, wurde erst 153 v. Chr. der erste Monat des Jahres. Janus, der Gott mit den zwei Gesichtern, der Hüter aller Tore und Eingänge, wurde später als Gott jeden Anfangs, insbesondere des Jahres, verehrt. Seine Doppelgesichtigkeit war vermutlich darauf zurückzuführen, daß seine Rolle von ihm verlangte, ein wachsames Auge auf Diebe, böse Geister und andere Eindringlinge zu haben (lateinisch *ianua* war auch das Wort für »Tür«, »Eingang«). Später glaubte man, Janus blicke zurück aufs alte Jahr und voraus aufs neue – wie es seine Statue andeutete, die ein altes Gesicht und ein junges hatte und auf dem Forum in Rom in einem kleinen Heiligtum vor dem Senat stand. Die Bronzetüren dieses Heiligtums wurden in Kriegszeiten geöffnet und in Friedenszeiten geschlossen (während der ersten siebenhundert Jahre der Existenz Roms waren sie nur dreimal geschlossen). Das Janus-Fest, das am neunten Tag seines Monats gefeiert wurde, wurde vermutlich *Ianuar* genannt.

Februar wurde nach dem Zubehör eines Reinigungsfestes zur Buße von Freveln, das am 15. Februar gefeiert wurde, benannt. Die *Lupercalien* waren zugleich ein Fruchtbarkeitsfest, das reiche Ernte, große Herden und viele menschliche Nachkommen im

Jahr darauf sicherstellen sollte (der Februar war ja ursprünglich der letzte römische Monat). Priester, die *Luperci* genannt wurden, liefen halbnackt mit Riemen aus der Haut geopferter Ziegen um die Stadt herum und schlugen damit Frauen, die hofften, das Ritual würde sie vor Unfruchtbarkeit oder einer schweren Niederkunft schützen. Diese Riemen hießen *februa*, »Reinigungs-, Sühnemittel«.

März wurde nach Mars benannt, ursprünglich ein Frühlingsgott der sprießenden Vegetation, dem während dieses Monats mehrere Feste geweiht waren, darunter eines an seinem Geburtstag, dem 1. März. Später wurde Mars zum Kriegsgott, vermutlich weil die Feldzüge, die während der Wintermonate unterbrochen wurden, im März wieder aufgenommen wurden.

Weil dieser Monat nach Mars benannt worden war, folgerte Ovid (in seinen *Fasti*, einem unvollendeten Gedicht über den römischen Kalender, das um 8 n. Chr. entstand), daß der **April** nach der Venus benannt sei – auf den Krieg folgte sein Gegenteil, die Liebe –, zumal ihre Gegenstücke in der griechischen Mythologie, Ares und Aphrodite, ein Liebespaar waren (vgl. Frage 55). Außerdem wurde Mars in seiner Eigenschaft als Vater der Zwillingsbrüder Romulus und Remus als Stammvater der Römer angesehen. Venus war als die göttliche Mutter des trojanischen Helden Äneas (der nach dem Trojanischen Krieg nach Italien kam und dort ein Geschlecht frührömischer Könige zeugte) ebenfalls eine entfernte Ahnherrin der Römer. Tatsächlich waren einige der Meinung, der Name des Monats gehe auf eine etruskische Form des Namens der griechischen Göttin Aphrodite zurück, aber vielleicht kommt er auch einfach vom lateinischen *aperire*, »öffnen«.

Mai leitet sich offenbar von Maia, einer italischen Göttin des Pflanzenwachstums, her. Als Tochter des Faunus – eines Enkels des bedeutenden Gottes Saturn – und Gemahlin von Vulcanus, des Gottes des vulkanischen Feuers, verfügte Maia über einflußreiche Verwandte.

In den *Fasti* behauptet Ovid, der Mai leite seinen Namen von den *maiores* her, den Ältesten des Staates, während der **Juni** nach den jungen Männern, den *juvenes*, benannt worden sei. Doch nimmt man gewöhnlich an, daß der Name des letztgenannten Monats in Anlehnung an die etruskische Form des Namens der Juno, Uni, gebildet wurde. Einige behaupten, der Name der Sippe des Junius, die ihre Abstammung auf die Göttin Juno zurückführte, sei das Zwischenglied zwischen Juno und dem Monat gewesen.

Auf Vorschlag von Marcus Antonius verfügte der römische Senat unmittelbar nach der Ermordung von Julius Cäsar am 15. März 44 v. Chr., daß Quintilis (die alte Bezeichnung für den »fünften Monat«), der Monat von Cäsars Geburt, fortan seinen Namen, Julius tragen sollte – unser **Juli**. In Anbetracht von Cäsars Rolle bei der Überarbeitung des Kalenders – ganz zu schweigen von seinen Leistungen für Rom im Krieg, in der Politik, der Redekunst und in der Geschichtsschreibung – war dies nur recht und billig.

August, ursprünglich Sextilis (»sechster Monat«), wurde 27 v. Chr. durch einen Erlaß des Senats zu Ehren des ersten römischen Kaisers Gaius Octavianus, mit Ehrennamen Augustus, umbenannt. Augustus nahm diese Ehrung erst 8 v. Chr. förmlich an. Der Senat drängte ihn, seinen Geburtsmonat, den September, auszuwählen, doch Augustus zog den Sextilis vor, in dem er zum ersten Mal das Amt des Konsuls ausgeübt, seine drei größten Triumphzüge (in Rom) gefeiert und die Eroberung Ägyptens abgeschlossen hatte. Da der Sextilis nur 30 Tage hatte, nahm Augustus angeblich dem Februar einen Tag weg, damit sein Monat genauso hoheitsvoll sei wie der seines Großonkels Julius Cäsar. Einige Wissenschaftler behaupten jedoch, der Sextilis habe schon immer 31 Tage gehabt.

Obgleich **September**, **Oktober**, **November** und **Dezember** seit über 2100 Jahren nicht mehr der *siebte*, *achte*, *neunte* und *zehnte* Monat sind, sind diese Zahlen in ihren Namen verewigt. Das hätte den äußerst konservativen und traditionsbewußten Römern sicher gefallen.

FRAGE 54

Wie hießen die 12 Stämme Israels?

- **Ruben**
- **Simeon**
- **Levi**
- **Juda**
- **Dan**
- **Naftali**
- **Gad**
- **Ascher**
- **Issachar**
- **Sebulon**
- **Josef (unterteilt in Efraim und Manasse)**
- **Benjamin**

Die zwölf Söhne von Abrahams Enkel Jakob (der von Gott in *Israel* umbenannt wurde) wurden ihm von seinen beiden Frauen – seinen Kusinen Lea und Rahel – und deren Mägden Silpa und Bilha geboren. Die Söhne, die oben nach der Reihenfolge ihrer Geburt aufgelistet sind, gaben den Stämmen, die zwischen etwa 1300 und 1200 v. Chr. Kanaan eroberten, ihren Namen. Mose führte diese Stämme aus der Gefangenschaft in Ägypten und starb, nachdem er vom Berg Nebo (Pisga), östlich von Jericho, einen Blick auf Palästina geworfen hatte. Der Krieger Josua führte die Israeliten daraufhin durch den Jordan ins Gelobte Land.

Die Söhne, die Labans Tochter Lea dem Jakob gebar, waren Ruben, Simeon, Levi, Juda, Issachar und Sebulon. Der Stamm **Ruben** siedelte östlich des Jordans und des Toten Meeres, ging jedoch später in dem Stamm **Gad** und in den Moabitern auf. Im »Jakobs-Segen« (Genesis 49; spätes 11. Jahrhundert v. Chr.) entzieht der Erzvater dem erstgeborenen Ruben wegen eines Seitensprungs mit einer von Jakobs Nebenfrauen sein Erstgeburtsrecht. Im selben Text werden **Simeon** und **Levi** verflucht, weil sie alle männlichen Kanaaniter der Stadt Sichem grausam niedergemetzelt hatten als Vergeltung für die Vergewaltigung ihrer Schwester Dina, Leas jüngstem Kind. Tatsächlich ging der Stamm Simeon frühzeitig im Stamm Juda auf, und die Leviten – die Priester und Tempeldiener – erhielten kein eigenes Territorium, da ihr Erbteil Jahwe selbst war. Allerdings wurden die anderen Stämme verpflichtet, den Leviten 48 Städte innerhalb ihrer Hoheitsgebiete zu überlassen und ihnen den Zehnten als Lebensunterhalt abzutreten. Mose, Aaron und Mirjam gehörten zu diesem Stamm. Jakob vergleicht **Juda** mit einem jungen Löwen und sagt voraus: »Nie weicht von Juda das Szepter ...« Diese Prophezeiung wurde vermutlich niedergeschrieben, nachdem David aus Juda um 1010 v. Chr. König geworden war. Die Evangelisten behaupteten später, Christus sei ein Nachfahre von David und Juda (vgl. Frage 20). Jakob nennt **Issachar** einen »knochigen Esel«, der den Kananitern Frondienste leistete, die lange Zeit über Issachars Gebiet herrschten. **Sebulon** dagegen war ein Krieger.

Leas Magd Silpa gebar Jakob Gad und Ascher. Der Stamm Gad siedelte östlich des Jordans in Gilead, dessen heilkräftiges Harz Jeremia so sehr vermißte: »Gibt es keinen Balsam in Gilead?« Gideon schlug die Midianiter in Gilead; hier kämpfte David gegen seinen aufrührerischen Sohn Absalom; hier wurde Elija geboren, und König Ahab fiel hier in der Schlacht. Das Siedlungsgebiet des Stammes **Ascher** dagegen lag so nah an phönizischem Hoheitsgebiet, daß es kaum als ein Teil Israels gelten konnte.

Jakob bemühte sich insgesamt vierzehn lange Jahre darum, Labans andere Tochter Rahel als Frau zu gewinnen. Sie gebar ihm seine Lieblingssöhne Josef und Benjamin. **Josef**, der von seinen Brüdern als Sklave verkauft wurde, nachdem Jakob ihm einen »Ärmelrock« geschenkt hatte, wurde in Ägypten wegen seiner Fähigkeit zur Traumdeutung vom Pharao zum hohen Würdenträger gemacht. Er war es, der Jakob dazu veranlaßte, während einer Hungersnot im Gelobten Land mit all seinen Nachkommen nach Ägypten zu ziehen. Jakobs jüngster Sohn war **Benjamin**. In seinem Segen sagt Jakob, Benjamin sei im Krieg wie ein reißender Wolf. Die Benjaminiter, die als beidhändige Bogenschützen berühmt waren, waren der Stamm von König Saul und des heiligen Paulus.

Die Stämme Israels
(um 1200 – 1020 v. Chr.)

Josefs Stammesvermächtnis ging an die beiden »Halbstämme«, die nach seinen Söhnen Efraim und Manasse benannt sind, die ihm seine ägyptische Frau Asenat gebar. Der Halbstamm **Efraim** verlor zweiundvierzigtausend Mann, weil die Efraimiter den *sch*-Laut nicht richtig aussprechen konnten: Die Efraimiter hatten die Gileaditer auf heimtückische Weise angegriffen. Nachdem sie verjagt worden waren, versuchten sie, den Jordan zu durchqueren. An jeder Furt forderten Krieger aus Gilead die Flüchtlinge auf, »Schibbolet« zu sagen (was »Fluß« bedeutet). Diejenigen, die es mit einem efraimitischen Lispeln als »Sibbolet« aussprachen, wurden auf diese Weise als Feinde entlarvt und niedergemacht (Richter 12, 1–6). Der mächtige Josua war selbst ein Efraimit. Der berühmteste Sohn des Halbstammes **Manasse**, der sowohl östlich als auch westlich des Jordans siedelte, war der Krieger Gideon (der Ende des 19. Jahrhunderts Namenspate einer christlichen Organisation von Geschäftsleuten war, die es sich zur Pflicht machten, Bibeln in Hotelzimmern zurückzulassen).

Rahels Magd Bilha gebar Jakob die Söhne Dan und Naftali. Der größte Teil des Stammes **Dan** war des Kämpfens gegen die Philister (Samson war der berühmteste Daniter) überdrüssig und zog von der westlichen Zentralregion in den äußersten Norden des Gelobten Landes. Doch Dan wurde zum Zentrum der Anbetung des Kalbes und galt als so verrucht, daß Jakobs Urteil darüber – »eine Schlange am Weg, eine zischelnde Natter am Pfad« – viel später in dem Sinne gedeutet wurde, daß der Antichrist ein Daniter sein würde. In der Offenbarung des Johannes (7, 5–8) fehlt Dan sogar unter den zwölf geretteten Stämmen. Einige Wissenschaftler behaupten, daß der Stamm möglicherweise griechischer Abstammung gewesen ist. Es gibt eine Entsprechung der Geschichte von Samson und Delila in der griechischen Mythologie: Skylla – nicht das Ungeheuer aus der *Odyssee* – schneidet ihrem Vater Nisos eine Haarlocke ab und raubt ihm dadurch seine Kraft, so daß er von König Minos von Kreta besiegt und getötet werden kann. Und ein gängiger Name für die Griechen in den Werken Homers ist »Danaer«. Was **Naftali** anlangt, so vergleicht Jakob den Stamm mit einer »flüchtigen Hirschkuh, [die] sich auf gefällige Rede versteht«.

Nach der Periode des vereinten Königreichs Israel unter Saul, David und Salomo (1020–922 v. Chr.) erbte der undiplomatische Sohn Salomos, Rehabeam, den Thron, doch nur die Stämme Juda und Benjamin (und einige der Leviten) leisteten ihm Gefolgschaft. Sein Herrschaftsgebiet firmierte fortan als das Südreich, Juda. Die übrige zehn Stämme fielen von ihm ab, weil sie das ihnen auferlegte Steuerjoch nicht länger tragen wollten. Als sie Rehabeam gebeten hatten, ihnen die schwere Bürde aus Frondienst und sonstigen Abgaben zu erleichtern, stellte er ihnen ein noch schwereres Joch in Aussicht: »Mein Vater hat euch mit Peitschen gezüchtet, ich werde euch mit Skorpionen züchtigen« (1 Könige 12, 11).

Das Nordreich, Israel, sagte sich unter König Jerobeam I. los. Dieses rivalisierende Königreich mit seiner Hauptstadt Samaria brachte so herausragende Persönlichkeiten des 9. Jahrhunderts v. Chr. hervor wie König Ahab, seine Königin Isebel – eine Phönizierin, die den Baal anbetete – und den Propheten Elija, der gegen ihren Götzendienst wetterte. Im ausgehenden 8. Jahrhundert v. Chr. führte der grausame assyrische König Tiglat-Pileser III. einige der Nordstämme Israels in die Gefangenschaft. Die endgültige Eroberung erfolgte 721 v. Chr., als ein Großteil der Israeliten von König Sargon II. nach Assyrien verschleppt wurde.

Was wurde aus diesen zehn verschollenen Stämmen? Ein jüdischer Reisender des 9. Jahrhunderts n. Chr. glaubte, sie verstreut in Persien, in der Nähe von Mekka und südlich von Abessinien gefunden zu haben. Einige behaupten, sie seien zu den Chasaren Südrußlands geworden, den Vorfahren aller späteren Juden. Nach Auffassung der Mormonen waren diese Stämme die Ahnen der amerikanischen Ureinwohner, andere sagen, der Engländer.

Das Südreich, Juda, brachte Jesaja, Jeremia und den starken König Joschija hervor. Es ging unter, als seine Hauptstadt Jerusalem und der Tempel Salomos im Jahre 586 v. Chr. von Nebukadnezar, dem chaldäischen König Babyloniens, zerstört und seine Bewohner nach Babylonien verschleppt wurden. Die Babylonische Gefangenschaft endete, als König Kyros von Persien den Babyloniern 538 v. Chr. eine vernichtende Niederlage beibrachte und den Juden die Rückkehr nach Jerusalem erlaubte. Dort wurde der Zweite Tempel im Jahre 515 v. Chr. fertiggestellt, und im nächsten Jahrhundert leiteten die religiösen Reformen von Esra die Epoche des Judentums auf der Basis der Tora ein.

FRAGE 55

Wie hießen die 12 olympischen Götter im antiken Griechenland und ihre Entsprechungen im alten Rom?

- **Zeus – Jupiter**
- **Hera – Juno**
- **Poseidon – Neptun**
- **Hades – Pluto**
- **Athene – Minerva**
- **Apollon**
- **Artemis – Diana**
- **Aphrodite – Venus**
- **Hermes – Merkur**
- **Ares – Mars**
- **Hephaistos – Vulcanus**
- **Hestia – Vesta, später verdrängt von Dionysos – Bacchus**

Die Geschichte der zwölf olympischen Götter Griechenlands – die Glanz, Schönheit und Macht verkörperten – beginnt in äußerst urtümlichen Verhältnissen. Zu Beginn der Zeit verliebte sich die Erdgöttin, Gaia, die aus dem Chaos entsprang, in den Himmelsgott, Uranos, der nach alten Quellen ihr gemeinsamer Sohn mit dem Nordwind war. Wenig später gebar sie dem Uranos sechs Söhne, die Titanen, die die Berge überragten, und sechs Töchter, die Titaninnen, die von ihren Brüdern zu Gattinnen genommen wurden. Obgleich Uranos auf diese zwölf Kinder sehr stolz war (zu denen der Sonnengott Hyperion, die Mondgöttin Phöbe und Okeanos, der Gott des gewaltigen Stroms, der die Erdscheibe umfließt, gehörten), war er empört über die anderen Sprößlinge, die Gaia ihm gebar: die drei einäugigen Kyklopen und die drei fünfzigköpfigen, hundertarmigen Söhne, die Hekatoncheiren. Uranos stürzte diese sechs Ungeheuer in den Tartaros im Zentrum der Unterwelt.

Die auf Rache sinnende Gaia stiftete die Titanen an, ihren Vater umzubringen und ihre Brüder aus dem Tartaros zu befreien, und sie holte eine Sichel aus Flintstein hervor, die sie eigens zu diesem Zweck angefertigt hatte. Nur Kronos, der jüngste und stärkste Titan, nahm die Herausforderung an, packte Uranos an den Genitalien und entmannte ihn. Als das Blut, das aus der Wunde spritzte, auf die Erde fiel, entsprangen die drei Erinnyen aus dem so durchnäßten Boden (vgl. Frage 10).

Kronos, der nach dem Sturz seines Vaters zum Herrscher der Welt wurde, warf seine gräßlichen Brüder, nachdem er sie befreit hatte, alsbald wieder in den Tartaros zurück, was seine Mutter erzürnte. Doch Gaia kannte die Weissagung, wonach eines der Kinder von Kronos stärker als sein Vater sein würde. Auch Kronos kannte sie und verschlang aus diesem Grund alle Kinder, die seine Gemahlin, die Titanin Rheia, ihm gebar, unmittelbar nach der Geburt: Hestia, Demeter, Hera, Hades und Poseidon. Natürlich mißbilligte Rheia diese Eßgewohnheiten ihres Gatten. Als sie ihr sechstes Kind erwartete, heckte sie mit Gaia eine List aus, um es zu retten: Statt des Neugeborenen reichte sie Kronos einen in Windeln gewickelten Stein, den er ohne den geringsten Argwohn gierig verschlang.

Rheia versteckte den Neugeborenen, **Zeus**, in einer Gebirgshöhle auf Kreta, wo er, sicher vor seinem Vater, von der Ziege – oder Nymphe – Amaltheia aufgezogen wurde, die ihn mit ihrer Milch (oder mit Ziegenmilch) stillte und mit dem Nektar und der Ambrosia fütterte, die aus ihren Hörnern flossen. Spielkamerad war sein Pflegebruder, der bocksbeinige Pan. Vor der Höhle hatte Gaia die bewaffneten Kureten postiert, die mit ihren Schwertern gegen ihre Schilde schlugen, damit der Lärm das Weinen des Säuglings übertönte. Zeus bekundete später seine Dankbarkeit gegenüber Amaltheia, indem er sie als das Sternbild Steinbock an den Himmel versetzte (vgl. Frage 60).

Zeus war bereits nach einem Jahr erwachsen und nahm die Titanin Metis zu seiner ersten Gemahlin. Die kluge Metis riet

Zeus davon ab, sich allein gegen seinen Vater Kronos aufzulehnen. Sie bereitete zusammen mit Rheia ein Brechmittel, das sie mit Kronos' Lieblingsgetränk vermischten. Daraufhin übergab sich Kronos und spie Hestia, Demeter, Hera, Hades, Poseidon (und den Stein) heil und gesund wieder aus. Zeus stellte den Stein später in Delphi auf, wo er verehrt wurde.

Mit seinen wieder zum Leben erweckten Brüdern und Schwestern kämpfte Zeus nun gegen die Titanen, die von dem mächtigen Atlas angeführt wurden (denn Kronos kam allmählich in die Jahre). Zeus tötete Kampe, die Wärterin des Tartaros, und befreite ein weiteres Mal seine Onkel, die Kyklopen und Hekatoncheiren. Die Kyklopen, die am Krieg gegen die Titanen beteiligt waren, schmiedeten einen Donnerkeil für Zeus, einen Dreizack für Poseidon und einen unsichtbar machenden Helm für Hades.

Die drei Brüder nahmen sich nun Kronos vor, den Zeus mit seinem Donnerkeil erschlug. Daraufhin belegten die Hekatoncheiren die übrigen Titanen mit einem Dauerhagel aus Steinen. Als ein lauter Schrei des bocksbeinigen Pan die Titanen in größten Schrecken versetzte (davon leitet sich unser Wort *Panik* her), flohen sie in den Tartaros oder auf eine entlegene Insel, wo sie von den drei Hundertarmigen bewacht wurden. Die Titaninnen kamen ungeschoren davon, denn zu ihnen gehörten Rheia, die Mutter des Zeus, und seine Gemahlin Metis. Kronos floh nach Italien, wo er als der altrömische Gott Saturn das Goldene Zeitalter einleitete, in dem Kriege unbekannt waren, die Menschen nur Eicheln aßen und Wasser tranken und niemand durch den Anbau von Feldfrüchten oder das Schürfen nach Gold die Erde verletzte oder das Meer auf der Suche nach Reichtümern mit Schiffen durchpflügte.

Nachdem Zeus mit seinem Donnerkeil das Ungeheuer Typhon getötet hatte, machte er sich daran, eine Regierung zu bilden. Als die Söhne des Kronos ihre Herrschaftsgebiete auslosten, wurde Poseidon zum Gott des Meeres, Hades zum Gott der Toten und der Unterwelt und Zeus zum Gott des Himmels. Die Erde blieb gemeinsamer Herrschaftsbereich von allen dreien. Zeus siedelte anschließend die Götter in einem überirdischen Paradies auf dem Gipfel des Olymp im nordgriechischen Thessalien an.

Der König der neu eingesetzten olympischen Götter vergewaltigte offenbar seine Mutter Rheia in Form einer Schlange – er sollte nicht umsonst »Vater Zeus« genannt werden. Daraufhin wohnte er der Titanin Mnemosyne bei (vgl. Frage 46), die ihm die neun Musen gebar, und anschließend der Titanin Themis, der Göttin des Rechts, die ihm die Horen und die drei Moiren gebar. Maia, die Tochter des Atlas, gebar ihm Hermes. Zeus und Leto, die ebenfalls eine Tochter der Titanen war, nahmen die Gestalt von Wachteln an, als sie Apollon und Artemis zeugten.

Zeus war auch der Vater des Dionysos. Als Semele, die Tochter des Königs Kadmos von Theben, mit Dionysos schwanger war, wurde sie von der eifersüchtigen Hera dazu überredet, Zeus zu bitten, sich ihr in seiner ganzen Göttlichkeit zu zeigen. Zeus, der Semele einen Wunsch freigegeben hatte, – und der erzürnt war, weil sie ihm ihr Bett verbot, solange er ihr seine Göttlichkeit nicht vorgeführt hatte –, entsprach ihrem törichten Wunsch. Semele, eine sterbliche Frau, verbrannte daraufhin unter Blitz und Donner zu einem Aschenhaufen. Allerdings gelang es Hermes, das sechs Monate alte Kind zu retten, indem er es für weitere drei Monate in einen ungewöhnlichen Brutkasten einnähte: den Oberschenkel des Zeus. Dionysos – römisch Bacchus genannt – wurde zum Gott des Weins, des Rauschs, der Orgien und der wüsten Gelage, aber auch der griechischen Tragödie. Er wird gelegentlich *digonos* (»zweimal geboren«) genannt.

Die zahllosen Amouren des Zeus führten zur Geburt von Heroen wie Perseus, Minos, Herakles (vgl. Frage 57) und vielen anderen. Das Thema von Heras Eifersucht auf Zeus wegen seiner zahlreichen Seitensprünge ist eines der großen komischen Motive der griechischen Mythologie, obgleich seine Geliebten oftmals ein tragisches Ende nahmen.

Zeus und seine Schwester sowie Gemahlin **Hera** wurden nach der Verbannung des Kronos wieder vereinigt. Er verführte sie, indem er sich in einen Kuckuck verwandelte; als sie ihn hätschelte, nahm er seine eigentliche Gestalt wieder an und vergewaltigte sie. Gaia schenkte ihnen einen mit Goldäpfeln behängten Baum, und ihre Hochzeitsnacht dauerte dreihundert Jahre. Zu den Kindern von Zeus und Hera gehörten Ares, Hephaistos und Hebe; allerdings wird in einigen Quellen behauptet, Hephaistos sei allein der Sprößling der Hera. Hebe, die Göttin der Jugend, war die Mundschenkin der Olympier (bis ihr ein blamabler Schnitzer unterlief) und heiratete schließlich den vergöttlichten Herakles.

Hera konnte ihre Jungfräulichkeit jedes Jahr erneuern, indem sie in einer heiligen Quelle nahe ihrer Lieblingsstadt Argos badete. Verheiratete Frauen wandten sich hilfesuchend an diese geduldige Herrin des Olymp, und Eileithyia, die Göttin der Geburten, wurde bisweilen als ihre Tochter angesehen (oder auch als Hera selbst). Launisch und rachsüchtig, wurde Hera zu einer erbitterten Feindin Trojas, hauptsächlich weil der Trojaner Paris ihren Stolz gekränkt hatte, als er den goldenen Apfel der Schönheit nicht ihr, sondern Aphrodite zugesprochen hatte.

In dem wandelbaren Antlitz der Meere spiegelt sich die Wankelmütigkeit **Poseidons** wider, der zur selben Zeit Gott des Meeres wurde, als seine Brüder Zeus und Hades den Himmel bzw. die Unterwelt in Besitz nahmen. Poseidon bewohnte einen goldenen Palast am Meeresgrund, und Stürme flauten ab, wenn er sich in seinem Triumphwagen näherte, der von Pferden mit bronzenen Hufen und goldenen Mähnen gezogen wurde. Er konnte seinen Dreizack in den Boden rammen und so Erdbeben erzeugen, was ihm den Beinamen »Erderschütterer« eintrug. Er erschuf Pferde, deren Galopp der Bewegung von Wellen glich.

Vielleicht machte es ihm sein gewalttätiges, sprunghaftes Naturell schwer, sich für eine Gattin zu entscheiden. Seine Wahl fiel schließlich auf Amphitrite, eine Tochter des greisen Meergottes Nereus, doch sie floh vor ihm. Nur Delphinus vermochte sie zu bereden, zu Poseidon zurückzukehren. Fortan waren Delphine Poseidons Lieblingstiere unter den Meeresgeschöpfen, und aus Dankbarkeit versetzte er Delphinus als Sternbild an den Nachthimmel.

Als Poseidon und Apollon einmal Zeus beleidigt hatten, zwang dieser sie dazu, dem hochmütigen König Laomedon von Troja ein Jahr lang zu dienen. Apollon hütete Laomedons Herden auf dem Berg Ida, und Poseidon (mit oder ohne Apollons Hilfe) erbaute die Stadtmauer. Da der König sich weigerte, sie für ihre Dienste zu bezahlen, sandte Poseidon ein Meerungeheuer, das

Troja verwüsten sollte. Schließlich mußte der König seine Tochter Hesione dem Monster als Opfer darbringen, um Poseidon zu besänftigen. Doch Hesione wurde in letzter Minute von Herakles gerettet. Poseidon hegte daher einen Groll auf Troja und unterstützte das griechische Heer im Trojanischen Krieg.

Nach dem Krieg entrann der listenreiche Held Odysseus dem Tod aus der Hand des einäugigen Kyklopen Polyphemos, eines riesenhaften Sohnes des Poseidon, indem er das Ungeheuer mit einem glühenden Pfahl blendete. Der unversöhnliche Meeresgott verzögerte zur Strafe dafür die Rückkehr des Odysseus in seine Heimat Ithaka um zehn Jahre und ertränkte seine Gefährten.

Poseidons sexuelles Verlangen war fast so unersättlich wie das seines Bruders Zeus, doch aufgrund irgendeines genetischen Defekts zeugte er hauptsächlich Pferde, Ungeheuer und blaugrüne Meergötter wie Triton. (Der gewaltige Jäger, der schöne Orion, war eine Ausnahme.) In Gestalt eines Hengstes schwängerte Poseidon seine Schwester Demeter, die vergeblich die Gestalt einer Stute angenommen hatte; aus dieser Vereinigung ging das heilige Wildpferd Arion hervor. Das Flügelpferd Pegasos wurde ihm angeblich von der Gorgo Medusa geboren. Dieses liederliche Verhalten erzürnte seine Gattin Amphitrite, die eine ihrer Rivalinnen, Skylla, in ein gefräßiges sechsköpfiges Ungeheuer mit zwölf Füßen verwandelte (Odysseus trifft auf sie, nachdem er dem Strudel Charybdis ausgewichen war).

Offenkundig nicht zufrieden mit seiner Herrschaft über das Meer, wetteiferte Poseidon mit anderen Göttern um den Besitz mehrerer Städte. In seinem berühmtesten Streit, in dem Athene seine Widersacherin war, ging es um Athen. Poseidon machte seine Ansprüche geltend, indem er seinen Dreizack unweit der Akropolis in den Boden rammte; Athene pflanzte dort einen Olivenbaum. Das Schiedsgericht, das auf dem Olymp abgehalten wurde, urteilte zugunsten von Athene, nach der dann die Stadt benannt wurde.

Mit seinen Brüdern Zeus und Poseidon bildete **Hades** (»der Unsichtbare«) eine Triade der höchsten griechischen Götter. Obgleich sich der grimmige Hades fast nie oberirdisch aufhielt, war er, genaugenommen, ein Olympier. Er wurde auch Pluto,

»der Reiche«, genannt, weil alle Bodenschätze der Erde ihm gehörten. Da sein unterirdisches Reich immer bereit war, neue Bewohner aufzunehmen, wurde er gelegentlich auch »der Gastliche« genannt.

Wie seine Brüder hatte Hades eine turbulente Ehegeschichte. Er stellte seiner Nichte Kore nach, »der Jungfer«, die die Tochter von Zeus und Demeter, der Göttin des Ackerbaus, war. Vielleicht weil Hades spürte, daß das Mädchen nicht gern in der öden Unterwelt leben würde, entführte er sie in seinem schwarzen Wagen. Zur Vergeltung ließ Demeter die Ernte verkommen, so daß es zu einer Hungersnot kam. Schließlich gebot Zeus dem Hades, seine Braut, die jetzt Persephone (»die Verheerung bringt«) hieß, freizugeben. Dies wäre jedoch nur möglich gewesen, wenn sie in der Unterwelt noch keine Nahrung zu sich genommen hätte; doch sie hatte bereits vier Granatapfelkerne gegessen. Gemäß einem Kompromiß zwischen ihrem Gatten und ihrer besorgten Mutter verbrachte Persephone sechs (oder vier) Monate des Jahres bei Hades und die übrige Zeit (während der Vegetationsperiode) bei Demeter auf der Erde.

Die seltsame Geburt der **Pallas Athene** bringt uns zurück zu Zeus' erster Gemahlin Metis. Trotz ihrer Hilfe beim Sturz des Kronos wurde sie von Zeus verzehrt, nachdem sie ihm ihre erste Schwangerschaft offenbart hatte. Wie sein Vater fürchtete er Nachkommen, die mächtiger waren als er selbst. Doch nach dem Mahl bekam er furchtbare Kopfschmerzen und rief entweder Hephaistos oder den Titan Prometheus am Ufer des Tritonsees in Libyen zu Hilfe. Als Zeus' medizinischer Nothelfer den Druck in seinem Schädel mit einem Axthieb linderte, sprang Athene als ausgewachsene Kriegerin in kompletter Rüstung heraus.

Die grauäugige Athene wurde zum Liebling ihres Vaters. Er ließ sie schon bald seinen Donnerkeil und die Ägis schwingen, den Schild bzw. den Brustharnisch aus dem Leder der Ziege Amaltheia, das mit dem versteinernden Haupt der Medusa geschmückt war, welches allen Gegnern in der Schlacht panischen Schrecken in Herz und Glieder fahren ließ. Athenes Kindheit war jedoch von einem tragischen Unfall überschattet: Als sie mit einem irdischen Mädchen ein Kriegsspiel spielte, tötete sie es versehentlich. Zur Wiedergutmachung nahm sie den Namen des Mädchens, Pallas, als ihren eigenen Vornamen an.

Als Kriegsgöttin beschützte Athene unermüdlich Heim und Staat vor Feinden und wurde immer von Nike, der Göttin des Sieges, begleitet. Sie war eine fanatische Unterstützerin der Griechen im Trojanischen Krieg, brachte Odysseus auf die List mit dem hölzernen Pferd und schützte den allzeit verwegenen Helden auf seiner langen, gefährlichen Irrfahrt von Troja in die Heimat, voller Ergötzen an seinen schalkhaften Lügen und unglaublichen Geschichten. Athene war auch die Göttin der Weisheit und der klugen Stadt Athen, deren grandioser Parthenon-Tempel (»Tempel der Jungfrau«) auf der Akropolis zu ihren Ehren erbaut wurde. Die jungfräuliche Athene war erzürnt über jeden Anschlag auf ihre Keuschheit, etwa den äußerst plumpen, den einst Hephaistos unternommen hatte.

Athene hatte auch eine häusliche Seite, und sie rühmte sich ihres Geschicks beim Weben und bei anderen weiblichen Handfertigkeiten. In der Regel von freundlichem Gemüt, geriet sie in Wut, als eine junge Prinzessin, Arachne, sie zu einem Wettkampf am Webstuhl herausforderte. Nachdem die erzürnte Göttin die Arbeit des Mädchens zerstört hatte, wollte Arachne sich erhängen, doch Athene verwandelte sie in die kunstfertigste aller Weberinnen, die Spinne.

Apollon trug den Beinamen **Phöbus** (»der Strahlende« bzw. »der Reine«). Der Geburt Apollons und seiner Zwillingsschwester Artemis ging eine längere Flucht ihrer Mutter voraus, denn Hera, eifersüchtig auf Zeus wegen seiner Vereinigung mit Leto, hetzte ihr die Schlange Python auf die Fersen, bis Leto schließlich nach neuntägigen Wehen auf der Insel Delos niederkam. Die zuerst geborene Artemis diente als Hebamme für Apollon. Beide waren ihrer Mutter Leto in hingebungsvoller Liebe zugetan, und zwar so sehr, daß sie alle vierzehn Söhne und Töchter von Niobe und König Amphion von Theben töteten, als Niobe damit prahlte, sie habe siebenmal so viele Kinder wie Leto.

Apollons Bruder Hephaistos schenkte diesem einen Bogen und Pfeile, als er vier Tage alt war. Seine erste Aufgabe bestand darin, die Schlange Python zu erlegen, die sich zum Orakel der Mutter Erde in Delphi auf dem Parnaß geflüchtet hatte. Apollon tötete die Schlange innerhalb des heiligen Bezirks; als Zeus von diesem Sakrileg hörte, gebot er seinem Sohn, sich in Tempe zu reinigen und, als weitere Sühne, die sportlichen Wettkämpfe zu leiten, die zu Ehren von Python eingesetzt wurden, die Pythischen Spiele. Doch Apollon setzte sich über Zeus' Weisungen hinweg und wurde an einem anderen Ort entsühnt. Bei seiner Rückkehr nach Delphi nahm er das Orakel für sich selbst in Besitz. Delphi wurde zum berühmtesten Orakelheiligtum der Antike, in dem Pythia, die weissagende Priesterin des Apollon, ihren Dienst versah.

Apollon, ein hervorragender Musiker, Prophet und Heiler, brachte den Musen das Singen bei und begleitete sie auf seiner Leier. Seine Kunst endete gelegentlich blutig, wie im Fall des flötespielenden Satyrs Marsyas, der ihn zu einem musikalischen Wettstreit herausgefordert hatte. Als die Musen, die als Schiedsrichterinnen fungierten, den Sieg Apollon zuerkannten, häutete dieser den Marsyas bei lebendigem Leibe. Auch den Pan besiegte Apollon in einem musikalischen Wettkampf. Als König Midas, der den Wettstreit mit angehört hatte, sich für Pan aussprach, verlieh ihm Apollon die Insignien aller schwerhörigen Musikkritiker: ein Paar Eselsohren.

Obgleich Apollon niemals eine Gemahlin nahm, zeugte er eine ganze Reihe von Kindern, darunter mit der Muse Thalia (vgl. Frage 46) die gewalttätigen Korybanten, sowie Asklepios, den ersten Arzt. Er liebte die Nymphe Daphne, doch als er ihr nachstellte, mußte er mitansehen, wie sie sich in einen Lorbeerbaum verwandelte. Apollon machte daraufhin den Lorbeer zu seinem Emblem und zum Symbol der göttlichen Verse, die er den Dichtern eingab. Er verliebte sich zudem in einen schönen Jüngling, Hyakinthos, auf den auch der Westwind Zephyros ein Auge geworfen hatte (vgl. Frage 15). Eines Tages, als Apollon dem Hyakinthos zeigte, wie man einen Diskus schleudert, packte Zephyros die Eifersucht, und er lenkte die Wurfscheibe auf Hyakinthos, dem er den Schädel zertrümmerte. Der trauernde Apollon ließ eine Blume, die Hyazinthe, aus dem Blut des Verstorbenen sprießen.

Apollons Zwillingsschwester **Artemis** wurde auch Kynthia und Delia genannt, nach dem Berg Kynthos auf der Insel Delos, wo sie zur Welt gekommen war. Dem Dichter Kallimachos aus Alexandria zufolge bat die dreijährige Artemis ihren Vater Zeus um die folgenden Dinge: immerwährende Jungfernschaft, ebenso viele Namen wie Apollon, einen Bogen und Pfeile, die Fähigkeit, die Welt zu erleuchten, eine eigene Stadt, sämtliche Berge der Welt, sechzig Meernymphen als Ehrenmägde, zwanzig weitere Nymphen zur Pflege ihrer Jagdhunde und eine elegante Jagdausrüstung. Zeus gewährte ihr das alles.

Artemis war eine leidenschaftliche Jägerin, die von ihren Jagdhunden begleitet wurde, einem Geschenk Pans. Bewaffnet war sie mit einem silbernen Bogen und silbernen Pfeilen, die die Kyklopen für sie geschmiedet hatten. Sie hielt eine Fackel aus Kiefernholz in die Höhe, während sie ihren Wagen lenkte, der von gehörnten Hirschen gezogen wurde. Artemis war auch die Göttin des Mondes, vielleicht um ihren Wunsch, der Welt Licht zu bringen, zu befriedigen.

Die Charaktere der olympischen Götter zeichnen sich durch mannigfaltige Widersprüche aus, nicht zuletzt deshalb, weil ihre Merkmale und die mit ihnen verbundenen Mythen ein Gemisch zahlreicher fremdländischer Gottheiten und literarischer oder kultischer Überlieferungen sind. Artemis bildet da keine Ausnahme. Sie ist eine Jungfrau, doch zugleich die Schutzgöttin der Geburt. Sie sucht die Erde mit Seuchen heim und tötet unbotmäßige Menschen auf der Stelle, aber sie ist auch die Schutzgöttin der Kinder und der wilden Tiere. Agamemnon mußte seine Tochter Iphigenie der Artemis opfern, bevor die griechische Flotte nach Troja segeln konnte – die Strafe dafür, daß er eine ihrer heiligen Hirschkühe erlegt hatte. Als König Oineus von Kalydon vergaß, Artemis ein rituelles Opfer darzubringen, ließ sie sein Reich von einem Eber verwüsten. Und als der unglückselige Jäger Aktaion die nackte Artemis beim Bade in einem Fluß überraschte, verwandelte sie ihn in einen Hirsch, der von seinen eigenen Hunden zerfleischt wurde.

Aphrodite (»die Schaumgeborene«), die Göttin der Liebe und Begierde, entsprang angeblich dem Schaum, der die Genitalien des Uranos umhüllte, nachdem Kronos sie abgeschnitten und ins Meer geschleudert hatte. Nach ihrer Geburt ritt sie auf einer großen Meeresmuschel nach Kythera, einer kleinen Insel vor der Küste der Peloponnes; dann zog sie weiter nach Paphos auf Zypern, das zu einem bedeutenden Zentrum ihres Kultes wurde. Daher kommen ihre Beinamen Kythereia und Kypris. Nach anderen Berichten war sie die Tochter von Zeus und Dione, der titanischen Göttin der Eichen, auf denen liebestolle Tauben nisteten. Tatsächlich wurde Aphrodite immer von Tauben und lüsternen Sperlingen begleitet. Die Legende von ihrer Geburt im Meer mag mit dem mediterranen Glauben zusammenhängen, daß Meeresfrüchte aphrodisisch wirken.

Auch nachdem Zeus die Ehe Aphrodites mit Hephaistos, dem hinkenden Gott der Schmiede, eingefädelt hatte, trug sie weiterhin einen Zaubergürtel, der bewirkte, daß sich Männer und Götter in sie verliebten – auch wenn sie eigentlich keine künstlichen Verschönerungsmittel brauchte. Sie gebar drei Kinder, Phöbus, Deimos und Harmonia, die angeblich von Hephaistos gezeugt worden waren, in Wirklichkeit aber die Frucht ihrer Liebschaft mit dem Kriegsgott Ares waren.

Nachdem ihm diese Affäre seiner Frau hinterbracht worden war, fing Hephaistos das Liebespaar in seinem eigenen Bett mit einem unsichtbaren, unzerreißbaren Netz. Er rief die Götter als Zeugen von Aphrodites Ehebruch herbei (die Göttinnen lehnten seine Aufforderung schamhaft ab) und verlangte die Scheidung sowie die Rückgabe der Geschenke, die er Zeus als Gegenleistung für die Hand seiner Tochter überreicht hatte. Hermes, Apollon und Poseidon machten witzige Bemerkungen, während ihnen der Anblick der nackten »goldenen Aphrodite« lüsterne Befriedigung verschaffte. Nachdem die Göttin freigelassen worden war, stellte sie durch ein Bad im Meer bei Paphos ihre Jungfräulichkeit wieder her.

Doch das hielt nicht lange vor. Aphrodite gebar dem Hermes den Zwitter Hermaphroditos und dem Poseidon zwei Knaben. Dem Dionysos schenkte sie ebenfalls einen Sohn, Priapos, den die mißbilligende Hera mit einem übergroßen Phallos ausstattete.

Sich nicht mit den Turbulenzen ihres eigenen Liebeslebens begnügend, stiftete Aphrodite auch Chaos in dem von anderen. Als die Gattin des ersten Königs von Zypern behauptete, ihre Tochter Smyrna sei schöner als Aphrodite, sorgte die verstimmte Göttin dafür, daß sich das Mädchen in seinen eigenen Vater, Kinyras, verliebte und ihn durch eine List dazu brachte, ihr beizuwohnen. Die Frucht dieser frevelhaften Vereinigung war der wunderschöne Adonis, der geboren wurde, als Aphrodite Smyrna in einen Myrrhenbaum verwandelte, damit sie dem Zorn ihres Vaters entging. Von Adonis hatte Aphrodite später zwei Kinder, er selbst wurde jedoch von einem wilden Eber durchbohrt. Dem Argonauten Butes gebar Aprodite den Eryx, den künftigen König von Sizilien. Von dem sterblichen Manne Anchises wurde sie Mutter des trojanischen Helden Äneas, der nach der Zerstörung Trojas nach Italien segelte und eine Dynastie gründete, die zu Romulus und Remus und der Gründung Roms führte.

Der Schlingel **Hermes** war der Sohn von Zeus und Maia. Er begann noch am Tage seiner Geburt in einer Höhle auf dem Berg Kyllene in Arkadien seine eigenen Interessen – und die seiner Mutter – zu verfolgen. Während sich Maia von den Mühen der Geburt erholte, begab Hermes sich auf die Weide, auf der Apollon seine berühmten weißen Rinder grasen ließ. Er stahl fünfzig davon, befestigte Blätter bzw. Rinde an ihren Hufen und seinen Füßen, um sämtliche Tritte durcheinanderzubringen, und einen Ginster am Schwanz jedes Rindes, um die Spuren zu verwischen. Nach anderen Quellen ließ Hermes die Tiere rückwärts gehen, um Apollon zusätzlich zu verwirren, während er sie auf eine Weide in der Nähe der Höhle seiner Mutter führte. Durch ein Orakel von dem Diebstahl, dem Täter und dessen Aufenthaltsort unterrichtet, betrat Apollon die Höhle, und trotz Maias Beteuerungen, Hermes sei doch nur ein unschuldiges Baby, nahm er den Viehdieb mit zum Olymp, auf daß er dort gerichtet würde. Unterwegs erklärte Hermes, Apollon könne alle Kühe zurückhaben, außer den beiden, die er den zwölf olympischen Göttern geopfert habe. »Wer ist der zwölfte?« fragte Apollon. »*Ich*«, antwortete Hermes (der auch der erste gewesen ist, der Tiere als Opfer darbrachte). Als Apollon hörte, wie Hermes die Lyra spielte, die er aus einem Schildkrötenpanzer gebastelt hatte, der mit sieben Saiten aus Schafsdarm bespannt war, bot er seine Rinder dafür an. Und als er den Neugeborenen auf der Schilfrohrflöte, die er ebenfalls erfunden hatte, spielen hörte, tauschte er seinen goldenen Hirtenstab dagegen ein und machte Hermes zum Gott der Hirten.

Zeus war beeindruckt von den Fähigkeiten seines Sohnes. Nachdem er Hermes wegen seiner Lügen und des Diebstahls sanft getadelt hatte, machte er ihn zu seinem Herold und zum Beschützer von Verträgen, des Handels und des Reisens. Apollons Hirtenstab (der später Caducäus bzw. Äskulapstab genannt wurde und von zwei Schlangen umringelt wird) wurde zu einem Emblem von Hermes als Boten (und noch später zu einem Symbol der Ärzte).

Fortan reiste Hermes mit seinem Stab, einem Flügelhelm und Flügelsandalen umher. Zeus nahm ihn in die Familie der Olympier auf – ein Platz, den er bereits für sich in Anspruch genommen hatte. Außerdem sorgte Hermes dafür, daß seine geliebte Mutter Maia mit ihm auf den Olymp zog. Hermes sagte nur selten die volle Wahrheit, aber er log nie mehr so unverschämt. Seine geistige Wendigkeit prädestinierte ihn zum Gott der Boten, Redner, Reisenden und der Diebe.

Getreu Juvenals Diktum *mens sana in corpore sano* (»ein gesunder Geist [möge] in einem gesunden Körper [sein]«) lernte Hermes die Zukunft vorherzusagen, er erfand die Astronomie, die Tonleiter, die Zahlen, Gewichte und Maße und das Alphabet (das jedoch nach der Meinung anderer von Kadmos in Griechenland eingeführt wurde – vgl. Frage 66) sowie das Boxen und Turnen. Nach dem Tod eines Menschen geleitete der freundliche Hermes die Seele zum Ufer des Unterweltflusses Styx, wo sie von Charon in einem Nachen ins Reich des Hades übergesetzt wurde. Ein geläufiger Beiname des Hermes lautet **Argeiphontes** (»der den Argos tötete«), unter Anspielung auf den hundertäugigen Knecht, der auf Geheiß von Hera die in eine junge Kuh verwandelte Io, eine Geliebte des Zeus, mit scharfen Augen bewachen sollte, damit sich Zeus ihr nicht näherte. Doch Hermes spielte, seinem Vater zu Diensten, die Flöte so einschläfernd, daß sich nach und nach alle Augen des Argos schlossen. Daraufhin schnitt ihm Hermes den Kopf ab. Hera schmückte die Schwanzfeder ihres Lieblingsvogels, des Pfaus, mit den Augen des Toten.

Der Name Hermes bedeutet möglicherweise »Pfeiler«. Die ältesten Standbilder des Gottes waren offenbar die langen, rechteckigen Marmor- und Holzpfeiler, die *hermae*, »Hermen«, mit dem Haupt des Gottes an der Spitze und einem Phallos in der Mitte. Sie wurden oftmals auf öffentlichen Plätzen, an Hauptstraßen oder als Meilensteine aufgestellt, manchmal mit Richtungsangaben oder anderen Inschriften.

Ares, der Kriegsgott, war ein Sohn von Zeus und Hera. Er war allgemein verhaßt, sogar bei seinen Eltern. Ares kam aus Thrakien, einer am Nordrand des antiken Griechenlands gelegenen Region, die von rohen, kampflustigen Barbaren bewohnt wurde. Im Gegensatz zu Athene, der Göttin des »gerechten Kriegs«, war Ares ein Raufbold und Schläger, ständig auf der Suche nach bewaffneten Auseinandersetzungen und grundlosem Blutvergießen. Zum Kampfgetümmel wurde er oft von seiner Schwester und ständigen Begleiterin Eris (»Zwietracht«) angestachelt. Weitere Mitglieder seines Gefolges auf dem Schlachtfeld waren die Göttin Enyo und seine Söhne von Aphrodite, Phobos (»Furcht«) und Deimos (»Schrecken«). Immer wenn sich ihm Athene auf dem Schlachtfeld entgegenstellte, verprügelte und demütigte sie ihn, wie etwa auf der von Kriegslärm erfüllten Ebene Trojas, wo Ares zugunsten der Trojaner eingriff.

In Homers *Ilias* immer auf Kampf aus, aber alles andere als stoisch, wenn er verwundet wird, pflegte Ares auf den Olymp zu fliehen, um sich dort Heilmittel zu besorgen. Seine Beziehung zu Aphrodite war vielschichtig, da sie alle seine Taten verabscheute, mit Ausnahme derjenigen, die er im Bett vollbrachte. Zu ihren Kindern gehörte Eros (Cupido), der schelmische Gott der Liebe. Ares war auch der Ahnherr der Amazonen, eines Stammes kriegerischer Frauen.

Hephaistos, der Gott des Feuers und der Metallbearbeitung, war ein anderer Sohn von Zeus und Hera (nach manchen Versionen auch von Hera allein, durch Jungfernzeugung). Da er häßlich war und mit schwachen dürren Beinen zur Welt kam, schleuderte ihn Hera in einem Anfall mütterlicher Wut vom Olymp hinab. Glücklicherweise landete er im Meer, wo er von den Meernymphen Thetis und Eurynome großgezogen wurde, die aufgrund seiner Behinderung zu der Überzeugung kamen, daß das Schmiedehandwerk die geeignete Tätigkeit für ihn sei. Und tatsächlich leistete er in diesem Beruf Vorzügliches. Die Schmuckstücke, die er fertigte, zogen die Aufmerksamkeit von niemand anderem als Hera auf sich, die die Brosche, die er für Thetis gearbeitet hatte, zutiefst bewunderte. Als Hera seine Schmiede besuchte, war sie von seinen übrigen Arbeiten so hingerissen, daß sie seine Werkstatt auf den Olymp verlagerte und stark vergrößerte. Dort beschäftigte sich Hephaistos mit allgemeinen Auftragsarbeiten und baute den Göttern herrliche Villen. Er schmiedete auch Schild und Zepter des Zeus und Rüstung und Schild des Achilles (in der *Ilias*), des Herakles (in der unter dem Namen Hesiods überlieferten Dichtung *Der Schild des Herakles*) und, als Vulcanus, des Äneas (in der *Äneis*). Nach einem wenig verheißungsvollen Anfang wurde Hephaistos zu Heras Liebling, sie fädelte auch seine unglückliche Ehe mit Aphrodite ein.

Allerdings gehörte Hephaistos nicht zu den Lieblingen von Zeus. Als Zeus Hera für ihre Frechheit bestrafte, indem er sie an den Handgelenken aufhing und Ambosse an ihren Knöcheln befestigte, machte ihm Hephaistos Vorhaltungen. Zum Lohn wurde er ein weiteres Mal vom Olymp hinabgeschleudert. Hephaistos landete unsanft und brach sich beide Beine. Fortan trug er immer goldene Beinschienen. Vielleicht wegen seiner Entfremdung von der ehebrecherischen Aphrodite schuf er sich ein Paar goldene mechanische Frauen mit Silberzungen und Verstand, die ihm in der Schmiede zur Hand gehen sollten.

Hestia, die Göttin des häuslichen Herdes, ältestes Kind von Kronos und Rheia und Schwester von Zeus, war, anders als die stets wiederhergestellten Jungfrauen, von denen es auf dem Olymp wimmelte, eine echte Jungfrau. Priapos mit dem überdimensionalen Phallus versuchte sie einmal im Schlaf zu vergewaltigen, doch das Geschrei eines Esels (selbst ein Symbol der Wollust) weckte sie gerade noch rechtzeitig auf, so daß sie Priapos verjagen konnte.

Hestias Symbol, der häusliche Herd, wurde als Mittelpunkt der Nahrungszubereitung, der Wärme, der Beleuchtung und der Spiritualität in der griechischen Familie verehrt. Am Anfang und am Ende jeder Mahlzeit wurde Hestias in Gebeten gedacht. Sie galt als beschützend, freundlich und gütig. Einen Bittsteller oder einen Gast zu mißhandeln wurde als Frevel gegen sie (sowie gegen Zeus) betrachtet. Als Göttin des häuslichen Lebens erfand sie auch die Kunst des Hausbaus. Ihre Heiligtümer bestanden aus großen Herden mit immerwährender Glut. Wenn Einheimische auf Reisen gingen, nahmen sie oftmals Feuer aus diesen Herden mit. In Hestias Namen wurden Eide abgelegt.

Dennoch wurde die tugendhafte und ruhige Hestia in der nachhomerischen Mythologie als eine der zwölf olympischen Gottheiten durch **Dionysos** ersetzt, den Gott der rauschhaften Ekstase. In der Religion wirken starke Emotionen häufig anziehender als schlichte Frömmigkeit. In Rom dagegen kümmerten sich die angesehensten Priesterinnen der Stadt um den Kult und das »ewige« Feuer von **Vesta**, dem Gegenstück Hestias. Diese Priesterinnen waren die jungfräulichen Vestalinnen.

FRAGE 56

Welches sind die 12 Hauptäste der indogermanischen Sprachfamilie?

- **Indisch**
- **Iranisch**
- **Germanisch**
- **Italisch**
- **Hellenisch**
- **Keltisch**
- **Slawisch**
- **Baltisch**
- **Anatolisch**
- **Armenisch**
- **Albanisch**
- **Tocharisch**

Brathar, brathair, broeder, Bruder, frater, brat – es gehört nicht viel dazu, zu verstehen, daß diese Wörter »Bruder« bedeuten (in Sanskrit, Irisch, Holländisch, Deutsch, Latein und Russisch). Oder daß die englischen Wörter **rotary** und **rotation** mit dem deutschen Wort **Rad** und dem Sanskrit-Wort für Wagen, **ratha**, verwandt sind.

Ähnlichkeiten zwischen den europäischen Sprachen sind seit Jahrhunderten bekannt. Man wußte jedoch nicht immer, ob sie auf Entlehnung, Beeinflussung oder Ableitung von einer gemeinsamen Stammform zurückzuführen sind. Wir wissen, daß fast alle der in Europa und viele der in Indien und im Iran geläufigen Sprachen einen gemeinsamen Ursprung haben: das Ur-Indogermanische. Die Laute, der Wortschatz und andere Kennzeichen dieser alten Sprache wurden von den Linguisten anhand des Studiums lebender Sprachen und den deutlichen Spuren, die viele tote Sprachen hinterlassen haben, rekonstruiert.

Der erste große Durchbruch erfolgte, als William Jones, ein englischer Beamter in Indien, im späten 18. Jahrhundert die

Die indogermanische Sprachfamilie

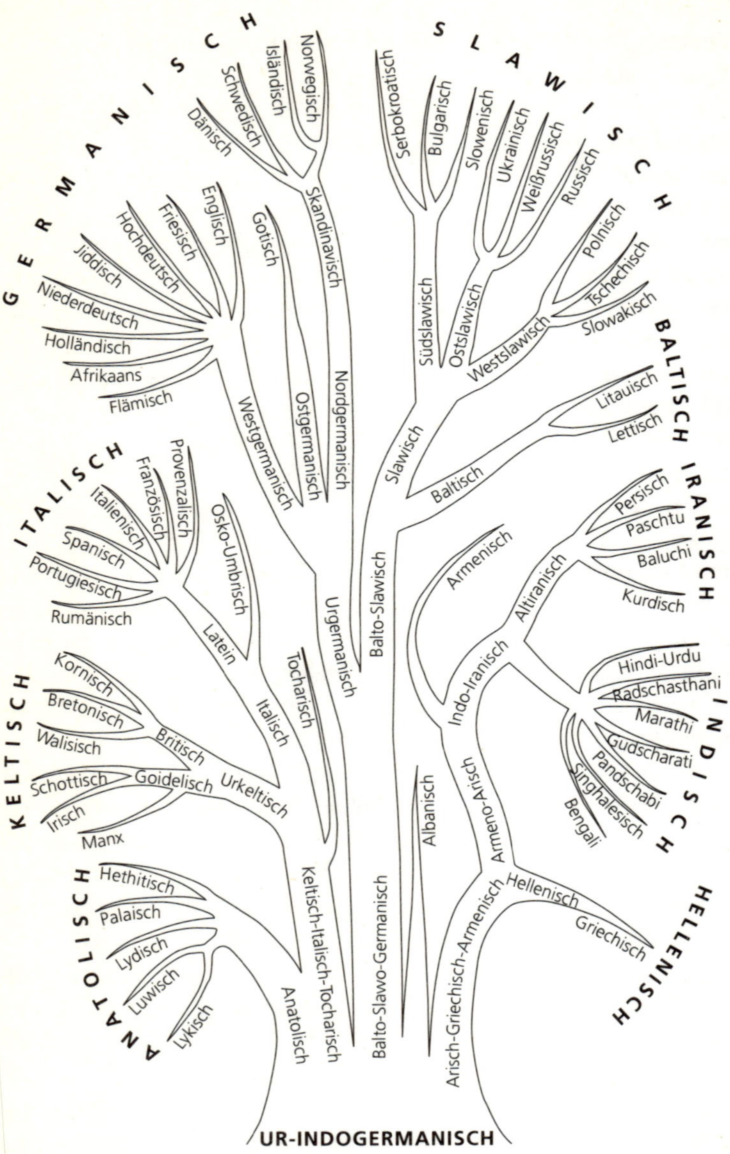

Übereinstimmungen zwischen europäischen Sprachen und dem alten Sanskrit Indiens systematisch untersuchte. Was als Versuch begann, Sanskrit zu erlernen, um indischen Gerichtsverfahren besser folgen zu können, endete 1786 mit der Präsentation seiner linguistischen Erkenntnisse vor der *Asiatic Society of Calcutta*. Jones wies so viele Ähnlichkeiten zwischen Sanskrit, Griechisch und Latein nach, daß selbst die größten Skeptiker schließlich überzeugt waren, daß alle drei Sprachen gemeinsame Wurzeln hatten.

Diese Spur wurde von dem berühmten Sprachforscher Jacob Grimm (1785–1863) wieder aufgenommen. Grimm wies nach, daß bestimmte lautliche Entsprechungen bei Sprachen wie Latein, Griechisch und Sanskrit einerseits sowie Englisch und Deutsch andererseits regelmäßig auftreten. So entspricht z. B. der Anfangskonsonant des lateinischen **piscis** (»Fisch«) dem Anfangs-**f** von englisch **fish** bzw. deutsch **Fisch** – alle stammen letztlich und unabhängig voneinander von der indogermanischen Wurzel ***peisk-** oder ***pisk-** ab (ein Sternchen vor einem Wort bedeutet, daß es sich um eine hypothetische Rekonstruktion handelt und nicht um eine überlebende, geschriebene Form). Oder betrachten wir den lateinischen Stamm **ped-**, den altgriechischen Stamm **pod-**, das englische **foot** und das deutsche **Fuß:** Letztlich stammen sie alle vom indogermanischen ***ped-** ab.

Andere regelmäßige lautliche Entsprechungen, die die Verwandtschaft der indogermanischen Sprachen beweisen, sind:

- das **d** in dem lateinischen Stamm **dent-** und dem altgriechischen Stamm **odont-**, das mit dem Anfangs-**t** in englisch **tooth** (indogermanisch***dent-**) verwandt ist;
- das **t** in lateinisch **tenuis** (»dünn«), das **th** in englisch **thin** und das **d** in deutsch **dünn** (indogermanisch ***ten-**);
- das harte **g** in lateinisch **genu** (»Knie«) und altgriechisch **gonia** (»Winkel«), das mit dem Anfangs-**k**-Laut des altenglischen **cneo** bzw. deutsch **Knie** verwandt ist.

Da Grimm alle diese Zusammenhänge zwischen den indogermanischen Konsonanten systematisch erfaßte, werden sie unter dem

Sammelbegriff »Grimmsches Gesetz« subsumiert. Beachtenswert dabei ist, daß diese Entsprechungen *nicht* das Ergebnis von Wortentlehnungen sind, sondern die Entwicklung von einem gemeinsamen Ursprung aus widerspiegeln, dem Ur-Indogermanischen, der Ursprache, von der sich weit über hundert Sprachen herleiten, darunter Griechisch, Sanskrit, Persisch, Englisch, Deutsch, Russisch und Latein (mit seinen eigenen zahlreichen Abkömmlingen, den romanischen Sprachen).

Aber wo entstand die indogermanische Ursprache? Anhaltspunkte ergaben sich aus dem skrupulösen Studium alter Texte, aus Eigentümlichkeiten in Grammatik, Syntax, Wortschatz und Lautsystem, im Zuge archäologischer Untersuchungen und sogar aufgrund botanischer Funde. Manche Forscher glauben, die Sprecher des Ur-Indogermanischen seien in Ostanatolien (der heutigen Türkei) ansässig gewesen; andere optieren für die südrussische Steppe nördlich des Kaukasus und westlich des Uralgebirges – und weit weg vom Meer, für das die Ursprecher keinen allgemeinen Begriff hatten. Ab ca. 3000–2500 v. Chr. besiedelten Sprecher des Indogermanischen in mehreren aufeinanderfolgenden Wellen mit ihrem patriarchalischen Himmelsgott Anatolien und wanderten nach Westen und Norden Richtung Europa und nach Osten und Süden Richtung Iran und Indien. Als die Wege der verschiedenen Gruppen sich trennten, begann ihre gemeinsame Ursprache sich langsam in so unterschiedliche Sprachen wie Isländisch und Urdu auseinanderzuentwickeln. Heute ist für fast die Hälfte der Menschheit eine indogermanische Sprache die Muttersprache.

Die östlichste lebende indogermanische Sprachfamilie ist das Indo-Iranische, das in einen indischen und einen iranischen Ast unterteilt wird. Die modernen **indischen** Sprachen, die von Hunderten Millionen Menschen gesprochen werden, stammen letztlich von Sprachen ab, die mit dem Sanskrit verwandt sind, der Sprache der Hymnen des *Rigweda* und der *Upanischaden*. Zu den indischen Sprachen gehören viele der in Indien, Sri Lanka, Bangladesch und Pakistan gesprochenen Sprachen wie Hindi-Urdu, Gudscharati, Marathi, Pandschabi, Radschasthani, Singhalesisch und Bengali (jedoch nicht die drawidischen Sprachen:

nicht-indogermanische Sprachen, die im äußersten Süden des indischen Subkontinents weiterleben). Eine andere indische Sprache, Roma, die überall auf der Welt von den Sinti und Roma (»Zigeunern«) gesprochen wird, kam anscheinend vor mehr als tausend Jahren von Nordindien nach Europa. Zu den modernen indogermanischen **iranischen** Sprachen, die im Iran und den benachbarten Gebieten gesprochen werden, gehören Persisch, Tadschikisch, Baluchi, Kurdisch, Paschtu und Ossetisch. Alte zoroastrische Texte wie das *Awesta* wurden in der ausgestorbenen sakralen Sprache *Awestisch* geschrieben.

Der **germanische** Zweig des Indogermanischen wurzelt im Urgermanischen, das von 1000–750 v. Chr. in Skandinavien und von der Weichsel bis zum Baltikum gesprochen wurde. Im Zuge der großen Wanderbewegungen germanischer Stämme nach Westen bildeten sich schließlich drei verschiedene Untergruppen heraus.

Neuhochdeutsch, ein Mitglied der westgermanischen Untergruppe, ist die Hochsprache Deutschlands und Österreichs und eine der vier Sprachen der Schweiz. Die Verwandtschaft zum *Englischen*, einer anderen westgermanischen Sprache, ist offensichtlich. Man braucht nur **Fuß** und **foot**, **Nacht** und **night**, **Fett** und **fat**, **Blut** und **blood**, **stehlen** und **steal** zu vergleichen. Das Deutsche bildet gern zusammengesetzte Wörter wie **Krankenwagen**, **Seehund** und **Wasserstoff**. Die altenglische Dichtung fand, wie im Epos **Beowulf**, ebenfalls Gefallen an Zusammensetzungen, genannt **kennings**, so z. B. **whale-road** (»Walstraße«) für »Meer«, **sword-storm** (»Schwertsturm«) für »Schlacht«, **the foamy-necked** (»die Schaumgeküßte«) für »Schiff«, **sky-candle** (»Himmelskerze«) für die Sonne und **lone-flier** (»einsamer Flieger«) für einen unsteten Geist.

Trotz der germanischen Syntax und einem Kern germanischen Vokabulars verfügt das moderne Englische über einen reichen Schatz an nichtgermanischen Wörtern. Ungefähr die Hälfte des englischen Wortschatzes – des reichsten der Welt – basiert auf dem Latein, entweder direkt oder über die romanischen Sprachen. Jede wichtige Sprache hat bei diesem begierigen Entlehner, dem Englischen, Spuren hinterlassen, so daß viele altenglische

Wörter ausgestorben sind, da sie nichts mehr »zu tun« hatten. Die Sprache selbst blüht und gedeiht kräftig, da sie über eine halbe Milliarde Sprecher auf der Welt zählt, Muttersprachler und Nicht-Muttersprachler.

Die germanisch sprechenden Angeln und Sachsen vom europäischen Kontinent besetzten nach dem Rückzug der römischen Truppen um 500 n. Chr. den größten Teil Englands und Teile Schottlands. Im Altenglischen wurden die Angeln zu **Engle** und gaben **Englisc** seinen Namen. Die Possessivform von **Engle**, **Engla** führte zu **Engla land**, dem Land, das die Angeln zusammen mit den Sachsen und Juten besetzt hatten.

Wie das Hochdeutsche hatten die altenglischen Substantive männliche, weibliche und neutrale Geschlechter. Die Sprecher waren somit gezwungen, sich daran zu erinnern, daß **love** ein Femininum war und einen weiblichen bestimmten Artikel erforderte (**seo lufu**), wohingegen das Wort für **lust** männlich war (**se lust**). Wie im Hochdeutschen standen Verben oft am Satzende. Mittelenglisch, die Sprache, die Chaucer im 14. Jahrhundert schrieb, begann sich kurz nach der normannischen Eroberung Englands 1066 herauszubilden. Zu dieser Zeit war der Gebrauch der grammatikalischen Geschlechter im Schwinden, und der gewaltige Zufluß von normannischem Französisch in die englische Sprache begann. Entlehnungen aus anderen Sprachen, besonders aus dem Lateinischen, Griechischen und Italienischen, vor allem in der Renaissance, trugen dazu bei, das Neuenglische (ab ca. 1500) auszuformen. Die Sprache Shakespeares ist, auch wenn viele Gymnasiasten das nicht glauben, frühes Neuenglisch.

Das westgermanische Holländisch und das Flämische sind in Wirklichkeit Dialekte derselben Sprache. Sie heißt Holländisch, wenn sie in den Niederlanden, und Flämisch, wenn sie in Belgien gesprochen wird, wo sie sich mit dem Französischen die Ehre der offiziellen Landessprache teilt. Jiddisch, die Alltagssprache der Juden im östlichen Europa, besitzt (bzw. besaß) einen beachtlichen hebräischen, germanischen und slawischen Wortschatz; die geschriebene Sprache bedient(e) sich der hebräischen Buchstaben. (Wie das Arabische ist Hebräisch eine semitische und damit eine nicht-indoeuropäische Sprache.) Friesisch, von weniger als einer halben Million Menschen hauptsächlich in gewissen niederländischen Gebieten und auf einigen Nordseeinseln gesprochen, ist diejenige lebende Sprache, die die größte Ähnlichkeit mit dem Englischen hat.

Dänisch, Norwegisch, Schwedisch, Isländisch und Faröisch stammen alle von dem ausgestorbenen Altnordischen ab und bilden den nordgermanischen Zweig der indogermanischen Sprachen. Das Altisländische hat einen reichen Schatz an germanischer Heldenliteratur und nordischer Mythologie bewahrt, darunter die *Ältere* (oder *Poetische*) *Edda*, die *Jüngere* (oder *Prosaische*) *Edda* und Dutzende von Sagen in Versen und in Prosa.

Das einzige Glied des Ostgermanischen ist das seit langem ausgestorbene Gotisch, das die Ostgoten nach Italien und die Westgoten nach Spanien mitbrachten, wo in beiden Fällen das Lateinische überlebt und sich zu Italienisch und Spanisch entwickelt hat. Es gibt fast keine Schriftzeugnisse in Gotisch, außer einer frühen Übersetzung des Evangeliums und anderer Teile des Neuen Testaments.

Die frühen **italischen** Sprachen bildeten sich unter den Indogermanen aus, die die Alpen überquerten und sich in Italien niederließen. Zu den ausgestorbenen Mitgliedern dieser Sprachfamilie gehören Oskisch, Umbrisch und Faliskisch. Latein, obwohl »tot« in dem Sinne, daß es niemandes Muttersprache mehr ist, lebt dynamisch in den Sprachen weiter, die aus ihm hervorgegangen sind, wie Italienisch, Französisch, Spanisch, Portugiesisch und Rumänisch. Eine andere romanische Sprache, Altprovenzalisch, brachte die erlesene Lyrik der mittelalterlichen Troubadoure hervor.

Die *romanischen Sprachen*, abgeleitet von der Sprache Roms, stammen vom Vulgärlatein ab, der Sprache des gewöhnlichen Volkes. Italienisch **cavallo**, spanisch **caballo** und französisch **cheval** haben alle ihren Ursprung im vulgärlateinischen **caballus** (»Pferd«). Im klassischen Latein war ein Pferd jedoch **equus** (von dem das Englische **equine**, **equestrian** und **equitation** ableitete). Die zahlreichen kolonialen Abenteuer von Sprechern der romanischen Sprachen führten dazu, daß in der westlichen Hemisphäre Spanisch, Portugiesisch und Französisch gesprochen wird: Spanisch auf den Philippinen, Französisch in vielen afrikanischen Ländern und Portugiesisch in Angola und Mozambique.

Zum **hellenischen** Zweig des Indogermanischen gehören Altgriechisch und Neugriechisch. Das unvergleichliche Vermächtnis an Schriftzeugen – wie den Werken Homers, der attischen Dramatiker und von Thukydides, Platon und Aristoteles – entstand vor fast dreitausend Jahren. Griechisch sprechende Indogermanen ließen sich nicht nur auf dem griechischen Festland nieder, sondern auch auf den Ägäischen Inseln und an der Westküste Kleinasiens. Später wurden griechische Kolonien an der Schwarzmeerküste, in Sizilien, Süditalien und an den Mittelmeerküsten Frankreichs und Spaniens gegründet. Bis zum vierten Jahrhundert v. Chr. wurden die verschiedenen altgriechischen Dialekte – Dorisch, Äolisch, Ionisch, Attisch – unter dem Begriff *koine* (»Gemeinsprache«) oder hellenistisches Griechisch subsumiert, der »Lingua franca« im riesigen Reich Alexanders des Großen, das sich über Griechenland, Ägypten und Westasien erstreckte. Die Koine war somit die Sprache, in der das Neue Testament geschrieben und seine Lehren verbreitet wurden. Neugriechisch begann während der späten byzantinischen Periode aus der Koine hervorzugehen.

In Anbetracht der Tatsache, daß die **keltischen** Sprachen heutzutage so wenige Muttersprachler haben, ist es schwer, sich eine Zeit vorzustellen, zu der diese Sprachen dort, wo sich heute Frankreich, Spanien, Großbritannien, Norditalien, Osteuropa und sogar ein Teil der Türkei (Galatien) befinden, vorherrschend und wichtig waren. Das hielt nicht lange an. Überschwemmt von Sprechern des Italischen und Germanischen, beschränkte sich das Keltische schließlich auf ein paar Enklaven in Nordfrankreich, Italien und Irland. Keltisch teilt sich in die goidelische Untergruppe mit Irisch und schottischem Gälisch und die britische Untergruppe, von der Walisisch und Bretonisch (das in der Bretagne gesprochen wird) weiterleben.

Die **slawischen** Sprachen werden unterteilt in Westslawisch (Polnisch, Sorbisch, Tschechisch und Slowakisch), Ostslawisch (Russisch, Ukrainisch und Weißrussisch) und Südslawisch. Die west- und südslawischen Sprachen verwenden das lateinische Alphabet, wohingegen die ostslawischen Sprachen das kyrillische Alphabet benutzen, das auf dem griechischen Alphabet basiert (siehe Frage 66). Serbokroatisch verwendet beide – das kyrillische Alphabet für Serbisch und das lateinische für Kroatisch.

Die einzigen lebenden **baltischen** Sprachen sind Litauisch und Lettisch; beide haben große Ähnlichkeit mit den slawischen Sprachen. Die Linguisten vermuten, daß diese beiden Äste des Indogermanischen einen gemeinsamen Vorfahren hatten, Balto-Slawisch. Litauisch ist eine äußerst konservative Sprache, was sie zu einer zentralen Stütze indogermanischer Studien gemacht hat. Tatsächlich glaubt man, daß Litauisch diejenige lebende Sprache ist, die dem klassischen Sanskrit am meisten ähnelt. Doch wie verhält es sich mit dem engen Nachbarn Estnisch? Wie Ungarisch und Finnisch ist Estnisch eine der wenigen bedeutenden europäischen Sprachen nicht-indogermanischen Ursprungs. Zusammen mit ihnen ist es ein Mitglied der finno-ugrischen Sprachfamilie.

Baskisch, eine weitere europäische Sprache, hat keine bekannte Verwandtschaft zu irgendeiner anderen Sprache auf der Welt.

Anatolisch ist einer der beiden indogermanischen Hauptäste, dessen Zweige alle ausgestorben sind – Sprachen wie Hethitisch (die Sprache eines mächtigen Reichs im antiken Nahen Osten, das seinen Mittelpunkt in Anatolien hatte), Luwisch, Lykisch, Lydisch und Palaisch. 1907 wurden in einer Ausgrabungsstätte bei Ankara in der Türkei Lehmtäfelchen mit Keilschrift zutage gefördert. Aufgrund dieser Funde wurden das Hethitische und seine Geschwister als indogermanische Sprachen klassifiziert, und zwar hauptsächlich auf der Basis der Konjugationsmuster ihrer Verben.

Ungefähr sechs Millionen Menschen weltweit sprechen **Armenisch**. Das Armenische ist der einzige Zweig dieses eigenständigen indogermanischen Astes. Im frühen 20. Jahrhundert gab es ungefähr 50 armenische Dialekte, die nicht immer wechselseitig verständlich waren. Heute ist diese Zahl viel kleiner. Das neuere gesprochene Armenisch hat viele Wörter, die über die Jahrhunderte aus dem Griechischen und Persischen sowie aus den semitischen Sprachen und dem Türkischen entlehnt wurden.

Albanisch, von rund fünf Millionen Menschen gesprochen, ist gleichfalls das einzige lebende Mitglied seiner Familie. Seine beiden Dialekte, Gegisch und Toskisch, haben Wörter aus dem Lateinischen, Italienischen, Türkischen und Makedonischen entlehnt.

Tocharisch, eine ausgestorbene rätselhafte Sprache, die einen eigenen Ast des Indogermanischen bildet, war bis vor ungefähr hundert Jahren, als allmählich Manuskripte entdeckt wurden, unbekannt. Zwei Dialekte – Tocharisch A und B – wurden bis um 1000 n. Chr. im chinesischen Turkestan gesprochen. Obwohl Tocharisch die östlichste der indogermanischen Sprachen war, zeigte es in mancher Hinsicht mehr Ähnlichkeit mit westlichen Sprachen wie dem Lateinischen als mit den benachbarten indischen und iranischen Sprachen. Im Gegensatz zu anderen indogermanischen Sprachen besaß das Tocharische keine Laute für **b, d** und **g**. Wie sagten die Sprecher von Tocharisch A und B also zu **Bruder**? Sie kamen gut zurecht mit **pracar** und **procer**.

FRAGE 57

Was waren die 12 Arbeiten des Herakles/Herkules?

- **Den Nemeischen Löwen töten und häuten**
- **Die Hydra von Lerna töten**
- **Die Arkadische Hirschkuh fangen**
- **Den Erymanthischen Eber fangen**
- **Die Ställe des Augias reinigen**
- **Die Stymphalischen Vögel töten**
- **Den Kretischen Stier einfangen**
- **Die menschenfressenden Stuten des Diomedes fangen**
- **Den Gürtel der Amazonenkönigin Hippolyte erbeuten**
- **Die Rinder des Geryoneus holen**
- **Die goldenen Äpfel der Hesperiden holen**
- **Den dreiköpfigen Höllenhund Kerberos aus der Unterwelt heraufbringen**

Die alten Griechen machten weibliche Tücke für all die übermenschlichen Arbeiten, die Herakles (lateinisch Herkules) ausführen mußte, verantwortlich. Es war die Göttin Hera, die ihren Gatten Zeus durch eine List dazu brachte, zu schwören, seinen Sohn Herakles, der bald geboren werden sollte, dem Eurystheus, der ebenfalls bald zur Welt kommen sollte, unterzuordnen.

Zeus hatte Herakles' Mutter, Alkmene von Theben, geschwängert, während ihr Gatte Amphitryon auf einem Feldzug war; er hatte sich in ihren heimkehrenden Gemahl verwandelt und dafür gesorgt, daß die Nacht, die sie zusammen verbrachten, die Länge von drei Nächten hatte. Hera, allzeit erzürnt über die Liebschaften ihres Gemahls, beschloß, Rache zu üben und seine hochfliegenden Pläne für Herakles zu durchkreuzen.

Zeus hatte sich Hera gegenüber damit gebrüstet, sein Sohn würde dem Königshaus des Perseus vorstehen, des toten griechischen Helden, der Zeus' Sohn mit einer weiteren Sterblichen, Danae, gewesen war. Hera brachte ihn mit einer List dazu, zu schwören, daß der erste vor Einbruch der Dunkelheit aus dem Hause des Perseus geborene Prinz der griechische König der Könige sein würde. Als Zeus bereitwillig zustimmte – er wußte, daß Herakles' Geburt unmittelbar bevorstand und die aller anderen Kandidaten Monate entfernt lag –, beschleunigte Hera die Geburt des Eurystheus, eines Enkels des Perseus, so daß dieser als Siebenmonatskind eine Stunde vor Herakles geboren wurde, des Urenkels des Perseus, dessen Geburt sie verzögerte. So wuchs Eurystheus heran und wurde König von Mykene und Herrscher über alle Griechen – und Herakles ging leer aus.

Natürlich erzürnte es Zeus maßlos, als er Heras Täuschungsmanöver durchschaute, doch er konnte sein Versprechen nicht brechen. Er verlangte jedoch einen Kompromiß, wonach Eurystheus zwar regieren, Herakles jedoch zu einem Gott gemacht würde, nachdem er seine zwölf Arbeiten erfolgreich ausgeführt hätte.

Herakles, dessen Name »der Ruhm der Hera« bedeutet, war der geborene Abenteurer und erwürgte als erstes die beiden Riesenschlangen, die Hera gegen ihn losgeschickt hatte, als er noch in der Wiege lag. Er wurde zum stärksten und größten griechischen Helden, der große Freude am Umgang mit seiner Keule aus einem wilden Olivenbaum und seinem Bogen hatte, mit denen er wilden Tieren, Ungeheuern, Menschenfressern, Schurken, Zentauren, Banditen, Vergewaltigern, Tyrannen und anderen Frevlern wider den menschlichen Anstand einen schnellen Tod brachte. Er geriet jedoch schnell in Zorn und trank viel zuviel Wein, als es für die Menschen in seinem Umfeld gut war. Einmal, als sein Musiklehrer Linos ihn ausschimpfte, weil er seine Lektion nicht beherrschte, tötete Herakles ihn mit einem einzigen Schlag der Kithara des Meisters. Aber er hatte ein gutes Herz (und große Begierden) und bereute oft, was er an Mord und Totschlag und anderen Taktlosigkeiten im Zorn oder im Rausch begangen hatte.

Einmal ging er wirklich zu weit und tötete seine Frau Megara und ihre drei Söhne. Obwohl dies auf einen Wahnsinnsanfall zurückzuführen war, den seine Feindin Hera ihm als Heimsuchung geschickt hatte, war Herakles entschlossen, sich von der abscheulichen Tat zu entsühnen. Als er das Orakel zu Delphi befragte, riet ihm die Priesterin, sich zu seinem Verwandten zu begeben, König Eurystheus von Mykene auf dem Peloponnes – genau der richtige Typ, um Bußen zu verhängen – und ihm zwölf Jahre zu dienen; danach würde er zu einem unsterblichen Gott erhöht werden. Diese Vereinbarung stand im Einklang mit den Bedingungen des Zeus-Hera-Paktes.

Die Arbeiten (*athloi,* woher sich auch das Wort Athletik ableitet) waren alle gewaltig, beginnend mit der ersten Aufgabe, die Eurystheus Herakles auferlegte: **den Nemeischen Löwen**, eine riesige Bestie mit unverwundbarem Fell, **zu töten und zu häuten**. Nach manchen Überlieferungen war der Löwe vom Mond herabgefallen, während andere behaupten, Hera hätte ihn ausgespien. Das Ungeheuer machte die Gegend um Nemea, nordwestlich von Mykene, unsicher. Nachdem es Herakles nicht gelungen war, den Löwen mit seinen Pfeilen, seinem Schwert und seiner Keule zu töten, fing er das Tier in seiner Höhle und erwürgte es, wobei er einen Finger verlor. Er machte sich auf nach Mykene, den toten Löwen auf seinen Schultern; vorher weihte er die Nemeischen Spiele wieder dem Zeus. Diese waren, zusammen mit den Olympischen, Pythischen und Isthmischen Spielen, die berühmtesten sportlichen Wettkämpfe im antiken Griechenland. Nach einer weniger zuverlässigen Quelle soll Herakles auch die Olympischen Spiele begründet haben (siehe Frage 23).

Doch wie gelang es ihm, den Nemeischen Löwen zu häuten? Ihm fiel ein, daß die todbringenden Klauen des Tieres das beste Werkzeug sein dürften, um sein Fell zu durchbohren. Von da an trug Herakles das Löwenfell als Rüstung und den Kopf als Helm. Ebenso verkroch sich Eurystheus fortan jedesmal, wenn Herakles mit einem seiner toten oder lebenden Ungeheuer – wie eine Katze mit ihrer Beute – zurückkehrte, in ein ehernes Faß unter der Erde.

Dann sandte Eurystheus Herakles aus, **die Hydra von Lerna zu töten**. Lerna an der Ostküste des Peloponnes wurde von der Hydra verwüstet, einer riesigen, giftigen Wasserschlange mit neun Köpfen, deren mittlerer unsterblich war. Die Hydra lebte in dem abgrundtiefen Sumpf von Lerna. Als Herakles sie traf, versuchte er, ihr die Köpfe abzuschlagen, doch sobald er einen abgeschlagen hatte, wuchsen an seiner Stelle zwei neue nach. Nun kam Herakles' Neffe, der Wagenlenker Iolaos, angelaufen und brannte die Wurzel jedes abgeschlagenen Kopfes aus. Nachdem so der Blutfluß unterbrochen war, konnten sich keine neuen Köpfe mehr bilden; den verbliebenen unsterblichen Kopf schnitt Herakles ab und vergrub ihn unter einem großen Felsblock. Er weidete das Monster aus und tauchte seine Pfeile in dessen Galle, die noch die kleinste von ihnen verursachte Wunde zu einer tödlichen machte.

Die Arkadische Hirschkuh (manchmal auch die Kerynitische Hirschkuh genannt) **zu fangen** war die nächste Arbeit. Die der Artemis heilige Hirschkuh hatte eherne Hufe und ein goldenes Geweih und streifte durch Arkadien im Herzen des Peloponnes. Herakles jagte sie ein ganzes Jahr, bevor er sie mit einem präzisen Bogenschuß, der ihre Vorderbeine zusammenheftete, fing. Der Pfeil drang zwischen Knochen und Sehne durch, so daß kein Blut floß – schließlich waren diese Pfeile ja vergiftet. Dann nahm er das Tier auf seine Schultern und trug es lebend den ganzen Weg zurück zu Eurystheus.

Die vierte Arbeit bestand darin, **den Erymanthischen Eber zu**

fangen, eine Bestie, die auf den Hängen des Erymanthos-Gebirges in Achaia, dem Gebiet nördlich von Arkadien, ihr Unwesen trieb. Den Eber zu töten wäre weitaus leichter gewesen, als ihn zu fangen. Herakles brüllte so laut, daß er ihn in seinem Versteck aufschreckte und auf ein Schneefeld trieb, wo er auf seinen Rükken sprang und ihn in Ketten legte bzw. in einem Netz fing. Nachdem er ihn lebend auf seinen Schultern zu Eurystheus getragen hatte, beschloß er, sich ein paar Tage Urlaub zu gönnen, und schloß sich der Kreuzfahrt von Jasons Argonauten an.

Frisch gestärkt von der Seereise, wurde Herakles nun von Eurystheus ausgeschickt, **die Ställe des Augias zu reinigen**. Dies war keineswegs die leichteste seiner Arbeiten, da König Augias von Elis im westlichen Peloponnes diese Arbeit 30 Jahre lang nicht hatte machen lassen und 3000 Stück Vieh besaß. Zudem mußte Herakles alles an einem einzigen Tag erledigen. Kein Wunder, daß eine »Augias-Arbeit« etwas furchtbar Schwieriges und oft Unangenehmes ist. Unser Held schaffte es, ohne dem Mist nahezukommen, indem er die Flüsse Alpheios und Peneios durch die Ställe leitete und so den Dung wegschwemmte. Wegen eines Mißverständnisses bezüglich der Bedingungen seines Arbeitsdienstes fand Herakles es später jedoch nötig, Augias und alle seine Söhne zu erschlagen.

Danach wurde Herakles aufgetragen, **die Stymphalischen Vögel zu töten** – keine niedlichen gefiederten Freunde, sondern kranhohe Menschenfresser mit ehernen Schwingen, Krallen und Schnäbeln. Diese dem Kriegsgott Ares heiligen Vögel drängten sich in Scharen um einen Sumpf in Stymphalos, nordwestlich von Mykene, und stiegen oft in die Lüfte auf, von wo sie ihre menschliche und tierische Beute durch Beschuß mit ihren ehernen Federn töteten. Sie waren auch eine Bedrohung für die Umwelt, weil sie ihre giftigen Exkremente über bestellten Feldern absonderten. Herakles erkannte, daß es zu viele waren, als daß er sie mit seinen Pfeilen hätte töten können, und so machte er mit einer Klapper, die Athene ihm gegeben hatte, einen schrecklichen Lärm. Als die Vögel in die Luft stoben, erschoß er so viele, wie er konnte, während der Rest von ihnen auf die Insel des Ares im Schwarzen Meer entkam.

Herakles' siebte Arbeit bestand darin, **den Kretischen Stier zu fangen,** ein feuerspeiendes Ungetüm, das die Insel Kreta verwüstete. Niemand ist ganz sicher, ob dieser Stier derjenige war, der mit der Gattin von König Minos, der liederlichen Königin Pasiphaë, den Minotaurus gezeugt hatte, oder jener Stier, der Zeus' Geliebte Europa auf seinem Rücken von Tyros nach Kreta gebracht hatte. Wie auch immer, Herakles segelte nach Kreta und erledigte die Arbeit. Eurystheus muß sich, nachdem der Stier zu ihm gebracht worden war, eine ganze Zeitlang in seinem Faß versteckt gehalten haben, ordnete schließlich jedoch an, ihn als Geschenk für Hera freizulassen. Manche sagen, er wäre später von Theseus, dem »attischen Herakles«, bei Marathon erschlagen worden.

Danach kam der Auftrag, **die menschenfressenden Stuten des Diomedes einzufangen**. Diese vier Pferde des Ares-Sohns Diomedes, König von Thrakien im unwirtlichen Nordosten der griechischen Welt, waren mit Ketten an ihre bronzenen Futterkrippen gefesselt und wurden mit dem Fleisch der unangenehm überraschten Gäste des Königs gefüttert. Herakles kam mit einigen Gefolgsleuten, machte die Pferde von ihren Ketten los und trieb sie zum Meer. Als der König und seine Männer sie verfolgten, hob Herakles einen Kanal aus und setzte die Ebene unter Wasser. Die Männer drehten um und rannten weg, während Herakles Diomedes erschlug und seinen eigenen Pferden zum Fraße vorwarf. Nachdem sie ihr Mahl beendet hatten, waren sie leichter in den Griff zu bekommen. Herakles spannte sie ins Joch von Diomedes' Wagen und trieb sie den ganzen Weg zurück nach Mykene, wo Eurystheus sie freiließ.

Den Gürtel der Amazonenkönigin Hippolyte zu erbeuten war die neunte Arbeit. Dieser Gürtel war ursprünglich der goldene Gürtel des Ares, und Eurystheus wollte ihn als Geschenk für seine Tochter Admete. Die Amazonen, die vom Kriegsgott abstammten, lebten nahe der Schwarzmeerküste; sie brachen die Arme und Beine ihrer männlichen Säuglinge, damit sie untauglich für Kriege und Reisen wären, aber immer noch die Hausarbeit verrichten könnten. Die Amazonen – die als erste im Krieg Pferde einsetzten – waren stolze Kämpferinnen, die Troja einnahmen und sich ein Reich eroberten. Die Amazonenkönigin Hippolyte mochte Herakles, der mit einem Schiff voller Männer angekommen war, und bot ihm ihren Gürtel als Liebesgabe. In der Zwischenzeit hatte Hera das Gerücht ausgestreut, Herakles plane, die Königin zu entführen, so daß deren Gefolgsfrauen die griechische Truppe angriffen. Daraufhin tötete Herakles Hippolyte, nahm ihren Gürtel und metzelte zahlreiche Amazonen nieder.

Geryoneus war König von Tartessus in Spanien, an den Grenzen der damals bekannten Welt. Herakles wurde entsandt, **die Rinder des Geryoneus zu holen**, den man für den stärksten lebenden Menschen hielt, und das war kein Wunder, da er in Wirklichkeit ein siamesischer Drilling war, dessen drei Leiber an der Taille zusammengewachsen waren und auch noch Flügel hatten. Seine wunderschönen roten Rinder weideten auf der Insel Erytheia im westlichen Ozean und wurden von einem riesigen Hirten und seinem zweiköpfigen Hund gehütet. Als unser Held nach Tartessus kam, errichtete er die sogenannten Säulen des Herakles zu beiden Seiten der Straße von Gibraltar (die Römer dachten später, daß das »*Ne plus ultra*« – »Nicht weiter!« – ihnen galt). Nachdem Herakles zu der Insel gesegelt war, tötete er rasch Hirten und Hund und trieb die Herde auf sein Schiff. Als der König die Nachricht hörte, stellte er sich Herakles entgegen, doch der ökonomisch denkende Held sprang auf die Seite des Geryoneus und schoß einen Pfeil glatt durch dessen drei Leiber. Hera, die dem König zu Hilfe geeilt war, durchbohrte ein Pfeil des Herakles die rechte Brust, so daß sie heulend zum Olymp auffuhr. Während seiner Rückreise mit dem Vieh quer durch Europa mußte Herakles in Gallien, Ligurien, Italien (einschließlich des Ortes, wo später Rom sein sollte, nachdem er eine falsche Abzweigung die Halbinsel hinunter genommen hatte), in Sizilien usw. viele weitere Abenteuer bestehen. Diese »Nebenaufgaben« (sogenannte *parerga*) waren manchmal interessanter als das Hauptereignis.

Nun begann Eurystheus, einfallsreich zu werden. Eine wirklich schwierige Aufgabe war die elfte Arbeit: **die goldenen Äpfel der Hesperiden zu holen**. Der kostbare Baum, auf dem diese Früchte wuchsen, war das Hochzeitsgeschenk Gaias, der Mutter Erde, an ihre Tochter Hera gewesen, die ihn in einen Garten an den Hängen des Atlasgebirges in Afrika gepflanzt hatte (bzw. im Lande der Hyperboreer). Hera bat die drei Töchter des Atlas, die Hesperiden, den Baum zu bewachen, doch als sie merkte, daß diese selbst die Früchte stahlen, hieß sie den hundertköpfigen Drachen Ladon, sich um den Baum zu winden und Wache zu halten. Nun war Herakles aus verläßlicher Quelle davor gewarnt worden, die Äpfel selbst zu pflücken, vielmehr sollte er dies dem Titanen Atlas überlassen. Das einzige Problem bestand darin, daß Atlas von den siegreichen olympischen Göttern die Strafe auferlegt worden war, die sich drehende Himmelskugel auf seinen Schultern zu tragen. Herakles beschloß, diese Aufgabe vorläufig zu übernehmen, während Atlas (in Wirklichkeit seine Töchter, die das besser konnten) drei goldene Äpfel pflückte. Nachdem er Ladon mit einem Bogenschuß getötet hatte, nahm Herakles den Himmel auf seine Schultern. Doch als Atlas seine Freiheit wiedergewonnen hatte, weigerte er sich, sie erneut aufzugeben, und sagte, er würde die Äpfel selbst zu Eurystheus bringen. Da bediente sich Herakles einer List und bat den einfältigen Riesen, den Himmel nochmals zu halten, während er sich ein Polster auf den Kopf legen würde. Und Atlas wartet noch heute darauf, wieder abgelöst zu werden.

Auf dem Heimweg mit den goldenen Äpfeln wurde Herakles von Antaios, König von Libyen, gestellt, einem löwenfressenden Riesen, der alle Fremden zum Ringkampf zwang und sie dabei umbrachte. Als Sohn der Mutter Erde gewann Antaios an Stärke, solange seine Füße oder irgendein anderer Teil seines Körpers mit der Erde in Verbindung stand: Wenn Herakles ihn niederwarf, wurde Antaios nur noch stärker. So machte Herakles das einzige, was er tun konnte – er stemmte den Riesen in die Luft und umklammerte ihn bis zum Tode.

Herakles machte auch Halt in Äypten, wo er den Bruder des Antaios, König Busiris, tötete, der den Helden opfern wollte. Danach befreite er Prometheus von seinen Fesseln an einen Berg im Kaukasus und erschoß den Geier, der an der Leber des Titanen fraß, die jeden Tag für die nächste Mahlzeit des Vogels nachwuchs. (Es ist klar, daß alle diese *parerga* die elfte Arbeit in den Schatten zu stellen drohten.)

Die letzte, doch sicher nicht einfachste Arbeit bestand darin, **den dreiköpfigen Hund Kerberos aus der Unterwelt heraufzubringen**. Nachdem Herakles bei Tainaron in Lakonien im südlichen Peloponnes in die Unterwelt hinabgestiegen war, gelang es ihm, Charon, den Fährmann auf dem Höllenfluß Styx, einzuschüchten, so daß dieser ihn in den Tartaros übersetzte. Dort befreite Herakles seinen Freund Theseus aus der Gefangenschaft in einem Zauberstuhl, zu der er verurteilt worden war, weil er versucht hatte, Persephone, die Frau des Königs der Unterwelt, Hades, zu entführen. Als Herakles den attischen Helden von dem mit Super-Uhu bestrichenen Stuhl riß, ließ Theseus die Hälfte seines Hinterteils dort zurück. Daher kam es, daß die attischen Männer solche zierlichen Hinterbacken hatten.

Als Herakles von Hades den Kerberos forderte, antwortete der Gott der Finsternis, er könne ihn haben, sofern es ihm gelänge, ihn ohne Keule und ohne seine Pfeile zu bezwingen. Herakles packte den riesigen Hund an der Kehle und drückte fest zu, genau unterhalb des Punktes, wo die drei Köpfe mit ihren aus zischenden Schlangen bestehenden Mähnen entsprossen. Kerberos erschlaffte und ließ sich von Herakles in die Oberwelt ziehen, wobei der Schaum, der ihm vom Maul troff, sich in das Giftkraut *Aconitum* (Eisenhut) verwandelte. Als sie in Mykene eintrafen, brachte Eurystheus gerade ein Menschenopfer dar und besaß die Unverschämtheit, Herakles von dem Fleisch nur eine Miniportion abzugeben. Da dieser nun endgültig die Nase voll hatte von Eurystheus und zudem seine Strafen abgebüßt waren, tötete er drei der Söhne seines grausamen Herrn. Dann brachte er Kerberos (oder Zerberus) wieder in die Unterwelt zurück.

Das früheste Zeugnis von den zwölf Arbeiten waren wahrscheinlich die Metopen-Reliefs am Zeustempel in Olympia (um 560 v. Chr.). Doch neben den Arbeiten bestand Herakles so viele weitere Abenteuer, daß es eine Nacht, so lange wie die Nacht seiner Geburt, dauern würde, sie alle zu erzählen. Hier einige Glanzlichter: Er diente der Königin Omphale von Lydien in Kleinasien als Sklave und stand als Liebhaber unter ihrem Pantoffel (in Frauenkleidern spann er Wolle). Er plünderte die Stadt Troja. Er half den Göttern, die Riesen auf den Phlegräischen Feldern erfolgreich zu bekämpfen. Er hatte einen Ringkampf mit Thanatos, dem Tod, um Alkestis wieder zurückzuholen, die freiwillig anstelle ihres Gatten, des Königs Admetos, gestorben war. Man sieht: ein in jeder Hinsicht erfülltes Leben.

Herakles starb, wie er gelebt hatte. Als seine neue Gemahlin Deianeira von Nessos, dem Kentauren, geraubt wurde, der sie auf seinem Rücken über den Fluß Evenus trug, schoß Herakles einen seiner weitreichenden Giftpfeile ab, der dem Burschen das Herz durchbohrte. Der sterbende Kentaur erzählte Deianeira, wenn sie die Wolle, aus der sie Herakles' Gewänder webte, mit seinem Blut tränkte, würde sie sich nie wieder wegen einer Treulosigkeit ihr gegenüber sorgen müssen. Natürlich war dann das Gewand, das Deianeira für ihren Gatten anfertigte, nachdem er sich eine Geliebte zugelegt hatte, durch das Blut des rachsüchtigen Nessos mit der Galle der Hydra (vgl. Arbeit Nr. 2) vergiftet. Herakles brüllte vor entsetzlichen Schmerzen und versuchte, sich das Gewand herunterzureißen, doch damit riß er sich zugleich sein Fleisch vom Leibe; er warf sich in einen Bach, der die beißenden Qualen jedoch nur noch verschlimmerte, und riß in seiner Agonie Bäume aus. Dies war die Erfüllung einer Prophezeiung, wonach Herakles nicht von einem Lebenden, sondern von einem toten Helden getötet würde. Herakles befahl nunmehr seinem Sohn Hyllos, einen hohen Scheiterhaufen zu errichten. Als dieser entzündet war und Herakles oben lag, ließ Zeus Blitz und Donner darauf niederfahren und die sterblichen Überreste seines geliebten Sohnes verzehren, während er seine Seele in einem Wagen mit vier Pferden zum Olymp hinaufbringen ließ. Hera nahm ihn nun als ihren Sohn auf und gab ihm ihre Tochter Hebe, die Göttin der Jugend, zur Frau.

Zeus soll sich, nachdem er Herakles gezeugt hatte, fortan der körperlichen Liebe mit sterblichen Frauen enthalten haben, da er nicht hoffen konnte, nochmals einen solchen Helden in die Welt zu setzen. Dem müssen wir wohl zustimmen. Seine erste sterbliche Geliebte war Niobe gewesen, deren 14 Kinder von Apollo und Artemis getötet wurden, als Niobe sich rühmte, daß *deren* Mutter Leto nur zwei Kinder, *sie* dagegen siebenmal mehr hätte. (Das war genau die Art von Hybris, die die griechischen

Götter haßten.) Alkmene, Herakles' Mutter, war das sechzehnte Kind der Niobe, so daß Zeus sich nicht gerade über Gebühr zurückhalten mußte, bei so vielen Generationen schöner Frauen, aus denen er seine Geliebten auswählen konnte.

FRAGE 58

Wer waren die 12 Apostel?

- **Petrus**
- **Andreas**
- **Jakobus (derÄltere)**
- **Thomas**
- **Simon der Zelote**
- **Judas (oder Thaddäus)**
- **Johannes**
- **Matthäus**
- **Philippus**
- **Bartholomäus (oder Nathanael)**
- **Jakobus (der Jüngere)**
- **Judas Ischariot (an dessen Stelle Matthias trat)**

Im Griechischen ist *apostolos* ein »Gesandter«. Christus sandte die zwölf Apostel, die er auserwählt hatte, auf mehrere Missionsfahrten, auf denen sie predigen und lehren sollten. Er ermahnte sie auch eindringlich, nach seiner Himmelfahrt das Evangelium zu verbreiten. Die Wahl von zwölf Aposteln war eine Anspielung auf die zwölf Stämme Israels (vgl. Frage 54), und die Apostel selbst maßen der Erhaltung der Zwölferzahl große Bedeutung bei und ersetzten den Verräter Judas Ischariot nach seinem Selbstmord durch Matthias. Außer Matthäus dem Zöllner – und natürlich Judas – waren es alles Männer, die von ihrer Hände Arbeit lebten.

Petrus, Jakobus der Ältere und Johannes bildeten den inneren Kreis der Zwölf. Sie waren Zeugen der Verklärung Christi auf dem Berge Tabor, der Erweckung von Jairus' Tochter von den Toten und des Ringens Christi mit dem Tode im Garten Getsemani.

Simon bar Jonah (der Sohn des Johannes) erhielt den Namen **Petrus**, griechisch **Petros**, was dem aramäischen **Kepha**, »Fels« entspricht. Simon Petrus und sein Bruder Andreas waren Fischer, sie standen in Beziehung zu den Brüdern Jakobus und Johannes in der Stadt Kafarnaum am See Genezareth. Nach dem Johannes-Evangelium erkannte Christus, als er Petrus zum ersten Mal traf, in ihm »den Felsen«, und Petrus – ein barscher, aber herzlicher, impulsiver Mann – war von Anfang an der natürliche Führer der Zwölf. Er war der erste Apostel, der die Göttlichkeit Christi anerkannte und seine Auferstehung bezeugte. Christus sagte zu ihm: »Du bist Petrus, und auf diesem Felsen werde ich meine Kirche bauen« (Matthäus 16, 18). Das Papsttum leitet seinen Machtanspruch aus dem Wortspiel in diesem Satz ab, der in riesigen lateinischen Buchstaben im Inneren der Peterskirche in Rom prangt. Andere christliche Konfessionen interpretieren diese Worte jedoch nicht als die Einsetzung eines auf Nachfolge beruhenden Hohenpriestertums.

Petrus ist die zentrale Figur in einigen denkwürdigen Geschichten des Evangeliums. Als er Christus über die Wasserfläche eines Sees zu seinem Boot schreiten sieht, sagt er: »Herr, wenn du es bist, so befiehl, daß ich auf dem Wasser zu dir komme.« Auf Christi Befehl hin steigt Petrus aus dem Boot und geht über das Wasser auf den Herrn zu; plötzlich wird ihm klar, was er tut, er bemerkt das Peitschen des Windes und der Wellen, bekommt Angst, beginnt unterzugehen und schreit: »Herr, rette mich!« Christus streckt ihm seine Hand entgegen und sagt: »Du Kleingläubiger, warum hast du gezweifelt?« (Matthäus 14, 22–33).

Im Johannes-Evangelium ist Petrus der Jünger, der bei der Festnahme Christi im Garten Getsemani sein Schwert zieht und Malchus, dem Diener des Hohenpriesters, ein Ohr abschlägt (Johannes 18, 10). Doch bis zur Morgendämmerung hat Petrus Christus dreimal verleugnet. Dies war genau das, was nie zu tun er geschworen hatte, als Christus beim Letzten Abendmahl nur wenige Stunden zuvor seine Verleugnung vorhergesagt hatte.

Nach der Auferstehung Christi war Petrus ungefähr fünfzehn Jahre lang der anerkannte Führer der Christen in Jerusalem. Der Überlieferung zufolge starb er während Neros Christenverfolgungen im Jahre 64 oder 67 n. Chr. als Märtyrer in Rom, wo er der erste Bischof gewesen ist. Er soll darum gebeten haben, mit dem Kopf nach unten gekreuzigt zu werden, da er sich unwürdig fühlte, auf die gleiche Art zu sterben wie Christus. Trotz umfangreicher Ausgrabungsarbeiten wurden seine sterblichen Übereste, die sich in den Katakomben des heiligen Sebastian an der Via Appia oder unter dem Hochaltar des Petersdoms befinden sollen, nie zweifelsfrei identifiziert.

Des Petrus Bruder **Andreas** (griechisch »mannhaft«) nannte man nach byzantinischer Überlieferung *protokletos*, den »Erstgenannten«, da er der erste bei Johannes 1, 40 genannte Apostel ist. Nach Schriften aus dem 4. Jahrhundert wurde Andreas auf einem X-förmigen Kreuz gekreuzigt. Seine mutmaßlichen sterblichen Überreste wurden 357 von Patras in Griechenland nach Konstantinopel überführt. Mehr als ein Jahrtausend später wurde sein Schädel nach Rom geschickt, um die Begeisterung für den letzten Kreuzzug gegen die Türken anzuheizen. Ausgedacht hatte diesen Plan (der scheitern sollte) Papst Pius II. (regierte 1458–1464), der den Schädel des Heiligen vor den Gläubigen auf den Stufen der Peterskirche zur Schau stellte. 1964 ließ Papst Paul VI. den Kopf des Andreas wieder nach Patras zurückbringen. Andreas ist der Schutzpatron Schottlands (dessen Flagge das Andreaskreuz trägt) und Rußlands.

Boanerges, »Söhne des Donners« (gräzisiertes Hebräisch), nannte Christus die Söhne des Zebedäus, **Jakobus** und **Johannes**, vermutlich aufgrund ihres inbrünstigen Sendungsbewußtseins. Einmal äußerten die Brüder die Bitte, zu beiden Seiten von Christi Thron im Himmel zu sitzen (Markus 10, 35–40), die ihnen abgeschlagen wurde. Das vierte Evangelium wird Johannes zugeschrieben, der Johannes der Evangelist (vgl. Frage 20) oder Johannes der Priester genannt wird. Die Überlieferung schreibt ihm auch die drei neutestamentarischen Briefe und das Buch der Offenbarung zu (vgl. Frage 18). Auf Darstellungen des Letzten Abendmahls wird Johannes gewöhnlich als jüngster der Apostel gezeigt, bartlos und seinen Kopf an Christi Schulter lehnend, als »der Jünger, den Christus liebte«. Er war der einzige Apostel, der nicht den Märtyrertod erlitt, und starb angeblich hochbetagt in Ephesos.

Im Gegensatz dazu ist sein Bruder Jakobus der einzige Apostel, dessen Martyrium im Neuen Testament beschrieben wird. Als Zugeständnis an die pharisäischen Juden in ihrem Kampf gegen die Judenchristen ließ König Herodes Agrippa I. von Judäa (41–44 n. Chr.) Jakobus »mit dem Schwert« hinrichten (Apostelgeschichte 12, 1–2). (Petrus wurde zu etwa derselben Zeit festgenommen, doch ein Engel erschien in seiner Gefängniszelle und befreite ihn aus seinen Ketten.) Seit dem Mittelalter hält sich die Legende, daß nach des Jakobus Enthauptung in Jerusalem sein Körper auf wundersame Weise nach Nordwestspanien verbracht wurde, wo Jakobus zu Lebzeiten angeblich missioniert hatte. Noch heute wallfahren Pilger zu Fuß zur Kathedrale von Santiago de Compostela, wo angeblich seine Überreste ruhen (Santiago = St. Jakob; der Jakobsweg ist allein in Spanien über 800 km lang).

Matthäus, auch Levi genannt, war Zöllner, ein von den Juden zutiefst verachteter Beruf. Christus, der vorüberging, als Matthäus an seinem Arbeitstisch saß, sagte ihm: »Folge mir nach« (Matthäus 9, 9). So tat jener, und kurz darauf speiste Christus in des Matthäus Haus zu Abend, sehr zur Überraschung der Pharisäer. Christus erwiderte, er sei gekommen, die Sünder zu retten, nicht die Gerechten. Matthäus galt nach der Überlieferung als Verfasser des ersten Evangeliums. Nach der Auferstehung Christi soll er nach Äthiopien und Persien gereist sein, doch den Anspruch auf seine sterblichen Überreste erhebt Salerno in Italien.

Philippus kam wie Simon Petrus und Andreas aus Bethsaida und war, wie Andreas, ein Anhänger von Johannes dem Täufer. Es war Philippus, an den Christus, umgeben von der wimmelnden Menschenmenge am See Genezareth, die Frage richtete: »Wo können wir genug Essen für sie kaufen?« Als Philippus meinte, selbst der Lohn von 200 Tagen würde nicht ausreichen, vermehrte Christus die wenigen vorhandenen Brotlaibe und Fische. Ansonsten weiß man nur wenig über Philippus; mehrere Werke, die ihm zugeschrieben werden, wurden wahrscheinlich im 3. oder 4. Jahrhundert geschrieben. Möglicherweise wurde er gekreuzigt.

Bartholomäus (hebräisch »Sohn des Tholmai«), erwähnt in den Evangelien nach Matthäus, Markus und Lukas und in Kana in Galiläa ansässig, war wahrscheinlich dieselbe Person, die im Johannes-Evangelium Nathanael heißt. Bartholomäus ist ein Familienname, und Nathanael könnte sein Vorname gewesen sein. Als sein Freund Philippus ihm von Jesus aus Nazaret erzählte, fragte Nathanael: »Kann von dort etwas Gutes kommen?« Philippus brachte ihn zu Christus, der, als er ihn sah, sagte: »Da kommt ein echter Israelit, ein Mann ohne Falschheit« (Johannes 1, 46–47). Vielleicht der am weitesten gereiste Apostel, soll Bartholomäus in Südwestasien, Indien, Äthiopien, Persien und der Türkei gepredigt haben und in Armenien bei lebendigem Leib gehäutet und geköpft worden sein. Seine sterblichen Überreste befinden sich angeblich (wie die der meisten Apostel) in Italien, nämlich in Rom. In Michelangelos monumentalem Fresko *Das jüngste Gericht* in der Sixtinischen Kapelle hält der heilige Bartholomäus seine abgezogene Haut in den Händen – sein anklagendes Gesicht ist das Gesicht von Michelangelo selbst.

Thomas, bei Johannes 21, 2 der Zwilling (griechisch *Didymos*) genannt, ist allgemein bekannt als »ungläubiger Thomas«. Er war nicht mit den anderen Jüngern bei den ersten Erscheinungen Christi nach der Auferstehung dabei, weigerte sich, ihren Berichten Glauben zu schenken, und verlangte handfestere Beweise. Als Christus ihm schließlich erschien und darauf bestand, daß er seine Finger in die Kreuzigungswunden legte, rief Thomas aus: »Mein Herr und mein Gott!« Christus antwortete: »Selig sind, die nicht sehen und doch glauben« (Johannes 20, 29). Anschließend predigte Thomas in Nordwestpersien und soll in Madras, Indien, den Märtyrertod gestorben sein. Ihm wurden mehrere Apokryphen zugeschrieben, darunter ein ehedem einflußreiches Thomas-Evangelium. Auch seine sterblichen Überreste sollen sich in Italien befinden.

Simon und **Judas** waren möglicherweise Zeloten, Mitglieder einer nationalistischen jüdischen Gruppe, die sich dem gewaltsamen Sturz der römischen Herrschaft in Judäa verschrieben hatte (es ist jedoch umstritten, ob diese Bewegung zur Zeit Christi existierte). Über die beiden ist wenig bekannt; anscheinend reisten und predigten sie nach Christi Himmelfahrt gemeinsam in Persien. Judas, der in Lukas 6 und in der Apostelgeschichte 1 erwähnt wird, war wahrscheinlich identisch mit dem Apostel, der in Matthäus 10 und Markus 3 Thaddäus genannt wird. Judas ist der Schutzheilige für verzweifelte Fälle.

Jakobus der Jüngere, bei Matthäus, Markus und Lukas Sohn des Alphäus, starb angeblich in Persien den Märtyrertod. Wir wissen nicht, wo seine sterblichen Überreste geblieben sind.

Niemand weiß wirklich, was der zweite Name des **Judas Ischariot** bedeutet. Unwahrscheinlich ist die Ableitung von lateinisch *sicarius*, »Mörder«. Eine profanere, aber plausible Erklärung ist »der Mann aus Kariot« in Judäa. Mittelalterliche Legenden verliehen Judas rote Haare, in der damaligen Zeit ein böses Omen. Wahrscheinlich war er der Schatzmeister der Apostel. Sein Geschick in Geldangelegenheiten verdarb jedoch sein Sendungsbewußtsein, als er Christus nach dem Letzten Abendmahl, bei dem dieser vorhergesagt hatte, einer der Zwölf würde ihn verraten, für dreißig Silberlinge an die Hohenpriester und Schriftgelehrten verkaufte. In jener Nacht im Garten von Getsemani machte Judas Christus durch einen Kuß für seine Häscher kenntlich. Es gibt unterschiedliche Versionen über Judas' Selbstmord (Erhängen oder ein Sturz, bei dem er sich den Bauch aufschlitzte); Dante versetzte ihn in den allertiefsten Kreis des *Inferno* (vgl. Frage 50).

Zwei Männer wurden aufgestellt, um an die Stelle von Judas zu treten: Josef Barsabbas, mit dem Beinamen Justus, und Matthias (Apostelgeschichte 1, 23–26). Die Apostel beteten und zogen das Los, welches auf **Matthias** fiel, der dann in Teilen der heutigen Türkei das Evangelium gepredigt haben soll. Auch er starb den Märtyrertod, und auch seine sterblichen Überreste gelangten schließlich nach Rom.

FRAGE 59

Wer waren die 12 Ritter der Tafelrunde?

- **Lanzelot**
- **Galahad**
- **Bors**
- **Parzival**
- **Gawain**
- **Tristan**
- **Lamorak**
- **Torre**
- **Kay**
- **Gareth**
- **Bedivere**
- **Mordret**

Keine andere Geschichte britannischen Ursprungs hat über die Jahrhunderte eine solche Fülle phantasievoller Literatur – in englischer, französischer und deutscher Sprache, ja sogar in mittelalterlichem Hebräisch – inspiriert wie die von König Artus und seinen Rittern der Tafelrunde. Über den historischen Artus ist nur wenig bekannt, und die Ritter der Tafelrunde sind (mit einer Ausnahme möglicherweise) rein fiktive Figuren.

Im British Museum in London befinden sich in klassischem Latein abgefaßte Dokumente, die von einem Heerführer namens Artus erzählen, der bei der Schlacht von Badon (490 oder 518 n. Chr.) »das Kreuz unseres Herrn Jesus Christus drei Tage und drei Nächte lang auf seinen Schultern trug, und die Britannier waren siegreich«. Forscher glauben, Artus könnte die erfolgreiche Verteidigung Südwestbritanniens und seiner romanisierten keltischen Britannier gegen die vom Kontinent her eindringenden angelsächsischen Eroberer angeführt haben. Er dürfte ein perfekter Ritter gewesen sein, der die römische Reittechnik beherrschte, was seinen Erfolg gegenüber den undisziplinierten Invasoren erklären würde. Der Sieg am Berg Badon war so entscheidend, daß er den Vormarsch der Angelsachsen ein halbes Jahrhundert lang zum Stillstand brachte. Doch es gibt nicht den geringsten Beweis dafür, daß Artus ein König war, in Camelot Hof hielt oder einer Tafelrunde vorstand.

Die Ausschmückung der Lebensgeschichte von Artus begann etwa sechshundert Jahre nach seinem Tod mit der in Latein geschriebenen *Geschichte der Könige Britanniens* (um 1136) des Geoffrey von Monmouth. Inzwischen war die Erzählung bereits um die Waliser, die sich zum Kampf gegen die Angelsachsen sammelten, und um die Britannier, von denen einige im sechsten und siebten Jahrhundert auf der Flucht vor den Angelsachsen in das Gebiet der heutigen Bretagne in Frankreich zogen, bereichert worden.

Über die Jahrhunderte wurde Artus, der ruhmreiche Heerführer, der die christlichen Britannier gegen die angelsächsischen Eindringlinge verteidigte, zu einem Helden verklärt, der König von Britannien war, große Teile Europas eroberte und dessen Herrschaft eine Mischung aus Magie, Ritterlichkeit, britannischem Nationalgefühl, christlichem Mystizismus, höfischer Liebe und grenzenlosen Abenteuern war.

Doch Artus wurde nicht nur mit der Tafelrunde und Camelot (das manchmal mit Caerleon in Monmouthshire in Südwales gleichgesetzt wird) in Verbindung gebracht: Dieser legendäre Artus sollte auch der Sohn des britannischen Königs Uther Pendragon (»Drachenhaupt«) sein, der ihn mit Igerne zeugte, nachdem der Zauberer Merlin dem König das Aussehen ihres Gatten, des Herzogs von Tintagil in Cornwall, verliehen hatte. Merlin, der Sohn des Teufels und einer Nonne, wurde zum Erzieher des Jungen. In einigen Textfassungen zog Artus das magische Schwert Excalibur aus einem Felsen und bekräftigte damit seinen Anspruch auf den britannischen Thron, der ihm mit fünfzehn Jahren gebührte; in anderen Versionen erhielt er es von der »Dame vom See«.

Die erste überlieferte Erwähnung der Tafelrunde findet sich im *Roman de Brut* (1155), einer phantasievollen Verserzählung über die Britannier, die von dem anglonormannischen Dichter Wace wahrscheinlich im Auftrag von König Heinrich II. von England geschrieben wurde. Wace berichtet, daß Artus und die Seinen an einer runden Tafel saßen, damit keiner der Ritter einen Vorrang gegenüber dem anderen hätte – eine Vorstellung, die aus keltischen Sitten entlehnt worden sein könnte.

Spätere Autoren machten die Tafelrunde zum Leitsymbol der Artusliteratur und des mittelalterlichen Ritterkodex. Einen Platz an diesem Tische zu erlangen war das Höchste, was ein Ritter sich erhoffen konnte, und der Ehrenkodex des christlichen Ritterstandes, den der Tisch verkörperte, übte im Mittelalter beträchtlichen Einfluß auf die Adelshäuser Europas aus, wo die Artussage überall bekannt war. An der Wand eines Saals in Winchester aus dem 13. Jahrhundert ist ein Tisch mit einem Durchmesser von 5 ½ Metern aufgestellt, der der runde Tisch von Artus selbst sein soll. Doch wie der Saal datiert auch er ungefähr sieben Jahrhunderte nach dem mutmaßlichen Tod des historischen Artus.

Mächtigen Auftrieb erhielt das Motiv der Tafelrunde, als es mit dem Motiv der Suche nach dem Gral (aus mittellateinisch *cratella*, »Schüssel«) verschmolz, dem silbernen Becher oder der Schale, die Christus beim Letzten Abendmahl benützt haben soll. Da nur der reinste Ritter sich dem Gral nähern durfte, war die Suche nach diesem heiligen Gefäß die schwerste Prüfung für die Paladine von Artus' Tafelrunde.

Die Idee eines Gefäßes, dem magische Kräfte innewohnen, geht auf die keltische Sage zurück, doch war ein solches Gefäß auch ein Fruchtbarkeitssymbol des Altertums. In dem unvollendeten französischen Artusroman *Perceval ou le conte du Graal* (um 1175) von Chrétien de Troyes ist der Gral eine geheimnisvolle Schale – heute gewöhnlich als weibliches Geschlechtssymbol interpretiert –, die in Verbindung mit einer phallischen, bluttropfenden Lanze (gleichgesetzt mit der Lanze, mit der Christus am Kreuz verwundet wurde) erscheint.

Die erste eindeutige Assoziation des Grals mit dem von Christus beim Abendmahl benutzten Becher taucht in Robert de Borons französischem Epos *Joseph d'Arimathie, ou le Roman de l'estoire dou Graal* (um 1200) auf. Nach dieser Erzählung baute der im Evangelium erwähnte Joseph von Arimathia zum Gedenken an das Abendmahl einen Tisch, an dem als Zeichen für den

Verrat des Judas ein Platz leer blieb, der *siege perilous* (»gefährlicher Sitz«). Inzwischen war französisch *sangreal* (»heiliger Gral«) mit dem *sang real*, dem »königlichen Blut« Christi, durcheinandergebracht worden, das Joseph von Arimathia im Gral aufgefangen und nach Wales gebracht haben soll.

Artus gelangte schließlich in den Besitz von Josephs Tisch, und nur derjenige seiner Ritter (der »runden Tafel«), der dazu ausersehen war, als nächster nach dem Gral zu suchen, durfte den *siege perilous* einnehmen. In anderen Sagen heißt es, Merlin habe den runden Tisch für Uther Pendragon gebaut, und Artus habe ihn erhalten als Teil der Mitgift seiner Gattin Ginevra seitens ihres Vaters, König Lodegan, der ihn wiederum von Artus' Vater bekommen hätte.

Doch wer waren die zwölf Ritter der Tafelrunde? Darauf gibt es keine einfache Antwort, denn in den zahllosen Versionen der Erzählungen um Artus wird Dutzenden von Rittern ein Platz an dem runden Tisch eingeräumt. Je nach Quelle bot die Tafelrunde Platz für zwölf (zum Gedenken an die Apostel) bis hundertfünfzig Personen. Die umfassendste Aufzählung erscheint in Thomas Malorys *Morte d'Arthur* (1470), einer epischen Nacherzählung fast aller Artus-Geschichten, die 1485 von dem ersten englischen Drucker, William Caxton, herausgegeben und gedruckt wurde. Darin werden über hundert Ritter der Tafelrunde genannt. Obwohl die nachstehend besprochenen Zwölf zu den bedeutendsten gehören, handelt es sich keineswegs um eine kanonische Aufzählung.

An erster Stelle steht **Lanzelot**, der bedeutendste und tragischste Ritter der Tafelrunde. Er erscheint als Artusritter erstmals im 12. Jahrhundert in den Versromanen von Chrétien de Troyes, der die Geschichte von Lanzelots ehebrecherischer Beziehung zu Ginevra, der Gemahlin von König Artus, erzählt. Lanzelot ist der Sohn des Königs Ban von Benwick (in Britannien), wird jedoch von der Wasserfee Viviana, der »Dame vom See«, aufgezogen, die ihn bei Artus' Hofe einführt (daher sein Name »Lanzelot vom See«). Obwohl die meisten Autoren Lanzelot als Apotheose der Ritterlichkeit ansehen, hin- und hergerissen zwischen seiner Liebe zu Ginevra und seiner Treue zu Artus, scheitert er wegen des Ehebruchs bei der Gralssuche. Überdies führt die verbotene Verbindung schließlich zu Artus' Tod und zur Auflösung der Tafelrunde. Am Schluß wird Ginevra Nonne, und Lanzelot stirbt als Einsiedler.

Mehr Erfolg bei der mystischen Suche hat Lanzelots Sohn **Galahad**, »der Gralsritter«. Galahad taucht erstmals im 13. Jahrhundert in den französischen Gralsgeschichten als Sohn von Lanzelot und Elene, der Tochter von König Pelles, auf. Als Galahad am Hof von Artus erscheint, verkündet ein geheimnisvoller Alter, er sei der einzige Reine, der auf dem *siege perilous* sitzen dürfe. Artus schlägt den jungen Mann sofort zum Ritter. Galahad hat den Kampfgeist seines Vaters geerbt, doch ist er keusch, reinen Herzens und sehr fromm. Er erblickt den Gral im Schloß von König Pelles, wo er auch eine Vision Christi hat.

Galahad wird von Parzival und **Bors** begleitet, die den Gral ebenfalls erblicken. Diese drei Ritter der Tafelrunde sind die einzigen, die die große Suche zu Ende führen. Bors wird später in Glastonbury zum Einsiedler und begräbt die anderen beiden Gralsritter in Sarras.

Vor der Erfindung von Galahad war **Parzival** der einzige Ritter, der den Gral errang; der bekannteste Bericht darüber findet sich in Chrétien de Troyes' *Perceval.* Die meisten Darstellungen schildern ihn übereinstimmend als einfältigen, aber sehr starken Jüngling, der in den Wäldern von seiner Mutter aufgezogen wird. Einmal begegnet er Rittern auf ihren Pferden »mit glänzenden Hellebarden, strahlenden Helmen, Lanzen und Schilden« und meint, es müßten Engel sein. Als er erfährt, daß sie die Ritter des Artus sind, verläßt er seine Mutter, um seine Stärke zu beweisen und der Tafelrunde beizutreten. Im weiteren Verlauf wandelt er sich vom Tölpel zum Gralsritter.

Im Schloß des verwundeten »Fischerkönigs« sieht Parzival den Gral. Das Gold und die kostbaren Steine des Gefäßes – »reicher und vielfältiger, als sie zu Lande oder zu Wasser je gefunden werden könnten, kein Edelstein ließe sich mit denen des Grals vergleichen« – erfüllen ihn mit ehrfürchtiger Scheu. Während er sprachlos davor verweilt, versäumt er es, den Fischerkönig zu heilen, der, was der Jüngling nicht weiß, sein Onkel ist. Die berühmteste Version der Parzivalgeschichte ist Wolfram von Eschenbachs *Parzival* (um 1210), ein Meisterwerk mittelhochdeutscher Epik. Diese Verserzählung inspirierte Wagner zu seiner letzten Oper, dem christlich-mystischen *Parsifal* (1882) – Nietzsche hat sie aus tiefstem Herzen verabscheut.

Gawain scheitert bei der Suche nach dem Gral, weil er mehr an den Ritterkodex denkt als an das geistliche Königreich. Er ist bekannt als treuer Neffe (oder Vetter) von Artus. Forscher haben sein literarisches Erbe bis zur keltischen Mythologie zurückverfolgt, speziell zum Sonnengott Gwalchmei, dessen Kraft, wie die Gawains in manchen Erzählungen, mit dem täglichen Auf- und Untergang der Sonne zu- und abnimmt.

Gawain ist der Held einer mittelenglischen Dichtung von einem unbekannten Verfasser, *Sir Gawayne and the Grene Knight* (um 1370). In dieser Verserzählung von meisterhafter Kunstfertigkeit ist Gawain ein Ritter, der sich einer grauenhaften Prüfung stellt: Ein Jahr lang muß er immer wieder dem Axtstreich eines muskulösen grünen Ritters standhalten, den er bereits enthauptet hatte – doch vergeblich. Auch muß er die Verführungsversuche der wunderschönen Gemahlin seines Gastgebers, Sir Bercilak, abwehren. Alles kommt zu einem guten Ende, aber der junge Held lernt, daß seine frühere überschwengliche Meinung von Ritterehre etwas überzogen war.

In den Romanen von Chrétien de Troyes ist Gawain Klassen unter Lanzelot und Galahad angesiedelt und zeigt eine Schwäche für Frauen und für den Kampf um des Kampfes willen. In Malorys *Morte d'Arthur* tötet Lanzelot unwissentlich zwei von Gawains Brüdern – Gareth und Gaheris –, als er Ginevra davor rettet, für ihren Ehebruch auf dem Scheiterhaufen verbrannt zu werden. Gawain schwört Rache und verfolgt mit Artus und seinem Heer Lanzelot bis nach Frankreich, wo er von diesem tödlich verwundet wird. Er stirbt auf dem Rückweg nach Britannien.

Die tragische Liebesgeschichte von **Tristan** (oder Tristram) und Isolde, die dem Artuszyklus im frühen 13. Jahrhundert aufgepfropft wurde, weist Parallelen zu der Ehebruchsgeschichte von Lanzelot und Ginevra auf: Bei beiden wird ein Verrat am Lehnsherrn begangen. Tristans Onkel, der alte König Marke von Cornwall, soll mit Isolde, einer jungen irischen Prinzessin, vermählt werden. Tristan – gut aussehend, kühn, ein wunderbarer Harfenspieler und Dichter – holt die künftige Braut in Irland ab. Sie verliebt sich in ihn. An Bord des Schiffes nach Cornwall trinken Tristan und Isolde, ohne das zu wissen, einen Liebestrank und werden von überwältigender Leidenschaft zueinander erfaßt, die alles zur Seite fegt. Isolde wird mit Marke vermählt, doch die Liebenden führen ihr Verhältnis fort. Sie werden entdeckt und sterben.

Gottfried von Straßburgs mittelhochdeutsches Epos *Tristan* (um 1210) inspirierte Wagner zu seiner Oper *Tristan und Isolde* (1865), in der die leidenschaftliche Liebe als höchster menschlicher Wert gepriesen wird. Als Abschiedsgruß an den toten Tristan singt Isolde jene herzbewegende Arie, in der sie darum fleht, durch den Tod erlöst zu werden, bevor sie leblos über Tristans Leiche zusammenbricht – ihr »Liebestod«.

In Malorys Schilderung ist **Lamorak** von Wales der Sohn des Königs Pellinor und der Bruder von Parzival und Torre. Nach den unvergleichlichen Tristan und Lanzelot ist Lamorak der kühnste unter den Tafelrittern. Aus Groll enthüllt er die ehebrecherische Beziehung zwischen Tristan und Isolde. Er selbst war (wie Artus) der ehebrecherische Geliebte von Königin Morgawse, die von ihrem Sohn Gaheris enthauptet wird, als dieser die beiden im Schlafgemach ertappt. Ein anderer Sohn, Gawain, führt Lamorak, der Gawains Mutter verführt hat, seiner gerechten Strafe zu, dem Tod.

Torre, den König Pellinor mit einer Viehmagd gezeugt hat, ist der erste, der zum Ritter der Tafelrunde wird. Die Tatsache, daß er vor Gawain zum Ritter geschlagen wird, löst am Artushof Bestürzung aus, da Torres Vater Gawains Vater, König Lot, getötet hat.

Artus' Seneschall **Kay** wuchs mit Artus auf, da Merlin das königliche Kind Kays Vater, Sir Ector, und seiner Mutter übergeben hatte. Manche Schilderungen malen das Bild eines ungehobelten, sarkastischen, fluchenden Kay, eines rohen und prahlerischen, unritterlichen Kriegers. Selbst Artus kann ihn nie geradebiegen, vielleicht wegen ihrer frühen Bindung aneinander.

Es heißt, Kays grobe Ausdrucksweise rühre daher, daß er von einer derben Amme aufgezogen worden sei, da Artus ihn von seinem Platz an der Mutterbrust verdrängt habe.

Gareth von Orkney ist der jüngste Sohn von König Lot und Königin Morgawse und Gawains Bruder. Er hat freiwillig ein Jahr lang als Küchenjunge unter Kay gedient, der ihm wegen seiner schönen Hände den Beinamen »Beaumains« gibt. Danach zum Ritter geschlagen, wird Gareth Lanzelots Günstling. Nachdem er Lady Loynesse auf Schloß Perilous vor Sir Ironsyde gerettet hat, vermählt er sich mit ihr. Als Lanzelot Ginevra vor dem Flammentod auf dem Scheiterhaufen rettet, tötet er unwissentlich Gareth und macht sich so Gawain zum Feind.

Auf Artus' Geheiß schleudert **Bedivere** (oder Bedevere), der Kühne genannt, das Schwert Excalibur so weit über das Wasser, daß die Wasserfee nur ihren weißgekleideten Arm über die Wasseroberfläche zu strecken braucht, um es zu fangen. Als einer der wenigen, die Artus' letzte apokalyptische Schlacht gegen Mordret überleben, wird Bedivere Zeuge des merkwürdigen Verschwindens des Königs aus der Welt.

Nach manchen Quellen ist **Mordret** Artus' unehelicher Sohn, nach anderen sein Neffe. Diese Unklarheit rührt wahrscheinlich daher, daß Mordret das Produkt von Artus' Seitensprung mit seiner Halbschwester Morgawse ist (nach Malory seine Tante), was ihn gleichzeitig zu Artus' Sohn und seinem Neffen machen würde. Wie auch immer, Mordret ist die dunkelste Gestalt in den Artusüberlieferungen, die Verkörperung von Artus' Sünden, eine Art freudianische »Rückkehr des Verdrängten«, das schließlich den König und die Ritter der Tafelrunde auslöscht.

In Malorys Schilderung enthüllt Mordret Artus die Beziehung zwischen Lanzelot und Ginevra, was zu einem Zusammenstoß der beiden Männer führt. Er bemächtigt sich dann des Throns und versucht, sich mit Ginevra zu vermählen, als Artus in Frankreich gegen Lanzelot kämpft. Artus und seine Truppen eilen zurück nach England, um dem Thronräuber entgegenzutreten, in den anschließenden Kämpfen finden fast alle Ritter der Tafelrunde den Tod. Bei der letzten Schlacht in der Ebene von Salisbury durchbohrt Artus inmitten der zahllosen Toten Mordret mit einem Speer, gerade als Mordret einen wilden Streich gegen Artus' Kopf führt. Die Wunde, die Artus dem Verräter zufügt, ist so groß, daß das Sonnenlicht klar durch Mordrets Körper scheint, bevor er tot umfällt. Der verwundete Artus wird auf einer Barke von wunderschönen schwarzgekleideten Damen, die die Zauberkönigin Morgane le Fay, seine Halbschwester, anführt, auf die Insel Avalon gebracht.

Es gibt Anhaltspunkte dafür, daß auch Mordret eine historische Figur gewesen sein könnte. Dieselben Texte im British Museum, die erstmals Artus und seinen Sieg zu Badon erwähnen, vermerken auch, daß dort (511 oder 539) die »Schlacht von Camlann, in der Artus und Mordret umkamen«, stattfand.

Die Faszination, die von Artus und den Rittern seiner Tafelrunde ausgeht, hat sich bis ins 19. und 20. Jahrhundert erhalten. Hier nur einige wenige Beispiele: Alfred Lord Tennysons lange Gedichtfolge *Idylls of the King* (1859–85), Mark Twains *A Connecticut Yankee in King Arthur's Court* (1889), Lerner und Loewes Musical *Camelot* (1960), das zu einem Leitmotiv der Präsidentschaft John F. Kennedys (1961–63) wurde, und Marion Zimmer Bradleys Roman *Die Nebel von Avalon* (1982).

Der Sage nach liegt der auf wundersame Weise von seinen Wunden genesene König Artus schlafend in einer Höhle und wird wiederkehren, um sein geliebtes Britannien zu verteidigen, wenn es das nächste Mal überfallen wird. Das könnte eine Erklärung dafür sein, warum die englische Königsfamilie es vermeidet, Thronerben »Arthur« zu nennen – der ältere Bruder Heinrichs VIII. dürfte der letzte Träger diese Namens gewesen sein. Doch obwohl Malory uns versichert, daß Artus wirklich tot sei und in Glastonbury begraben liege, kann er sich nicht enthalten, die prophetische Grabinschrift wiederzugeben: »HIC IACET ARTHURUS, REX QUONDAM REXQUE FUTURUS« (Hier liegt Artus, der einstige und künftige König).

FRAGE 60

Wie heißen die 12 Tierkreiszeichen, und woher kommen ihre Namen?

- **Widder: der Widder, nach dessen goldenem Vlies Jason und die Argonauten suchten**
- **Stier: der Stier, dessen Gestalt Zeus annahm, um Europa zu entführen**
- **Zwillinge: die Zwillinge, gewöhnlich mit Kastor und Polydeukes gleichgesetzt**
- **Krebs: der Krebs, der Herakles angriff, als dieser mit dem Nemeischen Löwen kämpfte**
- **Löwe: der Nemeische Löwe, der von Herakles getötet wurde**
- **Jungfrau: die jungfräuliche Göttin der Gerechtigkeit, Astraia, Tochter des Zeus**
- **Waage: die Waagschalen (der Gerechtigkeit) der Astraia**
- **Skorpion: ein Skorpion, der ausgesandt wurde, den Jäger Orion zu töten**
- **Schütze: der Schütze, der meist mit dem bogenschwingenden Kentauren Chiron gleichgesetzt wird**
- **Steinbock: die Ziege, die Zeus säugte**
- **Wassermann: der Wasserträger Ganymedes, Mundschenk der olympischen Götter**
- **Fische: die beiden Fische, die der Aphrodite und ihrem Sohn Eros halfen, dem Ungeheuer Typhon zu entkommen**

Die Himmelsbeobachter in Babylonien kamen vermutlich als erste auf die Idee, anhand der Bewegungen bestimmter Gestirne irdische Geschehnisse vorherzusagen. Ähnliche astrologische Lehren kamen bei so unterschiedlichen frühen Völkern wie den Chinesen und den Mayas auf und erreichten im ptolemäischen Ägypten (305–30 v. Chr.) einen besonders hohen Stand. Dort zeichneten griechische Mathematiker gemäß dem Aristotelischen Grundsatz, daß die Erde als Mittelpunkt des Universums in regelmäßigen Abständen von der Sonne, dem Mond, den Planeten und Sternen umkreist werde, den jährlichen Lauf der Sonne auf. Sie unterteilten diesen ekliptischen Himmelskreis in zwölf Abschnitte mit einer Breite von je dreißig Grad. Jeder Abschnitt wurde als Sitz oder Haus eines den Menschen des Altertums bekannten Planeten angesehen (Merkur, Venus, Mars, Jupiter und Saturn wurden je zwei Häuser zugeordnet, der Sonne und dem Mond jeweils eines). Die zwölf Abschnitte wurden auch mit je einem Tierkreiszeichen (Sternbild) in Verbindung gebracht.

Die Sternbilder waren einfache Anordnungen heller Sterne, die in der Phantasie der Menschen des Altertums die Umrisse verschiedener mythologischer Figuren anzeigten. Wichtiger noch: Das komplexe Zusammenspiel der Himmelskörper im *Makrokosmos* – ihre wechselnden Stellungen zueinander, wenn sie in der Nacht auf- oder untergingen und während des Jahres über den Himmel zogen – diente dazu, Ereignisse vorherzusagen, die das Leben des Einzelnen (den *Mikrokosmos*) beeinflußten. Zu diesem Zweck sagte man, jemand sei in dem Sternzeichen geboren, in dem die Sonne bei seiner Geburt stand.

Die Grundsätze der *Astrologie* übten bis weit über das Mittelalter hinaus einen bedeutenden Einfluß aus; an vielen Höfen der Renaissance gab es Berufsastrologen, bis das Aufkommen der modernen *Astronomie* das geozentrische Weltbild und vieles, was damit zusammenhing, ablöste. Doch obwohl die Aussagen der Astrologie überholt waren, blieb die Faszination der geheimnisvollen Tierkreiszeichen bestehen, was die Horoskop-Kolumnen vieler Tageszeitungen bestätigen.

Die Geschichte des **Widders** beginnt bei Phrixos, einem jungen Äolier. Als er die sexuellen Avancen seiner Tante nicht erwidert, beschuldigt sie ihn der Vergewaltigung. Dies fällt mit einem Komplott zusammen, das seine böse Stiefmutter zur gleichen Zeit gegen ihn schmiedet, und Phrixos wird dazu verurteilt, dem Zeus geopfert zu werden. Als sein weinender Vater dem jungen Mann gerade die Kehle durchschneiden will, entreißt Herakles, der eben des Weges kommt, ihm die Klinge und sagt, daß Zeus Menschenopfer verabscheue. Zur gleichen Zeit schickt einer der Götter einen Widder mit einem goldenen Vlies herab, um Phrixos und seine Schwester Helle zu retten.

Die beiden steigen auf das Tier, und der magische Widder flieht. Helle fällt herunter und stürzt in die Meerenge zwischen Europa und Asien, die nach ihr Hellespont genannt wird (»das Meer der Helle«). Phrixos und der Widder landen glücklich in Kolchis an der Schwarzmeerküste. Dort weist der Widder Phrixos an, ihn dem Zeus zu opfern und sein Vlies König Aietes zu bringen, der Phrixos als Pflegevater aufnehmen werde. Viele Jahre später machen sich Jason und die Argonauten auf ihre berühmte Schiffsreise, um das Goldene Vlies zu suchen. Zum Gedenken an den Widder und seine Selbstopferung versetzt Zeus ihn als Sternbild an den Himmel.

Die Geschichte des **Stiers** hat, wie so viele andere griechische Mythen, mit einem amourösen Abenteuer von Zeus zu tun. Diesmal verliebt er sich in die sanfte Europa. Da diese sich die Zeit damit vertreibt, in Tyros, einer Stadt an der Küste Phöniziens, mit ihren Freundinnen inmitten von allerlei Herden zu lustwandeln, verwandelt sich Zeus in einen weißen Stier. Fräulein Europa ist entzückt von dem wunderschönen Tier, das sich gern mit Blumen schmücken läßt. Sie schenkt dem Stier so viel Vertrauen, daß sie eines Tages auf seinen Rücken steigt und mit ihm an der Küste entlangreitet. Als er plötzlich ins Wasser springt und vom Ufer wegschwimmt, hat sie keine andere Wahl, als sich an seinem Hals festzuhalten. Zeus schwimmt zur Insel Kreta, verwandelt sich in einen Adler und begattet die Entführte. Das Ergebnis sind drei Söhne: Minos (später König von Kreta), Radamanthys und Sarpedon. Zeus ist so vernarrt in Europa, daß er den ganzen Erdteil nach ihr benennt, da er sie ja von den Küsten Asiens nach Kreta gebracht hat. Um seine Liebesgeschichte mit Europa in Erinnerung zu behalten, macht er sein Alter Ego, den Stier, zu einem Sternbild.

Wie so manche von Zeus' Liebesaffären ist auch die der **Zwillinge** reichlich verzwickt. Zeus schwängert in der Gestalt eines Schwanes Leda, die Gemahlin des Königs Tyndareos von Sparta. Da sie jedoch in derselben Nacht auch von ihrem Gatten geliebt wird, empfängt sie auch dessen Kinder. Leda soll schließlich zwei Eier gelegt haben: Das eine enthält die unsterblichen Kinder des Zeus: Polydeukes (oder Pollux) und seine Schwester Helena, um derentwillen später der Trojanische Krieg entbrennen wird. Im anderen Ei befinden sich Ledas sterbliche Kinder von Tyndareos: Kastor und seine Schwester Klytaimnestra, die spätere Gemahlin und Mörderin von Agamemnon (vgl. Frage 10).

Kastor und Polydeukes, oft die Dioskuren genannt (»Söhne des Zeus«), sind ein gutes Team und ergänzen sich in ihren Fähigkeiten. Kastor, der Rossebändiger, und Polydeukes, der Faustkämpfer, werden berühmte Sieger bei den Olympischen Spielen (vgl. Frage 23). Sie retten ihre Schwester Helena aus den lüsternen Händen des bereits im mittleren Alter stehenden Theseus, segeln mit den Argonauten und nehmen an der Jagd auf den Kalydonischen Eber teil. Als der sterbliche Kastor bei einem Kampf mit zwei anderen Brüdern, bei dem es um Frauen geht, getötet wird, bittet Polydeukes den Vater Zeus, mit seinem geliebten Kastor zusammenbleiben zu dürfen. Zeus richtet es so ein, daß die Zwillinge ihre Tage abwechselnd in der Unterwelt und auf dem Berge Olymp verbringen können. Für ihre brüderliche Treue stellt er sie als Sternbild Zwillinge an den Himmel. Sie sind die Schutzpatrone der Seeleute und sollen sich in Form der elektrischen Entladungen zeigen, die manchmal bei Sturm an den Masten und Takelungen der Schiffe erscheinen und die man Elmsfeuer nennt.

Das Sternbild des **Krebses** ist das Werk der Hera. Das Lerna genannte Gebiet südwestlich von Mykene war in der Gewalt der Hydra, einer Wasserschlange mit neun Köpfen, von denen einer unsterblich ist. Eine der Zwölf Arbeiten des Herakles besteht darin, die Hydra zu töten (vgl. Frage 57). Mit Hilfe seines Neffen Iolaos bezwingt Herakles das Scheusal, doch vorher schickt die Verbündete der Hydra, Hera, ihm einen riesigen Krebs. Als dieser Herakles in die Ferse zwickt, zertritt er dessen Panzer. Als Zeichen ihrer Wertschätzung für den kühnen Versuch des Krebses verewigt Hera das bemitleidenswerte Geschöpf am Firmament.

An eine weitere Heldentat des Herakles erinnert das Sternbild des **Löwen**. Die erste seiner Zwölf Arbeiten besteht ja darin, einen übernatürlichen Löwen zu erlegen, der die Umgebung von Nemea verwüstet. Da das Tier ein undurchdringliches Fell hat, muß Herakles es erwürgen und kann den Löwen dann mit Hilfe seiner eigenen Klauen aufschneiden und häuten. Zeus, zu Recht stolz auf seinen großartigen Sohn, verwandelt den besiegten Löwen in ein Sternbild.

Das Sternbild **Jungfrau** stellt Astraia dar, die jungfräuliche Göttin der Gerechtigkeit, Unschuld und Reinheit. Sie war die letzte Gottheit, die in dem von Verbrechen, Kriegen und Verderbtheit gezeichneten Eisernen Zeitalter die Erde verließ. Doch diese Tochter von Zeus und Themis wird wiederkehren, wenn einst ein hellerer Morgen heraufdämmert, wie Vergil (70–19 v. Chr.) in seiner vierten Ekloge behauptet: »Nun kehrt auch die Jungfrau wieder, nun kehrt Saturns Goldenes Zeitalter wieder.« Im Mittelalter wird dies als Prophezeiung der Geburt Christi gedeutet werden.

Bei der **Waage** denkt man gewöhnlich an das Bild einer Frau, die die Waagschalen der Gerechtigkeit hält, oder an die Waagschalen allein. Oft wird auch sie mit Astraia in Verbindung gebracht. Es ist ein eher langweiliges Sternbild.

Die Legende vom **Skorpion** steht in engem Zusammenhang mit der vom Jäger Orion, dem Sohn des Meeresgottes Poseidon. Manche Geschichten bringen den Skorpion mit Orions Tötung durch Artemis, der Göttin der Jagd, in Verbindung: Einmal prahlt Orion, er habe alle Tiere auf Kreta getötet – nicht wissend, daß Artemis auch eine frühe Tierschützerin ist. Zur Vergeltung läßt sie einen riesigen Skorpion aus der Erde entstehen, der Orion totsticht. Beide, Orion und der Skorpion, werden als Warnung vor Hybris ans Firmament versetzt.

In einer anderen Variante dieser Geschichte entdeckt Artemis, daß Orion lüstern ihren Freundinnen nachstellt, den sieben Plejaden. Sie schickt den Skorpion, um ihn zu töten, stellt dann jedoch auch Orion und die Plejaden an den Himmel. In wieder einer anderen Version fürchtet Artemis' Bruder Apollon, der prachtvoll anzusehende Orion könne für seine Schwester unwiderstehlich sein. So bringt er sie mit einer List dazu, Orion mit einem Pfeil zu erschießen, als dieser versucht, dem riesigen Skorpion zu entkommen, den Apollon auf ihn gehetzt hat. Als ihr bewußt wird, was sie getan hat, läßt Artemis Apollons Sohn, den heilkundigen Asklepios, kommen, damit dieser Orion wieder zum Leben erwecke. Doch bevor er das tun kann, tötet Zeus ihn mit einem Blitzstrahl. Artemis versetzt Orion dann als Sternbild an den Himmel, für immer vom Skorpion verfolgt.

Man nimmt an, daß der **Schütze** Chiron verkörpert, den Herrn der Kentauren, der Asklepios alles über die Heilkunst lehrte, was er wußte. Sein Tod steht in Zusammenhang mit der vierten Arbeit des Herakles, der bei der Verfolgung des Erymanthischen Ebers einen heftigen Zusammenstoß mit einigen Kentauren hat. Als diese sich bei ihrem Freund, dem Bogenschützen Chiron, in Sicherheit bringen, trifft einer von Herakles' Giftpfeilen versehentlich Chirons Knie. Obwohl er schreckliche Qualen von seiner Wunde erleidet, ist dem unsterblichen Chiron die Erlösung durch den Tod versagt. In manchen Geschichten heißt es, Prometheus sei bereit gewesen, Chirons Unsterblichkeit auf sich selbst zu übertragen, damit der gelehrte alte Kentaur sterben könne. Andere berichten, Zeus habe Chiron als Sternbild an den Himmel gestellt und ihn so von seinen Qualen erlöst.

Der **Steinbock** ist eine stellare Verkörperung der Ziege bzw. Nymphe Amaltheia, die das Kleinkind Zeus in Kreta säugte und es Nektar und Ambrosia aus ihren Hörnern trinken ließ, als Zeus vor seinem Vater Kronos, der seine neugeborenen Kinder verschlang, versteckt gehalten wurde. Amaltheia wird mit dem Füllhorn in Verbindung gebracht, das sie entweder Zeus darbietet oder von ihm erhält. Als späterer Olympier drückt Zeus seine Dankbarkeit gegenüber seiner Amme dadurch aus, daß er sie als Sternbild Steinbock an den Himmel versetzt.

Wassermann (»Wasserträger«) verkörpert Ganymedes, den Sohn des Tros, König von Troja. Ganymed, der Mundschenk der olympischen Götter wurde, wirkt ungeheuer anziehend auf Frauen, wo immer er sich gerade aufhält – und auch auf Zeus. Es heißt, daß Hebe, die Tochter von Zeus und Hera und Schenkin auf dem Olymp, ausrutschte und hinfiel, während sie an der Göttertafel bediente, wobei ihre verrutschten Kleider ihre lieblicheren Körperteile entblößten. Zeus profitiert von diesem Mißgeschick und enthebt Hebe ihres Amtes. Dann verwandelt er sich in einen Adler, entführt den jungen Ganymed von einem Feld bei Troja, bringt ihn auf den Olymp und macht ihn zu seinem

Mundschenk. Doch dieses Amt war nur Tarnung, eine List, wie sie seither in den herrschaftlichen Häusern überall auf der Welt angewandt wird. Später stattet Hermes König Tros einen Beileidsbesuch ab und versichert ihm, sein Sohn sei glücklich und es gehe ihm gut, Zeus habe ihm die Unsterblichkeit geschenkt – und ein Sternbild nach seiner Gestalt.

Bei der Geschichte der **Fische** spielen Aphrodite, die Göttin der Liebe, und ihr Sohn Eros (lateinisch Cupido) eine Rolle. Sie werden von Typhon verfolgt, dem niederträchtigsten und furchterregendsten Ungeheuer, das je gelebt hat; es hat hundert Schlangenköpfe und unzählige Schlangenhände und -füße. Als Typhon versucht, den Göttern den Berg Olymp zu entreißen, treibt er Aphrodite und Eros auf einem Strand in die Enge, wo sie das Schlimmste erwarten müssen. Gerade noch rechtzeitig kommen zwei Delphine herangeschwommen, und das Paar steigt auf ihre Rücken und wird von ihnen in Sicherheit gebracht – offenbar hatte Typhon Angst vor dem Meer. Schließlich wird er von einem Blitzschlag des Zeus zerschmettert und im Tartaros unter dem Ätna begraben, dessen Vulkanausbrüche Typhons feurige Rülpser sind. Die hilfsbereiten Delphine – die zoologisch gesehen gar keine Fische sind – wurden mit einer unzutreffenden Bezeichnung für ihr Sternbild, nämlich Fische, belohnt.

13

FRAGE 61

Worauf beziehen sich die 13 Glaubensartikel des Judentums?

- **Die Existenz Gottes des Schöpfers**
- **Die Einzigkeit Gottes**
- **Die Körperlosigkeit Gottes**
- **Die Ewigkeit Gottes**
- **Das alleinige Recht Gottes auf Anbetung**
- **Die Wahrheit der Worte der Propheten**
- **Die Überlegenheit des Prophetentums Moses über die aller anderen Propheten**
- **Der göttliche Ursprung der Thora**
- **Die Ewigkeit der Thora**
- **Die Allwissenheit Gottes**
- **Göttliche Belohnung und Strafe gemäß den Taten**
- **Das Kommen des Messias**
- **Die Auferstehung der Toten**

Diese grundlegenden Lehrsätze oder Glaubenssätze des Judentums wurden im 12. Jahrhundert von dem jüdischen Philosophen Moses Maimonides (1135–1204) formuliert. Rabbi Moses ben Maimon, auch bekannt unter dem Akronym Rambam, wurde in Córdoba in Spanien geboren, siedelte jedoch mit seiner Familie nach Ägypten um, wo er der Leibarzt des Wesirs des mächtigen Sultans Saladin in Kairo wurde. Unter seinen in arabischer Sprache geschriebenen heilkundlichen Schriften befinden sich Abhandlungen über gesunde Ernährung, Gifte, Asthma, Hypochondrie und Geschlechtsverkehr. Er schrieb auch ein *Glossar der Arzneimittel*, eine Art frühe »Rote Liste«.

Maimonides' Hauptwerk in Hebräisch war die mehrbändige *Mischne Thora (Wiederholung des Gesetzes)*, in dem er versucht, jede der 613 Vorschriften der Thora (des Pentateuch, also der ersten fünf Bücher der Bibel) und fast alle Gesetze aus dem Talmud, der die Mischna (die Sammlung ursprünglich mündlicher Gesetze) und die Gemara (einen Kommentar zur Mischna) umfaßt, zu erklären. Vor ihm hatte noch niemand versucht, das jüdische Gesetz als Ganzes zu kodifizieren.

Maimonides schrieb seine beiden anderen theologischen und philosophischen Hauptwerke in Arabisch, der Sprache der islamischen Welt, in der er lebte. *Kita al-Siraj (Buch der Erkenntnis)* ist ein Kommentar zur Mischna. Sein *Dalalat al-Ha'irin (Führer der Unschlüssigen)* war in Arabisch mit hebräischen Buchstaben geschrieben. Bald als *Moreh Nebukim* ins Hebräische übersetzt, führte das Buch zu einer Spaltung der jüdischen Welt in »Fortschrittliche« wie Maimonides, der die Aristotelische Philosophie verinnerlicht hatte, und die »alte Garde«, für die jegliche Beimengung griechischen philosophischen Gedankenguts zu den gottgegebenen heiligen Schriften kaum anderes war als Gotteslästerung oder Götzenanbetung. Mehrere Jahrzehnte nach dem Tod des Maimonides zeigten dessen jüdische Gegner seine Schriften bei der Inquisition an, die zwei getrennte öffentliche Verbrennungen von Maimonides' Werken anordnete.

Im *Führer der Unschlüssigen* tat Maimonides für den jüdischen Glauben das, was sein etwas älterer, ebenfalls aus Córdoba stammender Zeitgenosse Averroës (1126–1198) für den Islam getan hatte. Diese beiden gelehrtesten Männer ihrer Zeit bedienten sich der Aristotelischen Philosophie – zur damaligen Zeit, fünfzehnhundert Jahre nach dem Tod des Griechen, *das* Wort in der Wissenschaft schlechthin –, um die Auslegungen ihres jeweiligen traditionellen Glaubens zu untermauern. Im darauffolgenden Jahrhundert sollte Thomas von Aquin im Rückgriff auf »den Meister derer, die wissen« (Dantes Umschreibung für Aristoteles) noch weit über Maimonides und Averroës hinausgehen, um das gewaltige Gebäude des spätmittelalterlichen Christentums zu stützen.

Im *Buch der Erkenntnis* listete Maimonides seine 13 Glaubensartikel auf, die schließlich in das Gebetbuch der aschkenasischen Juden aufgenommen wurden. Wenn jüdische Denker auch keinen großen Wert auf ein verbindlich formuliertes Dogma legten, so versuchten sie doch regelmäßig, das *sine qua non* ihres Glaubens zu definieren. Vor zweitausend Jahren legte Philon von Alexandria seine acht wesentlichen Grundsätze des jüdischen Glaubens gemäß den heiligen Schriften dar, und eine Reihe jüdischer Autoren des Mittelalters stellte eigene Listen auf. Maimonides wurde zu der seinigen, die in seinem Kommentar zum zehnten Kapitel des Traktats *Sanhedrin* in der Mischna erscheint, durch eine dort gemachte Aussage veranlaßt, wonach die Teilhabe an der künftigen Welt all den Juden verweigert werde, die nicht an die Auferstehung der Toten oder den göttlichen Ursprung der Thora glaubten, und auch denen, die »Epikureer« (Skeptiker und Freidenker) seien.

Die dreizehn Lehrsätze des Maimonides drehen sich um die Natur Gottes, die Worte der Propheten, die Thora und das ewige Leben. Eines seiner Ziele bestand darin, sicherzustellen, daß der gewöhnliche Mann die spirituelle Dimension des jüdischen Glaubens verstand und die Schrift und das ewige Leben nicht grob vereinfachend im wörtlichen Sinne auslegte.

Der fundamentale Lehrsatz des Maimonides lautet, daß **Gott** als vollkommenes Wesen **existiert**, welches nichts außerhalb seiner selbst braucht und die Ursache für die Existenz aller anderen Geschöpfe ist. In Wirklichkeit ist Gott der »unbewegte Beweger« des Aristoteles, dessen Existenz aus dem Vorhandensein eines Plans in der Natur und aus der logischen Notwendigkeit einer ersten Ursache unmittelbar ersichtlich ist.

Gottes Einzigkeit wird täglich in den Gebeten der Juden und in den Synagogengottesdiensten (sowie in der Todesstunde) mit den Anfangsworten der Schemá ausgesprochen: »Höre, Israel, der Herr, unser Gott, der Herr ist einzig« (Deuteronomium 6, 4). Gottes Einzigkeit kann als seine ontische »Einfachheit« angesehen werden – das heißt als seine Gleichförmigkeit mit der Natur, als sein reines, unveränderliches Wesen. Diese Betonung der absoluten Einzigkeit Gottes dient auch zur Unterscheidung des jüdischen Glaubens von der christlichen Lehre der Dreieinigkeit (vgl. Frage 6).

Maimonides lehrt, daß **Gott unkörperlich** ist. Als reiner Geist hat Gott in Wirklichkeit keine Hände und Finger, kein Gesicht und keine Stimme oder andere anthropomorphe Attribute, wie sie die Schrift erwähnt, um der begrenzten menschlichen Auffassungsgabe gerecht zu werden. Wie Maimonides im *Führer der*

Unschlüssigen sagt, »spricht die Thora die Sprache der Menschenkinder«.

Gott ist ewig in dem Sinne, daß er keinen Anfang hatte und nie ein Ende haben wird, doch auch in dem Sinne, daß er außerhalb der Zeit exisitiert.

Gottes alleiniges Recht auf Anbetung verbietet die Anrufung vermittelnder Mächte wie Engel oder die Seelen toter Propheten oder geliebter Verstorbener. Gebete müssen direkt an Gott gerichtet werden.

Maimonides übernahm seine Sicht des **Prophetentums** von Aristoteles. Propheten waren Menschen mit gesteigerter Einbildungskraft, die den Funken der göttlichen Erleuchtung, der sich ihnen meist in Träumen oder ekstatischen Visionen offenbarte, in extrem bildhafte und allegorische Sprache oder Schrift umsetzten. Prophetische Äußerungen sollte man daher auf ihren moralischen Sinn hin auslegen und nicht als wörtliche Wahrheit nehmen. Andererseits war **Mose** als Übermittler des Gesetzes (der Thora) **der größte aller Propheten**, und jedes Wort, das er aufschrieb, war ihm direkt von Gott eingegeben. Die Einbildungskraft spielte laut Maimonides bei den prophetischen Worten des Mose keine Rolle.

Die **Thora** ist als solche durch und durch das **Werk Gottes** in der Form, wie es Mose mitgeteilt wurde. Außerdem ist die **Thora ewig und unwandelbar:** Sie ist das erste – und einzige – den Juden überlieferte Gesetz. Sie ist auch ein »geschlossenes Buch«, da keine Hinzufügungen, Änderungen oder »Erfüllungen« an ihr vorgenommen oder ein anderes jener Mittel eingesetzt werden durfte, mit denen sich Christen und Muslime des jüdischen Schrifttums als Fundament für weitere Offenbarungen bedienten.

Maimonides wendet sich dann Themen zu, die das *ewige Leben* betreffen. In seinem zehnten Lehrsatz bekräftigt er **Gottes Allwissenheit**, die das Wissen von allen Taten und Gedanken aller Menschen beinhaltet. Dieses Wissen ist die Grundlage für **göttlichen Lohn und göttliche Strafe**, die denen zuteil werden, die Gottes Gesetz befolgen bzw. mißachten. Maimonides glaubte offensichtlich, daß die Seele nur nach Maßgabe des Wissens von ihren Verfehlungen bestraft würde.

Der **Glaube an das Kommen des Messias** (hebräisch *Maschiach*, »der Gesalbte«) ist ein zentraler Grundsatz des jüdischen Glaubens. Der Messias wird der Retter sein, der die ganze Welt zur Anerkennung der Herrschaft Gottes und dann zum Jüngsten Gericht führen wird.

Die Lehre von der **leiblichen Auferstehung**, ob in dieser oder in der nächsten Welt, war für Maimonides ein schwieriges Problem. Er glaubte an die Ewigkeit der Seele, doch ob der Körper auf ewig mit ihr verbunden sein würde – und ob die Seele ihr individuelles Bewußtsein bewahrte –, war eine andere Geschichte. Trotzdem hielt er es für richtig, am traditionellen jüdischen Glauben an die Auferstehung der Toten festzuhalten, besonders deshalb, weil in dem Abschnitt der Mischna, den er kommentierte, so großer Nachdruck darauf gelegt wurde.

Maimonides forderte, jeder Jude solle seine dreizehn »Wurzeln« oder »Grundprinzipien«, wie er sie nannte, anerkennen, um seine Zugehörigkeit zur Gemeinschaft der Gläubigen zu bewahren und am ewigen Leben teilzuhaben. Viele spätere jüdische Denker, u. a. Spinoza und Moses Mendelssohn, formulierten ihre eigenen Versionen über die Grundlagen des jüdischen Glaubens. Doch keine davon hat den gleichen Einfluß und die gleiche bleibende Kraft erlangt wie die des geschätzten Weisen, über den die Juden sagten: »Von Moses [dem Propheten] bis Moses [Maimonides] erstand niemand wie Moses [Rambam].«

14

FRAGE 62

Wie lauteten die 14 Punkte von Präsident Woodrow Wilson?

- **(1) Offene Friedensverträge, die offen zustande gekommen sind**
- **(2) Freiheit der Seeschiffahrt im Frieden und im Krieg, außer wenn sie durch internationale Abmachungen außer Kraft gesetzt wird**
- **(3) Beseitigung aller künstlichen Handelsschranken zwischen den Nationen**
- **(4) Drastische Reduzierung der nationalen Streitkräfte**
- **(5) Unparteiische Schlichtung aller kolonialen Ansprüche**
- **(6) Die Räumung Rußlands von fremden Truppen und Selbstbestimmung des Landes**
- **(7) Die Räumung Belgiens von fremden Truppen und Wiederherstellung des Landes**
- **(8) Die Rückgabe Elsaß-Lothringens an Frankreich**
- **(9) Berichtigung der Grenzen Italiens nach den Grundsätzen der Nationalität**
- **(10) Autonomie für die abhängigen Völker Österreich-Ungarns**
- **(11) Internationale Garantien für die Unverletzlichkeit Rumäniens, Serbiens und Montenegros**
- **(12) Autonomie für die abhängigen Völker des Osmanischen Reiches und freie Durchfahrt durch die Dardanellen für alle Nationen**
- **(13) Errichtung eines unabhängigen Polen mit Zugang zum Meer**
- **(14) »Ein allgemeiner Zusammenschluß von Nationen … gebildet mit Hilfe spezifischer Abkommen zum Zwecke wechselseitiger Garantien für politische Unabhängigkeit und territoriale Unverletzlichkeit der großen wie der kleinen Staaten«***

* Die 14 Punkte werden hier in verkürzter Form wiedergegeben. Vollständige Übersetzungen finden sich in den gängigen zeitgeschichtlichen Dokumentensammlungen.

Die 14 Punkte des Präsidenten der USA, Woodrow Wilson (1856–1924), waren Teil seiner Bemühungen, während des letzten Jahres des Ersten Weltkriegs (1914–1918) einen »gerechten und dauerhaften« Frieden herbeizuführen. Die am 8. Januar 1918 in einer Ansprache an den Kongreß formulierten Punkte entwarfen die Vision einer Friedensregelung, die Akte der Vergeltung gegenüber ehemaligen Feinden ausschließen, die Sache der Selbstbestimmung der Völker nach den Grundsätzen der Nationalität vorantreiben und jene Art von Staatengemeinschaft schaffen sollte, in der Katastrophen wie der gerade tobende Weltkrieg weniger wahrscheinlich würden. Wilson wurde dabei durch die Maßnahme der neuen, sowjetischen Regierung Rußlands zum Handeln gezwungen, die den Wortlaut der geheimen Kriegsabkommen zwischen England und Frankreich veröffentlichte und damit auch den Plan der Alliierten, nach dem Krieg Feindgebiete zu annektieren. Die Vereinigten Staaten waren nicht darin verwickelt, und Wilson wollte dies klarstellen.

Der Idealismus, der hinter den Vierzehn Punkten stand, war augenfällig, nicht zuletzt für die Deutschen, die später im Jahr 1918 einsahen, daß ihre Sache militärisch verloren war. Sie verstanden auch, daß ihre größte Hoffnung, den Nachkriegsplänen des britischen Premierministers David Lloyd George und des französischen Premierministers Georges Clemenceau zu entgehen, darin bestand, hinter dem nunmehr mächtigsten Mann im alliierten Lager Schutz zu suchen. Sie hofften, auf diese Weise zumindest an einigen ihrer Kriegsziele festhalten und es vermeiden zu können, die Kriegsschuld auf sich zu nehmen, sowie strengen Strafmaßnahmen und territorialer Zerschlagung zu entgehen. Am 4. Oktober 1918 bat die neue deutsche Regierung um einen Waffenstillstand auf der Grundlage der Vierzehn Punkte. Am 5. November stimmte Wilson ihrem Begehren endlich zu, machte ihn aber abhängig von Englands Auslegung von Punkt 1 und der Frage der Kriegsreparationen. Die Deutschen hätten aber eigentlich merken müssen, daß die Vierzehn Punkte ziemlich wenig über Deutschland selbst enthielten; bevor ein endgültiger Friedensvertrag unterzeichnet werden konnte, mußte darüber noch viel mehr gesagt werden.

Auf der anderen Seite hielten die Alliierten nicht sehr viel von Wilsons naiver Herangehensweise an die komplexen Probleme europäischer Machtpolitik. (Später arbeitete Wilson seine Punkte in seinen Vier Prinzipien, Vier Zielen und Fünf Friedenspunkten genauer heraus.) Clemenceau witzelte, die Vierzehn Punkte langweilten ihn, da »selbst Gott der Allmächtige nur zehn hat!« (vgl. Frage 51).

Eine Woche bevor Wilson dem Ersuchen der Deutschen um einen Waffenstillstand nachkam, waren bei einem geheimen Treffen seines Beraters Edward M. House mit Clemenceau und Lloyd George deren Absichten zutage getreten, Österreich-Ungarn zu zerschlagen, Preußen zugunsten Polens aufzuteilen, Deutschland alle Kolonien wegzunehmen und Reparationen zu verlangen. Bei der Pariser Friedenskonferenz mußte Wilson zuletzt beim Wortlaut des Vertrags von Versailles seinen Alliierten Konzessionen machen und zahlreiche der in den Vierzehn Punkten enthaltenen Leitlinien aufgeben. Tatsächlich war das Verhalten der (europäischen) Alliierten mehr von traditioneller (europäischer) Machtpolitik als von dem Streben nach einer neuen Weltordnung bestimmt. Die Deutschen nannten den Versailler Vertrag ein Friedensdiktat und einen Verrat.

Hier folgen nun einige Erläuterungen zu den einzelnen Punkten Wilsons, ihr Schicksal und ihre Auswirkungen auf die Friedenszeit:

(1) Es sollte keine Geheimabkommen mehr geben wie etwa jene, die die Engländer und Franzosen mit Rußland, Italien und Japan während des Kriegs geschlossen hatten und in dem sie die Aufteilung Deutschlands, Österreichs und des Osmanischen Reiches für die Zeit nach dem Sieg festlegten. Eines dieser Dokumente war der Vertrag von London (1915), der Italien die dalmatinische Küste zusprach. Ein anderes war das Sykes-Picot-Abkommen (1916), in dem sich England und Frankreich darüber verständigten, wie sie das Osmanische Reich unter sich aufteilen wollten.

(2) Die Engländer ignorierten diesen Punkt, insbesondere die Formulierung »im Frieden und im Krieg«, da eine der Hauptwaffen Englands bei der Ausübung seiner weltweiten Macht in der

Androhung von Seeblockaden bestand, die jeden potentiellen Feind finanziell zugrunde richten und aushungern könnten. Deutschland war der Ansicht, Punkt zwei bedeute, daß die Engländer ihre Blockade, die dem deutschen Volk genau das antat, aufheben müßten. Tatsächlich geschah dies erst, nachdem der Versailler Vertrag am 28. Juni 1919 unterzeichnet worden war.

(3) Die Vereinigten Staaten, selbst eine protektionistische Nation, würden gewiß keiner allgemeinen Freihandelsvereinbarung beitreten.

(4) Der Vertrag von Versailles verlangte, daß die Deutschen die Größe ihres Heers und dessen Bewaffnung drastisch reduzierten. Die Deutschen erklärten sich damit einverstanden, sofern die Alliierten einer Abschaffung der eigenen Wehrpflicht zustimmten und ihre eigenen Streitkräfte ebenfalls proportional abbauten. Das wurde von diesen rundweg abgelehnt.

(5) Der Vertrag entzog Deutschland alle seine Kolonien und teilte diese als Völkerbundmandate unter den Alliierten auf. England und Frankreich erhielten die meisten deutschen Kolonien in Afrika; Deutsch-Südwestafrika kam allerdings zu Südafrika. Deutschlands Überseebesitzungen in China und die pazifischen Inseln nördlich des Äquators gingen an Japan; Australien und Neuseeland bekamen die Inseln südlich des Äquators. Die japanischen, südafrikanischen und australischen Mandatsgebiete wurden praktisch annektiert. Italien, das zu den Großen Vier gehörte, bekam keine Mandatsgebiete.

(6) Der Wortlaut dieses Punktes sollte Rußland »ein aufrichtiges Willkommen in dem Bund der freien Nationen unter von ihm selbst gewählten Institutionen« zusichern. Dies wurde kaum eingelöst, da Wilson selbst zu einem späteren Zeitpunkt des Jahres 1918 amerikanische Truppen entsandte, die England und Frankreich bei der Invasion Rußlands helfen sollten, welche die Unterdrückung des Bolschewismus zum Ziel hatte.

(7) Hier gab es keine Streitigkeiten. Belgien hatte unter der jahrelangen deutschen Besetzung unendlich gelitten.

(8) Elsaß-Lothringen mit der bedeutenden Industriestadt Straßburg war im Deutsch-Französischen Krieg (1870–1871) Frankreich von Deutschland weggenommen worden. Die Deut-

schen forderten nun eine Volksabstimmung, die darüber entscheiden sollte, welchem Staat es beitreten wollte. Dies wurde abgelehnt. Elsaß-Lothringen fiel an Frankreich zurück, wurde während des Zweiten Weltkriegs erneut von Deutschland annektiert und kam dann wieder zu Frankreich.

(9) Dieser Punkt erwies sich als besonders heikel. Italien wollte im Grunde territoriale Zuwächse mittels zweier widersprüchlicher Zuordnungskriterien erreichen: Einerseits würde ihm aufgrund der Nationalität die italienisch sprechende Stadt Fiume zufallen, obwohl das Abkommen von London diese Kroatien zugesprochen hatte; andererseits würde ihm aufgrund des Abkommens von London das slawisch sprechende Norddalmatien zufallen. Italien bekam keines von beiden, doch erhielt es das deutschsprachige Südtirol (Alto Adige), so daß Italiens nördliche Grenze bis an den Brenner-Paß vorrückte. Die unbefriedigten italienischen Ansprüche waren ein Grund für das Aufkommen des Faschismus nach dem Krieg.

(10) Unmittelbar vor dem Waffenstillstand wurde »Autonomie« von Wilson in »Unabhängigkeit« umgedeutet. Dies bedeutete die Auflösung Österreich-Ungarns in die Tschechoslowakei, einen jugoslawischen Staat und das unabhängige Ungarn, wobei nur die kleine Republik Österreich übrigblieb.

(11) Diese Länder waren von den alliierten Mächten besetzt worden. Rumänien verdoppelte beinahe sein Territorium auf Kosten des besiegten Ungarn. Montenegro wurde zusammen mit Serbien Teil des Königreichs der Serben, Kroaten und Slowenen (später Jugoslawien genannt).

(12) Die abhängigen Völker des Osmanischen Reichs waren wohl kaum der Ansicht, daß die Völkerbundmandate, durch die Frankreich Syrien (das den Libanon mit einschloß) und England den Irak, Jordanien und Palästina erhielt, mit »Autonomie« gleichzusetzen seien, da einige von ihnen bald heftig gegen ihre neuen politischen Herren rebellierten.

(13) Der Vertrag schlug den größten Teil Westpreußens dem neuen Staat Polen zu und schuf den polnischen Korridor westlich der Weichsel, der Polen Zugang zur Ostsee gab, aber Ostpreußen vom Rest Deutschlands abschnitt und Danzig zur Freien Stadt

machte. Das alles waren für Deutschland Anlässe für einen weiteren Krieg. Die Alliierten waren bestrebt, das deutsche Hoheitsgebiet im Osten drastisch zu verkleinern und Polen zum Pufferstaat zwischen dem Westen und der »großen bolschewistischen Leprakolonie« Rußland auszubauen.

(14) Die Idee einer Weltorganisation zur Bewahrung des Friedens ist mindestens ebenso alt wie Immanuel Kants Schrift *Zum Ewigen Frieden* (1795), in der sie zum ersten Mal erwähnt wird. Während des Weltkriegs wurde sie von einer Reihe amerikanischer und englischer Politiker und Publizisten verbreitet. Auf der Friedenskonferenz war Wilson besessen von der Idee, eine internationale Organisation zu schaffen, die zwischen den Nationen vermitteln und kollektiven Einfluß ausüben sollte, um militärische Gewalt in Zukunft zu verhindern. Er war maßgeblich am Entwurf des Völkerbundpaktes beteiligt, der am 16. Januar 1920 in Kraft trat.

In Paris ließ sich Wilson um des Völkerbundes willen bei einigen seiner 14 Punkte auf Kompromisse ein. In die USA zurückgekehrt, kämpfte er so hart dafür, daß ihn dies praktisch das Leben kostete. Isolationisten im Senat schreckten davor zurück, einer Organisation beizutreten, die die Nation in die Probleme der ganzen Welt verwickeln und sie dazu verpflichten würde, die Grenzen und die Unabhängigkeit aller Mitglieder des Völkerbundes zu verteidigen. Dies schien genau jene »Bündnisverstrickung« zu sein, vor der George Washington in seiner *Farewell Address* gewarnt hatte.

Wilson weigerte sich hartnäckig, mit den Führern der Republikanischen Partei zu kooperieren oder auch nur Kompromisse zu schließen, und ging auf eine geradezu selbstmörderische Wahlkampftour, um seine Sache direkt vor das amerikanische Volk zu bringen. Doch die Amerikaner hatten ihn und seinen Völkerbund allmählich satt. Im November 1919 und abermals im März 1920 lehnte es der US-Senat ab, den Versailler Vertrag, der den Völkerbundpakt mit einschloß, zu ratifizieren. Als Wilson darauf drang, die Präsidentenwahl von 1920 solle zugleich ein Referendum über den Völkerbund sein, wählte die Nation mit haushoher Mehrheit den Republikaner Warren G. Harding, der gegen den Völkerbund war, und nicht den demokratischen Kandidaten James M. Cox.

Der Völkerbund sollte, wie sich später zeigte, machtlos sein und weder den japanischen Angriff auf China noch die Annexion Äthiopiens durch Italien noch den Anschluß Österreichs an Nazi-Deutschland verhindern können.

1945 wurden an seiner Stelle die Vereinten Nationen (*United Nations*, UN bzw. UNO) mit Sitz in New York und heute (1998) 185 Mitgliedstaaten gegründet.

15

FRAGE 63

Wie heißen die 15 Nachfolgestaaten der ehemaligen Sowjetunion und ihre Hauptstädte?

- **Russische Föderation, Rußland: Moskau**
- **Ukraine: Kiew**
- **Weißrußland (Belarus): Minsk**
- **Moldau (Moldawien): Chisinau**
- **Georgien: Tbilisi (Tiflis)**
- **Armenien: Jerevan (Eriwan)**
- **Aserbaidschan: Baki (Baku)**
- **Kasachstan: Almaty (Alma-Ata)**
- **Turkmenistan: Aŝchabad (Aschgabad)**
- **Usbekistan: Taŝkent (Taschkent)**
- **Kirgisistan: Biŝkek (Bischkek)**
- **Tadschikistan: Duŝanbe (Duschanbe)**
- **Litauen: Vilnius (Wilna)**
- **Lettland: Riga**
- **Estland: Tallinn (Reval)**

Eines Morgens im August 1991 hörte die Welt beunruhigende Nachrichten: Eine Gruppe kommunistischer Hardliner hatte den sowjetischen Präsidenten Michail S. Gorbatschow unter Hausarrest gestellt und ergriff Maßnahmen, um die zerfallende kommunistische Regierung erneut unter die zentrale Führung der KPdSU zu stellen. Nach mehreren Jahren einer zunehmend freizügigen Politik – Schlagworte waren *glasnost* (»Offenheit«) und *perestroika* (»Umbau« von Wirtschaft und Regierung) – versuchten orthodoxe Kommunisten, in einem letztlich scheiternden Putsch das Ausbluten eines Staates zu stoppen, der in der Geschichte des 20. Jahrhunderts eine große Rolle gespielt hatte.

Boris N. Jelzin, Präsident der Russischen (Sowjet-)Republik, schlug mit Hilfe seiner Mitreformer den Putschversuch innerhalb von drei Tagen nieder, und die offizielle Auflösung der Union der Sozialistischen Sowjetrepubliken (UdSSR) begann. Im September

1991 wurden Estland, Lettland und Litauen unabhängig, und am 21. Dezember kamen die verbliebenen Republiken überein, ihre Union formal aufzulösen. Als Gorbatschow am ersten Weihnachtstag sein Amt niederlegte, blieb von einem Staat, der sich einst über ein Sechstel der Oberfläche der Erde erstreckt hatte, eine Gruppe von 15 miteinander zerstrittenen Staaten übrig mit mindestens hundert ethnischen Gruppen oder Nationalitäten und einer Gesamtbevölkerung von 282 Millionen.

Die größte und bei weitem mächtigste der Sowjetrepubliken war die RSFSR, heute die **Russische Föderation**, kurz **Rußland**, deren Hauptstadt Moskau in Politik und Kultur tonangebend ist. Auch ohne seine früheren Gliedstaaten* ist Rußland mit 17 Mio. km^2 das flächenmäßig größte Land der Welt, fast zweimal so groß wie China oder die Vereinigten Staaten. Die rd. 148 Mio. zählende Bevölkerung, sechstgrößte der Welt, besteht zu über 80 % aus Russen und mehr als 100 nationalen Minderheiten.

Die Geschichte des russischen Volkes beginnt in vorchristlicher Zeit mit slawischen Nomadenstämmen im Norden und Skythen im Süden. Skythien wurde nacheinander von den Ostgoten, den Hunnen, den Awaren, den Madjaren und den Chasaren überrannt. Im Jahre 862 n. Chr. riefen sich bekriegende ostslawische Stämme den skandinavischen Anführer Rurik ins Land, der sie vereinigen und über Nowgorod herrschen sollte (der Name Rußland kommt von Ruriks Skandinaviern, den Warägern oder Rus). In den darauffolgenden Jahrhunderten wurde Moskau, günstig gelegen am Knotenpunkt wichtiger Handelswege, zu einer bedeutenden Stadt. Trotz der verheerenden Zerstörungen durch die mongolischen Einfälle und der Errichtung des als Goldene Horde bekannten Khanats durch Batu Khan, einem Enkel Dschingis Khans, Mitte des 13. Jahrhunderts, war Moskowien bis zum Untergang von Konstantinopel 1453 zu einem mächtigen Großfürstentum geworden. Die Mongolenherrschaft in Rußland ging etwa 30 Jahre später zu Ende.

Iwan der Schreckliche (Regierungszeit 1533–1584), der während einer Periode der Unruhen herrschte, nannte sich als erster

* Anfang 1991 hatte die UdSSR eine Fläche von 22,29 Mio. km^2.

Die 15 Nachfolgestaaten der ehemaligen Sowjetunion

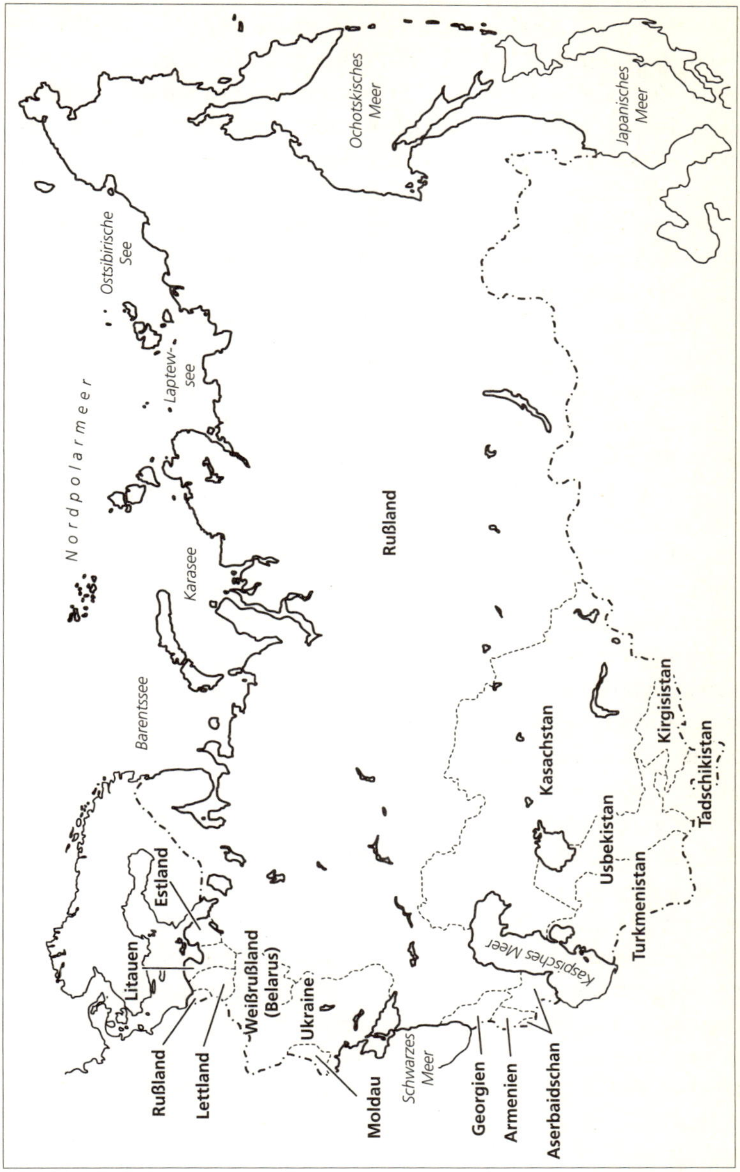

Herrscher Rußlands Zar. 1613 bestieg der erste Romanow den Zarenthron und begründete eine Dynastie, die bis 1917 bestehen sollte. Peter der Große (1682–1725) öffnete Rußland westlichen Einflüssen und formte es allmählich zu einer bedeutenden europäischen Staatsmacht um. 1721 proklamierte er offiziell das Russische Kaiserreich. Im 18. Jahrhundert, speziell während der Herrschaft von Katharina der Großen (1762–1796), expandierte Rußland weiter nach Süden zum Schwarzen Meer und nach Westen in Richtung Polen. Bis zur Zeit Alexanders II. (1855–1881) hatte Rußland das Baltikum, die Krim, das Kaukasusgebiet und Teile Zentralasiens an sich gerissen.

Die Zaren und die russische Aristokratie unterdrückten ihre Untertanen auf erbarmungslose Weise. Reformbemühungen blieben weitgehend erfolglos, mit der zunehmenden Verstädterung und Industrialisierung kamen radikale Bewegungen auf, darunter der Marxismus. Im frühen 20. Jahrhundert verschlechterten sich die politischen und sozialen Bedingungen weiter. Nach einem verlorenen Krieg gegen Japan 1904/1905, der ruinösen Teilnahme am Ersten Weltkrieg und schwachen Reformversuchen kam der Zarismus im März 1917 mit der Abdankung von Nikolaus II. zu einem Ende (er und seine Familie wurden am 16. Juli 1918 von den Kommunisten erschossen). Während der »zehn Tage, die die Welt erschütterten«, rissen Wladimir Iljitsch Lenin (1870–1924), Leo Trotzki (1879–1940) und ihre bolschewistischen Genossen die Macht an sich. Eine ihrer ersten Handlungen war die Befreiung Rußlands aus dem Weltkrieg durch einen separaten Friedensvertrag mit Deutschland, der in Brest-Litowsk unterzeichnet wurde.

Dann brach ein Bürgerkrieg zwischen den Kommunisten und ihren Gegnern aus. Nach seinem Ende am 30. Dezember 1922 wurde das vormalige Russische Reich zur UdSSR, einer Konföderation von Staaten, die theoretisch auf den marxistischen Prinzipien vom Kollektiveigentum und der Vertretung durch einen zentralen Obersten Sowjet basierte. Doch Lenin festigte rasch seine Macht, und das Regime nahm alsbald totalitäre Züge an. Nachdem Jossif W. Stalin (1879–1953) 1928 die Macht übernommen hatte, folgte ein Vierteljahrhundert der Repression: gnadenlose

»Säuberungen«, Ausmerzung politischer Feinde, und eine Hungersnot, wie sie die Welt bis dahin noch nicht gesehen hatte. Stalin hinterließ ein zweifaches Vermächtnis: die Versklavung der osteuropäischen Staaten, die Rußland im Zweiten Weltkrieg überrannt hatte, und den Kalten Krieg gegen die Westmächte.

Der in bezug auf Fläche (mehr als 603 000 km^2) und Bevölkerung (51 Mio.) zweitgrößte Staat nach Rußland ist die **Ukraine**, ein riesiges flaches, heute hochindustrialisiertes Land. Die Hauptstadt Kiew am Fluß Dnjepr, im 9. Jahrhundert die Hauptstadt des Fürstentums der skandinavischen Rus, wurde 1240 von Batu Khan und seinen mongolischen Tataren völlig zerstört. Die spätere Geschichte der Ukraine ist voll von Konflikten und Annexionen. Auf einige Teilgebiete erhoben zu unterschiedlichen Zeiten Litauen, Polen und Österreich Anspruch. 1793 wurde die Ukraine dem Russischen Kaiserreich einverleibt. Unabhängigkeitsbestrebungen nach der Oktoberrevolution 1918 wurden von den Bolschewiki niedergeschlagen.

Der Griff der sowjetischen Herrscher war hart für die äußerst nationalbewußten Ukrainer. Die Schwarzerdegebiete wurden zu Beginn der Stalinzeit zwangskollektiviert und die darauf erzeugten Nahrungsmittel für die Ernährung weit entfernter Gebiete in der Sowjetunion verwendet. Das Ergebnis war eine Hungersnot, bei der 1932/1933 sieben Millionen (oder mehr) Ukrainer starben. Ein großer Teil der Ukraine wurde während des Zweiten Weltkriegs von Deutschland besetzt und 1944 von der Sowjetunion zurückerobert.

Obwohl das Land über beträchtliche Rohstoffvorkommen, vor allem Eisenerze, verfügt, war es vor dem Auseinanderbrechen der Sowjetunion bei den anderen Sowjetrepubliken verschuldet und von ihnen abhängig. Energieknappheit veranlaßte die Funktionäre dazu, trotz Sicherheitsproblemen und technischen Mängeln den Betrieb von fünf Atomkraftwerken zu erlauben; die katastrophale Kernschmelze 1986 in Tschernobyl führte zu vielen strahlungsbedingten Todesfällen und Erkrankungen und zur Kontaminierung der umliegenden Gebiete. Nach der Auflösung der UdSSR sind in der Ukraine Reformen nur langsam und mühevoll in Gang gekommen.

Weißrußland liegt nördlich der Ukraine, auf sein Territorium haben im Lauf der Zeit Litauen, Polen und Rußland Anspruch erhoben. Die Hauptstadt Minsk wurde vor über 900 Jahren gegründet. Weißrußland bedeckt eine Fläche von 207 000 km^2 und hat über 10 Mio. Einwohner. Im März 1918 proklamierte es seine Unabhängigkeit, doch der Bestand der Republik war nur von kurzer Dauer. Anfang 1919 übernahmen die Bolschewiki die Macht, dann fielen die Polen ein, die das Land aus historischen Gründen als zu ihnen gehörig ansahen. 1921 wurde Weißrußland durch das Abkommen von Riga zwischen Polen und der UdSSR aufgeteilt.

Wie viele seiner Nachbarn war auch Weißrußland im Zweiten Weltkrieg von den Deutschen besetzt und ist stark verwüstet worden. Nach 1945 wurde es von einem Agrar- in einen Industriestaat umgewandelt. Obwohl es eines der kleineren Länder der postsowjetischen Zeit ist, spielte es in den letzten Jahren eine gewisse Rolle bei internationalen Abrüstungsverhandlungen und bei den Bemühungen um die Nichtweitergabe von Atomwaffen. 1996 gingen Weißrußland und Rußland eine Partnerschaft ein und knüpften enge ökonomische, politische und kulturelle Beziehungen, behielten jedoch eigene Regierungen bei.

Südlich der Ukraine liegt die Republik **Moldau** (Moldawien), ein Agrarstaat mit knapp 34 000 km^2 und 4,3 Mio. Einwohnern, der seit seiner Gründung im 15. Jahrhundert von seinen Nachbarn beherrscht wurde, im 16. Jahrhundert von der Türkei, im 18. Jahrhundert von Österreich. Die Hauptstadt und größte Stadt ist Chisinau. In der ersten Hälfte des 19. Jahrhunderts besetzte Rußland den östlichen Teil des Landes, bis Moldawien 1859 mit der benachbarten Walachei zum Königreich Rumänien verschmolz. 19 Jahre später wurde es jedoch wieder von Rußland annektiert und blieb als Bessarabien bis zur Oktoberrevolution bei Rußland. 1918 schloß sich Moldawien wieder Rumänien an; diese Vereinigung wurde 1920 von den Vereinigten Staaten, England und Frankreich anerkannt, aber nicht von der Sowjetunion, die weiterhin versuchte, das Land zu annektieren. Dies erfolgte, nachdem der Molotow-Ribbentrop-Pakt (1939) Osteuropa in sowjetische und deutsche Einflußbereiche unterteilt hatte. Während der Kriegsjahre wurde das Land von rumänischen Truppen erobert und besetzt, bis es 1944 erneut von der Sowjetarmee okkupiert wurde.

Ethnische und territoriale Probleme, die während der Zwangsmitgliedschaft in der UdSSR weitgehend unterdrückt worden waren, belasten seit 1991 Moldawien schwer. Als Rumänisch zur offiziellen Landessprache erklärt wurde, kam es in den südlichen und östlichen Teilen zu slawischen Sezessionsbewegungen. Die Auseinandersetzungen in der Bevölkerung sind noch nicht abgeflaut. Es wurde eine Verfassung verabschiedet, und freie Parlamentswahlen sind abgehalten worden.

Östlich des Schwarzen Meeres liegen die drei transkaukasischen Republiken Georgien, Armenien und Aserbaidschan, die von den Sowjets übernommen und 1922 als Transkaukasische Sozialistische Föderative Sowjetrepublik zusammengefaßt wurden. 1936 wurde ihnen der Status von eigenständigen Sowjetrepubliken zuerkannt. Im Lauf ihrer Geschichte standen alle drei Staaten unter persischer, türkischer und russischer Herrschaft, innere Unruhen und Kämpfe zwischen den Bevölkerungsgruppen waren an der Tagesordnung.

Georgien, heute ein kleines Land mit 69 000 km^2 und 5,4 Mio. Einwohnern, war im Mittelalter ein mächtiges Königreich, bis es im 13. Jahrhundert dem Ottomanischen Reich eingegliedert wurde. Sein berühmt-berüchtigter Sohn war Jossif W. Dschugaschwili, der seinen Familiennamen in *Stalin* (»der Stählerne«) änderte. Glasnost ermöglichte das Wiederaufblühen der nationalen Identität Georgiens, Georgisch wurde zur offiziellen Landessprache, obwohl die meisten Menschen weiterhin russisch sprachen. Im April 1991 erklärte das Land seine Unabhängigkeit, sein Führer Zviad Gamsachurdija erwies sich jedoch als Diktator (er wurde wenig später abgesetzt und beging 1993 Selbstmord, als seine Truppen versuchten, die Hauptstadt Tiflis zurückzuerobern). Danach wurde der ehemalige sowjetische Außenminister Eduard Schewardnadse, ein gebürtiger Georgier, Präsident. Weitere Schwierigkeiten brauten sich zusammen, als Abchasien und Südossetien sich abspalteten und Krieg ausbrach. Georgien hat weiterhin mit schweren wirtschaftlichen und politischen Problemen zu kämpfen.

Armenien ist weitgehend ein Agrarland ohne Zugang zum Meer, mit einer Fläche von knapp 30 000 km^2 und 3,7 Mio. Einwohnern, von denen ein Drittel in der Hauptstadt Eriwan lebt. Die armenische Landschaft ist von Steppen und Bergen geprägt. Das Land wird immer wieder von Erdbeben heimgesucht, wie im Dezember 1988, als 25 000 Menschen ums Leben kamen. Wirtschaftliche Not trieb bis Mitte der neunziger Jahre rund ein Fünftel der Bevölkerung in die Emigration.

Das armenische Volk stammt von Stämmen ab, die sich im Altertum auf der Ararat-Ebene niederließen, die auch heute noch die bevölkerungsreichste Region und das kulturelle und wirtschaftliche Zentrum des Landes ist. Anfang des 19. Jahrhunderts bat Armenien Rußland um Hilfe bei der Befreiung von den Türken und Persern. In den 30er Jahren des 19. Jahrhunderts kam ganz Armenien an Rußland, bis auf den westlichen Teil, der unter der harten türkischen Herrschaft blieb. Ab den 1890er Jahren kam es zu Zwangsaussiedlungen und schweren Massakern. Türkische Versuche zwischen 1915 und 1923, die Armenier nach Mesopotamien zu deportieren, endeten mit dem Tod von mehr als einer Million Menschen.

Seit der Unabhängigkeit 1991 leidet Armenien unter politischen Spannungen, bewaffneten Auseinandersetzungen und einer Wirtschaftsblockade seitens seines Nachbarn **Aserbaidschan**, das starke Bindungen an die Türkei hat. Die Kultur Aserbaidschans ist eine einzigartige Mischung aus zoroastrischen, griechischen, christlichen, moslemischen und russischen Elementen. Aserbaidschan (86 000 km^2, 7,5 Mio. Einwohner) hat riesige Erdgas- und Erdölvorkommen, in oder nahe der Hauptstadt, der alten Hafenstadt Baku am Kaspischen Meer, gibt es viele Raffinerien. Zu Beginn des 20. Jahrhunderts deckte das Gebiet um Baku die Hälfte des gesamten Welterdölbedarfs. Die schwedische Familie Nobel gehörte hier zu den größeren Ölförderern, und das Öl aus dem Land trug zur Finanzierung des Nobelpreises bei. Adolf Hitler war wie besessen von der Idee, die Ölfelder von Baku zu erbeuten, doch die deutschen Armeen wurden 950 Kilometer nördlich der Stadt gestoppt.

Erst nach dem Zerfall der UdSSR stellte sich heraus, daß diese

Ölvorkommen zu den größten der Welt gehören. 1994 unterzeichnete die staatseigene aserbaidschanische Ölgesellschaft den sogenannten Jahrhundertvertrag, ein 7,4-Milliarden-Dollar-Abkommen mit einem Konsortium von zehn Firmen aus sechs Staaten über die Ölförderung auf diesen Feldern. Die Streckenführung der Pipelines bleibt jedoch eine Quelle von Streitigkeiten.

Erdöl ist in den letzten Jahren auch ein starkes wirtschaftliches und politisches Machtinstrument in den fünf zentralasiatischen Republiken der ehemaligen UdSSR, von denen **Kasachstan** der reichste Ölproduzent ist. Seine Fläche von mehr als 2 717 000 km^2 macht es zum größten Land in Zenralasien und neuntgrößten der Welt. Die Hauptstadt ist Almaty (Alma-Ata), doch der Regierungssitz soll weiter nördlich nach Akmola verlegt werden, wo die Erdbebengefahr nicht so groß ist. Die Bevölkerung von knapp 17 Mio. ist weit verstreut, obwohl das Land die höchste Verstädterungsrate (60%) aller zentralasiatischen Republiken aufweist. Fremde Völker haben jahrhundertelang ein begehrliches Auge auf Kasachstans Erzvorkommen geworfen, und auch die Geschichte Kasachstans ist geprägt von Einfällen und Fremdherrschaft durch die Mongolen, Araber und Russen.

Im 19. Jahrhundert hat sich Rußland die zentralasiatischen Territorien einverleibt. Nach der Oktoberrevolution widersetzten sie sich mehrere Jahre der Herrschaft der Bolschewiki, ihr Aufstand wurde jedoch zu Beginn der 20er Jahre niedergeschlagen. Kasachstan, Turkmenistan, Usbekistan, Kirgisistan und Tadschikistan wurden 1921 zu *einer* Sowjetrepublik zusammengefaßt, der Autonomen Sozialistischen Sowjetrepublik Turkestan. Sie erklärte 1991 ihre Unabhängigkeit, die Einzelteile sind heute wieder eigene, nominell demokratische Republiken.

Ein Großteil **Turkmenistans** (rd. 490 000 km^2, 4,6 Mio. Einwohner) besteht aus Wüste; es ist das am dünnsten besiedelte Land der vormaligen Sowjetunion. Die Hauptstadt und größte Stadt ist Aŝchabad. Die Wirtschaft des Landes wird weiterhin staatlich gelenkt. Die politischen Führer sind zwar gewählt, es gibt aber keine Opposition.

Usbekistan (447 000 km^2), dessen Hauptstadt Taschkent ist, hat mit mehr als 23 Mio. Einwohnern die drittgrößte Bevölkerung unter den ehemaligen Gliedstaaten der UdSSR. Auch Usbekistan ist weiterhin eng mit Rußland verbunden und hat ungeachtet seiner schwierigen Wirtschaftslage kaum Schritte zu Reformen unternommen. Die alte Stadt Samarkand an der Seidenstraße wurde 329 v. Chr. von Alexander dem Großen erobert und 1220 von Dschingis Khan zerstört. Der bedeutende Eroberer Tamerlan machte die wiederaufgebaute Stadt dann zur Hauptstadt seines Reiches und wurde dort auch bestattet.

Die Ureinwohner des gebirgigen **Kirgisistan** (Kirgistan; 198 000 km^2) sprechen eine Turksprache; die muslimische Bevölkerung (4,6 Mio.) ballt sich in den Flußtälern. Auch **Tadschikistan** (143 000 km^2) besteht weitgehend aus Gebirgen; den größten Teil seiner knapp 6 Mio. Einwohner stellen iranischstämmige sunnitische Muslime. Hauptstädte sind Bischkek bzw. Duschanbe. Wie andere Republiken der vormaligen UdSSR haben beide Länder ungeachtet der Reichtum verheißenden Erdgas- und Erdölvorkommen große Probleme ethnischer, ökonomischer und anderer Art.

Die baltischen Staaten **Litauen** (65 000 km^2, 3,7 Mio. Einwohner), **Lettland** (65 000 km^2, 2,5 Mio. Einwohner) und **Estland** (45 000 km^2, 1,5 Mio. Einwohner) waren die letzten Teile, die in das sowjetische Puzzle eingefügt wurden. Litauens Hauptstadt Vilnius (Wilna) war im Mittelalter die Hauptstadt eines der mächtigsten europäischen Länder. Wie seine Nachbarn Lettland und Estland ist Litauen heute verstädtert und stark industrialisiert. Riga, die Hauptstadt Lettlands, und Tallinn, die Hauptstadt Estlands, sind wichtige Ostseehäfen.

1940 von der UdSSR annektiert, wurden die baltischen Republiken anschließend von den Deutschen besetzt und fielen dann wieder unter russische Herrschaft. Mit Beginn der Kriegsjahre brachen in Litauen Unruhen aus, welche die Sowjets mit der Deportation von 350 000 Litauern in sibirische Arbeitslager beantworteten. Die Vereinigten Staaten hatten die sowjetische Hegemonie über die baltischen Länder nie offiziell anerkannt. Diese waren die ersten, die sich von der UdSSR lossagten und in einer Art Kettenreaktion den Auflösungsprozeß des Riesenreiches einleiteten.

18

FRAGE 64

Welches sind die inoffiziellen Überschriften (nach Homers »Odyssee«) der 18 Kapitel des »Ulysses« von James Joyce?

- **Telemach-Episode**
- **Nestor-Episode**
- **Proteus-Episode**
- **Kalypso-Episode**
- **Lotophagen-Episode**
- **Hades-Episode**
- **Aiolos-Episode**
- **Lästrygonen-Episode**
- **Skylla-und-Charybdis-Episode**
- **Irrfelsen-Episode**
- **Sirenen-Episode**
- **Der Zyklop**
- **Nausikaa-Episode**
- **Die Rinder-des-Sonnengottes-Episode**
- **Kirke-Episode**
- **Eumaios-Episode**
- **Ithaka-Episode**
- **Penelope-Episode**

Die Parallelen zu Homer in James Joyces *Ulysses* (1922) erwiesen sich als fruchtbare Quelle, die den Lesern hilft, ein Buch zu verstehen, das Anthony Burgess die »komplexeste Dichtungsstruktur aller Zeiten« nannte. Warum verwandte Joyce sieben Jahre darauf, ein achthundertseitiges Werk* zu verfassen, das nur annähernd als Roman bezeichnet werden kann und das sich um einen einzigen Tag im Leben von Dublinern der unteren Mittelklasse dreht – und weshalb baute er in jedes seiner überschriftslosen 18 Kapitel so viele Parallelen zu einer Episode aus Homers *Odyssee* ein?

* In der deutschen Übersetzung von Hans Wollschläger (1975) sind es 988 Seiten.

Ezra Pound spielte die Bedeutung der Parallelen zu Homer herunter, indem er sie als »Teil von Joyces Vorliebe für das Mittelalter ..., ein Gerüst, ein Konstruktionsmittel« abtat. Doch sie müssen mehr sein als das, weil sogar der Titel des Buches *Ulysses* lautet, die latinisierte Namensform von Odysseus, und nicht etwa *Leopold Bloom*, der Name des »Helden«. Und weshalb ist Bloom, ein sanfter, 38 Jahre alter irischer Jude, der Anzeigenkunden akquiriert, das Gegenteil eines titanischen Helden, der in den griechischen Mythen 3000 Jahre vor Bloom auftrat?

Vielleicht hatte T. S. Eliot mehr Einblick in die Methode, die hinter Joyces scheinbar absurdem Spiel steckt, als er schrieb, daß die Parallelen zur *Odyssee* den Stellenwert einer wissenschaftlichen Entdeckung hätten, daß sie »eine Möglichkeit sind, dem gewaltigen Panorama an Sinnlosigkeit und Anarchie, das die moderne Geschichte bietet, Form und Bedeutung zu geben«. Diese »mythische Methode« habe es Joyce erlaubt, die armselige Schäbigkeit des modernen Stadtlebens satirisch zu verfremden, indem er sie implizit vor einen Hintergrund von Abenteuergeschichten aus der antiken Mythologie gestellt habe. Diese Methode habe es ihm auch ermöglicht, dem modernen Dublin – hier ein Mikrokosmos für die moderne Welt – Heroismus und Standhaftigkeit angesichts all der Armut und Erbärmlichkeit zu verleihen; Tugenden, die das demokratische Gegenstück zu der Habgier von Homers stolzen, kriegerischen Königen sind.

So gesehen sind selbst die trivialsten Begebenheiten Epiphanien, die eine leuchtende Innenwelt menschlicher Sehnsüchte, Freuden und Kümmernisse offenbaren. Joyces komische Vision wird so durch Untertöne von pathetischer Erhabenheit bereichert. Innere Monologe, die das Auf und Ab der Gedanken spiegeln, versetzen den Leser sehr oft in das Bewußtsein der drei Protagonisten des Buches – Leopold Bloom, seine Frau Molly und Stephen Dedalus.

Joyce behauptete, die Figur des Ulysses habe ihn schon als Kind fasziniert. Er hatte den späteren *Ulysses* ursprünglich als Kurzgeschichte für seinen Sammelband *Dubliners* (1914) geplant. Dort ging es um Alfred Hunter, einen Mann, der offenbar den jungen Joyce, der nach einer Prügelei wegen eines Mädchens übel zugerichtet war, mit nach Hause genommen hatte. Hunter war angeblich Jude und ein gehörnter Ehemann, und der ironische Kontrast zwischen ihm und dem homerischen Helden Odysseus, dessen Frau ein Muster an Tugend war, könnte Joyce den ersten Anstoß zu seinem Roman gegeben haben. Hunters freundliche Geste, auf Leopold Bloom übertragen, setzt das Dénouement des *Ulysses* in Gang. Die Figur Blooms trägt auch gewisse Züge des italienischen jüdischen Romanciers Italo Svevo, den Joyce in Triest kennenlernte, und ebenso Züge der häuslichen, konventionellen Seite von Joyce selbst.

Joyce wurde auch stark von Victor Bérards Studie *The Phoenicians and the Odyssey (Die Phönizier und die Odyssee)* beeinflußt, wo Bérard behauptet, die Abenteuer des Odysseus beruhten auf Seemannsgarn, das wiederum auf die tatsächlichen Fahrten phönizischer Kaufleute im antiken Mittelmeerraum zurückgehe. Die Phönizier waren Semiten: Wenn Odysseus' Vorfahren Semiten waren, warum sollte sein modernes Pendant es dann nicht sein? Außerdem glaubte Joyce, daß die Sprache der Phönizier Irisch gewesen sein könnte und daß dieses semitische Volk im antiken Irland eine bedeutende Kultur begründet habe.

Jedes *Ulysses*-Kapitel hat nicht nur eine homerische Entsprechung, sondern ist auch mit jeweils unterschiedichen Tages- und Nachtzeiten, Schauplätzen, Künsten, Körperteilen, Farben und Symbolen verbunden und in einem eigenen Stil geschrieben. Joyce bedient sich dieser scheinbar kapriziösen Techniken in jeder Episode als Sprungbrett für Betrachtungen des Erzählers über bedeutungsschwere Themen: Verrat an Freunden und am Vaterland, die Bedeutung der Geschichte, die sich stetig ändernden Konturen innerer und äußerer Phänomene, das häusliche Leben und die ethnische Zugehörigkeit, Selbsttäuschung, Tod und die Rhetorik (um in groben Zügen die Hauptmotive nur der ersten sieben Kapitel aufzuzeigen). Doch konzentrieren wir uns auf die Parallelen zu Homer, die Joyce aus zwei Schemata bezog, die er privat unter seinen Freunden als Verständnishilfe für sein Buch kursieren ließ; später wurden sie mit seinem Einverständnis veröffentlicht.

Die ersten drei Kapitel des *Ulysses*, die »Telemachie«, drehen sich um die morgendlichen Aktivitäten von Stephen Dedalus. Stephen ist 22 Jahre alt und Joyces Alter Ego; er war bereits der Protagonist von *Ein Porträt des Künstlers als junger Mann* (1916). Joyce übernahm die Bezeichnung »Telemachie« – Geschichte des Telemach – von der traditionellen Bezeichnung für die ersten vier Bücher der *Odyssee*, die von den Abenteuern des jungen Telemach berichten, der sich auf die Suche nach seinem Vater macht – Odysseus weilte zwanzig Jahre lang fern von seinem Königreich Ithaka (zehn Jahre kämpfte er in Troja, danach war er zehn Jahre auf der Heimreise).

Da Telemachs modernes Pendant Stephen den ganzen Tag lang viel über Väter und Vaterschaft nachdenkt, meinten manche Kritiker, er sei, wie das homerische Original auch, auf der Suche nach einem Vater, wenn auch nur einem spirituellen, den er später in der Person Leopold Blooms findet. Doch tatsächlich versucht Stephen, ein aufstrebender junger Autor, sein eigener Vater zu werden, um die für die Schaffung bleibender Kunst notwendige persönliche und intellektuelle Autonomie zu erlangen.

In der **Telemach-Episode** treffen wir Stephen um acht Uhr morgens am Donnerstag, den 16. Juni 1904 (dieses Datum wählte Joyce zum Gedenken an den Tag, als er zum ersten Mal mit seiner künftigen Frau Nora Barnacle spazierenging). Nach dem Tod seiner Mutter, an dem er sich in gewisser Weise schuldig fühlt, hat der angehende Dichter Stephen sein trauriges Zuhause – erfüllt von Armut, Geschwistern und den Prahlereien seines notorisch betrunkenen Vaters Simon – verlassen und wohnt in einem alten Turm an der Dubliner Bucht südlich der Stadt zusammen mit einem falschen Freund, Buck Mulligan, einem sarkastischen Medizinstudenten, der nur Sex im Sinne hat. Mulligans homerisches Gegenstück ist Antinoos, einer der Anführer von Penelopes Freiern, die sich während der Abwesenheit des Odysseus am Vermögen des Königs von Ithaka gütlich taten. Vor, während und nach dem Frühstück im Turm sind Stephens Gedanken und bittere Bemerkungen von Themen wie Betrug und Usurpation auf persönlicher und nationaler Ebene geprägt.

Die **Nestor-Episode** ist um zehn Uhr vormittags an einer Privatschule für Jungen, an der Stephen unterrichtet, angesiedelt.

Mr. Deasy, der betagte Schulinspektor, spricht Stephen nach der Stunde an und äußert sich abfällig über Juden, Verschwender und Frauen. Letzteres erinnert daran, wie Homers Nestor dem Telemach von den verräterischen Taten der Klytaimnestra und der Helena von Troja erzählt (die von Deasy erwähnt wird). Doch während Nestor, der älteste unter den griechischen Helden, ein Born an überlieferten Weisheiten und ein geschickter Berater ist (wenn er auch etwas von einem Windbeutel hat), so ist sein modernes Gegenstück nur ein frauenfeindlicher, antisemitischer alter Narr, der falsche »weltliche Weisheiten« von sich gibt. Die Wissenschaft dieses Kapitels ist die Geschichtsschreibung, die Stephen unterrichtet. Der deprimierte junge Dichter, der es leid ist, Deasy anzuhören, bemerkt, daß Geschichte – seine eigene und die seines Landes – ein »Alptraum ist, aus dem ich zu erwachen versuche«.

In der **Proteus-Episode**, die um 11.00 Uhr vormittags spielt, geht Stephen am Strand entlang nach Norden in Richtung Dublin und ringt mit philosophischen und philologischen Problemen wie der proteischen Natur der Erscheinungen und vielem mehr. Dies entspricht der Fahrt des Telemach nach Sparta zu König Menelaos und Königin Helena, wo Menelaos dem jungen Mann erzählt, daß er, um herauszufinden, wie er von Troja nach Hause gelangen könne, mit dem wankelmütigen Gott Proteus kämpfen mußte, um ihn dazu zu bringen, sein Wissen preiszugeben. Er versichert Telemach auch, Proteus habe ihm erzählt, Odysseus sei am Leben, doch werde er von der verliebten Göttin Kalypso auf ihrer Insel festgehalten.

Mit der vierten Episode beginnt die eigentliche »Odyssee« von Joyces Buch, die sich über zwölf Kapitel erstreckt und von den Streifzügen des (Anti-)Helden berichtet, dem nichtpraktizierenden Dubliner Juden Leopold Bloom, einem modernen Odysseus, aber auch einem Jedermann, der ein kleinlicher, geistig mittelmäßiger Pantoffelheld ist. Wegen seiner jüdischen Herkunft ist Bloom ein Exilierter im eigenen Land, dem viele seiner Dubliner Mitbürger nicht trauen und zu dem sie Abstand halten oder über den sie sich lustig machen. Aus dieser Perspektive wird auch er zu einem Typus des gesellschaftlich isolierten Künstlers. Tatsächlich hat, wie eine der anderen Figuren bemerkt, »der alte Bloom etwas von einem Künstler«. Die ersten drei Kapitel der »Odyssee« versetzen uns zeitlich einige Stunden zurück und wir erfahren, was Bloom morgens zur gleichen Zeit wie Stephen gemacht hat.

Die **Kalypso-Episode** zeigt Bloom bei der Zubereitung des Frühstücks für sich und seine Frau Molly, eine dicke Konzertsängerin, die sich ständig nur im Bett räkelt. In diesem Kapitel, das um 8.00 Uhr morgens in der Dubliner Wohnung der beiden in der Eccles Street Nr. 7 spielt, nimmt Molly die Züge Kalypsos an, der Göttin, die den Odysseus sieben Jahre lang als Liebhaber auf ihrer Insel festgehalten hat. Blooms Ergebenheit und Unterwürfigkeit Molly gegenüber sind das moderne Analogon dazu, und wir erfahren auch, daß Molly einen Liebhaber hat, ihren Tourneemanager Blazes Boylan, der in einem Brief, den Bloom ihr respektvoll aushändigt, für vier Uhr nachmittags ein Rendezvous mit ihr vereinbart. Die Blooms haben eine fünfzehnjährige Tochter, Milly (eine kleine Molly); ihr einziger Sohn Rudy starb über zehn Jahre vorher kurz nach seiner Geburt. Dies war das letzte Mal, daß das Paar sexuell miteinander verkehrte, da Bloom offenbar aus psychischen Gründen impotent geworden ist. Als Bloom später im Buch Stephen begegnet, sieht er in ihm einen potentiellen Ersatzsohn.

Die träge, müßige, schläfrige Stimmung, die in der **Lotophagen-Episode** beschworen wird, ist eine Parallele zu der Szene, in der die Gefährten des Odysseus nach der Landung auf einer Insel eine geheimnisvolle Blume essen, die die Erinnerung auslöscht, so daß sie nicht mehr an Heimkehr denken und den Rest ihres Lebens unter der betäubenden Wirkung der Lotosblume verträumen möchten. Bloom läuft um zehn Uhr morgens, der »toten« Stunde, in Dublin herum und kauft beim Drogisten ein Stück Seife für seine Frau. Dieses Kapitel ist reich an Phantasien über Kräuter und Blumen, und die Hostien, die in einer Kirche bei der Eucharistiefeier verteilt werden, sind für Bloom das perfekte Opium für die Gläubigen. Am Schluß des Kapitels geht Bloom in ein Türkisches Bad, und sein erektionsunfähiger Penis im Wasser wird als »müde umhertreibende Blume« beschrieben.

Um elf Uhr morgens nehmen Bloom und einige Bekannte,

darunter Stephens Vater Simon, an der Beerdigung eines Dubliner Bargängers namens Paddy Dignam teil. Das ist die **Hades-Episode**, in der Bloom von der Beerdigungsdroschke aus Stephen erstmals sieht. Es gibt weitere Annäherungen dieser Art, und am Abend begegnen sich die beiden tatsächlich. Einige Figuren in diesem Kapitel entsprechen Figuren aus dem elften Gesang der *Odyssee*, wo Odysseus' Reise ins Totenreich beschrieben wird, u. a. Hades, Kerberos, Elpenor und Ajas.

Die **Aiolos-Episode** spielt mittags im Redaktionsbüro einer Zeitung. Der Herausgeber Myles Crawford, Stephen und ein paar Müßiggänger diskutieren über gelungene Beispiele irischer Redekunst. Das homerische Analogon hierzu ist die Stelle in der *Odyssee*, wo der Windgott Aiolos Odysseus in einen Schlauch eingesperrte Winde mitgibt, damit er bei widrigem Wetter seine Heimreise nach Ithaka nicht abbrechen muß. Doch als Odysseus schläft, öffnen seine neugierigen Gefährten den Schlauch, weil sie meinen, er enthalte einen Schatz, und entfesseln so einen Sturm, der sie wieder aufs Meer hinaustreibt (vgl. Frage 15).

Der »Wind« steht in Joyces Buch für windige Rhetorik – die der Zeitungen (der tobende Herausgeber Crawford ist »Aiolos«), doch auch die der patriotischen, nationalistischen Reden, in denen Irland so überschwenglich gepriesen wird. Ein interessanter Kunstgriff in diesem Kapitel ist die Verwendung von 63 Zeitungsüberschriften, die stilistisch vom Seriösen über das Umgangssprachliche bis hin zum Slang reichen. Eine weitere Technik ist die Verwendung praktisch sämtlicher rhetorischer Kniffe und Redefiguren, die Quintilian in seiner *Institutio Oratoria* erwähnt (vgl. Frage 31). In diesem Kapitel verpassen sich Bloom und Stephen.

Die **Lästrygonen-Episode** spielt um ein Uhr mittags – Essenszeit. In der *Odyssee* sind die Lästrygonen menschenfressende Riesen, die einen von Odysseus' Männern verzehren und alle seine Schiffe bis auf eines mit Felsblöcken zertrümmern. Wie nicht anders zu erwarten, gibt es in diesem Kapitel viele Bezüge zu Nahrung und Essen. Bloom ißt mittags ein Gorgonzolasandwich und trinkt dazu ein Glas Burgunder.

Die **Skylla-und-Charybdis-Episode** spielt um zwei Uhr nachmittags in der Nationalbibliothek. Stephen spricht mit einigen Mitgliedern der Dubliner Kulturszene über Shakespeare. Die Parallele zu dem homerischen Meeresungeheuer Skylla und der Strudel erzeugenden Charybdis, zwischen denen Odysseus sein Schiff durchlotsen muß, besteht darin, daß Stephen, der Möchtegern-Shakespeare, einen mittleren Kurs steuern muß – zwischen der zynischen Obszönität Buck Mulligans und dem honigsüßen Mystizismus und Ästhetizismus von Richard Best, John Eglinton und George Russell. Stephen interpretiert die Stücke Shakespeares aus einer extrem biographischen Perspektive. Vielleicht will Joyce auf diese Weise ausdrücken, daß auch der vermeintlich »unpersönlichste« Künstler, der in der distanziertesten literarischen Form, dem Drama, schreibt, sein eigenes Leben und seine familiären Verstrickungen dazu nutzen kann, im Besonderen das Universelle zu entdecken – wie Joyce es in all seinen Werken tat. In diesem Kapitel begegnen Stephen und Bloom sich flüchtig.

Das Kapitel **Irrfelsen-Episode** beschreibt in neunzehn kurzen Skizzen (wobei die, in der Bloom vorkommt, genau in der Mitte steht) Dubliner Straßenszenen und spielt um drei Uhr nachmittags. Die Episode beginnt mit dem Spaziergang eines Jesuitenpriesters und endet mit der Kavalkade des Vizekönigs durch die Stadt. Dazwischen tummeln sich Dubliner Passanten, die ihren bescheidenen Geschäften nachgehen und Kollisionen mit der übermächtigen katholischen Kirche und der britischen Staatsmacht auszuweichen suchen. Dies ist das einzige Kapitel, das keine Parallele zu einer tatsächlichen Geschichte in der *Odyssee* aufweist, wo die »irrenden Klippen« sowie Jasons Hindurchfahrt allerdings erwähnt werden: Jasons Schiff Argo gelang es, zwischen den Irrfelsen (die manchmal mit den Symplegaden, zusammenprallenden Felsen, gleichgesetzt werden) durchzusegeln. Diese Felsen schlagen zusammen, wann immer sich irgend etwas – ein Schiff oder auch nur ein Vogel – zwischen ihnen befindet.

In der **Sirenen-Episode** übernehmen zwei Dubliner Barflittchen, Miss Lydia Douce und Miss Mina Kennedy, den Part der Göttinnen, die unvorsichtige Seeleute mit ihrem unwiderstehlichen Gesang in den Tod locken. Schauplatz des Kapitels ist die Bar des Ormond-Hotels um vier Uhr nachmittags. Man spielt rührselige Musik, doch Bloom entzieht sich den verführerischen Damen (die indes gar nicht an ihm interessiert sind) und dem »Ertrinken« in der süßstoffsüßen Trägheit seiner musikseligen Dubliner Trinkkumpane, speziell Stephens Vater, dem guten alten Tenor Simon Dedalus. Während Bloom traurig der Musik lauscht und an seinem Dinner herumkaut, lieben sich Boylan und Molly leidenschaftlich in Blooms Bett – was Bloom weiß.

In der *Odyssee* blenden Odysseus und seine Gefährten den menschenfressenden einäugigen Zyklopen Polyphem, und obwohl das Ungeheuer auf Odysseus' Verspottungen hin Felsblöcke auf das Schiff schleudert, gelingt es ihnen, zu entrinnen.

Joyces Episode **Der Zyklop** zeigt Bloom zwischen fünf und sechs Uhr abends in Barney Kiernans Kneipe. Er wird in eine verbale Auseinandersetzung mit dem »Bürger« verwickelt. Der »Bürger«, ein muskelbepackter früherer Athlet, irischer Patriot, Schnorrer und Langweiler, ist das Pendant zu dem wilden Riesen Polyphem. Den Stil dieses Kapitels kann man mit »Gigantismus« umschreiben: Die prahlerische Attitüde des »Bürgers«, der der Karikatur eines Helden aus einem keltischen Epos gleicht, spiegelt sich in Hyperbeln und überzogener Ironie. Seine antisemitischen Schmähungen reißen den sonst sanften Bloom zu ein paar unvorsichtigen Äußerungen hin; am Ende des Kapitels wird er von einigen Freunden eilig zur Tür hinausgezogen und in eine Straßenbahn gesetzt. Der wütende »Bürger« stürmt ihm nach und beantwortet Blooms spitze Bemerkung »Christus war Jude wie ich« mit dem schlechtgezielten Wurf einer Keksdose.

Der süßliche Ton in der **Nausikaa-Episode**, der einem kitschigen Liebesroman nachempfunden zu sein scheint, parodiert die These, die Samuel Butler in seinem Buch *Die Autorin der Odyssee* aufstellte: In Wirklichkeit habe die Homerische Figur Nausikaa das Epos geschrieben. Die junge Prinzessin Nausikaa fühlt sich zu Odysseus hingezogen; entsprechend dazu zeigt die kokette Gerty MacDowell während eines Feuerwerks am Strand, wo sich beide zwischen acht und neun Uhr abends in der Dämmerung erholen, Bloom (aus sicherer Entfernung) etwas Bein. Bloom masturbiert verstohlen, wird jedoch kurz von Gewissensbissen gepeinigt, als er sieht, daß Gerty humpelt.

Um zehn Uhr abends treffen Stephen und Bloom in der Episode **Die Rinder des Sonnengottes** endlich zusammen. Stephen trinkt ein paar Bierchen mit Freunden, Medizinstudenten, in einer Entbindungsklinik, wo der stets mitfühlende Bloom sich nach seiner Bekannten Mina Purefoy erkundigt, die seit Tagen in den Wehen liegt und im Laufe der Episode niederkommt. Die Erzähltechnik in diesem Kapitel besteht aus virtuosen Parodien des englischen Prosastils, beginnend mit vorenglischem Keltisch, latinisiertem Englisch und Angelsächsisch bis hin zu Joyces etwas konfuser Vorstellung vom Kauderwelsch der Anhänger der amerikanischen Wiedererweckungsbewegung. Dazwischengepackt sind die wichtigsten englischen Autoren in chronologischer Reihenfolge: Malory, die Elisabethaner, Milton, Swift, Sterne, Goldsmith, Gibbon, Landor und viele andere. Diese verbale Zurschaustellung der Entwicklung der literarischen Stilarten in England spiegelt die Entwicklung des Fötus in Mrs. Purefoys Schoß bis zu seiner Geburt, doch hauptsächlich bietet diese Episode Joyce Gelegenheit zur Selbstdarstellung: »Ich kann mit Worten alles machen, was ich will«, hat er einmal zutreffend bemerkt. In der *Odyssee* begehen die hungrigen Gefährten des Odysseus das Sakrileg, die heiligen Rinder des Sonnengottes Helios zu schlachten. Die Tiere sind Fruchtbarkeitssymbole, und auch bei Joyce begehen die pietätlosen Medizinstudenten einen entsprechenden Frevel, als sie im Rausch über Empfängnisverhütung, Masturbation und billigen Sex schwadronieren. Am Schluß des Kapitels stürmen sie hinaus und besuchen eine Bar. Bloom, völlig nüchtern, beschließt, sicherheitshalber mitzugehen, damit der sturzbetrunkene Stephen nicht in Schwierigkeiten gerät.

Die **Kirke-Episode** spielt um Mitternacht, also zu Beginn der Geisterstunde, in einem Dubliner Rotlichtviertel, das Joyce »Nighttown« nennt. Dieses Kapitel ist bei weitem das längste (180 Seiten) und in Dramenform geschrieben, mit ausführlichen Regieanweisungen. Aus der schönen Zauberin Kirke, die die Männer des Odysseus – Eurylochos ausgenommen – in Schweine verwandelte, wird bei Joyce die häßliche alte Bordellwirtin Bella Cohen, die im übertragenen Sinn das gleiche mit den Kunden ihres Etablissements anstellt. Bloom behält nach wie vor Stephen im Auge, den sein falscher Freund Mulligan herzlos im Stich gelassen hat.

Die halluzinatorischen Phantasmagorien in diesem Kapitel (in dem aus Bloom einmal eine Frau mit acht Kindern wird und in dem das Ende der Welt eintritt – und spricht) stehen für die bewußten und unbewußten Ängste und Phantasien Blooms und Stephens. Der Höhepunkt des Romans ist erreicht, als Stephen in einem Delirium aus Kummer und Schuldgefühlen wegen des qualvollen Todes seiner Mutter und voller Zorn auf Gott, der solches Leiden zuläßt, den Kronleuchter im Bordell mit seinem Spazierstock entzweischlägt. Auf der Straße kommt es zu einem Gerangel zwischen Stephen und ein paar englischen Soldaten. Bloom bewahrt Stephen vor der Verhaftung. Nachdem der junge Mann einen schweren Schlag ins Gesicht bekommen hat, hilft Bloom ihm als guter Samariter wieder auf die Beine und zu Bewußtsein und klopft ihm die Kleider ab.

Die letzten drei Kapitel des *Ulysses* werden auch »Nostos« genannt (griechisch für »Heimkehr«); dieses Wort wird für Odysseus' Rückkehr zu Penelope verwendet. Die entsprechende Parallele bei Joyce ist Blooms Heimkehr zu Molly nach einem langen, anstrengenden Tag. Die **Eumaios-Episode** hat ihren Namen von dem treuen Schweinehirten Eumaios, der Odysseus bei dessen Rückkehr nach Ithaka Unterschlupf gewährt. Bei Joyce lotst Bloom Stephen in eine Kutscherkneipe, die von einer viel zwielichtigeren Eumaios-Gestalt betrieben wird, damit er nach allen Strapazen einen Kaffee trinken kann. Der Stil dieses Kapitels evoziert Müdigkeit und reflektiert mit Hunderten von Klischees, Wiederholungen, bunt zusammengewürfelten Metaphern und umständlichen, langweiligen grammatikalischen Konstruktionen die Erschöpfung der beiden Protagonisten. Um etwa zwei Uhr morgens macht sich das Paar auf den Weg zu Blooms Haus.

Die **Ithaka-Episode**, Joyces Lieblingskapitel, präsentiert sich in Form einer aberwitzigen Folge von 309 Fragen und 308 Antworten, die die Handlung weiterführen (und gleichzeitig verdunkeln). Joyce bedient sich hier der unpersönlichen, vielsilbigen, periphrastischen Sprache von Wissenschaft und Technik. Die meisten Fragen werden bis ins allerkleinste Detail beantwortet.

Die beiden Männer sitzen in Blooms Küche – seinem »Ithaka« – und trinken Kakao.

Wie im vorherigen Kapitel reden die beiden aneinander vorbei. Der Künstler und Intellektuelle Stephen hat dem geschwätzigen Bloom wenig zu sagen, während Bloom glaubt, Stephen würde zu ihm und Molly ziehen, mit ihr Italienisch für ihr Opernsingen üben und sie vielleicht von dem schrecklichen Blazes Boylan abbringen. Das ist sicher das letzte, was Stephen im Sinn hat. Doch vielleicht hat die Begegnung mit dem ehrbaren Mann, der ihm half, als es ihm dreckig ging, zumindest den Funken Hoffnung für die Zukunft der Menschheit entzündet, den Künstler brauchen, wenn sie ihr ganzes Leben ihrer Berufung widmen wollen. War die Begegnung mit Bloom entscheidend für Stephens Reifungsprozeß als Mensch und Schriftsteller – oder hatte sie keinerlei Auswirkungen? Wir wissen nicht, ob Stephen etwas Großartiges schreiben wird. Jedenfalls geht er weg, und Bloom trödelt herum, bevor er sich ins Bett legt. Dort küßt er Molly liebevoll und innig auf die Hinterbacken (eines seiner kleinen Rituale), unterhält sich eine Weile mit ihr und schläft ein.

Das letzte Kapitel, die **Penelope-Episode**, umfaßt sieben lange Sätze ohne Punkt und Komma, die sich im Original über 46 Seiten* hinziehen. Es ist der innere Monolog Molly Blooms. (Die Figur der Molly ist weitgehend an Joyces Frau Nora angelehnt.) Bevor sie in den Schlaf sinkt, läßt Molly ihr Leben als Frau nochmals Revue passieren – so freizügig, daß die irische Schriftstellerin Mary Colum ihren lüsternen Monolog als »die Selbstentblößung eines Gorillaweibchens« bezeichnet hat.

Am Schluß der *Odyssee* liegt der Held, nachdem er alle Freier getötet hat, endlich wieder in Liebe vereint mit seiner treuen Frau im Bett. Auch Bloom hat die Freier seiner untreuen Penelope »vernichtet«, zwar nicht gewaltsam, sondern indem er sich ins Unabänderliche fügte. Nachdem Molly im Geist ihre früheren und gegenwärtigen Liebhaber und Bewunderer an sich vorbeiziehen ließ, denkt sie lange über den guten, verantwortungsvollen

* In der deutschen Übersetzung von Hans Wollschläger (1975) sind es 73 Seiten.

Charakter ihres Mannes nach, der ihn von den anderen Männern ihres Kreises unterscheidet. Mollys berühmter letzter Gedanke, bevor sie einschläft, ist die Erinnerung an ihre ersten Intimitäten mit Bloom, als sie ihn bis zum Heiratsantrag herumkriegte und dann antwortete: »und ich hab ja gesagt ja ich will Ja.«

20

FRAGE 65

Wie heißen die 20 Regionen Italiens?

- **Sizilien (Sicilia)**
- **Sardinien (Sardegna)**
- **Kalabrien (Calabria)**
- **Basilicata**
- **Apulien (Puglia)**
- **Kampanien (Campania)**
- **Molise**
- **Abruzzen (Abruzzo)**
- **Latium (Lazio)**
- **Umbrien (Umbria)**
- **Marken (Marche)**
- **Toskana (Toscana)**
- **Emilia-Romagna**
- **Ligurien (Liguria)**
- **Piemont (Piemonte)**
- **Aostatal (Valle d'Aosta)**
- **Lombardei (Lombardia)**
- **Trentino-Südtirol (Trentino-Alto Adige)**
- **Friaul-Julisch Venetien (Friuli-Venezia Giulia)**
- **Venetien (Veneto)**

> Sie [die Italiener] sind wie Hofleute, die sich fürs erste Volk in der Welt halten und bei gewissen Vorteilen, die man ihnen nicht leugnen kann, sich's ungestraft und bequem einbilden können.
>
> Goethe, *Italienische Reise*

Greifen wir die Stichworte des Mottos auf und betrachten wir die 20 Regionen Italiens aus der Perspektive ihrer reichsten Geister (»fürs erste Volk«), ob sie nun »gewisse Vorteile«, einen Sinn für das Schöne oder, in ein oder zwei Fällen, für die höchste Niedertracht hatten. Statt einer Annäherung nach Art der Reiseführer gibt dieser Überblick individuelle Porträts der italienischen Regionen anhand einiger ihrer berühmtesten Söhne und Töchter.

Die Insel **Sizilien** (Hauptstadt: Palermo, rd. 700 000 Einwohner, andere größere Städte: Messina, Catania, Syrakus, Agrigent) ist die Geburtsstätte dreier großer italienischer Autoren der Moderne. Giovanni Verga (1840–1922) war im 19. Jahrhundert der führende Romancier Italiens und der bedeutendste Vertreter des *Verismus* (Realismus). Seine Hauptthemen sind das Brauchtum und das Elend der sizilianischen Bauern und Fischer in Romanen wie *Die Malavoglia* und *Mastro-Don Gesualdo.* Verga ist außerdem für seine mit derben sizilianischen Details und Dialogen vollgestopften Kurzgeschichten bekannt. D. H. Lawrence übersetzte viele von Vergas Werken ins Englische. Der in Sizilien geborene Luigi Pirandello (1867–1936), Italiens größter moderner Dramatiker, erhielt 1934 den Literatur-Nobelpreis für seine Auslotung der Grenzen zwischen Illusion und Realität in Stücken wie *Sechs Personen suchen einen Autor* und *Heinrich IV.* Tief in der Wirklichkeit verwurzelt ist der einzige Roman des Sizilianers Giuseppe Tomasi di Lampedusa (1896–1957), eines echten Fürsten. *Der Leopard* ist eine wunderbar nuancierte Studie über die Auswirkungen der staatlichen Einigung Italiens im 19. Jahrhundert auf die alte sizilianische Aristokratie – deren Zeit (die der adelsstolzen »Leoparden«) abgelaufen ist. Geschrieben hat das ein meisterhafter Stilist und scharfsinniger Psychologe.

Die Insel **Sardinien** (Hauptstadt: Cagliari, rd. 180 000 Einwohner), heute u. a. für ihre Smaragdküste berühmt, ist auf immer verbunden mit Giuseppe Garibaldi (1807–1882), dem größten militärischen Führer und Eroberer während des *Risorgimento,* der italienischen Einigungsbewegung. Dieser »Held zweier Kontinente«, der auch bei verschiedenen südamerikanischen Befreiungsbewegungen mitgekämpft hat, war der Inbegriff des italienischen Patriotismus und wurde in Italien und im Ausland als legendärer Führer seiner *Rothemden* (Freischärler) gefeiert. Garibaldi ist nicht in Italien geboren worden, sondern in Nizza (seit 1793 französisch), doch kam diese Stadt zum Königreich Sardinien, als er sieben Jahre alt war. Später lebte Garibaldi auf der Insel Caprera vor der sardischen Küste, wo er auch begraben ist.

Die 20 Regionen Italiens

Der Kaiser des Heiligen Römischen Reiches Friedrich II. (1194–1250) wurde zwar in Jesi in den Marken geboren, doch seine Kastelle und seine Legenden sind fest verbunden mit den drei weitgehend gebirgigen Regionen **Kalabrien** (wichtigste Stadt Reggio di Calabria, rd. 180 000 Einwohner), **Basilicata** (Hauptstadt: Potenza, 66 000 Einwohner) und **Apulien** (Hauptstadt: Bari, 342 000 Einwohner). Genannt *stupor mundi* – »das Staunen der Welt« –, war dieser Staufer König von Sizilien und Süditalien sowie deutscher Kaiser. Er war sogar König von Jerusalem. Sein prunkvoller Hof in Palermo nahm die Fürstenhöfe der Renaissance vorweg. Friedrich war ein Förderer der Künste und Wissenschaften, Gründer der Universität von Neapel (1224), Freund islamischer und jüdischer Gelehrter, selbst Dichter und Verfasser eines bemerkenswerten Buches über die Falkenjagd. Die abgrundtiefe Feindschaft der Kirche machte ihm und seinen Nachkommen das Leben schwer. Einer von ihnen, sein Sohn Manfred, wurde in Venosa (Basilicata) geboren. In Melfi, das ebenfalls in dieser Region liegt, proklamierte Friedrich die *Verfassung von Melfi* (1231), einen der besten Gesetzeskodizes im Abendland seit der Zeit Karls des Großen. Nicht zu vergessen: Der gute Mann war Besitzer eines Harems in Lucera (Apulien).

Lange vor Friedrich bildeten die drei genannten Regionen die blühenden Küstensiedlungen der *Magna Graecia.* In nachrömischer Zeit hatten hier Goten, Langobarden, Byzantiner, Sarazenen und Normannen das Sagen, später die Herren von Anjou, Spanier und Bourbonen, die alle diese Provinzen rückständig hielten, um zu verhindern, daß ihre verschlafene Tyrannis in Schwierigkeiten geriet – von wenigen Ausnahmen abgesehen (z. B. durch den Feuerkopf Garibaldi – siehe oben).

Auch **Kampanien** (Hauptstadt: Neapel, 1,05 Mio. Einwohner) lag innerhalb des weitläufigen Machtbereichs der Magna Graecia. Viel später war es die Geburtsstätte von Torquato Tasso (1544–1595), des letzten großen Dichters der italienischen Renaissance. Sein Epos *Das befreite Jerusalem* handelt von der Eroberung Jerusalems im Ersten Kreuzzug unter Gottfried von Bouillon. Es beeinflußte Edmund Spenser und John Milton; Tassos gequältes Leben inspirierte Goethe dazu, ein Stück über ihn zu schreiben.

Tassos Zeitgenosse Giordano Bruno (1548–1600), Philosoph, Dichter und aus dem Priesteramt verstoßener Dominikaner, führte ein unstetes Leben. Seine Verteidigung der kopernikanischen Astronomie, seine Leugnung absoluter Wahrheiten, die Vorstellung, daß Gegensätze verschmelzen, und sein Glaube an die Unendlichkeit des Universums verstießen gegen die überkommene Schulmeinung und machten ihn zu einem Vorläufer der modernen Philosophie (James Joyce bediente sich in *Finnegans Wake* seiner Theorien). Bruno wurde 1600 in Rom von der Inquisition auf dem Scheiterhaufen verbrannt. Ein anderer Philosoph aus Kampanien, Giambattista Vico (1668–1744), Autor von *Die neue Wissenschaft über die gemeinschaftliche Natur der Völker*, lieferte Joyce (der bekanntlich lange in Triest gelebt hat) weitere wichtige Bausteine für *Finnegans Wake* (1939).

Auch in der Kunst und in der Musik spielten Kampanier eine bedeutende Rolle. Gian Lorenzo Bernini (1598–1680), der größte Bildhauer und Baumeister des italienischen Barock, ist berühmt für seine Arbeiten vor allem in Rom: Kathedra Petri und Baldachin mit den spiralförmigen Säulen über dem Hochaltar der Peterskirche, Kolonnade auf dem Petersplatz, Vierströmebrunnen auf der Piazza Navona. Seine Statuen sind die Hauptanziehungspunkte römischer Kirchen und Museen: ein Muß für Touristen! Fast zwei Jahrhunderte lang übte Bernini großen Einfluß auf die Bildhauerei und Baukunst Europas aus. Der neapolitanische Komponist Domenico Scarlatti (1685–1757) hinterließ mehr als fünfhundert Cembalosonaten und ein berühmtes *Stabat Mater*. Auch Enrico Caruso (1873–1921), zu seiner Zeit wohl der beste Operntenor der Welt, kam aus Neapel.

Die kleine Region **Molise** (Hauptstadt: Campobasso, 52 000 Einwohner), die sich 1963 von der Region Abruzzen trennte, war die Heimat des mit Abstand ältesten Menschen Italiens und der menschlichen Gattung in Europa. Der *Homo aeserniensis* (um 1 000 000–800 000 v. Chr.), von welchem 1979 in Isernia Überreste gefunden wurden, ist der älteste bisher bekannte Mensch in Europa. Man stieß durch puren Zufall – beim Bau einer Autobahn – auf diese früheste und weitläufigste paläolithische Siedlung (Isernia) in Europa. Da man an der Ausgrabungsstätte eine

Feuerstelle und nicht weit davon entfernt die Knochen von Elefanten, Nashörnern, Nilpferden, Bisons und Bären fand, könnte man den *Homo aeserniensis* auch den »italienischen Prometheus« nennen, der das Feuer auf die Halbinsel gebracht hat.

Aus der Nachbarregion **Abruzzen** (Hauptstadt: L'Aquila, 68 000 Einwohner) stammte Gabriele D'Annunzio (1863–1938), der meisterhafte Stilist der Leidenschaften und der Dekadenz, Autor von Romanen, Theaterstücken und Gedichtbänden. Im Ersten Weltkrieg hat er heroisch gekämpft. Ein anderer Abruzzese, Benedetto Croce (1866–1952), der bedeutendste italienische Philosoph des 20. Jahrhunderts, war überdies ein bekannter Historiker und Literaturkritiker. Ein Jünger des deutschen Philosophen Hegel (vgl. Frage 14), schrieb Croce Werke über Ästhetik und Geschichte als Prozeß der stetigen Ausweitung menschlicher Freiheit. War D'Annunzio Italiens prominentester Frühfaschist, so war Croce während der faschistischen Ära der einflußreichste liberale Oppositionelle, dessen weltweite Reputation allen Versuchen, ihn zum Schweigen zu bringen, einen Riegel vorschob.

Auch **Latium** (Hauptstadt: Rom, 2,7 Mio. Einwohner), Heimat der Ewigen Stadt, schenkte der Welt seinen Teil an Heiligen und Sündern. Der heilige Bonaventura (1221–1274), von der Kirche »Doctor seraphicus« genannt, war Ordensgeneral der Franziskaner, der Zeit seines Lebens in theologische Dispute verwickelt war; dabei ging es um den Gegensatz der spirituellen und gefühlsbetonten Glaubenskonzeption des heiligen Franziskus von Assisi zur Glaubensdoktrin der scholastischen Aristoteliker und Averroisten seiner Zeit. Bonaventura hatte daher guten Grund, über einige der aristotelischen Übertreibungen seines Landsmanns, des heiligen Thomas von Aquin (1225–1274), besorgt zu sein, des »Doctor angelicus« und dominikanischen Gelehrten, der während seines ziemlich kurzen Lebens die *Summa Theologica*, die *Summa contra gentiles* und eine Vielzahl weiterer Werke verfaßte. Er war der bedeutendste Theologe des Mittelalters, und sein sorgfältig ausgearbeitetes philosophisches System ist noch immer ein Eckpfeiler der katholischen Glaubenslehre.

All dies bedeutete wenig für Cesare Borgia (1476–1507), auch wenn er eine Zeitlang Kardinal war. Er und seine Schwester Lucrezia Borgia (1480–1519) waren die in Rom geborenen unehelichen Kinder des Papstes Alexander VI. Der Krieger Cesare steht völlig zu Recht in dem Ruf, als rücksichtsloser Verräter das Vorbild für Machiavellis *Fürsten* (»Principe«) abgegeben zu haben, während Lucrezia übel verleumdet wurde. Ihre angeblichen Giftmorde und inzestuösen Beziehungen waren frei erfunden, auch wenn ihr Vater und ihr Bruder sie als schönen Lockvogel für ihre politischen Ambitionen benutzten. Ihre dritte Ehe machte sie zur Herzogin von Ferrara, wo sie einem prunkvollen Hof vorstand, von Gelehrten wie Pietro Bembo und Ludovico Ariosto gerühmt wurde und angeblich Gedichte in Italienisch, Französisch, Spanisch, Latein und Griechisch schrieb.

Musik und Wissenschaft sollen in unserem Überblick über bedeutende Künstler aus Latium gebührend berücksichtigt werden. Giovanni Pierluigi da Palestrina (ca. 1525–1594) hat seinen Namen von seinem Geburtsdorf südöstlich von Rom. Palestrina schrieb etwa hundert Messen, unter anderem die *Messe für den Papst Marcellus* a capella (d. h. nur für Gesang, ohne musikalische Begleitung). Ein Meister der Polyphonie und auch Schöpfer weltlicher Werke, darunter gut hundert Madrigale, ist Palestrina einer der bedeutendsten Komponisten der Renaissance. Unsere letzte Koryphäe aus Latium, der Physiker Enrico Fermi (1901–1954), ging 1938 in die USA. Er untersuchte den Betazerfall (siehe Frage 17) und das Neutrino, dem er seinen Namen gab. 1942 erhielt er den Nobelpreis für Physik für seine Arbeiten über Radioaktivität. 1942 gelang Fermi die erste sich selbst aufrechterhaltende nukleare Kettenreaktion; er arbeitete in Los Alamos im Rahmen des Manhattan-Projekts an der Entwicklung der Atombombe mit, war an der Entwicklung der Wasserstoffbombe beteiligt, und ein chemisches Element, das Fermium (Ordnungszahl 100), wurde nach ihm benannt, ebenso das *Fermilab* für Kernforschung in Batavia, Illinois.

Umbrien (Hauptstadt: Perugia, 150 000 Einwohner) war die Heimat des heiligen Franziskus von Assisi (ca. 1182–1226), des sich in strenger Nachfolge Christi übenden Begründers des Franziskanerordens, der auch das erste bedeutende Gedicht in italienischer Sprache, den *Sonnengesang*, schrieb. Franziskus war der bedeutendste christliche Vertreter einer Ehrfurcht vor allen Dingen, den belebten und den unbelebten, die er seine Brüder und Schwestern nannte. Die Fürsorge für Kranke, Arme und Ausgestoßene war seine Berufung, und er hielt sich selbst und seine Anhänger zu strikter Armut an. Zwei Jahre vor seinem Tod soll er stigmatisiert worden sein, d. h. die Wundmale Christi empfangen haben. Ein großer Landsmann von ihm, der bei Perugia geborene und daher Perugino (1446–1523) genannte Renaissancemaler, lernte zusammen mit Leonardo da Vinci bei Verrocchio und wurde später Raffaels Lehrer. Perugino schmückte die Sixtinische Kapelle in Rom mit dem Fresko *Die Schlüsselübergabe an Petrus.*

An großen Geistern reich waren auch die **Marken** (Hauptstadt: Ancona, 100 000 Einwohner). Von hier stammte Bramante (1444–1514), ein Baumeister der Hochrenaissance, dessen bedeutendste Werke in Rom entstanden, darunter der *Belvedere*-Hof im Vatikan sowie vor allem der erste Plan für den Neubau der Peterskirche. Urbino war der Geburtsort Raffaels (1483–1520), der anmutige, höchst lebensechte Madonnen und meisterhafte Porträts malte, unter anderem von den Päpsten Julius II. und Leo X. Er schuf berühmte Fresken im Vatikan wie *Die Schule von Athen* und *Parnassos.* Der Künstlerbiograph Vasari rügt Raffael jedoch wegen seiner Liebesleidenschaft und behauptet: »Er gab dem geschlechtlichen Verlangen [nach seiner Geliebten] stets nach«, die er viele Male porträtierte. Vasari meint sogar, das sei schuld an dem frühen Tod des Künstlers im Alter von 37 Jahren: »Einmal übertrieb er es wirklich und kehrte danach mit heftigem Fieber heim.«

Ein noch kürzeres Leben war dem ebenfalls aus den Marken gebürtigen Komponisten Giovanni Battista Pergolesi (1710–1736) beschieden, dem Schöpfer von Oratorien, Instrumentalmusik, einem meisterlichen *Stabat Mater* sowie Opern, darunter *La serva padrona (Die Dienerin als Herrin)*, die erste erwähnenswerte Opera buffa. Ein späterer Student von Pergolesis Operntechnik war Gioachino Rossini (1792–1868). Rossini komponierte den *Barbier von Sevilla*, *La Cenerentola* (Aschenputtel), *La gazza ladra* (Die diebische Elster), *Semiramis*, *Die Belagerung von Korinth*, den *Wilhelm Tell* und ein eigentümlich opernhaftes *Stabat Mater*. Rossinis Zeitgenosse Giacomo Leopardi (1798–1837), berühmt für seine pessimistischen Dichtungen und Essays, in denen die Menschheit Opfer eines unversöhnlich feindseligen Universums ist, gilt als einer der größten Dichter der europäischen Romantik.

Eine bedeutende Frau aus den Marken ist Maria Montessori (1870–1953), die erste Frau, die in Italien den Doktor der Medizin erwarb (1896), und Begründerin der »Montessori-Methode« in der Kindererziehung. Diese Methode stellt auf Selbstmotivierung und Selbsterziehung ab und betont den Spaß-und-Spiel-Aspekt des Lernens als Entdeckung und die entscheidende Rolle, welche Ermutigung und Förderung der Spontaneität und Originalität des Kindes spielen.

Kommen wir nun zur **Toskana** (Hauptstadt: Florenz, rd. 400 000 Einwohner), unbestreitbar das Zentrum großer Geister in Italien, vielleicht sogar der ganzen Welt. Hier ein kleiner Querschnitt:

- 14. Jahrhundert: die das Neue wagenden Maler Duccio und Giotto; die Dichter Dante Alighieri (vgl. Frage 50), Francesco Petrarca und Giovanni Boccaccio (geboren in Paris als Sohn eines florentinischen Kaufmanns); dazu eine große Mystikerin, die heilige Katharina von Siena.
- 15. Jahrhundert: der Baumeister der gewaltigen Kuppel der Kathedrale von Florenz, Filippo Brunelleschi; die Bildhauer Lorenzo Ghiberti, Donatello und Andrea del Verrocchio; die Maler Fra Angelico, Luca della Robbia, Masaccio, Fra Filippo Lippi, Piero della Francesca, Sandro Botticelli und Domenico Ghirlandaio; der Stadtherr von Florenz und Kunstförderer Lorenzo de' Medici (»der Prächtige«); der Entdeckungsreisende Amerigo Vespucci, dessen Vorname in »Amerika« weiterlebt.
- 16. Jahrhundert: die Universalgenies Leonardo da Vinci und Michelangelo Buonarroti; die Historiker und politischen Theoretiker Niccolò Machiavelli und Francesco Guicciardini;

der Erforscher der Neuen Welt, Giovanni da Verrazano; der Maler Andrea del Sarto; der satirische Autor Pietro Aretino, die »Geißel der Fürsten«; der Baumeister, Maler und Künstlerbiograph Giorgio Vasari; und der Bildhauer, Goldschmied und Verfasser einer prahlerischen Autobiographie, Benvenuto Cellini.

- 17. Jahrhundert: der Astronom, Mathematiker und Physiker Galileo Galilei; Giovanni Battista Lulli, in Florenz geborener Opernkomponist, besser bekannt als Jean-Baptiste Lully, der im Dienste Ludwigs XIV. von Frankreich stand.
- 19. und 20. Jahrhundert: der Opernkomponist Giacomo Puccini; der Maler Amedeo Modigliani.

Die **Emilia-Romagna** (Hauptstadt: Bologna, rd. 400 000 Einwohner) ist eine weitere an großen Geistern reiche Region. Der in Ferrara geborene Dominikaner Girolamo Savonarola (1452–1498) war ein puritanischer Kirchenreformer, dessen aufrüttelnde Predigten dazu führten, daß er 1494, nach der Vertreibung der Medici aus Florenz, de facto zum Herrscher über diese Stadt wurde. Die Flammen seines »Feuers der Eitelkeiten« vernichteten viele Gemälde, die wir heute gerne besitzen würden. Savonarola selbst wurde auf der Piazza della Signoria auf dem Scheiterhaufen verbrannt, als die Florentiner (und der Papst) seiner Jeremiaden überdrüssig waren. Lichtjahre von der Geistesart eines Savonarola entfernt war Ludovico Ariosto (1474–1533). Das Meisterwerk dieses größten Dichters der italienischen Renaissance ist das Ritterepos *Orlando Furioso (Der rasende Roland)*, das auf Legenden von Karl dem Großen und seinem Neffen und Paladin Roland basiert.

Zwei bekannte Maler aus der Emilia-Romagna sind Correggio (1494–1534) und Parmigianino (1503–1540). Correggios berühmtestes Fresko, die aus kühner Perspektive gemalte urbarocke *Himmelfahrt Mariä*, schmückt die Kuppel des Doms von Parma. Zu seinen meistgeschätzten Werken gehören die sinnlichen Darstellungen mythologischer Motive, z. B. die Fresken *Der Raub des Ganymed*, *Leda mit dem Schwan* und *Jupiter und Io*, wo der verliebte Gott in Gestalt einer Sturmwolke seine ruhende

Geliebte umfängt. Parmigianino, ein Schüler Correggios, ist berühmt für sein frühes Meisterwerk, ein Selbstbildnis auf einer konvexen Holztafel, abgemalt von seinem Spiegelbild in einem konvexen Spiegel. Die langgestreckten Gestalten auf dem Bild *Madonna mit dem langen Hals* sind Lehrbeispiele für den übertriebenen manieristischen Stil. Parmigianino beschloß sein kurzes Leben als bärtiger, von Armut gezeichneter Alchimist.

Auch musikalische Genies hat die Emilia-Romagna hervorgebracht. Arcangelo Corelli (1653–1713) war ein barocker Komponist und Violinvirtuose, der sich schließlich in Rom niederließ. Er ist berühmt für seine Sonaten und für die Schöpfung des *Concerto Grosso.* Corelli inspirierte Vivaldi, Bach und Händel. Was gibt es über Giuseppe Verdi (1813–1901) zu sagen? Daß er der bedeutendste italienische Opernkomponist ist, daß er ein flammender Patriot war, dessen Name auf originelle Weise mit dem Kampf um die italienische Unabhängigkeit und Einheit verbunden wurde, und daß er seine vielleicht großartigsten Werke im Alter von 73 *(Othello)* und 79 Jahren *(Falstaff)* komponierte. Die großen Opern von Verdi sind fester Bestandteil der Opernhäuser in der ganzen Welt. Verdis *Requiem* für den Romancier und Patrioten Alessandro Manzoni ist ein gefeiertes Beispiel seines Genres.

Als Verdi starb, gaben ihm mehr als 200000 Menschen das letzte Geleit, während Arturo Toscanini (1867–1957) einen Chor dirigierte, der Stücke aus der Oper *Nabucco* des toten Meisters sang. Der in Parma geborene Toscanini war einer der größten Dirigenten der Geschichte. Im Alter von neunzehn Jahren saß er bei einer *Aida*-Vorstellung in Rio de Janeiro im Publikum, als der Leiter dieser Aufführung ausfiel. Toscanini stieg auf das Podium und dirigierte die gesamte Oper, ohne einen Blick in die Partitur zu werfen. Das Ensemble engagierte ihn, und in der Folgezeit dirigierte er weitere achtzehn Opern, alle aus dem Gedächtnis. Später wurde Toscanini der beherrschende Dirigent und künstlerische Direktor der Mailänder Scala; nach seiner Übersiedlung in die Vereinigten Staaten Orchesterleiter an der New Yorker Metropolitan Opera und musikalischer Leiter des New York Philharmonic Orchestra und des NBC Symphony Orchestra, das eigens für ihn gegründet wurde. Er dirigierte 1930 und 1931 auch in Bayreuth und in Salzburg. Seine letzte Vorstellung – ausschließlich Kompositionen von Richard Wagner – gab er 1954 im Alter von 87 Jahren mit dem NBC Symphony Orchestra.

Aus der Emilia-Romagna stammen außerdem ein bekannter Wissenschaftler, ein Diktator und ein Filmregisseur. Guglielmo Marconi (1874–1937), in Bologna als Sohn eines italienischen Vaters und einer irischen Mutter geboren, entwickelte die drahtlose Telegraphie, den Vorläufer des Rundfunks, und erhielt 1909 den Nobelpreis für Physik. 1895, als er 21 war, sandte er Langwellensignale über mehr als einen Kilometer. 1901 empfing und übermittelte er die ersten drahtlosen transatlantischen Signale zwischen Cornwall und Neufundland, 1918 schickte er die erste Funknachricht von England nach Australien.

Marconi wurde 1929 von der Regierung des Romagnolen Benito Mussolini (1883–1945) zum Marchese erhoben. Der Gründer des Faschismus entsprach nicht dem Klischee eines Italieners, noch war er der Hanswurst, als den ihn die heutige Geschichtsschreibung gelegentlich hinstellt. Seine diktatorischen Zeitgenossen Hitler und Stalin übertrafen ihn bei weitem an Verworfenheit. Der *Duce* war während der ersten Jahre seiner Regierung in Italien (1922–1928) ziemlich gemäßigt, wurde jedoch, nachdem er das italienische Parlament aufgelöst hatte, immer diktatorischer und versuchte Hitler nachzueifern, der 1933 in Deutschland an die Macht kam. 1935/36 setzte Mussolini sich über den machtlosen Völkerbund hinweg und eroberte Äthiopien. Er schickte italienische Truppen und Waffen zur Unterstützung Francos während des Spanischen Bürgerkriegs. Anfang 1939 eroberte er Albanien. Italien war jedoch weder militärisch noch psychologisch darauf vorbereitet, in den Zweiten Weltkrieg einzutreten. 1943 wurde Mussolini auf Betreiben des Faschistischen Großrats und des italienischen Königs abgesetzt und inhaftiert. Später wurde er von deutschen Fallschirmjägern befreit und in Norditalien als Chef einer Marionettenregierung installiert. Die Gefangennahme und Aburteilung (im Schnellverfahren) sowie Erschießung durch italienische Partisanen beendeten die Karriere des Mannes, der versucht hatte, das Römische Reich neu zu begründen – ohne die dazu erforderlichen finanziellen Mittel, die Macht, die militärischen und politischen Führer und (zuletzt) ohne Rückhalt im Volk.

Von Mussolini zu Fellini, beides Romagnolen, ist es ein kleinerer Schritt, als es zunächst scheinen mag. Mussolini war ein Meister der Täuschung, bis die Ent-Täuschung ihn einholte, während Federico Fellini (1920–1993) in *beidem* ein Meister war. Von den komischen Beschwörungen seiner liederlichen Jugend und seiner ebenso liederlichen Freunde in *Die Müßiggänger* und *Amarcord* zum Pathos von *La Strada* und *La dolce vita* – um nur einige seiner Filme zu nennen –: Fellini überschwemmte die Leinwand mit unkonventionellen Charakteren, bizarren Szenen und Innenansichten menschlicher Sehnsüchte, die in der Welt nur selten in Erfüllung gehen.

Der schmale Küstenstreifen **Ligurien** (Hauptstadt: Genua, 660 000 Einwohner) hat viele Koryphäen auf unterschiedlichsten Gebieten hervorgebracht. Alle außer Julius II. wurden in Genua geboren, im Mittelalter die Hauptstadt eines ausgedehnten Handelsimperiums. Der Ligurer Leon Battista Alberti (1404–1472) ist Leonardo da Vinci vergleichbar: Maler, Baumeister (der u. a. die gotische Kirche San Francesco in Rimini renovierte und praktisch zu einem antiken römischen Tempel machte) und Verfasser des wirkungsmächtigen Werkes *Die zehn Bücher der Baukunst* sowie zukunftsweisender Abhandlungen über Malerei und Architektur. Mit 20 schrieb Alberti eine Komödie in lateinischer Sprache, mit der er die Professoren seiner Zeit (und noch viel später) zum Narren hielt, die ein wiederentdecktes antikes Werk vor sich zu haben glaubten. Auch auf den Gebieten der Mathematik, der Philosophie und Ethik, des bürgerlichen und des kanonischen Rechts sowie der Kryptographie tat er sich hervor. Und als ob das alles nicht schon genug wäre, war er auch noch ein guter Sänger und bekannter Organist. Für Alberti selbst schien dies alles ein Kinderspiel zu sein: »Der Mensch vermag alles, was er sich in den Kopf setzt.«

Die einzigen Bereiche, die Alberti zu meiden schien, waren Regierungsgeschäfte und Kriegführung. Hier tat sich ein Landsmann von ihm, der spätere Papst Julius II. (1443–1513), hervor.

Er wurde als Giuliano della Rovere bei Savona geboren und 1503, nach dem Tod Alexanders VI. aus dem Geschlecht der Borgia und der einmonatigen Regierung von Pius III. zum Pontifex gewählt. Da er das Schlachtfeld theologischen Disputen vorzog, führte er Armeen an, welche die von den Venezianern und anderen usurpierten päpstlichen Gebiete zurückerobern sollten. Er schmiedete die Heilige Liga, um die Truppen des französischen Königs Ludwig XII. aus Italien zu vertreiben. Die kriegerischen Beschäftigungen Roms unter Papst Julius – und die Notwendigkeit, Geld zu ihrer Finanzierung zu beschaffen – werden in den ersten Zeilen eines Michelangelo-Sonetts anschaulich beschrieben:

Aus Kelchen läßt man Helm und Schwert hier schweißen,
Und Christi Blut ist's, das die Kassen füllt,
Aus Kreuz und Dornen werden Speer und Schild,
Selbst Christus würde die Geduld hier reißen.
Doch herzukommen sollt' Er sich verbeißen,
Weil hier Sein Blut mehr als die Sterne gilt
Und Haut und Haar nicht Romas Habgier stillt –
Hier trifft Er nicht das Heil, das Er verheißen.*

Doch Julius' Ruhm als größter Förderer der Künste hallt immer noch nach. Er saß Raffael für ein majestätisches Gemälde Porträt und brachte diesen Maler dazu, verschiedene Säle im Vatikan mit einigen der bekanntesten Figuren aus der jüdischen und christlichen Geschichte und der antiken Mythologie zu dekorieren. Michelangelo veranlaßte er, die Sixtinische Kapelle auszumalen und am Grabmal des Papstes zu arbeiten, woraus der *Moses* entstand, der heute in San Pietro in Vincoli in Rom steht (und Touristenscharen in die sonst völlig bedeutungslose Kirche lockt). Für den Neubau der Peterskirche entschied Julius sich für Bramantes Plan und legte am 11. April 1506 den Grundstein. (Fertiggestellt wurde die gewaltige Basilika erst 1626, nachdem die Pläne viele Male geändert worden waren.)

* Michelangelo, *Gedichte*, Italienisch und deutsch, herausgegeben und übersetzt von Michael Engelhard, Frankfurt/M. – Leipzig 1999, S. 17 und 19.

Aus Genua stammen viele bekannte Seefahrer. Am berühmtesten ist Christoph Kolumbus, italienisch Cristoforo Colombo (1451–1506). Giovanni Caboto, englisch John Cabot (um 1455–1499), wahrscheinlich in Genua geboren, fuhr zur Zeit Heinrichs VII. für die Engländer zur See. Am 24. Juni 1497 setzte er seinen Fuß auf nordamerikanischen Boden, entweder an der Labradorküste Neufundlands oder auf der Insel Kap Breton. Pflichtgetreu nahm Cabot das Land für den englischen König in Besitz; er war davon überzeugt, im Reich des Großkhans in Nordostasien gelandet zu sein. Auf seiner zweiten Reise im Jahr darauf, diesmal auf der Suche nach Cipangu (Japan), erkundete Caboto die Ostküste Grönlands, fuhr dann möglicherweise weiter gen Westen und kreuzte entlang der nordamerikanischen Küste von den Baffininseln hinunter zur Chesapeake Bay – oder die Expedition erlitt Schiffbruch. Die Besitzansprüche Englands in der Neuen Welt gründeten auf Cabotos Entdeckungen.

Über den Genueser Komponisten und Violinvirtuosen Niccolò Paganini (1782–1840) sagte man, er habe dem Teufel seine Seele für sein feuriges Geigenspiel verkauft. Er war ein Wunderkind und frappierte später auf Gastspielreisen durch ganz Europa sein Publikum mit seiner diabolischen Erscheinung und seinen beeindruckenden musikalischen Effekten. Manche Effekte erzielte er durch Tricks wie die ungewöhnliche Stimmung der Saiten seines Instruments *(scordatura)*. Paganinis bekannteste Kompositionen sind seine sechs Violinkonzerte und 24 Capricci für Solovioline.

Von verwandtem Kaliber war Paganinis jüngerer Zeitgenosse Giuseppe Mazzini (1805–1872), der Patriot und Revolutionär aus Genua, der für die Einheit Italiens kämpfte. Den größten Teil seines Lebens verbrachte er im Exil in der Schweiz, in Frankreich und England und kehrte nur nach Italien zurück, um diverse (gescheiterte) Aufstände in Rom, Mailand und Süditalien zu unterstützen. Mit sechzehn begann er, ausschließlich Schwarz zu tragen, weil er um sein geliebtes Italien trauere; er verfaßte unablässig Propagandaschriften, um seine Sache voranzutreiben, die für ihn heilig, gottgewollt und mystisch war. Als Repräsentant des radikalen Flügels des *Risorgimento* und antiklerikaler Republikaner war Mazzini tief enttäuscht davon, daß das endlich vereinte Italien den Status einer Monarchie hatte.

Piemont (Hauptstadt: Turin, 930 000 Einwohner) beeindruckt mit dem Grafen Camillo Benso di Cavour (1810–1861), dem Premierminister des Königreichs Piemont-Sardinien, der dessen Herrscher Viktor Emanuel II. aus dem Hause Savoyen im Februar 1861 zum ersten König des vereinten Italien machte. Wenn Mazzini die Seele und Garibaldi der Arm des *Risorgimento* waren, so war Cavour dessen Gehirn. Er liberalisierte und modernisierte die Regierung von Piemont-Sardinien und beteiligte sein kleines Land dann am Krim-Krieg gegen Rußland, nur um bei der anschließenden Friedenskonferenz das Thema italienische Unabhängigkeit aufs Tapet zu bringen. Abgesehen von Bismarck gab es zu jener Zeit keinen anderen Staatsmann, der Cavour in der Auffassung von Realpolitik, wonach der Zweck die Mittel heiligt, gleichkam. Er verbündete sich mit Napoleon III., um die Österreicher aus der Lombardei zu vertreiben, und trat im Gegenzug dafür Nizza und Savoyen an Frankreich ab. Piemont-Sardinien und die Lombardei zogen bald die Toskana, Modena, Parma, Bologna und die Romagna an sich, die 1860 alle für den italienischen Zusammenschluß stimmten. Cavour und sein König nutzten Garibaldis Befreiung Siziliens und Süditaliens (von den Bourbonen). So kam es schließlich zur Ausrufung des Königreichs Italien. Nach Cavours frühem Tod wurde 1866 das Veneto von den Österreichern zurückerlangt. 1870 wurde dem Papst, Pius IX., Rom weggenommen (bis auf den Vatikan).

Die winzige Region **Aostatal** (Hauptstadt: Aosta, 36 000 Einwohner) im Schatten des Mont Blanc und des Matterhorns war die Geburtsstätte des heiligen Anselm (1033–1109), eines bedeutenden Theologen, der, wenn auch gegen seinen Willen, 1093 zum Erzbischof von Canterbury gemacht wurde. (Man erinnert sich seiner heute noch wegen des von ihm stammenden ontologischen Gottesbeweises.)

Die **Lombardei** (Hauptstadt: Mailand, 1,3 Mio. Einwohner) hat eine Vielzahl bemerkenswerter Persönlichkeiten hervorgebracht. Baldassare Castiglione (1478–1529) wurde bekannt durch sein *Libro del cortegiano (Das Buch vom Hofmann)*, eine Abhandlung über das Benehmen und die gesellschaftlichen Fertigkeiten des vollendeten Ehrenmannes. Den Stoff zu diesem 1528 veröffentlichten Werk sammelte Castiglione am Hof von Urbino; sein Buch setzte die Maßstäbe des standesgemäßen Verhaltens für die europäische Aristokratie der Renaissance und danach. Es wurde z. B. bereits 1561 ins Englische übersetzt.

Das Meisterwerk eines viel später lebenden lombardischen Autors, des Mailänders Alessandro Manzoni (1785–1873), gilt als »der« große italienische Roman: *I promessi sposi (Die Verlobten)*, ein monumentaler Roman über Liebe und Intrigen im Mailand des siebzehnten Jahrhunderts. Die Haupthandlung erzählt von dem Kampf zweier Verliebten darum, heiraten zu können – trotz der Feindschaft ihrer Umwelt.

Der bedeutendste Maler aus der Lombardei war Caravaggio (1573–1610), ein Hitzkopf, der einmal bei einer Rauferei einen Freund erstach. Seine Bilder zeichnen sich durch einen damals unüblichen Naturalismus und durch die pointierte Verwendung heller und dunkler Flächen *(chiaroscuro)* aus, wie bei dem Gemälde *Die Berufung des heiligen Matthäus*, das Künstler wie Rembrandt beeinflußte. Ein berühmter Lombarde aus der Welt der Musik war Claudio Monteverdi (1567–1643), der erste große Opernkomponist. Monteverdi begann 1607 mit *Orfeo*, das Meisterwerk *L'incoronazione di Poppea* komponierte er 1642 im Alter von 75 Jahren. Außerdem schrieb er drei Messen und neun Madrigalsammlungen. Ein weiterer hochgeschätzter Komponist aus der Lombardei war Gaetano Donizetti (1797–1848). Viele seiner 67 Opern gehören zum Standardrepertoire der Opernhäuser, vor allem *Lucia di Lammermoor* und *Don Pasquale*.

Ein einflußreicher Physiker und eine große Schauspielerin runden unseren Lombardei-Überblick ab. Alessandro Volta (1745–1827) erfand 1800 die Elektrobatterie und wurde von Napoleon geadelt, nachdem er gezeigt hatte, auf welche Weise diese einen elektrischen Strom erzeugt. Eleonora Duse (1858–1924) kam zur Welt, als ihre Eltern gerade auf Schauspieltournee in der Lombardei waren. Mit vierzehn spielte sie in Verona die Julia. Die Duse war zur damaligen Zeit die einzige Konkurrentin von Sarah Bernhardt und berühmt für ihre Darstellung u. a. der

Thérèse Raquin von Émile Zola, der Kameliendame von Dumas, der Nora von Ibsen sowie der Francesca da Rimini von Gabriele D'Annunzio (der mit der Duse eine Liaison hatte und die meisten seiner Stücke für sie verfaßte).

Der wahrscheinlich größte Geist der Region **Trentino-Südtirol** (Hauptstadt: Trient, 103 000 Einwohner) gehörte nicht *einer* Person, sondern einer Versammlung zahlreicher Personen an: dem zwischen 1545 und 1563 dreimal zusammentretenden Konzil von Trient. Das Tridentinische Konzil wurde im Zuge der Gegenreformation von Papst Paul II. einberufen und definierte den katholischen Glauben in zeitgemäßer Weise hinsichtlich der Sakramente (vgl. Frage 34), der Heiligen Schrift und der Pflichten des niederen Klerus und der Bischöfe. Die Beschlüsse des Konzils wurden 1564 von Papst Pius IV. bestätigt, der damit den Weg für die Verkündung des *Tridentinischen Katechismus* zwei Jahre später ebnete (Tridentum ist die lateinische Bezeichnung für Trient). Die Geschlossenheit und die inneren Reformen, die dank des Konzils zustande kamen, bewahrten die katholische Kirche vor einer Zersplitterung. Die Beschlüsse des Konzils blieben bis zum Zweiten Vatikanischen Konzil (1962–1965) gültig für den römisch-katholischen Glauben und die liturgische Praxis.

Friaul-Julisch Venetien (Hauptstadt: Triest, 225 000 Einwohner) an der nordöstlichen Grenze Italiens zu Österreich und Slowenien erhebt Ansprüche auf den Schriftsteller Italo Svevo (1861–1928), der in Triest geboren wurde, als es noch zu Österreich-Ungarn gehörte. Svevo war italienischer Jude ungarischer Abstammung, hieß in Wirklichkeit Ettore Schmitz und schuf mit seinen Romanen *Ein Leben*, *Ein Mann wird älter* und *Zeno Cosini* moderne italienische Klassiker, in denen er den aussichtslosen Kampf mit der äußeren Realität beschreibt.

Einige der größten Maler und anderen bildenden Künstler Italiens stammen aus der Region **Venetien** (Hauptstadt: Venedig, 300 000 Einwohner). Im 15. und 16. Jahrhundert wirkten hier Giovanni Bellini, Andrea Mantegna, Giorgione, Tizian, der Baumeister Andrea Palladio, Tintoretto und Paolo Veronese. Herausragend im 18. Jahrhundert waren Giovanni Battista Tiepolo, Canaletto und der Kupferstecher Giovanni Battista Piranesi.

Aus Venedig stammten der frühe Orientreisende Marco Polo (1254–1324) und der größte italienische Barockkomponist, Antonio Vivaldi (ca. 1675–1741), der für seine rund 500 Konzerte bekannt ist, besonders die *Vier Jahreszeiten.*

Der letzte in dieser illustren Gesellschaft ist der venezianische Spieler, Spion, Liebhaber und Memoirenschreiber Giacomo Casanova (1725–1798). Casanova sagte einmal, seine Hauptbeschäftigung im Leben habe darin bestanden, »die Sinnesfreuden zu kultivieren«. Der große Verführer der Frauen hat die letzten vierzehn Jahre seines Lebens als Bibliothekar eines Schlosses in Böhmen gefristet …

24

FRAGE 66

Wie heißen die 24 Buchstaben des altgriechischen Alphabets?

- **Alpha**
- **Beta**
- **Gamma**
- **Delta**
- **Epsilon**
- **Zeta**
- **Eta**
- **Theta**
- **Iota**
- **Kappa**
- **Lambda**
- **My**
- **Ny**
- **Xi**
- **Omikron**
- **Pi**
- **Rho**
- **Sigma**
- **Tau**
- **Ypsilon**
- **Phi**
- **Chi**
- **Psi**
- **Omega**

Die Griechen waren zwar keineswegs das erste Volk, das eine Schrift entwickelt hat, doch das erste, das ein richtiges Alphabet verwendete, von dem fast alle anderen alten und neuen europäischen Alphabete direkt oder indirekt abstammen. Die Bezeichnung *Alphabet* kommt von den ersten beiden griechischen Buchstaben Alpha und Beta. Das griechische Alphabet wurde ab 800 v. Chr. benutzt, umfaßte zu jener Zeit jedoch nur 21 Buchstaben. Es baute auf dem Schriftsystem der Phönizier auf, einem semitischen Volk im Gebiet des heutigen Libanon, das im gesamten antiken Mittelmeerraum Seehandel trieb und zahlreiche Kolonien gründete. Aus diesem Grunde ist wohl auch Kadmos, der in der griechischen Mythologie das Alphabet nach Griechenland brachte, ein gebürtiger Phönizier. Das phönizische Schriftsystem ähnelt den Schriften anderer semitischer Völker in Syrien und Palästina, z. B. der hebräischen Schrift. Dem hebräischen und dem griechischen Alphabet verdanken wir die Bewahrung der beiden Säulen der abendländischen Kultur – der jüdischen und der christlichen Religion und der literarischen, philosophischen und wissenschaftlichen Kultur der Griechen. Das Neue Testament, ursprünglich größtenteils in Griechisch verfaßt, übermittelte so das christliche Vermächtnis in der Sprache der Hellenen.

Schon in frühester Zeit bemühte man sich, Vorstellungen oder Ereignisse in bleibender visueller Form darzustellen. Das Alphabet war der Höhepunkt derartiger Anstrengungen. Erste Versuche, Gedanken, Berechnungen oder die Ehrfurcht vor der Natur aufzuzeichnen, waren Kerben in Holz, geometrische Symbole und Höhlenmalereien. Manche Völker entwickelten aus diesen Piktogrammen (Bildern der Gegenstände selbst) Schriftsysteme, die es ermöglichten, mittels stilisierter Bilder Ideen festzuhalten. Später wurden diese Bilder zu komplexen Zeichen ausgearbeitet wie den ägyptischen Hieroglyphen (»heiligen Einkerbungen«) und den chinesischen Schriftzeichen.

Eine weitere Verbesserung wurde durch Silbenschriftsysteme oder Silbentabellen erreicht, die Schriftzeichen zur Darstellung bestimmter Silben anstelle ganzer Wörter verwendeten. Das hat den Vorteil, daß man dann zwar nicht weniger Wörter, aber weniger graphische Symbole im Gesamtsystem hatte. Silbentabellen stellen eine Zwischenstufe zwischen Ideogrammsystemen und richtigen Alphabeten dar. Das Phönizische, das Althebräische und verwandte semitische Schriften, auch das Zeichensystem des Sanskrit, hatten Silbentabellen mit charakteristischen Merkmalen. Zudem kannten die semitischen Schriftsysteme keine eigenen Vokalzeichen.

Ein in der Antike von den Griechen entwickeltes Schriftsystem war Linear B, eine etwa neunzig Schriftzeichen umfassende Silbentabelle, die im 15. Jahrhundert v. Chr. entstand, jedoch erst 1952 von Michael Ventris und John Chadwick entziffert wurde. Linear B wurde in der minoischen Kultur auf Kreta und in der mykenischen auf dem griechischen Festland verwendet. Als die Dorer diese Hochkultur im 12. Jahrhundert v. Chr. vernichteten, fiel Griechenland für fast 400 Jahre gleichsam wieder in die Kulturlosigkeit zurück; Linear B geriet in Vergessenheit.

Doch um etwa 800 v. Chr. hatten die Griechen phönizische Buchstaben und Buchstaben anderer semitischer Schriften für ihre eigene Sprache adaptiert. Wie die semitischen Sprachen wurde Frühgriechisch oft von rechts nach links geschrieben, bis im 6. Jahrhundert v. Chr. der sogenannte *boustrophedon*-Stil, bei dem die Zeilen abwechselnd von rechts nach links und von links nach rechts geschrieben werden, aufkam. Die Schreibrichtung von links nach rechts wurde nach etwa 500 v. Chr. zur Norm. Aus den ursprünglichen Großbuchstaben, die sich gut für Monumente und Inschriften eigneten, entwickelten die Griechen später eine Schrift aus Kleinbuchstaben, die leichter von Hand zu schreiben war.

Das griechische Alphabet hatte zwei Hauptäste, die viele Ähnlichkeiten aufwiesen: den östlichen oder ionischen Ast und den westlichen oder chalkidischen Ast. 403 v. Chr. wurde die ionische Form offiziell von den Athenern übernommen und wurde so zum klassischen griechischen Alphabet, wie wir es kennen. Das etruskische Alphabet wurde wahrscheinlich im 8. Jahrhundert v. Chr. vom chalkidischen Ast abgeleitet. Aus dem etruskischen Alphabet wiederum ging das lateinische (oder römische) Alphabet hervor, das wir heute verwenden.

Als die Griechen erstmals semitische Schriftzeichen übernahmen, zerlegten sie die Silben ihrer gesprochenen Sprache in bedeutungsunterscheidende Einzellaute (Phoneme) und ordneten jedem dieser Einzellaute ein Schriftzeichen zu. Bei diesem Vorgang änderten sie vielfach die Ausrichtung der phönizischen Buchstaben, damit sie symmetrischer wirkten (siehe Abb. S. 429). Da die semitischen Sprachen über Laute verfügten, die das Griechische nicht kannte, übernahmen die sparsamen Griechen einige überflüssige phönizische Konsonanten, um Vokallaute zu repräsentieren. So wurden aus den semitischen Buchstaben Aleph, He, Yod, Ayin und Waw allmählich die griechischen Vokale Alpha, Epsilon, Iota, Omikron und Ypsilon, die unseren fünf Vokalen A, E, I, O, U entsprechen. Dies war eine entscheidende Neuerung hinsichtlich der Präzision, mit der die Laute (Phoneme) von Worten transkribiert werden konnten.

Obwohl die Buchstaben des griechischen Alphabets Phoneme darstellen, gehen die meisten Buchstaben auf hebräische und phönizische Piktogramme zurück. Der erste Buchstabe, **Alpha**, hat seinen Namen von **Aleph**, »Ochse«; der zweite, **Beta**, von **Beth** (»Haus«); **Gamma**, mit hartem Anfangs-**g**-Laut, von **Gimel** (»Kamel«). Zwei unserer Buchstaben, nämlich **G** und **C**, sind von Gamma abgeleitet. Das griechische **Delta** kommt vom semitischen **Daleth** (»Tür«). Bei den Griechen hatte dieser Buchstabe die Form eines Dreiecks; die Etrusker gaben ihm die gerundete Form, die wir als **D** kennen.

Epsilon war ursprünglich der phönizische Buchstabe **He**, mit einem **h**-Laut; die Griechen drehten ihn um und benutzten ihn für ihren kurzen **e**-Laut (Epsilon bedeutet »einfaches e«). Für das lange **e** hatten sie einen eigenen Buchstaben, den sie **Eta** nannten und so schrieben wie wir unser großes **H**. Eta wurde von dem semitischen Buchstaben **Heth** übernommen, der »Zaun« bedeutet und auch so aussieht. Der griechische Vokal **Iota** ging aus dem semitischen Buchstaben **Yod** (»Hand«) hervor und wurde von uns direkt als **I** übernommen (später entwickelte sich daraus auch noch das **J**).

Bei den Phöniziern stand der Buchstabe **Kaph** (»Handfläche«) für einen **k**-Laut; daher kommt das griechische **Kappa**. **Lambda**, das die Griechen für ihren **L**-Laut benutzten, leitete sich von dem semitischen Buchstaben **Lamed** (»Stab«) her. **My** und **Ny**, die Laute für **m** bzw. **n**, hatten im phönizischen Alphabet lange Unterlängen. My kommt von **Mem** (»Wasser«) und Ny von **Nun** (»Fisch«). Wasser und Fisch – das könnte die optische Ähnlichkeit und die alphabetische Nachbarschaft dieser beiden Buchstaben erklären.

Omikron bedeutet im Griechischen »kleines **O**« und steht für den kurzen O-Laut. Seine Rundform hatte dieser Buchstabe schon im Phönizischen, wo er **Ayin**, »Auge«, bedeutete, doch entsprach er dort einem Konsonanten und nicht, wie im Griechischen, einem Vokal. **Pi**, aus dem unser **P** entstand, wurde vom semitischen **Pe** (»Mund«) übernommen. Der griechische Buchstabe **Rho**, der wie unser großes **P** geschrieben, doch als **R** ausgesprochen wird, kommt von dem semitischen Buchstaben **Resh** (»Kopf«). **Sigma** entspricht dem modernen **S** und **Tau** dem **T**. Diese Buchstaben wurden von den semitischen Konsonanten **Shin** (»Zahn«) und **Taw** (»Zeichen«) abgeleitet.

Einige Buchstaben, die die Griechen von den Phöniziern übernahmen, gelangten auf gewundenen Wegen – oder auch gar nicht – in Alphabete, die auf dem Lateinischen basieren. **Zayin** steht für den **Z**-Laut in semitischen Schriftsystemen, den die Griechen dann **Zeta** nannten. Die Römer setzten das **Z** an den Schluß ihrers Alphabets, da es wohl der letzte Buchstabe war, den sie aus dem Griechischen entlehnten; sie verwendeten ihn ausschließlich für griechische Lehnwörter. Für **Theta** gibt es im lateinischen Alphabet keinen entsprechenden Buchstaben. Als die Römer diesen Laut für griechische Lehnwörter brauchten, bedienten sie sich der Buchstabenkombination **th**. Das **Xi**, das wie unser **X** ausgesprochen wird, gab es auch im etruskischen, nicht jedoch im lateinischen Alphabet.

Einige Buchstaben fielen ziemlich früh wieder aus dem griechischen Alphabet heraus. Der bekannteste unter ihnen ist das **Digamma**, das ungefähr wie unser **F** geschrieben wurde, jedoch einem **W**-Laut entsprach. Wie wichtig das Digamma für das richtige Verständnis homerischer und anderer frühgriechischer Texte war, entdeckte als erster der englische Altphilologe Richard Bentley (1662–1742). Scheinbare Unregelmäßigkeiten in vielen daktylischen Hexametern von Homer brachten Bentley darauf, daß manche Wörter in den von uns benutzten griechischen Homertexten (wie sie von den Athenern in der klassischen Zeit herausgegeben worden waren) mit Vokalen beginnen, während sie zu Homers Zeiten mit einem Digamma begonnen haben müssen. Das klassische athenische Wort für »Wein«, *oinos*, muß einmal *woinos* ausgesprochen worden sein. Die Athener hatten einfach einen Buchstaben – und einen Laut – gestrichen, den sie nicht mehr verwendeten.

Nun zum letzten Element des griechischen Alphabets: **Ypsilon**, das wie das deutsche **Ü** ausgesprochen wird, bedeutet »einfacher **U**-Laut« (um es von dem Diphthong **Ou** abzugrenzen) und wurde hier bereits weiter oben als ein Vokal besprochen, der vom semitischen **Waw** abgeleitet ist. Ypsilon wird zwar wie unser großes **Y** geschrieben, gab jedoch unserem **V** seine Form, das nach diversen Wandlungen wiederum zu unseren Buchstaben **U**, **W** und **Y** wurde. Phi, Chi, Psi und Omega sind rein griechischen Ursprungs. Weder für **Phi** noch für **Psi** gibt es im lateinischen Alphabet Äquivalente. Ersteres sprachen die Griechen eher wie den englischen **Ph**-Laut in *uphill* (ein aspiriertes **P**) als wie die beiden **F**-Laute in dem Wort *Philosophie* aus. Psi wurde wie der **ps**-Laut in *Synapse* ausgesprochen. **Chi**, das die Griechen als aspiriertes **K** aussprachen (**Kh**), wurde zu unserem **X**. Die Römer verwendeten für griechische Lehnwörter nicht ihren eigenen Buchstaben **X**, der in Wörtern wie *pax* (»Friede«) bereits einen X-Lautwert besaß, sondern sprachen griechische Lehnwörter wie ΧΡΙΣΤΟΣ mit **ch** aus: *Christos.* Daher kommt unsere Orthographie von Christus.

Der 24. und letzte Buchstabe des griechischen Alphabets, **Omega**, bedeutet »großes **O**« und unterscheidet sich von dem kurzen **O**, Omikron. In der Offenbarung (1,8) sagt Christus: »Ich bin das Alpha und das Omega.« In diesem Sinne steht Omega für das letzte Glied einer Kette oder einfach für

ENDE:

Ω

Die Entwicklung des griechischen Alphabets

Phönikisch* (1100 v. Chr.)	Neuhebräisch*	Hebräischer Name	Klassisches Griechisch	Griechischer Name	Lateinisch**
𐤀	א	Aleph (Ochse)	Α α	Alpha	A
𐤁	ב	Beth (Haus)	Β β	Beta	B
𐤂	ג	Gimel (Kamel)	Γ γ	Gamma	C/G
𐤃	ד	Daleth (Tür)	Δ δ	Delta	D
𐤄	ה	He (?)	Ε ε	Epsilon	E
𐤆	ז	Zayin (Waage?)	Ζ ζ	Zeta	Z
𐤇	ח	Heth (Zaun)	Η η	Eta	H
𐤈	ט	Teth (Garnknäuel?)	Θ θ	Theta	th-Laut
𐤉	י	Yod (Hand)	Ι ι	Iota	I/J
𐤊	כ	Kaph (Handfläche)	Κ κ	Kappa	K
𐤋	ל	Lamed (Stab)	Λ λ	Lambda	L
𐤌	מ	Mem (Wasser)	Μ μ	My	M
𐤍	נ	Nun (Fisch)	Ν ν	Ny	N
𐤎	ס	Samekh (Stütze?)	Ξ ξ	Xi	X-Laut
𐤏	ע	Ayin (Auge)	Ο ο	Omikron	O
𐤐	פ	Pe (Mund)	Π π	Pi	P
𐤓	ר	Resh (Kopf)	Ρ ρ	Rho	R
𐤔	שׁ	Shin (Zahn)	Σ σ,ς	Sigma	S
𐤕	ת	Taw (Mark)	Τ τ	Tau	T
𐤅	ו	Waw (Nagel)	Υ υ	Ypsilon	U/V/W/Y
			Φ φ	Phi	ph-Laut
			Χ χ	Chi	X
			Ψ ψ	Psi	ps-Laut
			Ω ω	Omega	langer O-Laut

* Buchstaben, die nicht ins griechische Alphabet übernommen wurden, wurden weggelassen. Die Reihenfolge der Buchstaben wurde umgestellt.

** Jeder lateinische Buchstabe ist dem griechischen Buchstaben zugeordnet, dessen Form seine Entwicklung beeinflußte. Wo ein derartiger Bezug nicht gegeben ist, ist die ungefähre lautliche Entsprechung des griechischen Buchstabens angegeben.

REGISTER

Personen

Stichworte zu den 66 Fragen

PIPER

Robert L. Wolke

Woher weiß die Seife, was der Schmutz ist?

Kluge Antworten auf alltägliche Fragen. Aus dem Amerikanischen von Markus P. Schnupfner. 343 Seiten. Geb.

Vergessen Sie das Wort »Wissenschaft« und Ihre Abneigung dagegen. Wenn Sie wissen wollen, was hinter alltäglichen Beobachtungen steckt – der Chemie-Professor Robert L. Wolke erklärt es Ihnen. Warum kann man Zucker auf dem Herd schmelzen, Salz jedoch nicht? Weshalb mögen Öl und Wasser einander nicht? Warum gefriert unverdünntes Frostschutzmittel schneller als mit Wasser verdünntes? Wie kann man Tiefkühlkost am schnellsten auftauen? Wie funktioniert eine Mikrowelle wirklich? Wolke gibt in diesem vergnüglichen Buch verblüffende Antworten auf Ihre Fragen. Und er bietet Lösungen für alltägliche Probleme. Um Ihnen noch mehr Lust auf sein Thema zu machen, hat er 48 Versuche eingebaut, die Sie selbst ausprobieren können. Und er bietet unglaubliche, aber wahre Aussagen, mit denen Sie Ihre Freunde überraschen und Wettten gewinnen können.

PIPER

Walter Krämer

Modern Talking auf Deutsch

Ein populäres Lexikon. 262 Seiten. Geb.

Ob in der Werbung, in den Medien oder in der Alltagssprache: Überall ist das Denglisch auf dem Vormarsch – jenes Kauderwelsch aus englischen Begriffen und deutscher Grammatik, ohne das heute jedermann als hoffnungslos altmodisch gilt. Bestsellerautor Walter Krämer hat die 1000 wichtigsten Begriffe in alphabetischer Sortierung für den deutschen User aufgearbeitet – von Adventure bis Worst case.
Satirisch überspitzt, aber mit durchaus ernstem Hintergrund zeigt Krämer, wie die Sprache systematisch verhunzt wird, wie pseudo-weltläufiges Neusprech sich überall durchsetzt. Wer auf der Höhe der Zeit sein und mitreden will über Handys und Key Accounts, über Floppen und Primetime, braucht dieses Buch auf der Party wie im Office oder am Beach.